A fortuna dos inconfidentes

André Figueiredo Rodrigues

A FORTUNA DOS INCONFIDENTES

Caminhos e descaminhos dos bens de conjurados mineiros (1760-1850)

prefácio:
Cecilia Helena de Salles Oliveira

EDITORA GLOBO

Texto fixado conforme as regras do novo Acordo Ortográfico
da Língua Portuguesa (Decreto Legislativo nº 54, de 1995).

Revisão: Eugênio Vinci de Moraes, José Roberto Andrade,
Otacílio Nunes e Beatriz de F. Moreira
Índice remissivo: Luciano Marchiori
Capa: Paula Astiz
Foto da capa: Luis Carlos Mascarenhas Vaz da Silva

1ª edição, 2010

Dados Internacionais da Catalogação na Publicação (CIP)
(Câmara Brasileira do Livro, SP, Brasil)

Rodrigues, André Figueiredo
A fortuna dos inconfidentes: caminhos e descaminhos dos bens de conjurados mineiros (1760-1850) / André Figueiredo Rodrigues; [prefácio Cecilia Helena de Salles Oliveira]. – São Paulo: Globo, 2010.

Bibliografia
ISBN 978-85-250-4802-8

1. Brasil – História – Conjuração Mineira, 1789 2. Brasil – História – Inconfidência Mineira, 1789 3. Sequestro de bens (História) 4. Sociedade – Minas Gerais – História 5. Sonegação (História) I. Oliveira, Cecilia Helena de Salles. II. Título.

10-00871 CDD-981-0321

Índice para catálogo sistemático:
1. Conjuração Mineira: Brasil: História 981.0321

Direitos de edição em língua portuguesa para o Brasil
adquiridos por Editora Globo S.A.
Av. Jaguaré, 1485 – 05346-902 – São Paulo – SP
www.globolivros.com.br

Aos meus pais,
Solange e Roberto, que vivenciaram,
com paciência e carinho, o desenvolver deste livro.

Sumário

Agradecimentos

Este livro é uma versão da tese de doutorado defendida em 2008, na Universidade de São Paulo, tendo por título *Estudo econômico da Conjuração Mineira: análise dos sequestros de bens dos inconfidentes da comarca do Rio das Mortes*. Durante os quatro anos da pesquisa e de sua redação contei com variadas manifestações de apoio, direta ou indiretamente, de uma série de pessoas e instituições, às quais não posso deixar de agradecer.

À minha orientadora, professora Laura de Mello e Souza, com quem aprendi a gostar da história de Minas Gerais e a duvidar de assuntos clássicos da Conjuração Mineira. Em todas as fases de minha trajetória acadêmica, desde a Iniciação Científica, passando pelo Mestrado e no Doutorado, ela esteve presente, incentivando-me e cuidadosamente encaminhando este trabalho.

Agradeço à Fundação de Amparo à Pesquisa do Estado de São Paulo (FAPESP), que me concedeu bolsa de financiamento de estudos por três anos. Sem ela, não poderia realizar o trabalho de pesquisa nem tampouco cumprir os créditos do doutorado.

Aos funcionários do Departamento de História, do Programa de Pós-graduação em História, da Cátedra Jaime Cortesão e da biblioteca da Faculdade de Filosofia, Letras e Ciências Humanas da Universidade de São Paulo, gostaria de externar o meu muito obrigado.

Aos professores Vera Lúcia Amaral Ferlini e Pedro Puntoni, pelas preciosas observações e sugestões no exame de qualificação, e aos professores Angelo Alves Carrara, Luciano Raposo de Almeida Figueiredo, Caio César

Boschi e Cecilia Helena de Salles Oliveira, pela arguição da tese na banca de defesa.

Às Faculdades Integradas de Ciências Humanas, Saúde e Educação de Guarulhos, na pessoa de sua diretora professora doutora Aparecida Najar, pela concessão de três anos de licença e, em especial, a minha coordenadora do curso de Letras, Deise Mara Ramos Pombo, e a coordenadora pedagógica, Maria Aparecida Cabrera.

Devo um agradecimento especial aos funcionários das instituições arquivísticas que me acolheram, sendo sempre atenciosos e solícitos. No Arquivo Histórico do Escritório Técnico II da 13ª Superintendência Regional, do Instituto do Patrimônio Histórico e Artístico Nacional (IPHAN – Minas Gerais), em São João del-Rei, contei com a ajuda de seu diretor, Jairo Braga Machado, sempre disposto a oferecer as melhores condições de trabalho aos pesquisadores, além de grande interlocutor de trechos desta pesquisa. Nesta instituição pude contar, ainda, com a prestimosa ajuda de Marizélia Gontijo.

Na Biblioteca Municipal Baptista Caetano d'Almeida, onde pesquisei a documentação camarária da vila de São João del-Rei, recebi o carinho e o incentivo de todos os seus funcionários.

Aos funcionários do Arquivo Público Mineiro, da Biblioteca Pública Luiz de Bessa, do Centro de Estudos Mineiros (UFMG), do Centro de Estudos do Ciclo do Ouro / Casa dos Contos, do Arquivo Histórico do Museu da Inconfidência / Casa do Pilar, do Centro de Estudos Campanhense Monsenhor Lefort, do Instituto Histórico e Geográfico Brasileiro e do Arquivo da Cúria Metropolitana do Rio de Janeiro, agradeço pela ajuda e pelo incentivo.

Sou grato à amizade e aos incentivos históricos proporcionados pela amiga Cristina Souza Krauss Serrano, ao me convidar para participar da VII Semana de História da Universidade Federal de São João del-Rei (UFSJ) e de várias atividades e jornadas acadêmicas na terra onde Alvarenga Peixoto apaixonou-se por Bárbara Eliodora. Ainda em São João, agradeço a Márcio José Geraldo, Eduardo Junqueira Maciel, Lorn dos Anjos Rodrigues, Lidiane Santos e Fernanda Maria Almeida Meirelles Valias, pela prestimosa ajuda.

No Rio de Janeiro, agradeço pelo carinho e pelas palavras de incentivo o amigo Francisco Eduardo Alves de Almeida, que ajudou a tornar menos árida minha estada na Cidade Maravilhosa. Ao lado de sua esposa, Maria Helena Neiva de Almeida, e de suas duas filhas, adotou-me como membro de sua família. Foram vários os dias e fins de semana que passamos juntos. Agradeço, também, a Antônio Fernandes Neiva e Maria José Lisboa Neiva, os pais de Maria Helena, e a dona Deise Faria Alves de Almeida, a mãe do comandante Alves de Almeida, que me acolheram carinhosamente em suas casas.

Pela amizade e companheirismo, Francisco Eduardo Alves de Almeida viabilizou-me o acesso ao Serviço de Documentação da Marinha (SDM), proporcionando-me a discussão, durante os vários almoços de que participei no SDM, de temas ligados à história. Nesta instituição, fui carinhosamente recebido pelo vice-almirante Armando de Senna Bittencourt, assim como por Hideo de Oliveira Myoschi, Alexandre Sovieiro, Edina Laura Nogueira da Gama, Rosângela Cunha, Mônica Hartz Oliveira Moitrel, Ivone Maria de Lima Camillo, Maria da Glória de Santana Silva, Carlos André Lopes da Silva, Mirian Benevelute Santos, José Carlos de Araújo Neto, Mara Cristina Soares de Mello e pelos sargentos e praças que lá trabalham. Ao senhor Nélson Jorge Francisco agradeço pela cópia em papel de documentos microfilmados.

Devo à capitã de fragata Mônica Moitrel e ao capitão-tenente Carlos Lopes minha apresentação a Mauro Lerner Markowski, responsável pela Coordenação de Documentos Escritos do Arquivo Nacional, e a Sandra Silva Pinto, responsável pela Coordenação de Documentos Escritos. A eles agradeço pela autorização para consultar o Fundo 3A – "Libelos cíveis e formal de partilhas", da Coleção Inconfidência Mineira. No Arquivo Nacional, contei ainda com a ajuda do Sátiro Nunes, ao possibilitar-me o acesso à versão manuscrita dos *Autos de Devassa da Inconfidência Mineira*. Agradeço, também, aos demais funcionários pelo simpático atendimento.

Ao amigo José Carlos de Araújo Neto exteriorizo meus agradecimentos pela amizade, ajuda e por várias vezes disponibilizar seu computador no SDM.

Na Fundação Biblioteca Nacional agradeço a todos os funcionários que me receberam com atenção.

Agradeço ao professor Douglas Cole Libby pelo acesso ao *Rol dos confessados da freguesia de Santo Antônio da vila de São José, de 1795*, do Instituto Histórico e Geográfico de Tiradentes.

Aos amigos Adriana Conceição Pellegrini Bauer e seu marido José Renato Chila Bauer, Renato Sanches Simões, Fábio Duarte Joly, Márcio Jardim, Paulo Gomes Leite, Grazielle Bezerra, Eliane Veiga Porta, Jorge Miklos e aos professores Luiz Carlos Villalta, Eduardo França Paiva, Júnia Ferreira Furtado, Angelo Carrara, Cecilia Helena de Salles Oliveira e Luciano Figueiredo, que me indicaram textos e/ou discutiram trechos deste livro.

E, por último, a Patricia Vazquez, pelo inestimável carinho, amor e incentivo.

Prefácio

Há temas que marcam a memória da formação nacional brasileira tanto quanto as pesquisas de historiadores dispostos a evidenciar os fundamentos dessa memória e o processo histórico que a engendrou. O trabalho de André Figueiredo Rodrigues situa-se precisamente nesse âmbito, pois oferece singular interpretação sobre período histórico aparentemente bem conhecido, mas que reclama novas avaliações.

Resultado de tese de doutorado, defendida na Universidade de São Paulo, em setembro de 2008, sob a orientação segura e criativa de Laura de Mello e Souza, a obra traz pertinentes e inovadoras contribuições para o entendimento da sociedade mineira, nas décadas de 1770 e 1780, e sobretudo levanta oportunos questionamentos acerca das circunstâncias históricas que geraram a chamada Inconfidência Mineira, em 1788-1789.

Como observou Marc Bloch, em *Apologia da história*, "da nossa inevitável subordinação ao passado, nós nos emancipamos, ao menos no sentido de que, embora permanecendo condenados a conhecê-lo exclusivamente com base em seus rastros, conseguimos, todavia, saber bem mais a seu respeito do que ele resolvera nos dar a conhecer [...]".

Bloch referia-se não apenas à construção de um saber sobre a história. Sinalizava para o fato de que, à medida que tempo e perspectivas de conhecimento se transformam, o historiador interroga indícios, descobrindo elementos incontroláveis e menos perceptíveis, que se colocam muitas vezes contrários às intenções daqueles que os produziram e os forjaram para a história. A exemplo do que sublinhou Carlo Ginzburg, compreender um evento ou a ação de protagonistas envolvidos em episódios, que chegaram até nós por meio de representações fragmentárias, significa estar aberto para analisar e rever constantemente os nexos entre testemunhos e realidade testemunhada, formulando perguntas inéditas graças à leitura de fontes por vezes esquecidas e também a inferências nem sempre perseguidas, embora à disposição na literatura especializada.

Ao debruçar-se de forma exaustiva sobre ampla documentação, em particular os *Autos de Sequestro* de bens pertencentes aos inconfidentes e suas famílias, André Figueiredo Rodrigues problematiza redes de interesses, de sociabilidade e de poder, bem como imbricações de variada natureza entre autoridades metropolitanas, autoridades coloniais e potentados locais naquele período. Descortina uma complexidade de situações e condicionamentos que não fazem parte das interpretações correntes sobre a Inconfidência e, simultaneamente, aprofunda questão fundamental para o ofício do historiador: o entrelaçamento entre política, memória e tessitura de registros da história.

No caso específico da Inconfidência Mineira, a organização da *Devassa* – no momento mesmo da ocorrência dos eventos – resultou das intervenções de pessoas e grupos, direta ou indiretamente implicados, dispostos a orientar linhas de investigação, omitir atos e agentes ou mesmo incriminar inimigos. Ao longo do tempo, outros recortes foram impostos à documentação, tanto que, conforme nos relata André Figueiredo Rodrigues, os *Autos* do processo de lesa-majestade publicados, constantemente consultados e tidos como essenciais para o estudo do movimento, constituem apenas parcela restrita e manipulada das fontes relacionadas ao tema. Permanece, no entanto, praticamente desconhecida uma gama considerável de correspondências pessoais e comerciais, testamentos, inventários e papéis relacionados aos bens e ao processo de sequestro.

Neste livro, André Figueiredo Rodrigues mostra-se detetive meticuloso e desconfiado, seguindo com extremo cuidado vestígios que desencavou arduamente em arquivos e bibliotecas. Seu foco, por vezes, prende-se a centelhas minúsculas, sem as quais todavia não seria possível iluminar o mar de acontecimentos. Alia a esse procedimento a opção por uma análise prosopográfica, que, no caso, se refere à configuração de um grupo de inconfidentes, sete no total, todos da comarca de Rio das Mortes, cujos *Autos de Sequestro* recuperou. Por essa via, questiona o perfil de parte dos rebeldes e sua atuação como agentes históricos em universo social específico da América portuguesa: a capitania de Minas Gerais na segunda metade do século XVIII.

As inferências levantadas e os argumentos propostos possibilitam duvidar de interpretações formuladas sobre os episódios que, de modo simplificado, atribuíram à Inconfidência tanto o caráter de movimento precursor de 1822 quanto o de rebeldia circunstancial e específica em relação ao restante da sociedade colonial, ou ainda o de confronto localizado, em que rebeldes e "delatores" estariam inscritos em campos opostos.

O trabalho de André Figueiredo Rodrigues mostra o quanto pesaram nessas versões os testemunhos dos envolvidos e, em particular, a maneira pela qual, em Minas Gerais e no Rio de Janeiro, foram sendo delineados – a várias mãos e interesses – os *Autos de Devassa* e os *Autos de Sequestro*.

Ao recortar e reconstituir práticas mercantis, ambições e modos, por vezes mesquinhos, pelos quais as fortunas de inconfidentes foram construídas, o autor alerta para as armadilhas subjacentes a registros monumentalizados. Interroga, assim, os mecanismos através dos quais relatos, declarações e cifras foram traçados, terminando por concluir que, no caso dos inconfidentes estudados, a *Devassa* não permitiu que a Fazenda Real amealhasse montante expressivo, tampouco fossem diretamente afetados os bens das famílias de homens como Alvarenga Peixoto, Aires Gomes e Tiradentes, por exemplo.

Por intermédio de rica e diversificada documentação, a narrativa do autor vai recompondo aspectos da vida cotidiana em Minas Gerais à época do movimento, ao mesmo tempo em que convida o leitor a defrontar-se com ruínas e sobrevivências atuais de fazendas e moradias que pertenceram a inconfidentes. Descreve moradas, objetos de consumo, empreendimentos econômicos, plantéis de escravos, investimentos, mercado de crédito e de dívidas, apontando entrelaçamentos no campo dos negócios e da política entre personagens como Rodrigues de Macedo, Silvério dos Reis, Alvarenga Peixoto e Aires Gomes. Além disso, a pesquisa indica a relevância da prática do endividamento para a ampliação de patrimônio e projeção social, bem como o peso das relações de dependência pessoal e as imbricações entre público e privado, evidenciando que os considerados inconfidentes atuavam de fato no interior da administração colonial, já que haviam conquistado enorme espaço no governo local, por meio das arrematações, da composição de tropas auxiliares e do envolvimento com os capitães-generais.

Amplo e original, este livro oferece novas perspectivas de análise e, concomitantemente, sugere uma revisão cuidadosa das motivações tradicionalmente atribuídas à Inconfidência, contribuindo para problematizar as memórias por meio das quais, ao longo do Império e posteriormente durante a configuração da República, o tema foi retomado, de forma sistemática, no âmbito de esforços políticos e intelectuais direcionados à elaboração de uma História nacional. Desfazer as artimanhas dessas memórias e entender os usos políticos do passado, no qual a Inconfidência se enraíza, é tarefa complexa a demandar empenho e crítica. O texto de André Figueiredo Rodrigues descobre caminhos e possibilidades para que se avance nessa empreitada.

São Paulo, julho de 2009

Cecilia Helena de Salles Oliveira
Professora titular do Museu Paulista da Universidade de São Paulo

Abreviaturas

Fontes arquivísticas

ACMRJ – Arquivo da Cúria Metropolitana do Rio de Janeiro.

AHMI – Arquivo Histórico do Museu da Inconfidência / Casa do Pilar.

ANRJ – Arquivo Nacional – Rio de Janeiro.

IHGB – Instituto Histórico e Geográfico Brasileiro.

AHET/IPHAN-MG/SJDR – Arquivo Histórico do Escritório Técnico II da 13ª SR / Instituto do Patrimônio Histórico e Artístico Nacional – Minas Gerais / São João del-Rei.

Documentos

ADIM – Autos de Devassa da Inconfidência Mineira (edição impressa).

AHU/MAMG – Manuscritos Avulsos da Capitania de Minas Gerais. Fundo do Arquivo Histórico Ultramarino.

ANRJ/ADIM-C5 – Autos de Devassa da Inconfidência Mineira. Códice 5: Inconfidência em Minas Gerais – Levante de Tiradentes. Fundo do Arquivo Nacional.

ANRJ/CIM – Coleção Inconfidência Mineira. Fundo do Arquivo Nacional.

APM/AVC – Seção Avulsos da Capitania. Fundo do Arquivo Público Mineiro.

APM/CC – Coleção Casa dos Contos de Ouro Preto. Fundo do Arquivo Público Mineiro.

APM/CI – Coleção Inconfidentes. Fundo do Arquivo Público Mineiro.

APM/SC – Seção Colonial. Fundo do Arquivo Público Mineiro.

BMBCA/ACMSJDR – Arquivo da Câmara Municipal de São João del-Rei. Fundo da Biblioteca Municipal Baptista Caetano d'Almeida.

CEM-UFMG/AFA/PF – Acervo da Família Andrada. Propriedade da Família. Fundo custodiado no Centro de Estudos Mineiros da Universidade Federal de Minas Gerais.

FBN/CC – Coleção Casa dos Contos de Ouro Preto. Fundo da Fundação Biblioteca Nacional.

FBN/CIM – Coleção Inconfidência Mineira. Fundo da Fundação Biblioteca Nacional.

FBN/CT – Coleção Tiradentes. Fundo da Fundação Biblioteca Nacional.

Introdução

Na manhã do dia 21 de abril de 1792, realizou-se o espetáculo de morte do alferes Joaquim José da Silva Xavier, mais conhecido pelo seu apelido de Tiradentes, na cidade do Rio de Janeiro. Os demais participantes da sedição que se pretendia arquitetar em Minas Gerais no ano de 1789, denominada Inconfidência Mineira, foram expulsos do Brasil e tiveram seus bens apreendidos pela Coroa portuguesa, por meio de processos de sequestro.[1]

Durante muitos anos, os autores que estudaram o movimento mineiro afirmaram que a repressão aos inconfidentes e a apreensão de seus patrimônios proporcionaram lucros extraordinários para Portugal. Chegou-se a afirmar que a arrecadação desses sequestros, no valor de 214:644$853 réis ou o mesmo que 643 quilos de ouro, correspondeu à arrecadação do quinto do ouro no ano de 1789 (652,4 quilos) e a 7,5% (43,6 arrobas) da estimativa do débito que a capitania de Minas devia aos cofres portugueses desde 1771, que era de 582 arrobas de ouro.[2]

Por lei, todos os bens pertencentes à pessoa presa deviam ser apresentados, por meio do sequestro. Aparentemente, os inquiridores da devassa aberta para julgar o crime que se abateu sobre Minas Gerais buscaram realizar tal tarefa. A historiografia reteve a ideia de que os sequestros representavam um instantâneo verdadeiro de todos os bens pertencentes aos conjurados no momento de sua prisão e que a listagem publicada destes bens nos Autos de Devassa da Inconfidência Mineira (ADIM) indicaria esse patrimônio.

Por se constituírem como processos à parte da devassa, os Autos de Sequestro originais nunca foram pesquisados e publicados integralmente.

O que se conhece e está publicado no sexto volume dos ADIM são apenas traslados parciais dos bens dos envolvidos no levante mineiro, exigidos pelos juízes da devassa para se ter uma ideia do patrimônio de cada um dos réus. Tramitando em diferentes comarcas de Minas Gerais, os Autos de Sequestro seguiram rumo judicial independente, ora incluindo informações após a descoberta de novos bens, com a realização de novas penhoras, ora com o acréscimo das prestações de contas promovidas pelos fiéis depositários, ora com a devolução a terceiros de pertences que estavam emprestados aos revoltosos, até sua liquidação final, com as formalidades de encerramento.

Conduzidos por interrogações acerca dos sequestros, procuraremos ver aqui quais eram as relações entre os inconfidentes, tendo em vista seus bens pessoais, e o Estado português. Com destaque para a comarca do Rio das Mortes, analisaremos o envolvimento de sete sediciosos daquela região na exploração e acumulação de riquezas, recuperando seus processos de diversificação produtiva, assim como suas condutas da vida privada, familiar e profissional, mediante a história das famílias, dos casais, dos filhos, dos sequestros e da sonegação. Enfim, vamos percorrer a história da fortuna dos inconfidentes e os caminhos e descaminhos de seus bens.

Ao se utilizarem os sequestros originais e uma série de documentos primários correlatos, como ações de cobrança judicial, cartas de sesmaria, correspondências, atestados, listagens de créditos, inventários *post mortem* e testamentos, foi possível inquirir as fontes e conhecer quem eram, dentre os sediciosos, os agentes e controladores de algumas das variáveis da economia mineira, bem como o tipo de interesse a que podiam estar associados. Quais as expectativas econômicas, e por que não dizer, políticas, que poderiam advir de diferentes inserções desses homens no cenário produtivo de Minas Gerais? Em quais relações econômicas se envolveram e se articularam? Como os inconfidentes constituíram o patrimônio que foi apreendido pela devassa? Será que a afirmação inicial – de que a Coroa portuguesa amealhou quantidade significativa de lucro – se sustenta perante análise minuciosa dos Autos de Sequestro originais? O tema deste livro será, portanto, a reconstituição deste patrimônio, que se encontra listado nos Autos de Sequestro originais da Inconfidência Mineira.

Para examinar tais questões, dividimos o livro em quatro capítulos. No primeiro, começamos por investigar a trama jurídica da devassa e os sequestros de bens como fontes de pesquisa para o estudo da Conjuração Mineira. Verificaremos como a historiografia utilizou os sequestros como base de pesquisas sobre os livros iluministas apreendidos aos letrados inconfidentes e a propagação das ideias revolucionárias europeias e norte-americanas no ambiente mineiro da segunda metade do século XVIII. Em seguida, analisaremos como os autores brasileiros utilizaram os Autos de Sequestro, em sua versão impressa, na reconstituição da vida privada e da questão agrária em Minas Gerais. Mesmo utilizando essa documentação como fonte de pesquisa, praticamente se desconhecem seus limites e suas possibilidades de uso. Quais os trâmites jurídicos utilizados na elaboração de um sequestro? Quais as partes componentes de um processo de sequestro? Como agiram os funcionários metropolitanos na elaboração das listagens de bens confiscados pela devassa? As respostas a estas perguntas constam na parte final do capítulo.

O segundo capítulo é dedicado ao estudo das relações agropastoris nas propriedades dos sediciosos da comarca do Rio das Mortes. Nele, por meio dos sequestros originais e de documentos correlatos ao processo de devassa (como, por exemplo, cartas de sesmaria, lista de dívidas, lista de prestação de contas e inventários *post mortem*), discutiremos a posse da terra e os indícios de práticas agrícolas exploradas nas fazendas inconfidentes. Por meio de dados sobre os bens de raiz e os da superfície explorada, conheceremos aspectos interessantes como a disponibilidade da produção agrícola voltada para o mercado e os rendimentos econômicos auferidos naquelas plantações.

No terceiro capítulo, estudaremos as técnicas de exploração do ouro e a presença dos escravos em suas propriedades. Quantos escravos foram sequestrados pela devassa? Os escravos apreendidos e listados nos Autos de Sequestro correspondem a toda a mão de obra existente nas fazendas dos inconfidentes? Entender a dinâmica da posse de escravos entre os sediciosos é o objetivo do segundo item do capítulo. Mas não só: descobrir, também, quem eram os escravos que foram omitidos na documentação, quantos cativos foram escondidos da devassa e, sobretudo, quantos mancípios existiam nas propriedades escravistas inconfidentes no momento de elaboração dos Autos de Sequestros.

No quarto capítulo, analisaremos a cadeia de endividamento e de crédito que estruturava a vida e seus relacionamentos, em Minas Gerais, na segunda metade do século XVIII. Buscaremos entender a dinâmica dessas relações, sua difusão e as práticas quanto a dar e receber crédito. O exemplo esmiuçado no capítulo será o do poeta e magistrado Inácio José de Alvarenga Peixoto, considerado pela historiografia como o maior devedor de todos os sediciosos. Será que foi a insolvência de sua casa, na segunda metade da década de 1780, que o fez entrar no levante intentado nas Minas Gerais em 1788-1789?

Os sete sediciosos

Dos 24 inconfidentes julgados e condenados, escolhemos sete como personagens deste estudo: todos moradores da comarca do Rio das Mortes, grandes proprietários de terras e de escravos, membros das mais importantes famílias da região cujos sequestros de bens originais e inéditos foram localizados.

Luís Vaz de Toledo Piza

Muito pouco se conhece sobre a biografia de Luís Vaz. Sabemos que nasceu em Taubaté, na capitania de São Paulo, em agosto de 1739, sendo seus pais Timóteo Correia de Toledo e Úrsula Isabel de Melo. O pai, após enviuvar, ordenou-se padre e foi vigário em Pindamonhangaba. Tinha como irmãos o padre Carlos Correia de Toledo e Melo, também envolvido na Inconfidência, o padre Bento Cortês de Toledo, o padre Antônio de Melo Freitas (franciscano que vivia no Rio de Janeiro e recebeu no convento o nome de frei Antônio de Santa Úrsula Rodovalho), Joaquim José Osório de Toledo, Mariana de Toledo, Ana Maria de Toledo e Ângela Mariana de Toledo.[3]

Na época da repressão aos inconfidentes, em 1789, Luís Vaz morava na vila de São José del-Rei, atual Tiradentes, era casado com Gertrudes

Maria de Camargo, mulher sem instrução, e tinha sete filhos: Maria, de 22 anos de idade, Eulália, de 21 anos, Escolástica, de dezessete anos, Timóteo, de oito anos, Carlos, de cinco anos, Bonifácio, de três anos e Umbelina, de dois anos.[4]

Quando foi preso, em 24 de junho de 1789, exercia o ofício de juiz dos órfãos da vila de São José e era, ainda, sargento-mor do Regimento de Cavalaria Auxiliar de São João del-Rei, comandado pelo coronel Francisco Antônio de Oliveira Lopes.

Ele teve sequestrados 37 escravos, três serviços minerais e dezessete utensílios de exploração aurífera. De sua casa e do universo produtivo de suas unidades escravistas, nada se conhece em detalhes. O sequestro de seus bens, e sua correspondente avaliação, foi publicado no sexto volume dos ADIM.

Na historiografia, João Pinto Furtado foi o único pesquisador, até o presente momento, a apresentar informações sobre o patrimônio de Luís Vaz.[5] Como veremos nos capítulos seguintes, os dados quantitativos apresentados por esse autor não condizem plenamente com a realidade dos sequestros empreendidos à família. Por ele somente apresentar esses dados, sem analisá-los, continuamos a desconhecer a origem de seu patrimônio. Mediante análise dos Autos de Sequestro originais, é possível desvendar a constituição de seus bens e a maneira como os gerenciava antes de se envolver na Conjuração Mineira. O destino daquele patrimônio, após o final da repressão aos inconfidentes, em 1792, com o cumprimento da sentença condenatória, é totalmente desconhecido.

Carlos Correia de Toledo e Melo

O padre Carlos Correia de Toledo e Melo, filho primogênito de Timóteo Correia de Toledo e sua mulher Úrsula Isabel de Melo, nasceu em 1736, em Taubaté. Aos 45 anos de idade, depois de viver em Lisboa, foi nomeado vigário da vila de São José del-Rei.[6] Tomou posse do cargo, em 7 de março de 1776, em Portugal, perante o bispo dom Bartolomeu, em cumprimento à Carta Régia de três dias antes. Em 13 de abril de 1777, na Igreja Matriz e paróquia de Santo Antônio, em São José, foi investido no efetivo exercício do cargo, sucedendo ao interino, padre Luís Vieira da Silva, seu companheiro no levante mineiro.[7]

Ao ser preso, em 1789, o padre Toledo teve apreendidos pela devassa cinco propriedades e duas moradas de casa, sendo uma delas localizada na vila de São José, atual Museu Padre Toledo; uma fazenda no arraial da Laje, com casas, moinho e engenho; e um serviço mineral na Aplicação de São Tiago, em sociedade com o doutor Manuel Rodrigues Pacheco Morais. Além destes bens de raiz, teve ainda apreendidos 31 escravos, 37 ferramentas minerais e seis utensílios agrícolas.

Pelo fato de o sequestro de seus bens ter sido publicado é-nos permitido saber que ele pedia emprestado dinheiro dos cofres do Juízo dos Órfãos e Ausentes, na época administrado por seu irmão Luís Vaz. A avaliação de seu patrimônio também foi publicada no sexto volume dos ADIM. Como no caso do sequestro de seu parente, não existem análises qualitativas das produções agrícolas e das extrações minerais de suas propriedades, assim como informações detalhadas sobre seu plantel escravista. O que se fez, até o momento, foi indicar a quantidade de peças do mobiliário de sua residência, a descrição das relações de produção agrícola dominantes em sua fazenda no arraial da Laje e a quantificação das partes componentes de seu patrimônio.[8] Entretanto, falta-nos analisar pormenorizadamente a estrutura agrícola e mineral e o escravismo em suas propriedades.

José de Resende Costa

Também de José de Resende Costa pouco se conhece de sua biografia. Sabemos que ele nasceu no arraial de Prados, em 1730, e era casado com Ana Alves Preto, com quem teve dois filhos: Francisca Cândida de Resende (casada com Gervásio Pereira de Alvim) e José de Resende Costa (nome homônimo ao do pai), também envolvido na Conjuração Mineira.

Na época de sua prisão, residia no arraial da Aplicação de Nossa Senhora da Penha de França da Laje, em sua fazenda chamada Boa Vista dos Campos Gerais da Laje. Era capitão do Regimento de Cavalaria Auxiliar da vila de São José, com jurisdição sobre a Laje e Santa Rita.[9]

No arraial da Laje, atual município de Resende Costa, a devassa sequestrou-lhe uma morada de casas, que era vizinha à que o padre Toledo tinha no local, 31 escravos, cinco utensílios minerais e 245 datas.

A avaliação contendo o preço de seu patrimônio e o destino desses bens, após a conclusão da devassa, é completamente inédita; assim como a análise da mineração e do uso da mão de obra escrava em suas terras.

Manuel Rodrigues da Costa

O padre Manuel Rodrigues da Costa era filho do coronel Manuel Rodrigues da Costa e de Joana Teresa de Jesus, nascido em 2 de julho de 1754, em Conceição de Ibitipoca, freguesia do arraial de Nossa Senhora do Campo Alegre de Carijós (distrito do atual município de Lima Duarte).

Ordenou-se sacerdote em 1780, aos 26 anos, no Seminário de Mariana. Na época de sua prisão, em 1791, vivia com sua mãe na fazenda do Registro Velho, que ficava no caminho entre o Rio de Janeiro e Vila Rica, vizinha à fazenda da Borda do Campo, de José Aires Gomes. A devassa apreendeu-lhe como bem de raiz a fazenda denominada Tapera, contígua à do Registro Velho, onde ele – padre Manuel – morava com sua mãe (a fazenda do Registro Velho pertencia a ela e não ao padre inconfidente), um título de terras minerais, uma vasta biblioteca, dois escravos, alguns móveis e utensílios domésticos e religiosos.[10]

O sequestro de seus bens não foi estudado pela historiografia. O que se conhece, até então, como aludido nos casos anteriores, baseia-se nas informações quantificadas da edição impressa dos ADIM. Suas relações creditícias, dados sobre seu pequeno plantel escravista e o destino de seu patrimônio, após o final da devassa, são temas inéditos e por nós estudados ao longo dos capítulos deste livro.

Francisco Antônio de Oliveira Lopes

O coronel Francisco Antônio de Oliveira Lopes nasceu em 1750, na Borda do Campo (atual Barbacena). Era filho de José Lopes de Oliveira e Bernardina Caetano do Sacramento. Em 1781, aos 36 anos de idade, casou-se com Hipólita Jacinta Teixeira de Melo, mulher de família abastada que trouxe para o casamento apreciável dote que, oito anos mais tarde, seria sequestrado pela devassa. Dona Hipólita era filha do capitão-mor Pedro Teixeira de Melo e irmã do então ocupante desse posto na vila de São José del-Rei, Gonçalo Teixeira de Carvalho. O casal morava na fazenda da Ponta do Morro, entre a vila de São José e o arraial de Prados.[11]

Ao ser preso, em 1789, a devassa apreendeu-lhe a fazenda da Ponta do Morro, lavras minerais dentro dessa propriedade, 51 utensílios de extração de ouro, 430 animais de criação e 74 escravos. O irmão de Francisco Antônio, padre José Lopes de Oliveira, também se envolveu na Conjuração Mineira.

De seu sequestro, publicado parcialmente no sexto volume dos ADIM, não constam a sua avaliação nem informações sobre o destino dos bens que lhe foram apreendidos. Na historiografia, dados sobre seu patrimônio são escassos, devido à parcialidade da publicação de seu sequestro. Por intermédio dos Autos de Sequestro originais, analisaremos a produção agrícola e mineral da fazenda da Ponta do Morro, os cativos e o preço atribuído aos bens desse inconfidente. As estratégias exercidas por sua família para permanecer à frente daqueles bens confiscados serão o eixo condutor da análise que empreendemos do patrimônio desse inconfidente.

José Aires Gomes

José Aires Gomes nasceu em 1734, na freguesia de Nossa Senhora da Assunção do Engenho do Mato, atual distrito de Paula Lima, em Barbacena. Seus pais foram o português João Gomes Martins e a fluminense Clara Maria de Melo.

Na freguesia do Engenho do Mato, seus pais fixaram-se na fazenda que adquiriram naquela localidade, onde hoje se situa a cidade de Santos Dumont, antiga Palmira, primitivamente João Gomes, onde erigiram capela sob a proteção de São Miguel e Almas.

Na fazenda João Gomes, o casal teve os seguintes filhos: Francisco Gomes Martins (o mais velho), Manuel Gomes Martins, Ana Joaquina de

Melo e José Aires Gomes (o mais jovem). Coube ao varão da família continuar os empreendimentos do pai. Aos demais, seguir o estado eclesiástico: Aires Gomes foi encaminhado aos estudos religiosos. Em 1769, obteve autorização para prossegui-los no Seminário de Mariana. Por motivos desconhecidos, ele interrompeu a carreira eclesiástica e retornou à região paterna na década de 1770, quando passou a administrar alguns bens familiares e a gerir negócios próprios na serra da Mantiqueira.[12]

Com exceção das notas que escrevemos em nossa dissertação de mestrado sobre a posse da terra e a produção agrícola nas fazendas que Aires Gomes tinha na serra da Mantiqueira, o patrimônio do inconfidente era totalmente desconhecido. Aqui se recuperam algumas dessas informações e as conjugaremos com documentos sobre a posse de escravos, cartas de crédito e cartas de sesmarias de terras na região da Borda do Campo.

Inácio José de Alvarenga Peixoto

Alvarenga Peixoto nasceu no Rio de Janeiro em 1º de fevereiro de 1742.[13] Era filho da fluminense Ângela Micaela da Cunha Nogueira e de Simão de Alvarenga Braga, natural da freguesia de São Paio de Parada, Couto de Tibães, do Arcebispado de Braga.[14] Casaram-se no Rio, em 21 de novembro de 1739, onde ambos moravam.[15] Alvarenga foi batizado pelo padre Inácio Manuel da Costa Mascarenhas, da paróquia de Nossa Senhora da Candelária, em 27 de março de 1742.[16]

Em 30 de abril de 1755, Alvarenga Peixoto solicitou ao escrivão e padre Agostinho Pinto Cardoso a abertura de inquirições sobre sua vida e família, a fim de ingressar no estado clerical. Ao findar a fase de averiguações, em 20 de setembro, o dito padre mandou que se tirasse informação secreta da "limpeza de sangue, vida e costumes", dando início às diligências *de genere*.[17]

Pela leitura do documento, percebe-se que seu pai vivia de negócios de grosso trato no Rio de Janeiro e que seus avôs maternos, Paulo Araújo Ferreira e Inácia da Cunha Nogueira, estavam ainda vivos e morando naquela cidade, em 1755. Paulo era familiar do Santo Ofício e vivia de seu ofício de escrivão dos ausentes.

Por se tornar órfão prematuramente, Alvarenga foi enviado em 1747, logo em seguida à morte de seu pai, para a cidade de Braga, em Portugal, para ser educado por parentes e estudar com os padres da Congregação do Oratório (também conhecida por Congregação de São Filipe Néri). Todas as testemunhas ouvidas no processo de inquirição afirmaram que conheceram o "pequenino" Alvarenga e que do Rio de Janeiro, ainda criança, "passou a Portugal", onde se encontrava no ano de 1755.[18]

De 1º de outubro de 1760 a 3 de fevereiro de 1767, com interrupções, Alvarenga Peixoto frequentou estudos no curso de Leis da Universidade de Coimbra. Após formar-se e se habilitar aos lugares das Letras, em agosto de 1767, foi nomeado juiz de fora da vila de Sintra, em Portugal, em 1768. Exerceu a magistratura naquela vila portuguesa de janeiro de 1769 a dezembro de 1772.

Em Minas Gerais envolveu-se amorosamente com Bárbara Eliodora Guilhermina da Silveira, com quem teve quatro filhos: Maria Efigênia, José Eleutério, João Damasceno e Tristão.

No processo de sequestro, feito em 1789, a devassa apreendeu-lhe, por exemplo, a fazenda Engenho dos Pinheiros, em Campanha do Rio Verde, dezessete terras minerais, 122 utensílios mineratórios, 134 escravos e 93 animais domésticos. Na versão impressa dos ADIM encontramos a avaliação e a meação daqueles bens em favor de sua esposa Bárbara Eliodora.

Os seus sequestros foram utilizados pela historiografia para corroborar, após análise dos problemas econômicos de sua casa, nos anos finais da década de 1780, suas prováveis motivações para entrar na Conjuração Mineira. O que discutiremos, principalmente, no último capítulo, é se esta versão ajusta-se à realidade financeira de seu patrimônio. Antes, desvendaremos a produção agrícola e mineral empreendida em suas propriedades e o seu relacionamento econômico com financistas, mercadores, lojistas e pessoas "comuns", não rentistas.

***

Assim, por intermédio dos sequestros de bens desses inconfidentes vasculharemos suas produções agrícolas, pastoris e minerais, a fim de responder como funcionavam suas propriedades, quais alimentos destacavam-se em suas plantações e quem trabalhava aquelas terras.

Os Autos de Sequestro originais fornecem múltiplos dados sobre a estrutura econômica das famílias dos conjurados, a riqueza material acumulada, a compra de escravos e utensílios agrícolas e minerais, os comportamentos familiares, sociais e judiciais (dos funcionários responsáveis pela elaboração dos sequestros), a venda da produção agrícola e da pecuária nos mercados locais e regionais, além de expor intrigas e brigas por partilha entre parentes dos conjurados. Estes registros serão desvendados no decorrer dos capítulos, assim como as permanências e as mudanças concernentes aos destinos dados àqueles bens pela devassa. Afinal, o que aconteceu com o patrimônio oficialmente listado e apreendido pela devassa? Quais os caminhos e os descaminhos daqueles bens, ou melhor, da fortuna dos inconfidentes?

Notas

1. A palavra "Inconfidência" tem sido utilizada pela historiografia para caracterizar os movimentos de contestação ao poder português na América em fins do século XVIII. Esse termo associa-se à ideia de falta de fidelidade, traição ao soberano ou ao Estado. O vocábulo "Conjuração", menos ofensivo ao ato político incorreto, representa melhor a perspectiva dos colonos, levados a conspirar contra o governo ou autoridade estabelecida em defesa de seus interesses.

2. João Pinto Furtado, *O manto de Penélope: história, mito e memória da Inconfidência Mineira de 1788-9*. São Paulo: Companhia das Letras, 2002, p. 127. A ideia de que os confiscos de bens produziram quase tanto como o quinto do ouro está presente, pioneiramente, em: Lúcio José dos Santos, *A Inconfidência Mineira: papel de Tiradentes na Inconfidência Mineira*. 2. ed. Belo Horizonte: Imprensa Oficial, 1972, p. 85. Conferir, também: Paulo Pereira dos Reis, *O colonialismo português e a Conjuração Mineira*. São Paulo: Nacional, 1964, p. 91.

3. As melhores notas biográficas sobre Luís Vaz de Toledo Piza podem ser lidas em: Lúcio José dos Santos, op. cit., pp. 197-200; Tarquínio J. B. de Oliveira, "Nota biográfica ao Apenso III: Auto de perguntas feitas ao sargento-mor Luís Vaz de Toledo Piza". In: ADIM, v. 2, p. 104; Odecio Bueno de Camargo, "Paulistas na Inconfidência Mineira". *Revista do Arquivo Municipal*, São Paulo, v. 104, pp. 29-56; 38-44, 1945; Márcio Jardim, *A Inconfidência Mineira: uma síntese factual*. Rio de Janeiro: Biblioteca do Exército, 1989, pp. 184-187.

4. ANRJ/ADIM-C5, v. 3, doc. 35, fl. 5 – Estado das famílias dos réus sequestrados: Luís Vaz de Toledo Piza, por Luís Antônio Branco Bernardes de Carvalho.

5. João Pinto Furtado, op. cit., pp. 105; 110.

6. Sobre o padre Carlos Correia de Toledo, conferir: Lúcio José dos Santos, op. cit., pp. 170-175; Odecio Bueno de Camargo, op. cit., pp. 44-52; Márcio Jardim, op. cit., pp. 290--295; André Figueiredo Rodrigues, *O clero e a Conjuração Mineira*. São Paulo: Humanitas FFLCH/USP, 2002, pp. 162-168, e a bibliografia ali citada e discutida.

7. AHU/MAMG, cx. 109, doc. 59 – Requerimento do padre Carlos Correia de Toledo e Melo, provido na Igreja de Santo Antônio, da vila de São José do Rio das Mortes, pedindo alvará de mantimento. 22/06/1776.

8. Hélcia Dias, "O mobiliário dos inconfidentes". *Revista do Serviço do Patrimônio Histórico e Artístico Nacional*, Rio de Janeiro, n. 3, pp. 163-172, 1939; Carlos Magno Guimarães, "Inconfidência, estrutura agrária e escravidão". *Revista do Departamento de História*, Belo Horizonte: FAFICH/UFMG, n. 9, pp. 161-179, 1989; João Pinto Furtado, op. cit., pp. 105; 108.

9. A biografia do capitão José de Resende Costa pode ser consultada em: Rosalvo Gonçalves Pinto, *Os inconfidentes José de Resende Costa (pai e filho) e o arraial da Laje*. Brasília: Senado Federal; Subsecretaria de Edições Técnicas, 1992, pp. 23-28; Márcio Jardim, op. cit., pp. 169-177; André Figueiredo Rodrigues, op. cit., pp. 112-113.

10. Sobre a biografia do padre Manuel Rodrigues da Costa, conferir: Alexandre Miranda Delgado, *O padre Manoel Rodrigues inconfidente*. Juiz de Fora, MG: Edição do Autor, 1963, pp. 15-41; Márcio Jardim, op. cit., pp. 169-177; André Figueiredo Rodrigues, op. cit., pp. 168-174; Idem. "A atuação do padre Manuel Rodrigues da Costa na Conjuração Mineira e na Constituinte de 1823". In: Valentina Ayrolo (org.). *Estudios sobre clero iberoamericano, entre la independencia y el Estado-Nación*. Salta (ARG): CEPIHA, Editorial de la Universidad de Salta, 2006, pp. 133-151.

11. De Francisco Antônio de Oliveira Lopes existem publicados duas significativas notas biográficas: Tarquínio J. B. de Oliveira, "Nota biográfica ao Apenso II: Auto de perguntas ao coronel Francisco Antônio de Oliveira Lopes". In: ADIM, v. 2, p. 39; Márcio Jardim, op. cit., pp. 149-151.

12. ACMRJ, maço 34, n. 3, fls. 5-29v – José Aires Gomes: requisitória do bispado de Mariana. Informações sobre Aires Gomes, conferir em: André Figueiredo Rodrigues, *Um potentado na Mantiqueira: José Aires Gomes e a ocupação da terra na Borda do Campo*. São Paulo, 2002. Dissertação (Mestrado em História Social) – Faculdade de Filosofia, Letras e Ciências Humanas, Universidade de São Paulo, pp. 39-44, e a bibliografia ali apresentada e discutida.

13. ACMRJ, maço 21, n. 12, fls. 2-4v – Inácio José de Alvarenga Peixoto: habilitação "de genere".

14. Na historiografia, anotações de Mário Barata e Alexandre Miranda Delgado informaram que Simão de Alvarenga Braga veio cedo para o Rio de Janeiro e que ali faleceu em 30 de junho de 1743. Conferir: Mário Barata, "Comunicação sobre Inácio José de Alvarenga, inconfidente nascido no Rio de Janeiro". In: Vicente Tapajós et al. *Bicentenário de Tiradentes: conferências e estudo*. Rio de Janeiro: ALERJ, 1993, p. 91; Idem. "O inconfidente Alvarenga Peixoto e o bicentenário de sua morte". *Revista do Instituto Histórico e Geográfico*

Brasileiro, Rio de Janeiro, ano 153, n. 377, pp. 77-84, out.-dez. 1992, p. 79; Alexandre Miranda Delgado, "Nota explicativa ao Auto de perguntas ao coronel Inácio José de Alvarenga Peixoto". In: ADIM, v. 5, p. 111. Entretanto, conforme documento do ACMRJ, em 30 de junho de 1743 faleceu a mãe de Alvarenga e não seu pai. A data da morte de seu progenitor ainda precisa ser descoberta, pois sabemos apenas que ela ocorreu em 1747. Conferir: ACMRJ, AP 801, livro 9º, fl. 265v – Livro de testamentos e óbitos / Paróquia de Nossa Senhora da Candelária, 1736-1744.

15. ACMRJ, AP 795, fl. 39v – Registro de casamento de Simão de Alvarenga Braga e Ângela Micaela da Cunha Nogueira / Paróquia de Nossa Senhora da Candelária.

16. ACMRJ, AP 764, livro 6º, fl. 91v – Batismo de livres / Paróquia de Nossa Senhora da Candelária, 1735-1757. No Assento de Batismo de Alvarenga Peixoto consta a informação de que foram seus padrinhos Paulo de Araújo Ferreira (avô materno) e Ana Maria de São Joaquim, esposa de Manual de Silva Braga, sócio e testamenteiro de Simão de Alvarenga Braga e tio de Alvarenga Peixoto. Estas informações corrigem as notas de abertura do Prefácio do livro de Manuel Rodrigues Lapa: "a data do seu nascimento e batismo e os locais onde passou a sua meninice e onde fez os seus primeiros estudos não foram ainda suficientemente dilucidados. Sabe-se que nasceu no Rio de Janeiro em 1743 ou 1744, porque ele próprio o declarou em inquirições de testemunhas e nos autos de devassa; mas nunca ninguém houve à mão a certidão de batismo". In: Manuel Rodrigues Lapa, *Vida e obra de Alvarenga Peixoto*. Rio de Janeiro: MEC-INL, 1960, p. IX.

17. ACMRJ, maço 21, n. 12, fls. 4; 3v – Inácio José de Alvarenga Peixoto: habilitação "de genere".

18. Com esta informação contestamos a ideia de que Alvarenga frequentou os primeiros estudos no Colégio dos Jesuítas do Rio de Janeiro, como está escrito em: Ignacio José de Alvarenga Peixoto, *Obras poeticas*. Edição de Joaquim Norberto de Sousa Silva. Rio de Janeiro: Garnier, 1865, p. 25; Lúcio José dos Santos, op. cit., p. 182; Márcio Jardim, op. cit., p. 133.

Tramas, devassas e documentos

O processo jurídico da devassa

Para se estudar a história e o contexto histórico da Conjuração Mineira, os ADIM são a principal fonte e porta de entrada, em que se encontram praticamente todos os documentos do processo aberto para julgar o crime de Inconfidência que se abateu sobre a capitania de Minas Gerais em 1788-1789.

Para avaliar esse acontecimento foi instaurada uma "devassa" para se apurar criminalmente o delito, visando, por meio de inquirição de testemunhas e outros meios de provas, punir os responsáveis. A devassa foi instituída para descobrir crimes de lesa-majestade de primeira cabeça: traição contra a vida do rei ou de seus representantes ou a segurança do Estado.[1]

Entre os planos dos inconfidentes havia a hipótese de se decapitar o governador, visconde de Barbacena, e pessoas fiéis à monarquia portuguesa, como o ouvidor de Vila Rica, Pedro José de Araújo, o escrivão da Junta da Real Fazenda, Carlos José da Silva, e o ajudante de ordens do governador, Antônio Xavier de Resende. Os sediciosos, por aventarem tais ideais, cometeram traição.[2]

Para a apuração do crime foram instaurados processos de devassa, iniciados no Rio de Janeiro, em 7 de maio, e em Vila Rica, em 12 de junho de 1789, respectivamente. A devassa do Rio de Janeiro iniciou-se por ordem do vice-rei Luís de Vasconcelos e Sousa e foi presidida pelo desembargador José Pedro Machado Coelho Torres, juiz sindicante, auxiliado pelo escrivão, o ouvidor Marcelino Pereira Cleto. Essa devassa pode ser dividida em três etapas distintas: a primeira se refere às interrogações efetuadas após a prisão de Tiradentes, em 10 de maio, no Rio de Janeiro; a segunda diz respeito às inquirições realizadas em Minas Gerais; e, por último, aquela realizada após o retorno dos juízes ao Rio de Janeiro, onde foram concluídos os processos judiciais.

No dia posterior à prisão do alferes Tiradentes, em 11 de maio, os desembargadores receberam as primeiras peças do Auto de Corpo de Delito, abrindo-se o processo com duas cartas-denúncia – a do coronel Joaquim Silvério dos Reis e a do ajudante de ordens João José Nunes Carneiro.[3]

Em Minas Gerais, o governador, visconde de Barbacena, mandou efetuar as prisões do ex-ouvidor de Vila Rica Tomás Antônio Gonzaga, do magistrado e fazendeiro Inácio José de Alvarenga Peixoto e do padre Carlos Correia de Toledo, e enviá-los ao Rio de Janeiro. Pelo fato de aqueles três réus representarem, naquele instante, o tripé político-econômico-social da Inconfidência – Gonzaga simbolizava a elite intelectual e política; Alvarenga, os meios econômicos e militares; o padre Toledo, o religioso –, o vice-rei determinou que se averiguasse a trama sediciosa que se abateu sobre a capitania. De 11 de maio a 8 de junho de 1789, a devassa fluminense ouviu oito testemunhas, e, julgando-se necessária a continuação dos trabalhos em Vila Rica, o vice-rei ordenou aos desembargadores que seguissem para a capital mineira, onde realizariam inquirições e diligências.

Na condição de vice-rei e governador da Relação do Rio de Janeiro, e tendo o tribunal jurisdição sobre a capitania de Minas Gerais, além de competência avocatória, Luís de Vasconcelos determinou ao governador Barbacena que enviasse os elementos de que dispunha para o Rio de Janeiro. Essa decisão mudou completamente os planos que o visconde tinha sobre os destinos dos inconfidentes. Ele esperava que tudo se encerrasse com a detenção dos principais implicados, longe de Minas, e sem a abertura de inquérito judicial.

Quando soube da decisão do vice-rei, Barbacena decretou, em 12 de junho, a abertura de sua própria devassa, que teve início no dia 15 daquele mês. Nomeou o desembargador Pedro José Araújo Saldanha, ouvidor da comarca de Vila Rica, como juiz sindicante, e José Caetano César Manitti, ouvidor da comarca de Sabará, como escrivão.

A partir de 15 de junho e até a chegada dos juízes do vice-rei, em 15 de julho, a devassa de Vila Rica ouviu 64 testemunhas na formação de culpa. Em 18 de julho, os membros da devassa fluminense requereram licença do governador para continuar suas diligências em território mineiro e reunir em um só processo as investigações realizadas até então. Neste último ponto, os representantes fluminenses não foram bem-sucedidos, pois o governador Barbacena irritou-se em várias ocasiões com o desembargador José Pedro Machado Coelho Torres, relutando em dar cumprimento às ordens do vice-rei. Em ofício de 23 de julho, Barbacena declarou sua total discordância perante as ordens vice-reais, interpretadas como uma invasão de jurisdição administrativa:

> [...] em consequência das novas instâncias de Vossa Mercê [desembargador Torres] e do ofício do senhor vice-rei [...] tenho mandado [...] que todos os autos originais sejam entregues a Vossa Mercê no estado em que se acham, feitas que sejam as cópias que me são precisas, e tiradas somente algumas testemunhas que já estiveram avisadas [...]. Com isto, começo a dar a Vossa Mercê o auxílio que me requer, e pode ficar na inteligência que o mesmo se lhe há de continuar sempre, e toda a instrução que lhe for necessária, até que Vossa Mercê dê por concluída a sua importante diligência, cuja relevância e ponderação, com outros motivos atendíveis nas presentes circunstâncias, assentei que excluíam não só a disputa, mas até o exame da legitimidade e competência da jurisdição e alçada, com que Vossa Mercê se julga autorizado.[4]

Ainda que o desembargador Torres estivesse credenciado pelo vice-rei para exercer sua jurisdição em Minas, o governador, visconde de Barbacena, ignorou esse fato, continuando, por conta própria, suas investigações, mesmo recebendo ordens para cessar as inquirições.

Kenneth Maxwell levantou a hipótese de que, provavelmente, o governador de Minas tivesse sido conivente com os planos da Conjuração, ao confundir dados do processo e ao resistir em aceitar o aprofundamento das investigações em sua jurisdição político-administrativa.[5] Essa suspeição parece ter fundamento, pois a atuação de Barbacena durante o processo judicial foi ambígua.[6] Em ofício ao vice-rei, de 11 de maio, propôs a seguinte medida:

> [...] acho conveniente dar logo parte a Sua Majestade para ocorrer com as providências necessárias e ordenar o que for servida, remediando-nos, entretanto, e acudindo com os meios interinos que estiverem na nossa mão. E tirar daqui e do Brasil os cabeças do motim que se puderem descobrir, sem maior aparato, dando a entender causa ou culpa diversa, ou não dizendo o porquê.[7]

Neste trecho do documento, Barbacena expôs com precisão o seu plano de apenas expulsar de Minas e do Brasil os suspeitos de participarem da rebelião mineira, punindo-os sem formação de culpa e apuração das responsabilidades.

As disputas entre o vice-rei e o governador, ou entre a devassa de Minas Gerais e a do Rio de Janeiro, que realizavam investigações concomitantemente, faziam com que os trabalhos se tornassem difíceis. Em janeiro de 1790, isto é, mais de nove meses depois de abertas as devassas, os impasses chegaram a tal ponto de conflito que os trabalhos, ameaçados de cessarem, tiveram de esperar providências vindas de Portugal para solucionar os impasses jurisdicionais. A rainha Maria I nomeou um tribunal especial para unificar e proclamar sentença irrecorrível.

Nesse ínterim, Barbacena enviou, por intermédio de Francisco Antônio Rebelo, uma cópia dos Autos de Minas ao ministro Martinho de Melo e Castro, secretário dos Negócios da Marinha e Domínios Ultramarinos; e uma segunda cópia, pelo caminho da Bahia, sob a responsabilidade do porta-estandarte Francisco Xavier Machado, que deveria entregar ao governador da Bahia para que este despachasse o documento em navio seguro para Portugal. Quando a cópia expedida pelo visconde de Barbacena chegou a Lisboa, um terceiro exemplar, com cópia da devassa do Rio de Janeiro, mandado pelo vice-rei já estava em poder do ministro.

No início de 1790, as devassas foram unificadas no Rio de Janeiro. Naquele mesmo período, o vice-rei adoeceu e o processo foi levado adiante pelo seu ajudante de ordens, Camilo Maria Tonelet.[8] Em 6 de julho, o vice-rei Luís de Vasconcelos foi substituído por dom Luís José de Castro, conde de Resende.[9]

Entre setembro e outubro de 1790, o ministro Martinho de Melo e Castro instituiu um Tribunal de Inquérito Visitador ou de Alçada para investigar e julgar especificamente assuntos relacionados à Inconfidência Mineira. A comissão foi composta do desembargador do Conselho Ultramarino Sebastião Xavier de Vasconcelos Coutinho, presidente, nomeado também chanceler do Tribunal da Relação do Rio de Janeiro, do desembargador Antônio Diniz da Cruz e Silva, agravante, e do desembargador Antônio Gomes Ribeiro, agravista.[10] No Rio, o grupo se completaria com três outros desembargadores, José Veiga, João Figueiredo e João Amorim, e o escrivão desembargador Francisco Luís Álvares da Rocha, assistido pelos escrivães auxiliares Marcelino Pereira Cleto e José Caetano César Manitti.[11] A indicação de Manitti, que já era escrivão da devassa mineira, visava compensar politicamente Barbacena pela mudança de foro.

A Alçada trabalhou intensamente: determinou a prisão de numerosos suspeitos e multiplicou os interrogatórios e as acareações. O acórdão de sentença, proferido pelo Tribunal da Relação do Rio de Janeiro, em abril de 1792, condenou apenas um único réu, comutando a pena dos demais inconfidentes em degredo para a África. O alferes Tiradentes foi condenado a morte na forca e teve a sua cabeça decapitada e exposta em Vila Rica e o seu corpo dividido em "quatro quartos", pregados em postes na estrada entre o Rio de Janeiro e Minas Gerais, nos principais locais onde fez campanha pela sedição.[12]

Na mesma sentença condenaram-se outros conjurados à pena capital, sendo que o coronel Inácio José de Alvarenga Peixoto, o coronel Francisco Antônio de Oliveira Lopes, o tenente-coronel Francisco de Paula Freire de Andrada, o sargento-mor Luís Vaz de Toledo Piza, o tenente-coronel Domingos de Abreu Vieira, acompanhado do escravo Nicolau, e José Álvares Maciel ainda deveriam ser esquartejados e ter seus quartos expostos à execração pública; para o capitão José de Resende Costa e seu filho de nome homônimo, o cirurgião Salvador Carvalho do Amaral Gurgel e o doutor Domingos Vidal de Barbosa Laje seriam aplicadas apenas a forca e permitido o sepultamento. Os demais – o guarda-livros Vicente Vieira da

Mota, o coronel José Aires Gomes, o estalajadeiro João da Costa Rodrigues, o ouvidor Tomás Antônio Gonzaga e o carpinteiro Antônio de Oliveira Lopes – receberam como pena o degredo perpétuo para a África. O capitão João Dias da Mota recebeu dez anos de degredo. O alferes Vitoriano Gonçalves Veloso, além de degredo perpétuo, recebeu a pena adicional de dar três voltas em redor da forca, porque era mulato. Todos tiveram declarados infames filhos e netos, inclusive o advogado Cláudio Manuel da Costa, que morrera na prisão em 1789. Contra os réus eclesiásticos – cônego Luís Vieira da Silva e padres José da Silva e Oliveira Rolim, Manuel Rodrigues da Costa, Carlos Correia de Toledo e José Lopes de Oliveira – nada se leu, pois seriam remetidos para Lisboa, onde receberiam a sentença condenatória.[13]

Quatro horas depois de proclamada a sentença e do tumulto que ela causou entre os condenados, ocorreu a leitura da carta de perdão da rainha Maria I, de 15 de outubro, mantida em segredo pela Alçada, que estabelecia os castigos. Todos os réus, exceto Tiradentes, tiveram a pena comutada em degredo para a África.[14]

Na manhã de 21 de abril realizou-se o espetáculo de enforcamento, decapitação e esquartejamento do alferes Tiradentes na cidade do Rio de Janeiro. A comitiva com as partes de seu corpo, como previa a sentença, partiu em 22 de abril, chegando a Vila Rica em 21 de maio. No dia seguinte, iniciaram-se os festejos pelo malogro da Conjuração Mineira e pela morte de Tiradentes: sua cabeça foi colocada no centro da praça da vila, finalizando a história da repressão à Inconfidência Mineira, dando início ao processo de sequestro dos bens dos conjurados pela Coroa, com o propósito de se apurarem os valores tomados aos réus e os pagamentos das custas processuais aos respectivos credores.

Os sequestros de bens na historiografia

Coube ao barão Homem de Melo, ao orientar a transcrição e a publicação de uma série de documentos sobre a Conjuração Mineira, pertencentes, em sua maior parte, ao acervo do IHGB, divulgar os Autos de Sequestro que até aquele instante não haviam sido pesquisados e publicados e dos quais extraiu algumas peças de grande valor, como a relação dos livros que compunham a biblioteca do cônego Luís Vieira da Silva.[15]

Muitos anos mais tarde, Eduardo Frieiro trataria do mesmo assunto no primeiro capítulo de seu livro *O diabo na livraria do cônego* (1945). Preocupou-se em inventariar e analisar os livros apreendidos pela devassa mineira, a fim de desvendar quais deles o cônego lia e quais as inclinações ou direções de seu pensamento, já que foi um dos indivíduos de Minas que "respirou a plenos pulmões os melhores ares do espírito do tempo".[16]

Como homem em dia com as ideias europeias, Luís Vieira possuía numerosas obras que representavam o enciclopedismo, a filosofia racionalista e o otimismo naturalista dos iluministas franceses. Os livros encontrados em sua posse foram primordiais, segundo Eduardo Frieiro, para a concretização do levante, uma vez que influíram decisivamente nos ânimos revolucionários dos demais envolvidos na Conjuração Mineira.

O espírito do inconformismo e da revolução – o espírito do diabo – estava presente no sequestro. Sua biblioteca contava, ainda de acordo com Frieiro, com cerca de oitocentos volumes em 270 títulos. Temas como religião, literatura, filosofia e ciências, do antigo ao novo, achavam-se bem representados. Há evidentes sinais de apreço à Antiguidade clássica e aos melhores clássicos franceses, italianos e portugueses. Textos filosóficos e literários franceses mostravam-se exagerados: Voltaire, Montesquieu, Bossuet, Racine, Corneille e Marmontel faziam-se representar, entre outros autores. No todo, nada sobre o Brasil ou do Brasil.[17]

Entre seus livros havia a predominância de assuntos de teor profano, contrário aos padrões da época, que indicavam que, entre os religiosos, "a maioria possuía obras de devoção e liturgia, teologia e cânones".[18]

Mesmo se conhecendo o teor revolucionário de sua biblioteca, o número exato de títulos e volumes que a formavam era desconhecido. Por ser objeto de frequentes referências e citações, a livraria do cônego Luís Vieira sempre impressionou os estudiosos pelo valor cultural e histórico de suas obras. Em tais casos, a admiração acabou por fazer acréscimos ao acervo, alterando seus números e levando a falsas implicações históricas.[19]

O número de livros atribuído ao cônego inconfidente impressiona. Enquanto Eduardo Frieiro, de maneira pioneira, atribuiu-lhe 270 obras em oitocentos volumes, Paulo Gomes Leite indicou 276 títulos em 563 volumes.[20] Luiz Villalta, em textos diversos, apontou números discordantes: em sua dissertação de mestrado, *A "torpeza diversificada dos vícios": celibato, concubinato e casamento no mundo dos letrados de Minas Gerais (1748-1801)*, escreveu que a biblioteca do cônego compreendia 241 títulos em 556 volumes e nos artigos "Os clérigos e os livros nas Minas Gerais da segunda metade do século XVIII" e "Ler, escrever, bibliotecas e estratificação social", 279 títulos em 612 volumes.[21]

Apesar dessas discrepâncias numéricas, descobrimos, com base nos Autos de Sequestro originais dos bens do cônego Luís Vieira, que, na verdade, lhe foram confiscados 266 livros em 569 volumes. Estes números baseiam-se nos traslados finais de seu sequestro, após a devolução de livros que não lhe pertenciam e a reorganização temática e quantitativa das obras.[22] Essa flutuação em seus números explica-se por dois motivos: o desconhecimento que se tem do processo integral do sequestro e o fato de se acreditar que a listagem publicada nos ADIM seja um instantâneo perfeito e absoluto de tudo que o sedicioso tinha em sua casa, esquecendo-se de que alguns dos bens poderiam ser de terceiros.

O importante é que, a partir da pesquisa de Eduardo Frieiro, o sequestro de bens dos inconfidentes passou a ser utilizado como fonte documental no estudo da posse e na construção da história dos livros em Minas Gerais, na segunda metade do século XVIII. Bradford Burns, em "The Enlightenment in two Colonial Brazilian libraries" (1964), analisou a repercussão do Iluminismo em Minas Gerais, a partir do acervo da Biblioteca Municipal de São João del--Rei, cujas origens remontam a duas bibliotecas formadas na segunda metade do Setecentos, a dos inconfidentes José de Resende Costa, pai e filho, e a de Batista Caetano de Almeida, político do Primeiro Reinado.[23]

Dos vinte títulos e 61 volumes que faziam parte da biblioteca da família Resende Costa, apreendidos pela devassa em 1791, somente dois desses títulos sobreviveram ao tempo: o poema "A religião", de "Monsieur" Louis Racine (edição de 1775, em um volume em oitavo), e "Obras", do dramaturgo francês Jean Baptiste Racine (em três volumes em oitavo). Por se conheceram apenas seus títulos, listados na edição impressa da devassa como "Poema da Religião de Racine" e "Obras de Racine", a historiografia atribuiu a autoria destas duas obras a um mesmo autor: Racine. Ao se localizarem os livros, descobrimos que os autores eram diferentes – o dramaturgo Jean Racine era pai de Louis Racine.[24]

Mas, foi graças aos sequestros – e também a fontes diversas como denúncias feitas ao Santo Ofício, relatórios governamentais e inventários, por exemplo – que pesquisadores como Paulo Gomes Leite, Luiz Villalta e Álvaro de Araujo Antunes estudaram a distribuição da posse e a circulação de livros em Minas Gerais colonial. A partir do sequestro dos livros realizado ao cônego Vieira, estes autores contestaram a visão que se tinha até então, de que a biblioteca desse religioso era a mais relevante no que concerne à bibliografia iluminista e revolucionária em Minas Gerais, e passaram a analisar bibliotecas particulares pertencentes a outras pessoas de destaque da sociedade setecentista mineira.

Paulo Gomes Leite estudou os livros que pertenceram ao doutor José Pereira Ribeiro, importante advogado em Mariana (Minas Gerais). Entre as 201 obras distribuídas em 486 volumes listados em seu inventário, datado de 1798, constatou que livros iluministas (muito deles proibidos pela censura régia), revolucionários e heréticos, abundavam em sua biblioteca. Ali estavam Mably, Voltaire, Genovesi, Robertson, D'Alembert, Montesquieu, Bielfeld, Condillac e outros. Sabe-se, pelos ADIM, que o doutor Ribeiro tinha a *Histoire philosophique et politique des établissements et du commerce des européens dans les deux Indes* [História filosófica e política dos estabelecimentos e do comércio dos europeus nas duas Índias], do abade Raynal, e a compilação das leis constitutivas dos norte-americanos.[25] Quando foi realizado o seu inventário, a obra de Raynal estava emprestada ao inconfidente Domingos Vidal Barbosa Lage, e as leis norte-americanas, ao cônego Vieira. Pela presença destes dois libelos em sua biblioteca e por eles serem constantemente referenciados pelos conjurados em contextos de crítica ao colonialismo português, Paulo atribuiu a essa biblioteca o epíteto de o mais importante "suporte ideológico da Inconfidência Mineira".[26]

Percorrendo esta mesma linha de análise e acompanhando a mesma personagem, Álvaro Antunes descortinou a trajetória do doutor Pereira Ribeiro, a partir da teia que constituía o seu universo relacional. Para isso, ele se deteve sobre a biblioteca desse doutor de Mariana, cruzando-a com a de dois outros advogados, os doutores Manoel da Silva Araújo e Antônio da Silva e Sousa, e com a do cônego Luís Vieira.[27]

Ainda com relação às bibliotecas dos inconfidentes, Villalta procurou, valendo-se dos sequestros, identificar seus títulos, bem como classificar e quantificar os livros em divisões por assuntos e nas áreas de ciências sacras e ciências profanas, a fim de reconhecer regularidades entre essas diversas livrarias e a existência de traços singulares em cada uma delas. Indicou que nenhuma das bibliotecas dos participantes da Conjuração Mineira, em termos de tamanho, comparava-se à do bispo de Mariana, à época da Inconfidência, dom frei Domingos da Encarnação Pontevel, constituída de 412 títulos em 1.056 volumes. A biblioteca que se aproximava dela, pela quantidade de obras, ainda que à distância, era a do cônego Vieira. Entretanto, no que se refere à distribuição temática das obras, a biblioteca do bispo marianense assemelhava-se às livrarias de dois outros eclesiásticos inconfidentes: padres Manuel Rodrigues da Costa e Carlos Correia de Toledo. Nelas se nota a preeminência das ciências sacras sobre as ciências profanas. Dentre as ciências sacras, os livros de teologia e liturgia são a maioria nas três livrarias.[28]

Mas, de todas as questões investigadas por Villalta, as mais instigantes versaram sobre a distribuição da posse de livros e a boêmia literária em Minas Gerais colonial. O autor informou que, na segunda metade do século XVIII, os inconfidentes protagonizaram uma boêmia literária e que esta boêmia, saindo dos círculos puramente literários, tornou-se, aos poucos, explicitamente política e subversiva, convertendo-se em Inconfidência. De sua existência, nos lembrou que os conjurados traziam obras proibidas do exterior, que permutavam livros e traduções de textos e discutiam as ideias apontadas nos livros.[29]

Tais livros, ainda de acordo com Luiz Villalta, chegavam às mãos dos mineiros por intermédio de livreiros, da compra de espólios arrematados em leilão e de brasileiros que regressavam de estudos na Europa, trazendo em suas bagagens compêndios literários ilustrados que procuravam divulgar e integrar-se às correntes modernas dos conhecimentos filosóficos, científicos, literários e revolucionários que pretendiam a quebra dos laços coloniais.[30]

Em suas reuniões, além de poesias, os sediciosos discutiam a situação política e econômica da capitania de Minas Gerais, mirando-se no exemplo da bem-sucedida independência das Treze Colônias Inglesas da América do Norte, que conheceram por meio de escritos publicados em francês. Apesar de a posse de livros não ser disseminada, sua circulação era intensa. As obras eram lidas não apenas por aqueles que as compravam, mas também pelos seus familiares e amigos, por empréstimos, prática corrente entre os inconfidentes.[31]

As ideias revolucionárias difundiam-se por três suportes: os livros, as cópias manuscritas e a linguagem oral. Foi graças às devassas e aos sequestros que se rastrearam nas bibliotecas inconfidentes a posse, a circulação de livros em Minas colonial e os movimentos políticos que lhes eram contemporâneos.

Essa documentação também foi usada para se estudar a história da vida privada no Brasil colônia. Após a divulgação realizada pelo barão Homem de Melo dos potenciais de pesquisas oriundos das listagens de bens sequestrados dos sediciosos mineiros, Hélcia Dias (1939) utilizou a publicação dos ADIM para estudar o mobiliário usado em Minas Gerais em fins do século XVIII.[32]

Depois de aproximadamente cinquenta anos, Leila Mezan Algranti utilizou evidências dos sequestros para discutir aspectos da vida doméstica na América portuguesa. Para retratar os espaços da intimidade das famílias mineiras setecentistas, a autora utilizou dados dos inconfidentes na reconstituição do mobiliário, dos utensílios de cama, mesa e banho, das sociabilidades e dos costumes domésticos de jogos, hospedagem, festas, visitas, reuniões etc.[33]

No uso dos sequestros como fontes de pesquisa para a história da questão agrária e da riqueza dos inconfidentes incluem-se as pesquisas de

Carlos Magno Guimarães e Liana Maria Reis, sobre a estrutura agrária e a escravidão na Conjuração Mineira, e a de Beatriz Ricardina Magalhães.[34]

Baseando-se nos inventários dos bens sequestrados e nos depoimentos das testemunhas ouvidas pela devassa de Minas Gerais, Carlos Magno concluiu que a mineração era a atividade à qual estavam ligados, pelo menos, 36% dos principais envolvidos no levante, sendo que em todos os casos a mineração estava associada a atividades agrárias e afins. Esta constatação lhe permitiu fazer a inferência de que a Inconfidência representaria – muito, embora não exclusivamente –, antes os interesses ou a participação de uma elite agrária do que os interesses de um grupo de mineradores descontentes com uma taxação excessiva por parte da Coroa.[35]

Os historiadores que têm estudado a Conjuração Mineira, de acordo com o autor, são unânimes em caracterizá-la como um movimento de elite, constituído de grandes mineradores e fazendeiros que, ameaçados pela possibilidade da cobrança da derrama, resolveram articular uma revolta que tivesse como objetivo livrar os mineiros das dívidas e dos impostos que deviam à Coroa portuguesa, rompendo com a metrópole, tornando o Brasil independente. Pelo fato de a derrama ser cobrada em ouro atribuiu-se aos mineradores o peso determinante na elaboração da revolta. Pelo fato de as articulações terem se dado em larga medida nos centros urbanos criou-se, também, a tendência a atribuir ao movimento um caráter essencialmente urbano.[36]

Os encargos respectivos da agricultura e da mineração, assim como das diferentes regiões no conjunto da economia mineira, alteraram-se ao longo do tempo. A capitania encontrava-se em meio a uma retração da produção aurífera e assistia a uma mudança de eixo socioeconômico da região central para o sul, na comarca do Rio das Mortes, em decorrência do processo de diversificação econômica em curso. O momento favoreceu o surgimento de uma consciência crítica devido à percepção dual que se produziu no interior da elite mineira: a colônia possuía riqueza e certa autossuficiência, mas esta mesma riqueza, ao ser drenada para fora, engendrava pobreza e vexações aos colonos.[37]

Além das divergências ideológicas, políticas ou pessoais entre os sediciosos, existiram também diferentes formas de concepção da riqueza e, mais importante, diferentes formas de apropriação de riqueza. Kenneth Maxwell, em *A devassa da devassa* (1973), demonstrou que a Conjuração foi uma revolta da plutocracia (diferenciados setores sociais ligados à administração, à economia e à política) contra a política econômica portuguesa do ministro Martinho de Melo e Castro. Graças à política empreendida pelo marquês de Pombal, a camada dominante local ascendeu aos altos postos administrativos, fazendários e jurídicos da capitania, permitindo que o Estado fosse utilizado como instrumento de seus interesses particulares. A Inconfidência Mineira foi resultado da luta desta camada dominante (que ora denomina plutocracia, ora magnatas) pela continuidade dos privilégios acumulados ao longo da segunda metade do século XVIII e que lhe permitiu não só desfrutar legalmente das riquezas coloniais, contrariando a dinâmica do Pacto Colonial, como também se ligar ao contrabando e aos descaminhos, agindo à margem da lei. A atuação de Pombal provocou uma situação excepcional, que a ascensão do ministro Martinho de Melo e Castro, no reinado de dona Maria I, buscou corrigir, exercendo com rigor o Pacto Colonial e recolocando no poder a burguesia metropolitana.[38]

Interpretando o levante mineiro a partir de uma visão unilateral em sua dimensão política, Maxwell definiu-o como uma espécie de manifestação de protesto nativista de uma plutocracia constituída de burocratas e intelectuais, de mineradores e oligarcas endividados em defesa de seus cabedais.[39]

Opondo-se a essa interpretação, João Pinto Furtado, em *O manto de Penélope: história, mito e memória da Inconfidência Mineira de 1788-9*, apoiando-se inicialmente nos textos de Carlos Magno Guimarães e com base nos levantamentos dos bens e nas avaliações recebidas pelo patrimônio sequestrado dos sediciosos, demonstrou, ao traçar o perfil socioeconômico dos envolvidos, que os inconfidentes tinham múltiplos interesses, alguns até excludentes, não podendo ser vistos como um grupo unívoco, provido de interesses afins.[40]

João Furtado, ao utilizar os sequestros de bens como fonte de pesquisa, criticou boa parte das interpretações de Kenneth Maxwell, entre elas a de que o levante mineiro teria sido nacionalista e com ideais republicanos. Além disso, acrescentou que dificilmente a revolta mineira traria um programa político minimamente coeso, devido à diferenciação econômica e social dos envolvidos: "os mais destacados de seus líderes tinham um horizonte antes reformador, no qual ocupava lugar central uma simples reestruturação do sistema de poder nas Minas".[41]

Censurando o uso dado por Maxwell às ideias de nacionalismo e república na Conjuração, informou-nos que ele utilizou esses vocábulos sem critérios e sem contextualizá-los nos Setecentos. A exemplo de Penélope, personagem mítica da história grega, que fazia e desfazia os bordados do próprio manto, enquanto aguardava o amado Ulisses retornar de suas desventuras, João Furtado desfiou a historiografia sobre a Inconfidência Mineira para distinguir o que é próprio do evento daquilo que foi construído posteriormente, separando o que é memória do que é mito.

Ao partir de preceitos estudados anteriormente por Laura de Mello e Souza e Carla Maria Junho Anastasia, de que a Conjuração foi apenas uma das várias revoltas acontecidas em Minas ao longo do século XVIII, João Furtado mostrou que os inconfidentes queriam o mesmo que tantos outros movimentos da época: acabar com os constrangimentos impostos por Portugal.[42] Com a punição recebida por Tiradentes, em 1792, teve início o processo que o alçou à condição de mártir e herói nacional, e fez o movimento mineiro ser conhecido como embrião dos movimentos de Independência, Abolição da Escravatura e Proclamação da República. Os sediciosos pensavam em liberdade, mas nunca liberdade total a ponto de romper os vínculos com Portugal. Entre seus objetivos não estavam a promoção de reformas sociais nem a igualdade de direitos. Do ponto de vista puramente quantitativo, de acordo com informações extraídas dos Autos de Sequestro, "é possível afirmar que 60% dos 24 inconfidentes submetidos a julgamento e condenados eram proprietários de escravos". Em termos percentuais, "88% da escravaria sequestrada pertence a moradores da Comarca do Rio das Mortes, sendo que apenas um deles, o coronel Alvarenga Peixoto, possuía cerca de 29% do total".[43]

Baseando-se nesses números, obtidos nos sequestros publicados no sexto volume dos ADIM, e tendo como referência as posições antagônicas entre os revoltosos que se dispunham a discutir o tema da escravidão, João Furtado citou que proprietários de 36% da massa escrava sequestrada estavam dispostos a transgredir sua condição de proprietários, ao passo que "apenas 4% da mesma massa eram terminantemente contrários à proposta" de se libertarem os escravos. Por que grandes proprietários escravistas propõem a abolição e os pequenos escravistas querem a manutenção do sistema?[44]

Para realizar a análise dessa contradição, João Furtado buscou na historiografia e no estudo dos bens sequestrados as condicionantes do movimento, para demonstrar a heterogeneidade dos inconfidentes e seus múltiplos interesses no processo de diferenciação econômico-regional.

A Conjuração Mineira pode não ser uma revolta homogênea, como apontou João Furtado, mas havia laços comuns que uniam os sediciosos, como observado por Kenneth Maxwell. Esses laços estavam fortemente enraizados entre os partícipes do levante, principalmente nas relações que misturavam compadrio, trocas e envolvimentos econômicos em atividades lícitas e ilícitas, como o contrabando, e em vínculos empregatícios, hierárquicos e de crédito, sendo essas relações de sociabilidade e clientela fundamentais para a definição de interesses comuns.

Embora Maxwell revelasse a existência de redes de interesses que envolviam os participantes da Conjuração, ainda falta demonstrar como essas redes se constituíam, quais os temas comuns que uniam essas pessoas e como ocorriam a imbricação e a inserção dessas pessoas nas esferas de poder.

A partir dos sequestros praticados é possível descobrir não só os bens omitidos, ou quais as pessoas que o fizeram ou quem permitiu tal prática, mas também conhecer os processos de resistência às políticas tributárias que podiam se concretizar na sonegação ou em rebelião. Aqui, fiquemos com o primeiro caso – os sequestros de bens, as tramas, as redes de solidariedade e as negociações que levaram à sonegação fiscal praticada pelos inconfidentes e por suas famílias perante a devassa.

Os sequestros de bens como fonte de pesquisa

Sequestro é um processo em que se faz a descrição, avaliação e partilha dos bens de uma pessoa presa pelo crime de Inconfidência. Por lei, nas disposições contidas no Livro v das *Ordenações Filipinas*, a anotação do que será sequestrado deve ser feita com minuciosidade e exatidão, de modo a ficar bem conhecido o complexo de bens a ser canalizado para os cofres da Coroa.[45]

A elaboração do sequestro cabe à Justiça local, perante ordens dos juízes ou corregedores do domicílio do réu, sob a ingerência do desembargador responsável pela devassa ou inquirição judicial. Como uma das penalizações pelo crime de lesa-majestade é a perda total de bens, o que acarretaria um golpe decisivo no destino das famílias envolvidas, sua ordem é delegada de instância superior, após esgotarem-se as possibilidades de defesa dos réus. Como os envolvidos na Conjuração mantinham residência em Minas Gerais, competia ao governador nomear o juiz ou a comissão encarregada de processar os indicados no crime de inconfidência, fazendo cumprir a lei em sua jurisdição administrativa.[46]

Sua preparação não era plenamente objetiva, descrevendo unicamente bem por bem, mas dependia da personalidade e dos critérios do escrivão. Como agentes ativos na sociedade em que se inserem, seus atos notariais são reveladores não apenas do pulsar de questões de caráter econômico, antropológico, espiritual, cultural e material (exemplo dos testamentos e inventários), mas também dos discursos que os indivíduos produzem em seu nome e em nome dos conjuntos sociais em que se inserem.[47] Deste ponto de vista, cada ato testemunha o encontro entre várias realidades: a do meirinho e a do escrivão, envolvidos e identificados em estratégias pessoais.

Quando eclodiram as prisões dos conjurados, dona Hipólita Jacinta Teixeira de Melo, esposa do tenente-coronel Francisco Antônio de Oliveira Lopes, foi punida pelo governador, visconde de Barbacena, com a perda total de seus bens, sem direito à meação conjugal, pela sua efetiva participação na rebelião. Mesmo assim, ela soube agir em defesa de seus interesses, no sentido de resguardar seus imóveis e bens semoventes, em uma luta que durou uma década, até conseguir a efetiva partilha de seu patrimônio. Em seu testamento, datado de 27 de abril de 1828, nota-se que era possuidora de muitos bens, como fazendas, lavras e escravos que alforriou.[48]

Por ocasião do inventário de bens do casal, Hipólita Jacinta teria provavelmente subornado o funcionário responsável para omitir bens do sequestro. Para isso, ela ofereceu ao ouvidor Luís Ferreira de Araújo e Azevedo "três vacas paridas", que, segundo denúncia anônima recebida por Barbacena contra aquela listagem de bens, se achavam na chácara do meirinho geral Antônio José Simões.[49]

A atuação heterogênea de tabeliães e as variadas práticas notariais que realizaram, ora minuciosas e cuidadosas, ora displicentes e repletas de falhas e omissões, indicam limites de análise dos sequestros. Em alguns registros de livros apreendidos dos sediciosos houve apenas referência ao número de obras; em outros, mencionaram-se somente os nomes dos autores e seus títulos, ou, ainda, apenas parte deles ou abreviaturas. No sequestro dos livros do cônego Luís Vieira da Silva, de acordo com Luiz Villalta, as obras *La Gerusaleme liberata* e *Les aventures de Télémaque* foram referenciadas sem menção aos seus autores, respectivamente Torquato Tasso e Fénélon, e, inversamente, apareceu o nome de Suetônio, sem que se citasse o título de sua obra *A vida dos doze Césares*. Erros de grafia, principalmente na indicação de autores e títulos estrangeiros, também foram comuns: ainda no inventário das obras do dito cônego encontrou-se o teólogo Melchiores Cani (Melchior Cano), transformado pelo escrivão em Melxioris Carii.[50]

Os títulos dos livros apreendidos nas casas de Tomás Antônio Gonzaga e de Francisco de Paula Freire de Andrada foram omitidos. Destas bibliotecas conhecemos apenas o número de livros existentes em cada uma delas: 83 e 84, respectivamente.[51]

Outro problema que também se encontra, ainda de acordo com Villalta, no que se refere às práticas de leitura e à posse de livros entre letrados inconfidentes, é a ignorância dos tabeliães com relação aos impressos de pouco valor, que foram omitidos ou arrolados de maneira truncada. Nos sequestros contra Cláudio Manuel da Costa mencionaram-se "quinze livros de oitavo, e um quarto" e "três livros de traduções de tragédias, e mais outro dos mesmos relatados e poemas", sem que seus títulos e autores fossem definidos. Situação que também se encontrou presente no inventário da biblioteca do padre Manuel Rodrigues da Costa, que teve listados "15 livrinhos velhos de várias matérias e quase inúteis", cujos autores e títulos, em razão de seu estado de deterioração, nem sequer foram mencionados.[52]

Os sequestros, ademais, também podem ser vítimas de outro tipo de omissão: a resultante da subtração aos arrolamentos dos livros preciosos ou perigosos. Exemplo típico pode ser aventado no sequestro dos bens do ouvidor e poeta Alvarenga Peixoto, que decepciona pela pobreza numérica de livros apreendidos – teve apenas quatro títulos em dezoito volumes. Nesse sequestro não se observam quaisquer reflexos da carreira de magistrado nem obras de literatura.[53]

Além da possibilidade de livros comprometedores terem sido subtraídos das bibliotecas inconfidentes, cuja presença Bradford Burns e Luiz Villalta colocam como hipótese, ainda encontramos falhas nas transcrições dos inventários de bens, que põem em suspeita a relação, por exemplo, dos livros que se encontram transcritos e publicados pela historiografia. A biblioteca de José de Resende Costa, pai e filho, de acordo com a historiografia, teve vinte títulos em sessenta volumes sequestrados, com obras de Voltaire, Marmontel, Molière, Fénélon, Racine, Virgílio e Homero.[54] Ao contrário do índice livresco publicado nos ADIM, e que serviu de base para os autores, a livraria dos Resende Costa contava ainda com mais uma obra: *Seletas latinas*, do educador francês Pierre Chompré, em seis tomos em oitavo.[55] Trata-se de uma antologia, composta de trechos escolhidos, e algumas vezes reescritos, de autores latinos, endereçada aos estudantes ingressantes e aos que pretendiam entrar como alunos na Universidade de Coimbra. Um dos planos de José de Resende Costa, o filho, era o de estudar em Portugal, em 1789. O livro, portanto, ao que tudo indica, pertencia ao filho do coronel Resende Costa, que se preparava didaticamente para as provas de ingresso na Universidade. Por ele estar debaixo do pátrio poder, o ouvidor Manitti não realizou nenhum sequestro específico em bens deste conjurado, pois ele "se achava empregado nos estudos".[56]

Além da inclusão de *Seletas latinas*, em seis volumes, a relação dos livros dos Resende Costa passou por nova avaliação temática e quantitativa, alterando-se seus números: a obra *Ilíada*, de Homero, inicialmente indicada em "sete volumes", passou com a revalidação do sequestro a ser indicada em "oito volumes"; assim como a obra de Genuense (Genovesi), que passou dos "sete volumes" iniciais para "dois volumes". A obra *Gradus ad Parnasum*, constante na edição impressa do sequestro, não apareceu escrita na indicação final dos livros que lhe foram apreendidos. Com isso, o número conclusivo das obras sequestradas dos Resende Costa – se as informações extraídas da reavaliação do sequestro e sua consequente listagem nos Autos de Arrematação de 1804 forem corretas – passam a ser vinte títulos em 61 volumes.[57]

Os sequestros possibilitam a reconstituição da vida social e econômica de uma pessoa, permitindo encontrar, além dos livros que possuía, as dívidas ativas (a receber), as dívidas passivas (a pagar), o dinheiro, o ouro e a prata armazenados, as terras de cultura, as sesmarias, as lavras minerais, os instrumentos agrícolas e minerais, os engenhos, os animais de tração, as louças, os utensílios de fabrico de açúcar e aguardente, o vestuário, a escravaria, a prataria, as práticas religiosas e toda espécie de objetos de uso pessoal.

Abandonando os aspectos gerais dos bens sequestrados, e nos restringindo às mais prosaicas das avaliações, entramos em contato com assuntos que estão no centro do atual debate historiográfico: o movimento dos preços, os mecanismos de mercado e de crédito – sugeridos ou mesmo indicados pelas prestações de contas, listas e declarações de dívidas – e as redes de sociabilidade, solidariedade, interesses e negócios que envolvem parentes, vizinhos, amigos, agentes comerciais, oficiais de justiça, oficiais de fazenda, administradores coloniais e negociantes.

Os sequestros, assim, nos permitem vasculhar dados da vida cotidiana e das estruturas econômicas e sociais dos conjurados, pois tornam possível o contato com as precariedades vitais e a miséria de uns, com o conforto e a opulência de outros. Para que estas informações nos cheguem, totais ou parciais, é imprescindível analisar a estrutura de normatização de um sequestro, a atuação do ouvidor e a dos tabeliães responsáveis pelas listagens de bens dos inconfidentes.

A normatização dos registros de sequestro

1. Autos de Inventário e Apreensão

Os Autos de Inventário e Apreensão são a peça mais importante do processo de sequestro, pois neles está (ou pelo menos deveria estar) arrolada a descrição de todos os bens, cuja finalidade é tornar perfeitamente certo e conhecido tudo aquilo que se encontrava em poder do inconfidente ao tempo de sua prisão.

Todos os bens devem ser descritos individualizados, declarando-se separadamente o dinheiro e as pedras preciosas possuídas, os imóveis (bens de raiz), os móveis, os semoventes e as dívidas ativas. Quanto aos bens de raiz (imóveis, terras e áreas de cultura), devem ser apontados a situação, a extensão, confrontações ou limites, bem como todas as indicações elucidativas que ajudem na descrição de seus ônus reais e condições de exploração e produtividade. No que se refere aos bens imóveis (utensílios domésticos, mobílias em geral, vestuário, joias e instrumentos de trabalho), os tabeliães devem indicar sinais característicos, que os distinguissem de outros semelhantes, tornando-os bem conhecidos a todo o tempo. Quanto aos semoventes (bens que se movem, como animais e escravos), seu número, espécies, marcas ou sinais distintivos deveriam ser anotados nas listas dos bens sequestrados.

As dívidas ativas também devem ser minuciosamente descritas, declarando-se a importância e os nomes dos respectivos devedores, os juros convencionados, as datas de seus vencimentos, as prestações já pagas, as garantias que tiverem e os títulos (escrituras públicas ou instrumentos particulares) de que constem. Bens alheios, encontrados posteriormente ao processo de apreensão, também serão sequestrados e descritos na documentação com clareza e minúcia, em processo de adição ou em um novo Auto de Sequestro. Caso algum bem preso pertença a uma terceira pessoa, esta deve solicitar em juízo a restituição daquele patrimônio, comprovando sua afirmação.

O sequestro se iniciava no domicílio do preso, independentemente de ele possuir bens situados em outras regiões ou comarcas. Praticamente tudo o que era usado no dia a dia, desde que não fosse feito de palha, barro ou madeira comum, e tivesse valor monetário, foi apreendido pela devassa. Vivia-se em uma "economia de reaproveitamento", em que comercializar roupas de uso pessoal e objetos de casa não constrangia vendedores e consumidores, daí a necessidade de se elaborar um rol minucioso dos bens da casa, já que estes poderiam voltar ao mercado.[58]

2. Avaliação dos bens

A avaliação dos bens constitui o corpo do sequestro. Nos ADIM publicaram-se os Autos de Inventário, alguns parciais, e a avaliação do patrimônio de cinco sediciosos: do poeta e fazendeiro Alvarenga Peixoto, do cônego Luís Vieira, do guarda-livros e caixeiro Vicente Vieira da Mota, do padre Carlos Correia de Toledo e do seu irmão sargento-mor Luís Vaz de Toledo Piza. Dos demais conspiradores, as avaliações e seus documentos comprobatórios são desconhecidos da historiografia.

O trabalho mais recente que procurou sistematizar e quantificar os bens inconfidentes é o de João Furtado, *O manto de Penélope*. Na pesquisa, como advertiu, ao avaliar monetariamente o patrimônio dos 24 sentenciados, os valores para efeito de cálculo foram obtidos aritmeticamente por um preço médio estimado. Com exceção dos cinco sequestros citados no parágrafo anterior, todas as avaliações recebidas pelos demais revoltosos foram realizadas por meio da teoria da probabilidade e não condizem com a realidade.

Entre as informações fornecidas a partir da leitura dos Autos de Sequestro originais constam a avaliação recebida pelos bens apreendidos dos sediciosos, assim como os acréscimos e decréscimos dos patrimônios.

A avaliação é a determinação do justo preço de um bem, feita pela geral e comum estimação, levando-se em consideração o tempo, o lugar em que as coisas existiam, o estado em que se encontravam no momento da avaliação, os ônus e as condições a que estavam sujeitas e o proveito que delas se pudessem tirar, regulando-se o preço.

Cada bem é avaliado separadamente, especificando as dimensões, situações e confrontações dos imóveis e os sinais característicos dos móveis e semoventes, de modo a ser futuramente reconhecida a sua identidade. Os animais da mesma espécie são avaliados juntos, mencionando-se o seu número e o valor. As plantações devem ser avaliadas com designação expressa de sua situação e área plantada. As dívidas ativas não dependem de avaliação, pois já a trazem nominalmente. Bens em sociedade também serão avaliados, proporcionalmente à quota que o inconfidente possuir na sociedade.

Depois da realização do inventário, o procurador da Fazenda Real passava "Precatória para o juiz do domicílio do confiscado para fazer avaliar [...] os bens apreendidos, procedendo-se depois disso na sua arrematação, recolhendo o produto [das vendas] [...] aos reais cofres".[59]

Após ser preso, os bens do padre Toledo passaram por cinco sequestros em 1789. Quatro deles constam na versão impressa dos ADIM; o último, ocorrido em 29 de setembro, determinou a avaliação de dois de seus escravos que estavam em São João del-Rei.[60] No Termo de Avaliação destes dois cativos, observamos os procedimentos realizados na avaliação de um bem:

> Aos dezoito dias do mês de dezembro do ano de mil setecentos e oitenta e nove, nesta vila de São João del-Rei, Minas e Comarca do Rio das Mortes, em casas de morada do Furriel Manuel Ribeiro Quinta, onde eu Escrivão ao diante nomeado fui vindo, aí apareceram presentes o mesmo Furriel e José Lucas Álvares, providos e juramentados pelo Senado da Câmara desta vila na forma da Lei para avaliadores dos escravos e por eles foi uniformemente dito que tinham visto e examinado o crioulo José Manuel, e o mulato Alexandre, sequestrados ao Reverendo Carlos Correia de Toledo e Melo, vigário colado da Vila de São José, e que entendiam em suas consciências, e debaixo do juramento dos seus ofícios, avaliavam o *crioulo* que é carreiro na quantia de cento e dez mil réis, e o *mulato* que tem princípio de alfaiate em outra igual quantia: E que estes eram os preços que seguindo suas inteligências valiam presentemente os ditos escravos: e de como assim o disseram, assinaram este termo, que faço para constar. Eu João Batista Lustosa, Escrivão das Execuções Cíveis, que o escrevi.
>
> Manuel Ribeiro Quintas
> José Lucas Álvares[61]

As formalidades da determinação do preço passavam pelo juramento lavrado pelo escrivão e a assinatura do termo por parte dos avaliadores, que geralmente são duas pessoas. A não realização de qualquer uma destas práticas invalidava o ato.

3. Restituição de bens

Qualquer bem sequestrado podia ser restituído ao seu verdadeiro proprietário, desde que este comprovasse com documentos ou testemunhas que o objeto apreendido fosse seu e não do inconfidente.

Caso revelador da prática da restituição de bens na Inconfidência Mineira pode ser observado na Precatória encaminhada ao Tribunal da Junta da Real Fazenda, de Minas Gerais, por Francisco de Souza Martins, sobrinho do poeta e magistrado Cláudio Manuel da Costa, solicitando a devolução de objetos que lhe pertenciam e que foram apreendidos pela Justiça dentro da casa de seu tio.

No documento, Francisco Martins, provavelmente morador no andar térreo da residência ("na casa debaixo"), alegou que entre as peças sequestradas do inconfidente Cláudio Manuel da Costa se encontravam artigos que lhe foram dados por seu tio João de Souza Costa e entregues ao seu pai, o capitão Antônio de Souza Mesquita, que os deixou sob a guarda de Cláudio, quando se mudou de Vila Rica para as lavras que possuía em Itabira e Pitangui, além de alguns papéis e clarezas do seu pai que também foram sequestrados.[62]

Após apresentar justificativas comprobatórias, o então governador, visconde de Barbacena, passou-lhe despacho favorável à restituição dos bens que lhe pertenciam e que estavam na casa do inconfidente e sob a guarda do fiel depositário Francisco Xavier de Andrade. Na listagem dos bens que lhe foram restituídos constam:

> Doze cadeiras de damasco encarnadas = uma mesa de jacarandá em pés de burro = uma dita redonda grande = uma dita pequena de jacarandá = uma dita com pés de jacarandá torneado = um colchão de lã que o dito partiu em dois = dois catres torneados = duas canastras de Campanha com o que nelas se achar = um cavalo alazão na roça = uma Prosódia = dois Virgílios e outros mais livros que se acham em um quarto onde estão os catres e mais papéis que estão no mesmo quarto e casas do dito Doutor, pois dos ditos papéis há de constar pertencerem ao falecido Capitão Antônio de Souza Mesquita e Testamentárias deste = dez lâminas de meia folha, seis douradas com vidros

mais pequeno = uma papeleira de jacarandá com o que nela se achar e seu oratório = uns bilhetes do Serro, extração diamantina, que em quantia avultada os quais vieram remetidos do Serro do Frio ao Doutor Desembargador Intendente desta Vila para os entregar ao dito Doutor Cláudio e este entregar os mesmos ou o seu produto ao Suplicante como Procurador do Tenente Manuel Antônio Dias a quem pertencia a mesma cobrança por ser credor de José Antônio Leite e o dito Tenente ter dado essa cobrança ao pai do suplicante por contas que entre si tinham = *Francisco de Souza Mesquita*.[63]

A casa de Cláudio, localizada em Vila Rica, passou por três processos de sequestro: em 25 de junho e 31 de julho de 1789 e 21 de março de 1791. O primeiro sequestro ocorreu 21 dias após a sua morte na prisão (4 de julho de 1789) e todos os Autos de Inventário foram coordenados pelo ouvidor José Caetano César Manitti.

Ao comparar as duas únicas fontes documentais sobre o sequestro de Cláudio Manuel da Costa, notamos que dos catorze bens referenciados na lista elaborada por Francisco de Souza Mesquita, apenas seis objetos fizeram-se presentes em um dos sequestros empreendidos à casa de Cláudio em Vila Rica – "doze cadeiras de damasco encarnadas" (nos ADIM aparecem como "doze cadeiras com assentos de damasco"); "uma dita [mesa] redonda grande" (nos ADIM, "uma mesa redonda"); "um colchão de lã que o dito partiu em dois" (nos ADIM encontramos "um colchão de lã acolchoado, com seu travesseiro e fronha de pano de linho"); "duas canastras de Campanha com o que nelas se achar" (nos ADIM temos "duas canastras cobertas de couro cru"); "dez lâminas de meia folha, seis douradas com vidros mais pequeno" (nos ADIM aparecem citadas "quatorze lâminas pequenas com seus vidros, na casa debaixo").[64] O "cavalo alazão", indicado no documento e que seria o sétimo bem, estava confiscado na "roça" do Fundão, localizada na "divisa da Freguesia da Sé, da Cidade de Mariana". Os demais pertences não conseguimos localizar. Os bilhetes da extração régia foram atendidos, segundo o documento, em 1º de agosto de 1804. Quanto aos livros indicados – *Prosódia* e dois títulos de Virgílio –, eles poderiam estar entre as obras que foram quantificadas, mas não nomeadas pelo tabelião.[65] No sequestro apareceu indicado: "Na quarta coluna da estante da parte direita, quarenta tomos; na quinta da mesma, quarenta e quatro tomos de livros" etc. Disto ficam-nos três perguntas: como Francisco de Souza Mesquita conseguiu restituir parte de seu patrimônio, que se encontrava sequestrado junto aos bens de seu tio Cláudio Manuel da Costa, se pouco mais da metade deles não constava na relação oficial dos sequestros publicada nos ADIM? Será que o escrivão escreveu com falhas ou omissões o que encontrou dentro da casa? No momento de elaboração do sequestro era nítida a separação entre pertences do próprio Cláudio e os de seus parentes que residiam na casa?

4. Justificação de dívidas passivas

De acordo com a lei, bens sujeitos a sequestro permaneciam sob a custódia da Fazenda Real, que separava metade desse patrimônio para quitar eventuais dívidas do condenado, em processos de cobrança movidos contra o procurador do Fisco e Câmara Real, responsável pelos bens do sequestrado. Esses processos eram chamados de Libelo Cível.

Inicialmente, o autor da ação devia qualificar a si e ao seu advogado para, em seguida, apresentar a justificativa da dívida, detalhando a quantia devida e os juros estipulados (se houvesse), os recibos ou cartas assinados e datados pelo confiscado e todo tipo de comprovante que o habilitasse a ser ressarcido.

Sob um ângulo muito particular, os autos de Libelo Cível permitem-nos justificar as dívidas cobradas contra a casa dos sediciosos e nos ajudam a investigar o ambiente formador de um inconfidente e o foco de suas insatisfações.[66] Entre as várias petições movidas por terceiros contra o patrimônio sequestrado de Alvarenga Peixoto destacam-se o Libelo de seu credor, amigo e compadre, o sargento-mor Luís Antônio da Silva, tesoureiro dos Ausentes da vila de São João del-Rei, que, por vezes, o acompanhava em suas viagens ao sul da capitania, em direção às lavras de Alvarenga na Campanha do Rio Verde. Pelo documento se percebem a desordem e as ruínas financeiras da casa daquele magistrado e fazendeiro. Além das mesadas regulares que Luís Antônio lhe afiançava, apareceram descritas dívidas de aspectos corriqueiros como empréstimo para o funeral e luto da avó de Bárbara Eliodora, pagamento de mantimentos de sua casa e despesas de uma festa de Santa Bárbara, em que Alvarenga foi o juiz.[67]

Luís Antônio apresentou uma carta, um crédito, 26 recibos e nove bilhetes em que constavam os auxílios financeiros e pagamentos das contas daquela casa, desde a chegada de Alvarenga Peixoto à vila de São João, em 1776, para ocupar o cargo de ouvidor da comarca do Rio das Mortes, até maio de 1788, quando transportou sua família para sua fazenda na Campanha do Rio Verde, que totalizavam 989$725 réis.[68]

Por dona Bárbara Eliodora ser casada por comunhão de bens, o patrimônio de sua casa foi dividido em duas partes (meação), uma para ela e outra para a Fazenda Real. Da parte que pertencia ao sedicioso e que passou a ser gerenciada pela Fazenda Real, metade era reservada para o pagamento de suas dívidas, ou seja, 50% do patrimônio direcionado para o Erário Régio era destinado ao acerto de contas que o inconfidente tinha com credores. Isto equivale a 25% do total geral do sequestro. As dívidas cobradas, por conseguinte, também eram meadas e só se pagava uma daquelas partes. O quinhão da esposa era preservado e se mexia unicamente na porção patrimonial que cabia à Fazenda Real. Assim, ao solicitar o ressarcimento da dívida, o sargento-mor Luís Antônio pôde protestar somente 494$862 ½ réis, metade do devido por Alvarenga Peixoto. A dívida recaía, portanto, somente sobre a metade pertencente ao confiscado.[69]

Entre os documentos comprobatórios apresentados, constam sete recibos de empréstimo de ouro a Alvarenga (292$500 réis), dezenove recibos, que vão de 3 de agosto de 1785 a 14 de janeiro de 1787, de ouro com que Luís Antônio assistiu Bárbara Eliodora (286$200 réis) e bilhetes de diversos pagamentos, entre eles, o valor de 511$312 réis de "custas do funeral e fazendas para os lutos" da avó de Bárbara.[70]

As provas e justificativas apresentadas pelo sargento-mor e defendidas pelo seu advogado Diogo Pereira Ribeiro de Vasconcelos foram aceitas e se determinou ação executória contra os bens do inconfidente. Esta ação não se procedeu, pois o ex-contratador João Rodrigues de Macedo, em Petição encaminhada à Fazenda Real, requereu cessão de crédito da dívida de Alvarenga, uma vez que arrematara, em 30 de maio de 1795, em leilão, a

Fluxograma 1. Estrutura de um Libelo Cível

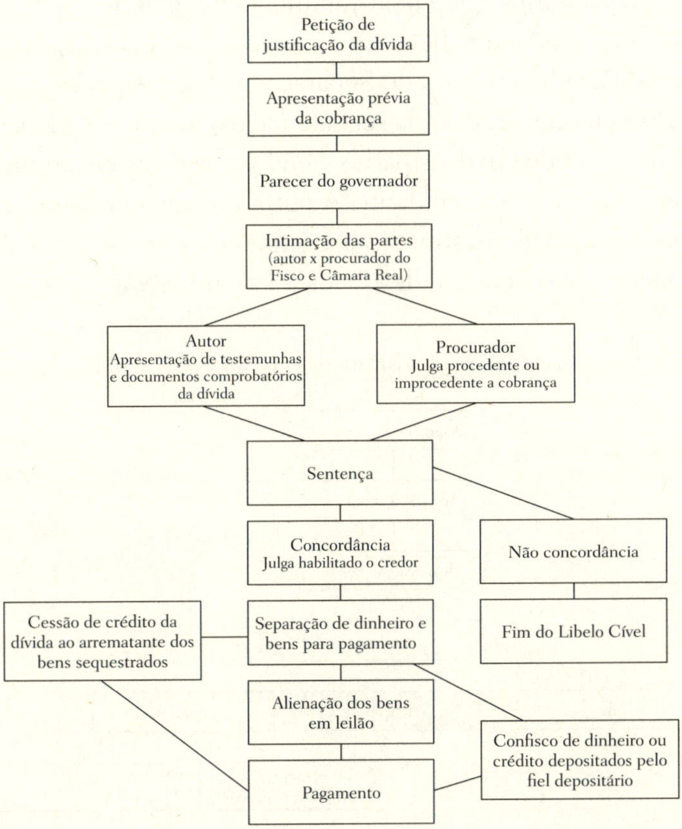

parte sequestrada do dito sedicioso, ficando responsável pela quitação das dívidas precedentes.

Neste mesmo dia, a dívida de Alvarenga com o sargento-mor Luís Antônio foi transferida para Macedo e com ela apareceram outros débitos que também deveriam ser quitados pelo ex-contratador. No total, a dívida contraída, já com todos os seus ajustes, era de 2:975$574 réis. Este valor foi parcelado por Macedo em sete vezes iguais, sendo anual o vencimento de cada parcela. Após o pagamento de três prestações, Macedo decidiu, em 27 de março de 1798, quitar o restante daquela dívida de 1:784$639 réis, inocentando-se de quaisquer pendências.[71]

5. Partilha dos bens entre a Fazenda Real e a esposa, no caso de casamento regido pela comunhão integral de bens

O processo de divisão dos bens inventariados no sequestro era definido pelo Auto de Partilha ou Auto de Separação dos Bens para Pagamento da Meação. Primeiramente, deveria ser calculado o monte-mor. Esse montante líquido era dividido em duas partes, sendo uma delas encaminhada integralmente à esposa do inconfidente. A outra metade era dividida em duas partes, sendo uma delas destinada ao pagamento, se necessário, de débitos deixados pelo preso e a outra, destinada à Fazenda Real.

Fluxograma 2. Estrutura de um Auto de Partilha

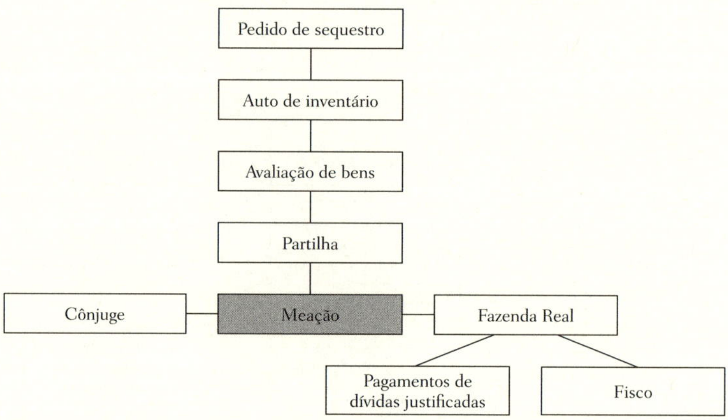

6. Prestação de contas dos fiéis depositários

Todos os bens apreendidos em sequestro eram deixados sob a guarda de um fiel depositário, responsável pela administração dos bens e prestação de contas de sua gestão, ao deixar o cargo ou sempre que o juiz lhe determinasse. O cumprimento irregular dessa obrigação ou a rejeição das contas prestadas podia levar o depositário à responsabilização indenizatória.

Como regra, a prestação de contas era realizada em Apenso aos Autos de Inventário, como processo incidental. Em algumas situações, como nos levantamentos de dinheiro, venda de bens etc., a comprovação era feita diretamente nos autos principais. No caso de acordo entre a atividade do fiel depositário e o gerenciamento das famílias sequestradas, as contas eram aprovadas; mas se houvesse discordância, com instauração de litígio, era de rigor o uso das vias ordinárias para destituí-lo, nomeando-se outro fiel.

O reverendo Bento Cortês de Toledo, procurador e irmão do padre Toledo, testemunhando o modo irregular pelo qual os depositários dos bens sequestrados de seu irmão os estavam utilizando, dirigiu reclamação ao doutor Luís Ferreira de Araújo e Azevedo, ouvidor e corregedor da comarca do Rio das Mortes, em São João del-Rei, chamando a atenção daquela autoridade judicial para os fatos que relatava e pedindo providências acautelatórias para o "removimento dos bens sequestrados das mãos dos depositários deles":

> Ilustríssimo e Excelentíssimo Senhor
>
> Diz o Padre Bento Cortês de Toledo que sendo seu irmão o Padre Carlos Correia, vigário da vila de São José, preso e sequestrado por ordem de Vossa Excelência, foram todos os seus bens depositados. E porque Manuel Francisco, depositário da lavra, cuida mais em fazer tráfico com os bens do que em os administrar, de modo que não sendo as terras de todo ruins fez ultimamente uma apuração de seis oitavas de ouro, e devendo aplicar os escravos no serviço lhes dá a liberdade de irem faiscar para terem com que comprem os gêneros e bebidas, que sua mulher vende no mesmo lugar; nem dá de vestir aos pretos, que vem pedi-lo ao Suplicante; outro, o Alferes Antônio Correia, residindo a maior parte do tempo nos Olhos d'Água, distantes umas poucas léguas da Laje, não pode com aquele zelo e cuidado assistir ou administrar a fazenda, de que é depositário; e um único escravo tem um depositário na vila de São João, onde se acha vindo, deste modo os bens e estado antes de perdição do que de utilidade para a Real Fazenda, requer o Suplicante a Vossa Excelência se digne mandar que os bens sejam removidos dos depósitos em que se acham e que sejam de novo depositados em poder de quem os administre e para administrá-los bem e fielmente e com aquele zelo e cuidado devidos à Fazenda Real, fazendo o Ministro do sequestro a nomeação e removimento.

Para a Vossa Excelência se digne para maior utilidade de Sua Majestade, assim o mandar.

E Receberá Mercê.[72]

O alferes Antônio Álvares Correia, responsável pelo gerenciamento da paragem que o padre Toledo tinha "ao pé da Lage, termo da vila de São José", foi acusado de residir longe da propriedade e, por isso, não despender os esforços necessários para sua perfeita administração. As acusações contra seu primo, o tenente Manuel Francisco de Toledo, foram mais ríspidas, ao acusá-lo de permitir que escravos sequestrados deixassem de trabalhar em atividades de mineração nas terras do padre Toledo para praticarem faisqueiras, por conta própria, e com os lucros obtidos nessas jornadas, tais escravos adquiriam bebidas e gêneros alimentícios vendidos por sua esposa "na paragem do Monte Alegre, da Aplicação de São Tiago", lucrando com a desgraça alheia.[73]

Para resolver essas contendas, Bento Cortês de Toledo sugeriu que todos os bens sequestrados de seu irmão fossem administrados por um único fiel depositário e que este fosse o capitão Domingos Barbosa Pereira, de São José del-Rei, por possuir competência e saber lidar com terras de cultura e de mineração, além de ser homem "abonado". Requisitos tidos pelo reverendo como indispensáveis à boa administração de qualquer propriedade.[74]

7. Arrematação dos bens em leilão

Os sequestros, avaliações, pagamentos e partilha de bens, se necessários, antecediam a arrematação dos bens confiscados dos inconfidentes.

Cabia ao porteiro do Juízo do Contencioso da Real Fazenda anunciar o "pregão de venda e arrematação" dos bens em leilão. Foi o que fez Joaquim Barbosa do Amaral, em oito ocasiões, ao proclamar "em praça pública", na vila de São João, a "venda e arrematação" de dois escravos (os citados José Manuel e Alexandre, do item "Avaliação de bens") e dois cavalos baios apreendidos do padre Toledo. Entre os dias 7 e 15 de janeiro de 1790, Joaquim Barbosa apregoou "muitas vezes" os bens, mas "neles não houve lanço algum".[75]

Concluídos os pregões pelo porteiro, iniciava-se o leilão propriamente dito. Joaquim Barbosa do Amaral declarou os bens em arrematação:

> [...] um crioulo por nome José Manuel, carreiro, avaliado na quantia de cento e dez mil réis; um mulato por nome Alexandre, com princípios de alfaiate, avaliado na quantia de cento e dez mil; um cavalo baio chamado o Cova, avaliado na quantia de quarenta mil réis. Outro cavalo também baio chamado o Bode, avaliado na quantia de quarenta mil réis; todos estes cavalos e escravos foram sequestrados ao reverendo Carlos Correia de Toledo e Melo, vigário colado da freguesia de Santo Antônio da vila de São José.[76]

Após qualificar os objetos do leilão, passava aos lances, dizendo "em voz alta": "Afronta-se só por que mais não acha, se mais achara mais tomara, dou-lhe uma, duas, três, e uma mais pequenina", e por não haver quem mais lances descem, o porteiro dirigia-se ao arrematante e entregava-lhe "um ramo verde", dizendo-lhe "faça lhe muito bom proveito".[77]

A arrematação dos dois cavalos foi feita pelo tenente Francisco José Álvares, morador da vila de São João, pelo lance de "duzentos réis sobre o preço de suas avaliações, cujo lançou a ficarem oitenta mil e duzentos réis à vista".[78]

8. Taxas e custas judiciárias

As taxas e as custas judiciárias também deveriam ser incluídas nas contas finais do processo de sequestro. As despesas gastas com o cumprimento da sentença condenatória e o embarque dos sediciosos degredados para a África, por exemplo, foram pagas com os bens que lhes haviam sido sequestrados no Rio de Janeiro.

Assim, de acordo com o exposto, a estrutura de um sequestro é a seguinte:

Fluxograma 3. Estrutura de um sequestro

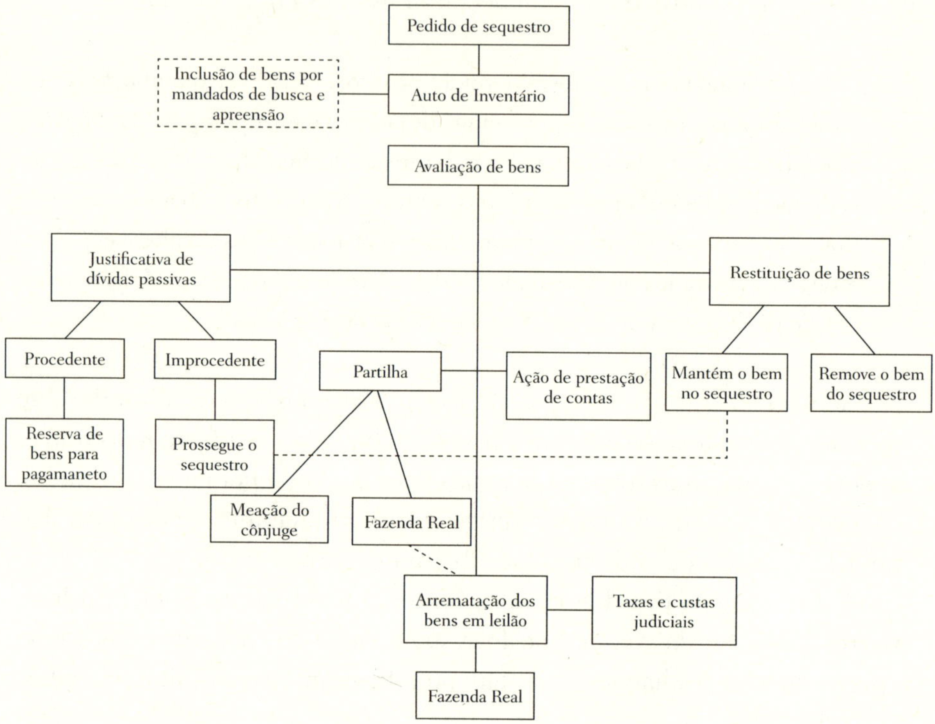

Os sequestros contra os inconfidentes

Inconfidentes residentes em três comarcas de Minas Gerais sofreram 89 ações de sequestro, sendo 67 empreendidas pela devassa mineira e 22 pela fluminense.

Os sequestros, em Minas Gerais, ocorreram distintamente em dois momentos: o primeiro, em 1789, após a prisão dos principais indiciados, e o segundo, em 1791, depois que o vice-rei mandou deter sediciosos que estavam em liberdade. Dos dezesseis conjurados que tiveram bens sequestrados, sete deles ocorreram contra moradores da comarca do Rio das Mortes.

Tabela 1. Sequestros contra os inconfidentes

Réu	Anos dos sequestros									Total
	1789	1790	1791	1792	1793	1794	1795	1796	1797	
Comarca do Serro Frio										
José da Silva e Oliveira Rolim	6	2		3						11
Comarca de Vila Rica										
Tomás Antônio Gonzaga	1			1						2
Luís Vieira da Silva	3			1						4
Joaquim José da Silva Xavier	4			1						5
Cláudio Manuel da Costa	4		1							5
Domingos de Abreu Vieira	4	1								5
Francisco de Paula Freire de Andrada	2			1						3
José Álvares Maciel	1									1
Vicente Vieira da Mota			3							3
Comarca do Rio das Mortes										
Carlos Correia de Toledo	5			1						6
Luís Vaz de Toledo Piza	2		1	1						4
Francisco Antônio de Oliveira Lopes	5	1	1	2			2			11
Inácio José de Alvarenga Peixoto	5		1	1						7
José Aires Gomes			11			1	1		2	15
José de Resende Costa			3							3
Manuel Rodrigues da Costa			4							4
Total	42	4	25	12	-	1	3	-	2	89

Fonte: ANRJ/ADIM-C5, v. 7 – sequestros diversos.

As ações de sequestro, no Rio das Mortes, podem ser divididas em duas fases: a realizada pelo ouvidor Luís Ferreira de Araújo e Azevedo, em 1789, ao padre Toledo, seu irmão Luís Vaz, Alvarenga Peixoto e Francisco Antônio de Oliveira Lopes; e as que contaram com o desembargador Manitti, em 1791, contra os bens de José de Resende Costa, Aires Gomes e padre Manuel Rodrigues da Costa.

Grupo 1 – A atuação do ouvidor Luís Ferreira de Araújo e Azevedo nos sequestros

Existem poucos dados biográficos sobre Luís Ferreira de Araújo e Azevedo. Sabe-se que nasceu em 1722, pois na ocasião da Inconfidência tinha 67 anos. Ele veio de Angola, onde era juiz de fora, para as Minas Gerais nomeado ouvidor, corregedor e provedor dos defuntos e ausentes da comarca do Rio das Mortes por Decreto, de 10 de abril de 1779, tomando posse em São João del-Rei em 22 de abril de 1780, no lugar de Alvarenga Peixoto.[79] Poucos meses antes do final de seu mandato, oficiais da Câmara de São José enviaram representação ao Conselho Ultramarino solicitando a permanência do ouvidor no cargo. Em maio de 1783, nova representação pedia a prorrogação de sua serventia. Essas solicitações foram tão positivas que exerceu o cargo de ouvidor por três triênios consecutivos, de 1780 a 1790.[80]

O mestre de campo Inácio Correia Pamplona, em depoimento como testemunha na devassa mineira, em 30 de junho de 1789, informou que o ouvidor Luís Ferreira participou do batizado de dois dos filhos de Alvarenga Peixoto, realizado na vila de São João, em 8 de outubro de 1788, cerimônia que reuniu os principais líderes da Conjuração Mineira e transformara-se em mais uma das reuniões sobre o levante.[81]

Não se pode concluir, como lembrou Márcio Jardim, que apenas por presenciar a festa do batizado tenha sido ele um inconfidente. Entretanto, como o denunciante Pamplona lembrou os nomes de Alvarenga, Tomás Antônio Gonzaga, Luís Vaz e padre Toledo, todos estes revoltosos, surgiu a suspeita de que Luís Ferreira fosse um dos importantes conspiradores do Rio das Mortes que não foram presos.[82]

A cumplicidade de Luís Ferreira pelas ideias e amizade que mantinha com pessoas detidas como inconfidentes foi denunciada em carta anônima dirigida ao visconde de Barbacena. Com riqueza de detalhes e narrando acontecimentos da vida são-joanense, seu autor enumerou acusações de irregularidades cometidas pelo ouvidor no exercício de seu ofício, inclusive algumas atitudes e atos que demonstraram ser o denunciado partícipe da sedição que se preparava em Minas.[83]

Apesar de a maioria dos fatos alegados contra o ouvidor ser documentável, a interpretação é desafetuosa e a incriminação despida de prova material. Mesmo com a apresentação de nomes de testemunhas que comprovariam as afirmações, o governador decidiu não aprofundar as investigações sobre os suspeitos.

De acordo com a carta-denúncia, Luís Ferreira era corrupto, demonstrava sentimentos antilusitanos em público e era amigo particular do padre Toledo e de seu irmão Luís Vaz, de Aires Gomes, de Francisco Antônio de Oliveira Lopes e de Alvarenga Peixoto. Acusações, aliás, semelhante às feitas pelo governador dom Rodrigo José de Meneses contra ele, em carta de 31 de dezembro de 1781, ao ministro Martinho de Melo e Castro, ao acusá-lo de corrupto, desordeiro e ignorante.[84]

Quando os desembargadores José Pedro Machado Coelho Torres e Marcelino Pereira Cleto chegaram à vila de São João del-Rei para inquirir testemunhas, o ouvidor Luís Ferreira bajulou-os, "oferecendo-lhes obséquios, touros, saraus e passeios públicos fora de hora", com receio de que alguém tocasse em seu nome. Para evitar quaisquer problemas, Luís Ferreira indicou as pessoas que deviam testemunhar, intimando outras a não comparecerem perante os juízes. Atitudes que, segundo o missivista, não foram percebidas pelos juízes da Alçada, por estarem "sempre cercados dos meirinhos e escrivães da ouvidoria", ou assistidos em casa e acompanhados sempre pelo ouvidor Azevedo.[85]

Esses relatos comprovam o jogo da corrupção na política e na economia da Inconfidência. De todas as acusações merecem destaque as que indicaram que Hipólita Jacinta Teixeira de Melo, esposa do inconfidente Francisco Antônio, foi favorecida pelo magistrado no processo de sequestro de seus bens:

> Não menos ir fazer sequestro, por ordem de Vossa Excelência, à mulher do coronel Francisco Antônio de Oliveira Lopes, e esta lhe dar três vacas paridas sabe Deus pelo que; e ele as mandar vir para a chácara do seu meirinho geral Antônio José Simões, onde estão hoje. O que é público e o sabem: o capitão Leandro Barbosa da Silva; o ajudante Tomás da Costa Salvador; e o sargento-

-mor pago Joaquim Pedro da Câmara. E na mesma ocasião, induziu e persuadiu ele e o seu meirinho geral, à D. Hipólita, que devia mandar pessoa ao Rio de Janeiro indagar o bom e o mau sucesso da prisão do marido e que, com algumas dádivas, alcançasse favores – o que poderia conseguir porque "o dinheiro vencia tudo". Ela lhe certificou que estavam prontos 10 ou 12 mil cruzados. Para este fim, lhe introduziram um filho do dito meirinho geral do mesmo nome, Antônio José Simões Dias, o qual foi há dias à Ponta do Morro, e se tem andado a preparar para quando chegar o dito ministro [*Luís Ferreira de Araújo e Azevedo*] e seu pai [*o meirinho geral Antônio José Simões, o velho*], do sequestro do coronel Alvarenga [*que ambos foram realizar em Campanha e São Gonçalo do Sapucaí com Bárbara Eliodora*] para ir logo para o Rio. Testemunhas: Joaquim Barbosa, porteiro; o capitão Joaquim Simões de Almeida; e os mais que os ouviram.[86]

Francisco Antônio de Oliveira Lopes foi preso em Vila Rica, em 12 de junho de 1789, quando se apresentou ao governador, sabendo-se procurado. O sequestro de seus bens iniciou-se, em 25 de setembro de 1789, na fazenda Ponta do Morro, e contou com a presença do ouvidor Azevedo e do meirinho Antônio José Simões Dias, o pai. Estes personagens participaram, no mês seguinte, em 13 de outubro, do processo de sequestro empreendido contra a casa de Alvarenga, que estava preso desde 24 de maio.[87]

Luís Ferreira também foi acusado de favorecer Bárbara Eliodora Guilhermina da Silveira, esposa do coronel Alvarenga Peixoto, no processo de sequestro e na meação de seus bens. Amigo de Alvarenga, a quem sucedera na ouvidoria e aliara-se em uma série de situações suspeitas, foi acusado, juntamente com Alvarenga, pelo padre Antônio Caetano de Almeida Vilas Boas, de promover arbitrariedades na vila de São João del-Rei. Tudo começou após a chegada de Alvarenga naquela localidade, em finais de 1776, quando se enamorou de Bárbara Eliodora. O pai dela, o doutor José da Silveira e Sousa, interesseiro, deixou o caminho livre para que Alvarenga namorasse como bem quisesse. O resultado não se fez esperar, e pouco tempo depois Bárbara estava grávida.

José da Silveira chegou a ser acusado pelo padre Vilas Boas de concorrer para a prostituição das próprias filhas, objetivando usufruir benefícios e ganhos pessoais. Mesmo assim, nem ele nem o ouvidor pensaram em regularizar a situação da família com a celebração do casamento.

Após críticas e reprimendas por parte do bispo diocesano, Alvarenga e Bárbara firmaram casamento religioso, em dezembro de 1781.[88] Nesses dois anos – entre o nascimento da filha e o casamento – circularam por São João pasquins informando aos moradores os escândalos praticados. Para diminuir os falatórios maledicentes, Alvarenga instaurou devassa e processou por injúrias o capitão Manuel da Costa Vilas Boas e Gama e seu primo, o alferes Caetano José de Almeida. Como o mandato de Alvarenga como ouvidor estava terminando, e não daria tempo para concluir a devassa, seu sucessor e amigo Luís Ferreira incumbiu-se da continuidade de tal atividade. As irregularidades foram tamanhas que, em 29 de março de 1783, os dois ouvidores foram condenados e censurados em Acórdão da Relação do Rio de Janeiro, por perturbarem, inquietarem e fomentarem discórdias com "irregularidades e desordenados procedimentos" contra os acusados.[89]

Nessa mesma época, os dois ouvidores envolveram-se em outra atividade compartilhadora de discórdia e reprimenda governamental. Como homens públicos, era-lhes vedado constituir família sem autorização régia e envolver-se em atividades econômico-financeiras, como adquirir propriedades.

Alvarenga utilizou subterfúgios para ludibriar suas limitações como ouvidor: coagiu Manuel Teixeira Ribeiro, seu jurisdicionado em São Gonçalo do Sapucaí, a lhe vender a fazenda e as lavras da Boa Vista, em julho de 1777. Para tal fim, simulou com Lourenço José Correia de Mesquita a doação de imóveis por um tio residente em Santos, Sebastião de Alvarenga Braga, em dezembro de 1778.

Nos tempos finais de seu mandato como ouvidor, a fazenda da Boa Vista arrastava uma ação judicial com Maria do Nascimento, sua vizinha, por causa da demarcação das terras da sesmaria.[90] A controvérsia acabou favorável a Alvarenga, que teve suas terras remedidas e demarcadas pelo juiz de sesmarias, Nicolau Barbosa Teixeira Coutinho, amigo íntimo e protegido do ouvidor do Rio das Mortes. A decisão em favor de Alvarenga Peixoto levou o governador dom Rodrigo José de Meneses a repreender o "abuso de autoridade" e a atitude unilateral praticada por Luís Ferreira em favor de seu amigo.[91] Mesmo com acusações de irregularidades, as terras foram remedidas em favor de Alvarenga.[92]

O alferes Manuel Teixeira Ribeiro, o primeiro proprietário das terras da Boa Vista, era casado com Maria Rosa de Toledo, neta do corregedor-mor João de Toledo Piza e Castelhanos, paulista descendente de nobre família espanhola e um dos pioneiros e fundadores do arraial de Santo Antônio do Vale da Piedade da Campanha, que se empossou de várias terras na região de São Gonçalo.[93] Manuel Teixeira, também conhecido do ouvidor Luís Ferreira, era parente dos Toledo Piza – o padre Carlos Correia e seu irmão Luís Vaz.

Em suma, quando o ouvidor Luís Ferreira empreendeu sequestros nos bens de Luís Vaz, padre Toledo e, particularmente, nos de Alvarenga Peixoto e Francisco Antônio, as famílias já estavam preparadas e à espera dos funcionários reais.

Grupo II – A atuação do ouvidor José Caetano César Manitti nos sequestros

No dia 10 de abril de 1791, o desembargador Sebastião Xavier de Vasconcelos Coutinho enviou Ofício ao escrivão da devassa de Minas Gerais José Caetano César Manitti incumbindo-lhe de providenciar as prisões de José de Resende Costa (pai e filho), Vicente Vieira da Mota, Manuel Rodrigues da Costa e José Aires Gomes, remetendo-os ao Rio de Janeiro, e, também, realizar o sequestro de "todos os seus bens" e papéis "que possam ter alguma conexão, ou dizer algum respeito à sublevação que se pretendia fazer".[94]

O nome do português Manitti apareceu na história mineira quando foi nomeado pela rainha Maria I, em 27 de fevereiro de 1782, para o lugar de ouvidor da comarca do Sabará, pelo mesmo ato que designou Gonzaga para ouvidor em Vila Rica.[95]

Em 13 de novembro, Manitti prestou juramento na Chancelaria-Mor do Reino, e sua apresentação ao governador de Minas, em Vila Rica, ocorreu em 28 de março de 1783. Sua posse perante o Senado da Câmara de

Sabará ocorreu em 9 de abril, em substituição ao desembargador Luís Beltrão de Gouveia.[96]

Quando ocorreram as denúncias que motivaram a abertura da devassa de Minas Gerais, o governador, visconde de Barbacena, por Portaria, de 12 de junho de 1789, nomeou o desembargador Pedro José Araújo de Saldanha ao cargo de juiz e Manitti, ao de escrivão.[97]

Em 1791, após receber ordens do desembargador Coutinho, Manitti procedeu à prisão e ao sequestro de bens de Vicente Vieira da Mota, em 11 de maio, em Vila Rica; de Aires Gomes, na Igreja Nova (atual Barbacena), em 18 de maio; do padre Manuel Rodrigues da Costa, no Registro Velho, e dos Resende Costa (pai e filho), na Laje, ocorridos no mesmo dia, em 20 de maio. Todos esses presos foram enviados ao Rio de Janeiro, chegando lá no dia 13 de junho. Dois dias depois, o conde de Resende assinava Portaria, por proposta do chanceler Coutinho, nomeando Manitti escrivão auxiliar da devassa, em substituição ao desembargador Marcelino Pereira Cleto, que logo devia partir para a Bahia, por já estar provido em ofício na Relação.[98]

Na comarca do Rio das Mortes, Manitti procedeu aos sequestros nas casas de José de Resende Costa (pai), Manuel Rodrigues da Costa e Aires Gomes. Por que a detenção desses homens foi tardia, ou seja, dois anos após os primeiros envolvidos terem sido presos?

A prisão de José Aires Gomes explica-se pelo fato de as primeiras notícias de seu envolvimento na revolta virem no depoimento de Alvarenga Peixoto, feito no Rio de Janeiro. Só mais tarde a devassa fluminense começou a estender a malha de investigação sobre os implicados restantes, que apareciam circunstancialmente nos depoimentos.[99] Outro elemento que nos ajuda a entender a sua demorada prisão foi o fato de Aires Gomes ser palaciano, ou seja, ter bons relacionamentos com o governador. Certa vez, foi ele quem conseguiu, junto ao contratador João Rodrigues de Macedo, um empréstimo de dois contos de réis para o visconde de Barbacena.[100]

A tardia repressão a Aires Gomes deveu-se à influência de Macedo. Melhor: todas as pessoas que o chanceler Coutinho mandou prender e sequestrar eram ligadas diretamente a ele, seja por negócios dos contratos, seja por relações familiares. O padre Rodrigues da Costa era afilhado de Macedo; e seu pai, o coronel de mesmo nome, foi seu amigo íntimo e preposto. Aires Gomes foi seu fiador, ou melhor, sócio, na arrematação dos contratos de Dízimos da capitania de Minas Gerais. O capitão Vicente Vieira da Mota era seu guarda-livros (contador).[101]

Vicente Vieira, ao ser preso em 11 de maio, foi conduzido por Manitti, que também era hóspede de Macedo na Casa dos Contos, para a Cadeia de Vila Rica e seu quarto, na residência do ex-contratador, foi lacrado, dando-se início ao sequestro na manhã seguinte. Dos seus escravos, o único arrolado foi João Angola, de 25 anos, alugado por Vicente a Manuel Rodrigues Rabelo, minerador no morro do Santana. Além deste, o escrivão anotou um cavalo escuro, que se encontrava descansando na chácara do Passadez, de Macedo, e papéis com indicações de penhores realizados por ele que não puderam ser sequestrados, pois Manitti não sabia se os empréstimos haviam sido feitos com dinheiro do próprio Vicente Vieira ou se foram realizados com dividendos do ex-contratador.[102]

João Rodrigues de Macedo foi tido como o grande financiador da Inconfidência, sendo um dos que, devido ao tráfico de influência e uma teia de corrupção, benesses e proteções, conseguiram escapar dos processos das devassas. Seu nome apareceu poucas vezes nas inquirições e isso graças à amizade que mantinha com o escrivão Manitti.[103]

As atitudes de Manitti são colocadas sob suspeição no depoimento prestado, no Rio de Janeiro, pelo tenente-coronel Francisco Antônio, ao comentar que ele alterou e viciou seu depoimento:

> [...] logo que as perguntas e respostas, que constam deste apenso, lhe foram lidas, para acareação feita ao vigário de São José [padre Carlos Correia de Toledo] com ele respondente, [...] clamou dizendo que tudo quanto nas perguntas, e respostas antecedentes estava escrito, se achava alterado, e viciado pelo escrivão assistente José Caetano César Manitti, que sugerira a ele respondente, nas respostas que deu, e também as escreveu.[104]

Em seguida, esse mesmo tenente-coronel afirmaria, aos gritos, ter sido enganado com falsas promessas e astúcias do escrivão, que o induziu a contar tudo que sabia, convencendo-o de que os outros o haviam traído, prometendo-lhe diminuir sua culpabilidade. Devido a isso, seu relato sobre os planos do levante foi o mais completo e detalhado de todos os existentes nos Autos de Devassa. Em nenhum instante, mencionou, por sugestão do escrivão, o nome de Macedo. Ao ser retirado da cadeia para ser levado ao Rio de Janeiro, Francisco Antônio acusou aos brados a corrupção do processo e os enganos de Manitti. No Rio de Janeiro, sem a presença deste escrivão, ele contou aos juízes detalhes da interferência de Manitti na devassa mineira:

> Que não disse no dito juramento [perante a devassa de Minas Gerais] que também ouvira dizer ao Vigário da vila de São José, Carlos Correia de Toledo, que na sedição, e motim por que é perguntado era igualmente entrado o Mestre-de-Campo Inácio Correia Pamplona, e João Rodrigues de Macedo; porque querendo falar nestes mesmos no juramento, ou perguntas, que se fizeram a este Respondente na Devassa, que se tirou em Vila Rica pelo Ouvidor e Corregedor da dita Comarca, sendo escrivão o da Comarca do Sabará [...]. E pelo que respeita ao segundo, João Rodrigues de Macedo, disse o dito Vigário a ele Respondente, que este também era entrado na sedição, e motim que esta se efetuasse para se livrar das facadas que lhe dava o Intendente e Procurador da coroa de Vila Rica para pagar a grande dívida, em que está à Fazenda Real; o dito Ouvidor, e Corregedor do Sabará, José Caetano César Manitti, Escrivão da dita Devassa, dissera a ele Respondente, sem que estivesse presente o Juiz da dita Devassa, o Ouvidor da Vila Rica, Pedro José de Araújo Saldanha, que naqueles não falasse; [...] no segundo, [porque] João Rodrigues de Macedo, encarecendo-lhe primeiro a grande amizade que o dito Macedo tinha com ele Respondente, lhe disse que não falasse nele, segurando a ele Respondente, que o tomava debaixo de sua proteção, e o havia de pôr a salvo; pelo que não falou neles na dita Devassa, nem nela jurou o que sabia a respeito deles, por ser iludido na sobredita forma.[105]

Em depoimento posterior, pressionado pela presença de Manitti, chamado para auxiliar na conclusão dos trabalhos, Francisco Antônio negou tudo, dizendo que apenas mentira, desdizendo o que afirmou sobre Macedo, pois "quem não mente, não é de boa gente".[106]

O desembargador e ex-intendente do ouro de Minas Gerais, Francisco Gregório Pires Bandeira, no terceiro capítulo da exposição que escreveu sobre os réus sentenciados e punidos pela devassa, transmitiu-nos igual informação sobre Francisco Antônio: "[...] ao partir preso para o Rio de Janeiro, vendo frustradas as esperanças do que lhe haviam prometido, gritou na presença da guarda que o conduzia, que toda a sua confissão fora feita pela insinuação do ministro escrivão". No mesmo item, continuou:

> O Dr. Domingos Vidal (de Barbosa) disse também, à guarda, que o mesmo ministro o havia seduzido prometendo-lhe – da parte do General [governador] – que, se ele confessasse o que lhe perguntavam, se lhe aceitaria a denúncia com data anterior; e seria recebido para mestre dos filhos do General.

De tais falas, Francisco Gregório concluiu que:

> Domingos de Abreu Vieira e outros mais – segundo dizem os seus carcereiros – todos uniformemente clamaram contra a maldade de um ministro que, para fazer o partido do General e o seu, empenhou toda a sagacidade e ardileza de encalacrá-los no crime e, por consequência, realizar-se o merecimento daquela ação.[107]

Os "olhos vedados" da Justiça favoreceram Macedo a sair ileso da repressão aos conjurados. Nos ADIM estão evidentes as provas de sua participação e apoio ao projeto dos inconfidentes. O desembargador José Pedro Machado Coelho Torres, encarregado de tirar a devassa no Rio de Janeiro, incluiu-o na lista das pessoas suspeitas, presumindo "que ele sabia e talvez patrocinasse o projeto".[108]

O desembargador Coelho Torres, mesmo desconfiando da culpa de Macedo, não conseguiu empenhar-se na apuração deste ponto. Os sediciosos implicados e presos não o delataram, nem mesmo o seu funcionário, o guarda-livros Vicente Vieira da Mota, que acabou condenado. Há evidências no processo de que Manitti esforçou-se, com sucesso, para não incriminar Macedo. Alguns dias antes de se retirar para Portugal, em 1797, conseguiu do ex-contratador um empréstimo de um conto de réis, alegando despesas de viagem.[109] Além dele, teria subornado também o visconde de Barbacena, que nunca o chamou para depor. Apenas o autuou como testemunha no sequestro de bens de seu funcionário, que morava em sua casa.

Barbacena, que chegou em precária situação financeira às Minas Gerais, em julho de 1788, aceitou a ajuda de 40 mil cruzados (dezesseis contos de réis) como empréstimo que Macedo lhe proporcionou, a ser descontado dos débitos que mantinha com a Fazenda Real, o que equivalia a três anos de seu soldo como governador ou ao preço de dezesseis casas assobradadas.[110]

A partir de 1797, quando Manitti e o visconde de Barbacena embarcaram juntos para Portugal, o ex-contratador Macedo começou a ser cobrado pela Fazenda Real para saldar suas elevadas dívidas. Parte de sua casa passou a ser ocupada, em caráter permanente, para abrigar serviços públicos. Na passagem do século, já não tinha mais esperanças de escapar ileso ao sequestro de seu patrimônio. Em 1802, dom Rodrigo de Sousa Coutinho, responsável pelo Erário Régio, sem qualquer interesse em proteger o devedor, ordenou à Junta da Administração e Arrecadação da Real Fazenda de Minas Gerais para que procedesse ao confisco dos bens do ex-contratador, incluindo-se o mais valioso deles, a Casa dos Contos.

Nesse mesmo ano, o Fisco pôs em praça uma parcela significativa dos bens de Macedo, vendida ao capitão Jerônimo Fernandes da Silva Macedo, sobrinho do ex-rendeiro, que oferecera em pagamento os rendimentos dos capins de cujo fornecimento para o Quartel de Vila Rica era arrematante. Entre os pertences do contratador estavam "umas terras e suas árvores de pinho e plantas, chamadas a Jacuba e Passadez [...] 1:000$000 réis" (as casas da chácara do Passadez foram avaliadas em 5:600$000 réis, um décimo do preço da Casa dos Contos), 45 cabeças de gado vacum; seis bois de carro, minas, muares, a sesmaria dos Taboões, 23 escravos do serviço doméstico e rural, dos quais dez tinham cinquenta anos ou mais de idade.[111] Em suma, no confisco, Macedo perdeu tudo. Paralelamente, era feita a intimação de seus fiadores, para que cumprissem seus compromissos na forma da lei.[112]

Macedo associou-se a Bárbara Eliodora, mulher de Alvarenga Peixoto, e a ajudou a escapar do sequestro total de bens do casal e de suas dívidas. Parece que passou seus últimos dias na propriedade de ambos, em São Gonçalo do Sapucaí, onde morreu, em 8 de outubro de 1807.

O exemplo das declarações do tenente-coronel Francisco Antônio de Oliveira Lopes, contrárias ao escrivão Manitti, homem de estrita confiança do governador, visconde de Barbacena, serviu-nos para ilustrar que existiram atos e coações contra depoentes e processados, como protestos explícitos contrários à lisura de membros do conselho de Sua Majestade, do qual faziam parte os tabeliães e os ouvidores.

Em virtude da denúncia proclamada por Francisco Antônio foi-nos permitido constatar a existência de atos de corrupção no processo de inquirição de testemunhas e que a atuação de funcionários metropolitanos foi ambígua no trâmite judicial. Hipólita Jacinta, ao subornar o ouvidor Luís Ferreira com a doação de gado, e Bárbara Eliodora, com a ajuda de Macedo e Manitti, conseguiram minorar o impacto das penalidades legais impostas aos inconfidentes, subtraindo e/ou conseguindo a subavaliação de alguns de seus bens. João Rodrigues de Macedo, devido ao tráfico de influência, conseguiu escapar do processo das devassas.

As famílias de Francisco Antônio, Aires Gomes e Alvarenga Peixoto – que eram as maiores proprietárias de terras, donas dos maiores plantéis escravistas, as mais ricas e com as maiores quantidades de utensílios e bens móveis apreendidos – conseguiram preservar a maior parte de seus patrimônios, como se demonstrará nos capítulos seguintes.

Notas

1. *Ordenações Filipinas*. Edição fac-símile da feita por Candido Mendes de Almeida em 1870. Lisboa: Fundação Calouste Gulbenkian, 1985, livro V, título VI, v. 3, p. 1153.

2. ANRJ/ADIM-C5, v. 1, fl. 125v – Formação de culpa: inquirição da testemunha José de Resende Costa. Vila Rica, 28/07/1789. Em outro depoimento, ainda como testemunha, Resende comentou que "o primeiro passo da conjuração e motim era cortar-se a cabeça do Ilustríssimo e Excelentíssimo visconde de Barbacena, governador e capitão general desta capitania e ao coronel Carlos José da Silva". In: ANRJ/ADIM-C5, v. 4, fl. 119v – Formação

de culpa: inquirição da testemunha José de Resende Costa. Lagoa Dourada, 12/09/1789. Sobre a proposta de se matar as pessoas ligadas à administração de Minas Gerais, conferir, também: ANRJ/ADIM-C5, v. 1, fl. 7 – Carta-denúncia de Joaquim Silvério dos Reis ao governador visconde de Barbacena. Cachoeira, 19/04/1789, datada de Borda do Campo, 11/04/1789.

3. Corpo de delito é a "caracterização judicial de um delito de forma a não poder haver dúvida de sua existência, não restando mais que descobrir ou convencer o seu autor". Conferir: Tarquínio J. B. de Oliveira, "Glossário: corpo de delito". In: ADIM, v. 1, p. 354. A carta-denúncia de Silvério dos Reis, que serviu como documento de abertura da devassa do Rio de Janeiro, não deve ser confundida com a que ele entregou ao governador visconde de Barbacena, no mês de abril, em Minas Gerais.

4. ANRJ/ADIM-C5, v. 4, fl. 52 – Ofício do visconde de Barbacena ao desembargador José Pedro Machado Coelho Torres. Vila Rica, 23/07/1789.

5. Kenneth Maxwell, *A devassa da devassa. A Inconfidência Mineira: Brasil e Portugal, 1750-1808*. 3. ed. Trad. João Maia. Rio de Janeiro: Paz e Terra, 1995, pp. 168-204.

6. Interessante análise sobre os conflitos jurisdicionais e os processos discursivos pelos quais os sujeitos envolvidos na Conjuração Mineira se (des)velaram pode ser lida em: Júnia Focas, *Inconfidência Mineira: a história dos sentidos de uma história*. Belo Horizonte: FALE/UFMG, 2002; particularmente em seu quarto capítulo (Das cartas-denúncia às inquirições das devassas: a construção discursiva dos sentidos da traição), pp. 69-107; no trecho, pp. 79-82.

7. "Ofício do visconde de Barbacena a Luís de Vasconcelos e Sousa, vice-rei, remetendo cartas-denúncias de Joaquim Silvério dos Reis, Basílio de Brito Malheiro do Lago e Inácio Correia Pamplona (cópias)". Cachoeira do Campo, 11/05/1789. In: ADIM, v. 8, p. 158.

8. "Ofício de Camilo Maria Tonelet, ajudante de ordens do vice-rei, no impedimento deste, a Martinho de Melo e Castro, remetendo cópia da Devassa-RJ". Rio de Janeiro, 24/02/1790. In: ADIM, v. 8, pp. 276-277.

9. Herculano Gomes Mathias, "Introdução histórica". In: ADIM, v. 1, p. 27.

10. ANRJ/ADIM-C5, v. 9, fl. 2v – Carta Régia de 17 de julho de 1789, sobre a Alçada do Rio de Janeiro.

11. "Ofícios do Conde de Resende a Martinho de Melo e Castro, secretário da Marinha e Domínios Ultramarinos, sobre a chegada ao Rio de Janeiro dos ministros da Alçada". Rio de Janeiro, 24/01/1791; "Nomeação do Des. José Caetano César Manitti, para escrivão da Alçada-RJ". Rio de Janeiro, 15/06/1791. In: ADIM, v. 11, pp. 67-68; 71.

12. ANRJ/ADIM-C5, v. 9, fl. 90v – Sentença proferida contra os réus do levante e conjuração de Minas. Rio de Janeiro, 18/04/1792.

13. ANRJ/ADIM-C5, v. 9, fls. 91-93 – Sentença proferida contra os réus do levante e conjuração de Minas. Rio de Janeiro, 18/04/1792; "Relação da formalidade com que se executou a sentença que se deu na Relação do Rio de Janeiro aos Réus da Conjuração fomentada em Minas". In: ADIM, v. 11, pp. 91-94; Márcio Jardim, op. cit., pp. 393-394; André Figueiredo Rodrigues, *O clero e a Conjuração Mineira*, op. cit., p. 183.

14. ANRJ/ADIM-C5, v. 9, fls. 93v-95 – Carta Régia pela qual se suspendeu a execução dos réus, menos o cabeça e chefe deles. Palácio de Queluz, 15/10/1790; ANRJ/ADIM-C5, v. 9, fls. 95-96 – Acórdão por virtude desta Carta Régia. Rio de Janeiro, 20/10/1792; ANRJ/ADIM-C5, v. 9, fls. 96-96v – Acórdão dos outros réus. Rio de Janeiro, 20/10/1792.

15. "Sequestro dos bens do cônego Luiz Vieira da Silva". *Revista Trimestral do Instituto Histórico*, v. 103, t. 64, pp. 159-160, 1901.

16. Eduardo Frieiro, *O diabo na livraria do cônego*. 2. ed. rev. e aum. Belo Horizonte: Itatiaia; São Paulo: Edusp, 1981, p. 20.

17. Ibidem, pp. 24; 29-30.

18. Luiz Carlos Villalta, "O que se fala e o que se lê: língua, instrução e leitura". In: Laura de Mello e Souza (org.), *História da vida privada no Brasil: cotidiano e vida privada na América portuguesa*. São Paulo: Companhia das Letras, 1997, p. 362; Idem. *A "torpeza diversificada dos vícios": celibato, concubinato e casamento no mundo dos letrados de Minas Gerais (1748-1801)*. São Paulo, 1994. Dissertação (Mestrado em História) – Faculdade de Filosofia, Letras e Ciências Humanas, Universidade de São Paulo, pp. 197-198; Idem. "Os clérigos e os livros nas Minas Gerais da segunda metade do século XVIII". *Acervo*: Revista do Arquivo Nacional, Rio de Janeiro, v. 8, n. 1-2, pp. 19-52, jan.-dez. 1995, p. 25.

19. Paulo Gomes Leite, "Revolução e heresia na biblioteca de um advogado de Mariana". *Acervo*: Revista do Arquivo Nacional, Rio de Janeiro: Arquivo Nacional, v. 8, n. 1/2, pp. 153-166, 1995, p. 155.

20. Ibidem, p. 156. Em dois textos, seguimos estes dados: André Figueiredo Rodrigues, *O clero e a Conjuração Mineira*, op. cit., p. 149; Idem. "A atuação do padre Manuel Rodrigues da Costa na Conjuração Mineira e na Constituinte de 1823", op. cit., p. 134.

21. Luiz Carlos Villalta, *A "torpeza diversificada dos vícios"*..., op. cit., p. 168; Idem. "Os clérigos e os livros nas Minas Gerais...", op. cit., p. 24. Idem. "Ler, escrever, bibliotecas e estratificação social". In: Maria Efigênia Lage de Resende; Luiz Carlos Villalta (org.), *História de Minas Gerais: as Minas setecentistas*. Belo Horizonte: Autêntica; Companhia do Tempo, 2007, v. 2, p. 302.

22. IHGB. DL 70.11 – Sequestro em bens do cônego Luís Vieira da Silva.

23. E. Bradford Burns, "The Enlightenment in two Colonial Brazilian libraries". *Journal of the History of Ideas*, University of Pennsylvania Press, v. 25, n. 3, pp. 430-438, 1964.

24. A historiografia a que me refiro é composta de: E. Bradford Burns op. cit., p. 432; Luiz Carlos Villalta, *A "torpeza diversificada dos vícios"*..., op. cit., pp. 202-203; Rosalvo Gonçalves Pinto, op. cit., p. 65.

25. A *Histoire philosophique et politique des établissements et du commerce des européens dans les deux Indes*, de Guillaume-Thomas François Raynal (1713-1796), publicada em 1772, analisa a história dos impérios coloniais europeus desde a descoberta da América e narra a independência das Treze Colônias Inglesas da América do Norte. Sobre a independência norte-americana, ver: Guilherme-Thomas François Raynal, *A revolução da América*. Prefácio de Luciano Figueiredo e Oswaldo Munteau Filho. Trad. Regina Clara Simões Lopes. Rio de Janeiro: Arquivo Nacional, 1993. Sobre a presença dos portugueses na Amé-

rica, dedicou 136 páginas do quinto volume, nono tomo, ao Brasil. Conferir esta parte em: Guilherme-Thomas François Raynal, *O estabelecimento dos portugueses no Brasil*. Prefácio de Berenice Cavalcanti. Trad. Mônica F. C. Campos de Almeida e Flávia Roncari Gomes. Rio de Janeiro: Arquivo Nacional; Brasília: Editora UnB, 1998.

26. Paulo Gomes Leite, "Revolução e heresia na biblioteca de um advogado de Mariana", op. cit., pp. 156, 162.

27. Álvaro Antunes, ao estudar a relação do doutor José Pereira Ribeiro com sua biblioteca, enquanto proprietário e leitor, indicou-nos que sua livraria era composta de 204 títulos dispersos em 476 volumes. Conferir: Álvaro de Araujo Antunes, *Espelho de cem faces: o universo relacional de um advogado setecentista*. São Paulo: Annablume, 2004, p. 34. A quantidade de livros na biblioteca do doutor Ribeiro difere entre as análises de Paulo Leite, para menos, e a desse autor em três obras e dez volumes. Luiz Villalta indicou que essa mesma biblioteca continha 211 títulos em 476 volumes. Conferir: Luiz Carlos Villalta, "Ler, escrever, bibliotecas e estratificação social", op. cit., p. 302.

28. Luiz Carlos Villalta, *A "torpeza diversificada dos vícios"*..., op. cit., pp. 170-172; 179-191; Idem. "O que se fala e o que se lê: língua, instrução e leitura", op. cit., p. 376; Idem. "Ler, escrever, bibliotecas e estratificação social", op. cit., p. 306; Idem. "O diabo na livraria dos inconfidentes". In: Adauto Novaes (org.). *Tempo e história*. São Paulo: Companhia das Letras; Secretaria Municipal de Cultura, 1994, p. 374.

29. Idem. *Reformismo ilustrado, censura e práticas de leitura: usos do livro na América portuguesa*. São Paulo, 1999. Tese (Doutorado em História) – Faculdade de Filosofia, Letras e Ciências Humanas, Universidade de São Paulo, pp. 453-509.

30. Idem. *A "torpeza diversificada dos vícios"*..., op. cit., pp. 167-209.

31. Vale a pena indicar que algumas das obras arroladas no sequestro do cônego Vieira não lhe pertenciam, o que provocou algumas reclamações como, por exemplo, a do Intendente do Ouro de Vila Rica, desembargador Francisco Gregório Pires Bandeira, de 1790, solicitando a devolução de dois de seus livros que estavam emprestados ao cônego – a *História de Nápoles* e dois volumes de Mably. Conferir: IHGB. DL 70.11, fl. 11 – Sequestro em bens do cônego Luís Vieira da Silva.

32. Hélcia Dias, op. cit., pp. 163-172.

33. Leila Mezan Algranti, "Famílias e vida doméstica". In: Laura de Mello e Souza (org.). *História da vida privada no Brasil*..., op. cit., pp. 83-154 (texto); 451-454 (notas); 475-477 (bibliografia).

34. Carlos Magno Guimarães; Liana Maria Reis. "Agricultura e escravidão em Minas Gerais (1700-1750)". *Revista do Departamento de História*, Belo Horizonte, FAFICH/UFMG, n. 2, pp. 7-36, 1986. Ibidem. "Agricultura e caminhos de Minas (1700/1750)". *Revista do Departamento de História*, Belo Horizonte: FAFICH/UFMG, n. 4, pp. 85-99, 1987; Carlos Magno Guimarães, "Inconfidência, estrutura agrária e escravidão", op. cit., pp. 161-179; Beatriz Ricardina Magalhães, "Inventários e sequestros: fontes para a história social". *Revista do Departamento de História*, Belo Horizonte, FAFICH/UFMG, n. 9, pp. 31-45, 1989.

35. Carlos Magno Guimarães, "Inconfidência, estrutura agrária e escravidão", op. cit., pp. 163-164.

36. Ibidem, p. 164.

37. Luiz Carlos Villalta, *1789-1808: o império luso-brasileiro e os Brasis*. São Paulo: Companhia das Letras, 2000, pp. 40-41; Kenneth Maxwell, op. cit., pp. 108-113.

38. Kenneth Maxwell, op. cit., pp. 63; 103. A plutocracia mineira, formada no período pombalino e que teve homens envolvidos na Conjuração Mineira, era composta, principalmente, por João Rodrigues de Macedo (um dos mais poderosos e ricos de Minas), Silvério dos Reis (o principal delator do movimento), Domingos de Abreu Vieira, José Aires Gomes, Vicente Vieira da Mota, José Álvares Maciel e, provavelmente, Luís Alves de Freitas Belo, todos contratantes, fiadores de contratadores ou homens cujo destino estava ligado aos dos contratantes dos direitos reais. Além disso, o envolvimento de comerciantes, militares, intelectuais ilustrados, contrabandistas, fazendeiros, eclesiásticos, mineradores, agricultores, entre outros elementos pertencentes aos grupos subalternos da sociedade, os quais se envolveram como conhecedores e até atuantes da Inconfidência, deu-se, em grande parte, por estarem ameaçados de cobrança de suas dívidas perante a Fazenda Real. Conferir: Ibidem, p. 151.

39. Ibidem, pp. 103; 136.

40. João Pinto Furtado, op. cit., p. 58.

41. Ibidem, pp. 206-207; 221-222.

42. As pesquisas de Laura de Mello e Souza e Carla Anastasia que identificam uma continuidade entre as permanentes contestações do passado mineiro e o levante de 1789 são: Laura de Mello e Souza, *Desclassificados do ouro: a pobreza mineira no século XVIII*. 3. ed. Rio de Janeiro: Graal, 1990. Idem, "Tensões sociais em Minas na segunda metade do século XVIII". In: *Norma e conflito: aspectos da história de Minas no século XVIII*. Belo Horizonte: Editora UFMG, 1999, pp. 83-110; Carla Maria Junho Anastasia, *Vassalos rebeldes: violência coletiva nas Minas na primeira metade do século XVIII*. Belo Horizonte: C/Arte, 1998.

43. João Pinto Furtado, op. cit., p. 83.

44. Ibidem, p. 83.

45. *Ordenações Filipinas*, op. cit., livro V, título CXXVII, v. 3, pp. 1299-1300.

46. Ibidem, livro V, título CXXVI, v. 3, p. 1299.

47. Inês Amorim, "As fontes notariais: uma reflexão metodológica". *Revista Portuguesa de História*, Lisboa, t. 36, pp. 93-108, 2002-2003, p. 97.

48. "Óbito e registro do testamento de D. Hipólita Jacinta Teixeira de Melo, viúva do inconfidente Francisco Antônio de Oliveira Lopes". Prados, 27/04/1828. In: ADIM, v. 9, pp. 429-437.

49. ANRJ/ADIM-C5, v. 3, doc. 42, fl. 3v – Carta-denúncia de um anônimo ao visconde de Barbacena contra Luís Ferreira de Araújo e Azevedo. São João del-Rei, 14/10/1789.

50. Luiz Carlos Villalta, *A "torpeza diversificada dos vícios"...*, op. cit., pp. 168-170.

51. Ibidem, pp. 168-170.

52. Ibidem, pp. 170-190.

53. Ibidem, pp. 194-195.

54. Ibidem, pp. 202-203; E. Bradford Burns, op. cit., p. 432; Rosalvo Gonçalves Pinto, op. cit., p. 65.

55. IHGB. DL 70.9, fls. 5; 22v – Sequestro de bens do capitão José de Resende Costa por parte da Fazenda Real. Nas duas versões manuscritas existentes deste sequestro, a do IHGB (edição completa) e a do ANRJ (traslados utilizados na publicação dos ADIM), constam referências ao livro *Seletas latinas*. Conferir: ANRJ/ADIM-C5, v. 7, doc. 14, fl. 3. O que existiu, portanto, foi erro na transcrição do documento.

56. ANRJ/ADIM-C5, v. 7, doc. 14, fl. 4. Quando José de Resende Costa filho foi preso e remetido para cadeia no Rio de Janeiro levou consigo roupas que naquele instante não lhe foram sequestradas: seis camisas, um fraque e calção, três ceroulas, um par de meias e um par de sapatos. Estes são os únicos bens citados nos Autos de Sequestro pertencentes ao jovem Resende Costa. Conferir: ANRJ/ADIM-C5, v. 7, doc. 14, fl. 5.

57. IHGB. DL 70.9, fls. 5; 22; 33; 33v – Sequestro em bens do capitão José de Resende Costa por parte da Fazenda Real.

58. Sheila de Castro Faria, *A colônia em movimento: fortuna e família no cotidiano colonial*. Rio de Janeiro: Nova Fronteira, 1998, p. 181.

59. IHGB. DL 70.9, fl. 8v – Sequestro em bens do capitão José de Resende Costa por parte da Fazenda Real.

60. O padre Toledo sofreu sequestros em São José (duas vezes, no mesmo dia, em 25 de maio, em localidades diferentes), Monte Alegre (uma vez, em 26 de maio) e Laje (uma vez, em 27 de maio).

61. IHGB. DL 101.3, fl. 18 – Autos de Sequestro dos bens do vigário Carlos Correia de Toledo e Melo. Grifo no original.

62. "[...] entre os bens que a este foram sequestrados se contemplaram os que constam da lista inclusa que pertencem ao Suplicante por lhos ter dado o falecido seu tio João de Souza Costa e foram entregues ao falecido pai do Suplicante o Capitão Antônio de Souza Mesquita que os deixou em guarda em casa do dito falecido seu tio na mudança que fez desta vila para as suas Lavras da Itabira e Pitangui, além de vários papéis e clarezas do mesmo seu pai para o fim de que tudo lhe seja entregue". In: José Afonso Mendonça de Azevedo, "A Inconfidência Mineira: documentos do Arquivo da Casa dos Contos (Minas Gerais)". *Anais da Biblioteca Nacional do Rio de Janeiro*, Rio de Janeiro, v. 65, pp. 153-308, 1943, p. 282.

63. Ibidem, pp. 282-283.

64. Ibidem, pp. 282-283; ANRJ/ADIM-C5, v. 7, doc. 4, fls. 4; 6-6v; 2v – Traslado dos sequestros feitos ao doutor Cláudio Manuel da Costa.

65. ANRJ/ADIM-C5, v. 7, doc. 4, fl. 5v – Traslado dos sequestros feitos ao doutor Cláudio Manuel da Costa.

66. Luciano Figueiredo, op. cit., p. 144.

67. ANRJ/CIM, fundo: 3A, cx. 3031, pacotilha 19, fls. 4-5v – Libelo Cível entre o sargento-mor Luiz Antônio da Silva e o procurador do Fisco, pelos bens do inconfidente Inácio José de Alvarenga Peixoto – réu. Vila Rica, 1794.

68. Ibidem, fl. 10v.

69. Ibidem, fl. 7v.

70. Ibidem, fl. 10.

71. "Documentos justificados: cessão de crédito de Luís Antônio da Silva a João Rodrigues de Macedo". In: Manuel Rodrigues Lapa, *Vida e obra de Alvarenga Peixoto*, op. cit., p. 300.

72. IHGB. DL 101.3, fls. 13-13v – Autos de Sequestro dos bens do vigário Carlos Correia de Toledo e Melo.

73. Ibidem, fls. 9; 7v; 5v.

74. Ibidem, fls. 11v-12.

75. Ibidem, fls. 19-20v.

76. Ibidem, fl. 22.

77. Ibidem, fl. 23.

78. Ibidem, fls. 22v-23.

79. AHU/MAMG, cx. 117, doc. 81 – Carta de D. Rodrigo José de Menezes, governador de Minas, informando Martinho de Melo e Castro sobre a ineficiência do Tribunal da Junta da Fazenda e solicitando providências a fim de alterar tal situação. Vila Rica, 31/12/1781; AHU/MAMG, cx. 114, doc. 36 – Decreto de D. Maria I, concedendo ao bacharel Luís Antônio de Araújo e Azevedo o lugar de ouvidor do Rio das Mortes. Lisboa, 10/04/1779; BMBCA/ACMSJDR, ACOR 06, fls. 131-132 – Auto de Posse dado ao dr. Luís Ferreira de Araújo e Azevedo do lugar de Ouvidor, Corregedor e Provedor dos Defuntos e Ausentes da comarca do Rio das Mortes.

80. AHU/MAMG, cx. 118, doc. 10 – Representação dos oficiais da Câmara de São José, pedindo a continuação da ocupação no cargo de ouvidor-geral da Comarca do Rio das Mortes, por Luís Ferreira de Araújo e Azevedo. São José, 6/02/1782; AHU/MAMG, cx. 119, doc. 34 – Representação dos oficiais da Câmara de São José, pedindo a prorrogação da serventia de Luís Ferreira de Araújo e Azevedo, ouvidor da Comarca do Rio das Mortes. São José, 17/05/1783.

81. ANRJ/ADIM-C5, v. 1, fl. 88v – Inquirição da testemunha Inácio Correia Pamplona. Vila Rica, 30/06/1789.

82. Márcio Jardim, op. cit., p. 245.

83. ANRJ/ADIM-C5, v. 3, doc. 2, fls. 18v-19 – Carta-denúncia de um anônimo ao visconde de Barbacena contra Luís Ferreira de Araújo e Azevedo. São João del-Rei, 14/10/1789.

84. AHU/MAMG, cx. 117, doc. 81 – Carta de D. Rodrigo José de Menezes, governador de Minas, informando Martinho de Melo e Castro sobre a ineficiência do Tribunal da Junta da Fazenda e solicitando providências a fim de alterar tal situação. Vila Rica, 31/12/1781.

85. ANRJ/ADIM-C5, v. 3, doc. 42, fls. 2-2v – Carta-denúncia de um anônimo ao visconde de Barbacena contra Luís Ferreira de Araújo e Azevedo. São João del-Rei, 14/10/1789.

86. Ibidem, fl. 3v. Grifos do original.

87. O tenente Antônio José Dias Coelho prendeu Alvarenga Peixoto em São João del-Rei no dia 24 de maio de 1789. Conferir: ADIM, v. 1, pp. 135, n. 1; 198; 249, n. 2.

88. FBN/CT, I-35, II, 15 n. 2 – Casamento religioso entre Inácio José de Alvarenga e Bárbara Eliodora. São João del-Rei, 22/12/1781. O casamento civil ocorreu no mês seguinte, em 7 de janeiro. Conferir: FBN/CT, I-35, II, 15 nº 2 – Casamento civil entre Inácio José de Alvarenga e Bárbara Eliodora. São João del-Rei, 07/01/1782.

89. "Documentos justificados – Certidão da sentença da Relação contra Alvarenga Peixoto e Araújo e Azevedo". In: Manuel Rodrigues Lapa, *Vida e obra de Alvarenga Peixoto*, op. cit., p. 274. A ideia desta citação partiu do Prefácio escrito por Lapa, p. XXXVI.

90. APM/SC, cód. 227, rolo 47, gav. 3, fl. 23 – Carta de dom Rodrigo José de Meneses ao capitão Manuel Teixeira Ribeiro sobre distúrbios na fazenda da Boa Vista; APM/SC, cód. 227, rolo 47, gav. 3, fls. 23-23v – Distúrbios na fazenda da Boa Vista.

91. APM/SC, cód. 230, rolo 47, gav. 3, fl. 16v – Repreensão do governador dom Rodrigo José de Meneses ao ouvidor Luís Ferreira de Araújo e Azevedo; APM/SC, cód. 230, rolo 47, gav. 3, fl. 17v – Censura de dom Rodrigo José de Meneses ao juiz ordinário da Campanha João Chrisostomo; APM/SC, cód. 230, rolo 47, gav. 3, fls. 17v-18 – Ordem de dom Rodrigo José de Meneses ao ouvidor Luís Ferreira de Araújo e Azevedo sobre o litígio da Boa Vista.

92. APM/SC, cód. 230, rolo 47, gav. 3, fl. 18 – Ordem de dom Rodrigo José de Meneses ao doutor Francisco Pais sobre o litígio da Boa Vista.

93. Roberto Leonel de Rezende, *Rudimentos históricos do município de São Gonçalo do Sapucaí, Minas Gerais*. Três Corações, MG: Excelsior, 1992, pp. 19-20.

94. "Ofício de Sebastião Xavier de Vasconcelos Coutinho a José Caetano César Manitti, escrivão da devassa-MG (nomeado Intendente do Ouro em Vila Rica), incumbindo-lhe providências e viagem ao Rio". Rio de Janeiro, 10/04/1791. In: ADIM, v. 8, pp. 343-344.

95. AHU/MAMG, CX. 118, doc. 14 – Decreto de D. Maria I, nomeando o bacharel José Caetano César Manitti para ouvidor do Sabará e Tomás Antônio Gonzaga para ouvidor da Vila Rica. Samora, 27/02/1782.

96. APM/CC, cód. 189, fl. 117.

97. ANRJ/ADIM-C5, v. 1, fl. 4 – Portaria do visconde de Barbacena ao desembargador Pedro José Araújo de Saldanha. Vila Rica, 12/06/1789.

98. Tarquínio J. B. de Oliveira, Nota 1 ao "Ofício de Sebastião Xavier de Vasconcelos Coutinho a José Caetano César Manitti, escrivão da devassa-MG (nomeado Intendente do Ouro em Vila Rica), incumbindo-lhe providências e viagem ao Rio". Rio de Janeiro, 10/04/1791. In: ADIM, v. 8, pp. 344-345.

99. Márcio Jardim, op. cit., pp. 162-163.

100. Biblioteca da Ajuda, 54 – XI – 27 (19*a* e 19*b*), fls. 2-2v – Representação e requerimento a S. Majestade (D. Maria I) de José Aires Gomes, militar, condenado como cúmplice na meditada sublevação de Minas Gerais, a fim de mandar conhecer sobre a sua sentença, para lhe dar um inteiro perdão, ou para lhe mitigar a pena. Moçambique, 25/08/1792.

101. Tarquínio J. B. de Oliveira, Notas biográficas ao "Apenso XXI: autos de confrontação de testemunhas e sumário de inquirição de testemunhas do padre José Lopes de Oliveira e outros". In: ADIM, v. 2, p. 399. Conferir, também: Antônio Ribeiro de Avelar, "Carta a João Rodrigues de Macedo (Vila Rica) sobre auxílios prestados ao inconfidente Vicente

Vieira da Mota na iminência de seguir para degredo". In: ADIM, v. 9, pp. 129-131; APM/AVC, cx. 11, doc. 18 – Procuração passada por José Aires Gomes relativa a sua fiança nos contratos de Dízimos da capitania de Minas Gerais, arrematados por João Rodrigues de Macedo. Borda do Campo, 04/11/1777.

102. Nas reuniões subversivas ocorridas na casa de Macedo, em dezembro de 1788, os inconfidentes discutiram vários assuntos atinentes às Minas Gerais. Entre eles, conversaram sobre o lançamento da derrama. Vicente Vieira da Mota calculou o débito do tributo em 515 ou 518 arrobas de ouro. Como a população mineira era estimada em 350 mil habitantes, caberia a cada pessoa o ônus de 5,9 oitavas (21 gramas de ouro). Ao todo, a dívida da capitania ultrapassava mais de sete toneladas. Na ocasião, o contador Vieira da Mota comentou que pagaria 29 oitavas, o que significa que ele tinha quatro escravos, além de sua pessoa. No sequestro de seus bens foi arrolado apenas um destes cativos. Conferir: Tarquínio J. B. de Oliveira, *Um banqueiro da Inconfidência: ensaio biográfico de João Roiz de Macedo, arrematante de rendas tributárias no último quartel do século XVIII*. Ouro Preto, MG: ESAF-Centro de Estudos do Ciclo do Ouro-Casa dos Contos, 1981, pp. 43-45.

103. Kenneth Maxwell, op. cit., pp. 182-183.

104. ANRJ/ADIM-C5, v. 5, doc. 9, fls. 9-9v – Auto de Perguntas feitas ao coronel Francisco Antônio de Oliveira Lopes, 2ª inquirição, Rio de Janeiro, 13/07/1791.

105. ANRJ/ADIM-C5, v. 5, doc. 9, fls. 2v-3 – Auto de Perguntas feitas ao coronel Francisco Antônio de Oliveira Lopes, 1ª inquirição, Rio de Janeiro, 21/11/1789.

106. ANRJ/ADIM-C5, v. 5, doc. 9, fl. 9 – Auto de Perguntas feitas ao coronel Francisco Antônio de Oliveira Lopes, 2ª inquirição, Rio de Janeiro, 13/07/1791.

107. ANRJ/ADIM-C5, v. 5, doc. 9, fls. 9v-10 – Auto de Perguntas feitas ao coronel Francisco Antônio de Oliveira Lopes, 2ª inquirição, Rio de Janeiro, 13/07/1791; Francisco Gregório Pires Monteiro Bandeira, "Exposição sobre a repressão e julgamento dos réus da Inconfidência Mineira". In: ADIM, v. 9, p. 256.

108. ANRJ/ADIM-C5, v. 9, doc. 7, fl. 3 – Lista de pessoas presas, por José Pedro Machado Coelho Torres.

109. FBN/CC, I-10, 15, 023 – Carta de José Caetano César Manitti a João Rodrigues de Macedo solicitando empréstimo para poder viajar a Europa com o visconde de Barbacena. [s.l.], 24/08/1797.

110. Márcio Jardim, op. cit., p. 226.

111. Os principais bens arrematados pelo capitão Jerônimo Fernandes da Silva Macedo podem ser conferidos na "Cópia do termo de rematação de bens", transcrita em: Tarquínio J. B. de Oliveira, *Um banqueiro da Inconfidência*..., op. cit., pp. 74-76.

112. "Aviso de dom Rodrigo de Sousa Coutinho à junta da administração e arrecadação da Real Fazenda da capitania de Minas Gerais, datado de Lisboa, a 17 de agosto de 1803". In: ADIM, v. 11, pp. 109-110.

As relações agropastoris nas propriedades dos inconfidentes da comarca do Rio das Mortes

A posse da terra

A devassa sequestrou dos inconfidentes muitas propriedades de terras. No direito português, as terras eram doadas gratuitamente às pessoas que possuíam meios de cultivá-las. Essas terras eram chamadas de sesmaria e, em sua concepção original, sua doação fora disciplinada por lei de 1375, de dom Fernando I, que objetivava solucionar grave crise de abastecimento em Portugal, fazendo progredir a agricultura, então abandonada em decorrência das lutas internas vigentes, e minimizar as importações de grãos.

Na América, a Coroa portuguesa teve, ao adotar o sistema de sesmaria, preocupação acentuada com a utilização produtiva da terra. Na carta de doação existia a cláusula de que o sesmeiro, aquele que recebia a terra, tinha a obrigatoriedade de torná-la produtiva.[1]

Sua concessão estava sujeita à medição e demarcação, sendo que após um prazo determinado a sesmaria deveria ser confirmada, pois havia a possibilidade de o sesmeiro não cultivar a terra recebida e, com isso, ela poderia ser distribuída a quem se dispusesse a explorá-la.

Além da maneira formal e legal de obtenção de terra, desenvolveu-se outra: a posse. Por ela ser mais adaptada à agricultura móvel, predatória e rudimentar que se praticava no período colonial, tornou-se o meio principal de apropriação territorial.

Pela doação de carta de sesmaria, as autoridades legalizavam a posse de terras já ocupadas com atividades agrícolas e pastoris, permitindo que estas práticas se voltassem para o mercado interno que, ao lado do comércio exterior, formava uma intensa rede de abastecimento no interior da colônia, baseada na agricultura de alimentos, na criação de animais, em engenhos de cana-de-açúcar e de aguardente e na produção de tecidos grosseiros, entre outros produtos.[2]

A partir de suas propriedades, os inconfidentes vão participar desta intensa rede de comércio e produção agrícola. Vejamos suas propriedades e terras agrícolas e minerais confiscadas pela devassa.

Tabela 2. Bens de raiz sequestrados dos inconfidentes da comarca do Rio das Mortes

Bens de raiz	Carlos Correia de Toledo	Luís Vaz de Toledo Piza	Francisco A. Oliveira Lopes	José Aires Gomes	Manuel Rodrigues da Costa	Inácio J. Alvarenga Peixoto	José de Resende Costa
Propriedades	5		1	8	1	1	1
Sesmarias				1			
Datas minerais				20			
Serviços minerais*	1	3	1		1	17	10
Matos de capoeira**							1
Morada de casas (arraial, vila, cidade)	2		2	2		1	1
Total de bens de raiz	8	3	4	31	2	19	13

Fonte: ANRJ/ADIM-C5, v. 7 – sequestros diversos.
Notas: * Em um serviço podem existir várias datas de exploração mineral. Informamos apenas o que está indicado na documentação; ** Matos de capoeira são terrenos em que já ocorreu beneficiamento para alguma cultura.

O inconfidente José de Resende Costa, capitão do Regimento de Cavalaria Auxiliar do distrito da Laje e Santa Rita, do termo da vila de São João del-Rei, residia no Arraial da Aplicação de Nossa Senhora da Penha de França da Laje (hoje município de Resende Costa), em sua fazenda chamada Boa Vista dos Campos Gerais da Laje.

Ele teve sequestrada pela devassa, conforme a Tabela 2, a fazenda da Laje, de "meia légua de terra em quadra" (10,89 quilômetros quadrados), composta de "casas de vivenda, engenho de pilões de fazer farinha, paiol, moinho, tudo coberto de telha, com seu curral cercado de pedra e seu quintal com árvores de espinho, senzala de capim, terras de cultura, capoeiras, restingas de matos virgens e seus logradouros", além de "uma morada de casas cobertas de telhas citas no Arraial da capela da Laje" (vizinha da do padre Carlos Correia de Toledo), "uma sorte de matos de capoeiras" e dez títulos de serviços minerais (245 datas de extração aurífera).[3]

Após a sua prisão, em 1791, esses bens de raiz foram administrados pelo genro, o capitão-mor Gervásio Pereira de Alvim, casado com Francisca Cândida de Resende. Gervásio, além de administrador da parte sequestrada do inconfidente, como fiel depositário, também o era da meação de sua sogra, Ana Alves Preto.

No processo de execução movido pelo tenente Pedro Teixeira de Carvalho, irmão de Hipólita Jacinta Teixeira de Melo e cunhado do inconfidente Francisco Antônio de Oliveira Lopes, por dívidas contraídas pelo capitão Resende Costa contra a casa de seu pai, o capitão-mor Pedro Teixeira, coube a Gervásio Pereira de Alvim liquidar o débito de 1:116$637 réis.[4] Para sanar estas custas, resolveu promover a avaliação de alguns bens de seu genro e disponibilizá-los para venda, a fim de angariar recursos para quitar a pendência financeira que lhe era cobrada.

O genro selecionou uma morada de casas no arraial da Laje, avaliada em 100$000 réis, "uma fazenda denominada a Boa Vista nos Campos Gerais da Laje com tudo o que lhe pertence" por 1:140$000 réis, seis títulos de serviços minerais (155 datas) a 32$000 réis, 175 animais (55 cabeças de gado, sete potros, dezoito bois de carro, sessenta porcos, trinta ovelhas e cinco bestas) a 333$900 réis e 27 escravos, entre outros pertences, como ferramentas, vestimentas e utensílios de utilidade doméstica; tudo orçado em 3:344$625 réis.[5]

Gervásio Alvim, responsável pela apreciação daqueles bens, arrematou esse patrimônio pelos mesmos 3:344$625 réis da avaliação. Com este valor ele pôde liquidar a dívida de seu sogro com Pedro Teixeira e, de sobra, depositar na conta corrente que mantinha junto à Fazenda Real, como fiel depositário, a diferença ou o lucro obtido com aquela transação – 106$973 réis.[6]

Em março de 1837, quando se leu o testamento de Gervásio Pereira de Alvim, nele estava escrito: "uma morada de casas no arraial da Laje com sua cozinha toda coberta de telhas, cercada de pedras com uma mesa dentro" [e mais bens descritos], avaliada em 140$000 réis. No mesmo documento, a fazenda denominada Campos Gerais da Laje, que se compõe de "cultura e campos de criar", tendo como limites em dois de seus lados propriedades de parentes (o guarda-mor Manuel Nunes de Resende e o coronel Geraldo Ribeiro de Resende, sobrinho do inconfidente – filho de Josefa Maria de Resende e Severino Ribeiro, pais de Estevão Ribeiro de Resende, o marquês de Valença), foi avaliada em 9:194$000 réis, ou seja, guardadas as medidas temporais e as taxas de inflação do período, este valor é 806 vezes superior ao contido no Auto de Arrematação dos bens sequestrados a José de Resende Costa.[7]

O "terreiro dos Campos Gerais da Laje", que se compõe de "casas de vivenda, engenho de cana, e pilões, ermida, paiol, senzalas, rancho de tropa, dois moinhos, tudo coberto de telhas, currais e horta, tudo cercado de muros de pedra", foi avaliado em 2:000$000 réis. As produções agrícolas foram calculadas em 120$000 réis para "40 carros de cana madura que ainda resta para se moer"; 300$000 réis por seis alqueires de cana nova e 108$000 réis por dezessete alqueires de milho plantado. Se somarmos os valores declarados acima (propriedades de terra, benfeitorias e produções agrícolas) se atingem 11:722$000 réis, ou 1.028,24% do valor originalmente atribuído àquela propriedade na época em que esteve sequestrada pela devassa.[8] Vale indicar que o valor de 1:140$000 réis da fazenda da Laje, atribuído pelo fiel depositário, correspondia a tudo o que havia dentro da propriedade e sem a realização da meação da parte da esposa. O valor descrito no documento de sequestro era integral. É possível que a propriedade em quarenta anos tenha se valorizado tanto?

Mesmo com todas as agruras vivenciadas pela família Resende Costa, ela continuou proprietária de seus bens e expandiu seu patrimônio em terras pela região. Francisca Cândida de Resende (filha do capitão Resende Costa e esposa de Gervásio) solicitou sesmaria, em 1798, de terras devolutas na paragem chamada Passatempo, termo da vila de São José.[9]

Além dela, o padre Gabriel da Costa Resende recebeu meia légua de terra devoluta em quadra na paragem Boa Vista, na Aplicação da Capela Nova do Desterro, da freguesia de Santo Antônio, da vila de São José, em 7 de julho de 1798.[10]

Na região, outros familiares também tinham propriedade: seu irmão Antônio Nunes de Resende era proprietário nos Campos Gerais da Laje de uma fazenda. O filho desse, José Nunes de Resende, comprou terras na paragem Carrapato, onde desenvolvia agricultura, obtendo em 1790 carta de sesmaria daquela propriedade. Na Laje, Gervásio Pereira de Alvim também desenvolvia práticas agrícolas em terras confirmadas em sesmaria, de 18 de maio de 1797. Nas proximidades da gleba do padre Gabriel Resende, Gervásio recebeu outra carta de sesmaria, de meia légua em quadra, legitimando posse na Aplicação do Passatempo.[11]

A família também contou com outro de seus membros envolvidos na Conjuração Mineira: José de Resende Costa, o filho do coronel de nome homônimo. A sentença definitiva da devassa (1792) o condenou ao exílio na ilha de São Tiago de Cabo Verde por dez anos. Na África foi acolhido, juntamente com seu pai, pelo Secretário do Governador de Cabo Verde, o fluminense doutor João Diogo da Silva Feijó. O pai foi encarregado de trabalhar como contador, inquiridor e distribuidor da Ouvidoria, até seu falecimento em 1798. O filho foi aproveitado na carreira burocrática: ajudante da Secretaria de Governo e oficial da escrituração do Real Contrato da Urcela, escrivão da Provedoria da Real Fazenda e comandante da Praça de Vila da Praia, antiga capital daquela colônia, com o título de capitão-mor do Forte de Santo Antônio, até 1803.[12]

Em 1802, José de Resende Costa, o filho, após dez anos da sentença, estava livre. Assim, no ano seguinte, requereu licença para mudar-se para Lisboa, pois esperava contar com a proteção do seu amigo, tenente-coronel Manuel Jacinto Nogueira da Gama, futuro marquês de Baependi, na casa de quem se hospedou. Em Portugal, foi nomeado escriturário do Erário Régio (1804) – cargo que exerceu até 1809. O príncipe regente dom João, já no Brasil, chamou-o nesse ano, nomeando-o, no Rio de Janeiro, para administrador da Fábrica de Lapidação de Diamantes, chegando depois a ser contador geral do Erário e escrivão da Mesa do Tesouro, funções nas quais permaneceu até 1827. Na fase de Independência do Brasil, na década de 1820, foi nomeado procurador da Câmara de São João del-Rei, representando os interesses mineiros na Corte. Em 1821, foi eleito deputado por Minas Gerais junto às Cortes de Lisboa, não tendo chegado a voltar a Portugal. Sobrevindo a Independência, foi eleito deputado à Assembleia Constituinte Brasileira e deputado à Legislatura Ordinária, sempre por Minas.[13]

De acordo com informações genealógicas, José de Resende Costa, o filho, deixou descendente em Cabo Verde com Luísa Silva, em 1795, e dois outros nascidos em São João del-Rei, de um segundo relacionamento: Antônio e José Pereira de Resende.

Em Minas Gerais, em 1817, José de Resende Costa, o filho, requereu sesmaria de uma légua de terras devolutas em quadra (43,56 quilômetros quadrados) que existiam nas margens do rio Parnaíba, no Ribeirão do Pissarrão e Estiva do Julgado de São Domingos do Araxá.[14] A cunhada de seu filho Antônio Pereira de Resende, Francelina Carneiro de Resende, recebeu terras neste mesmo local e com igual extensão.[15]

No século XIX, membros da família receberam terras devolutas no sertão do rio Doce: Estevão Ribeiro de Resende – sobrinho do capitão Resende Costa, filho do capitão Severino Ribeiro e de Josefa Maria de Resende, titulado no Império como marquês de Valença (1848) – e sua esposa Ilidia Mafalda de Souza Queirós de Resende, ganharam sesmarias de meia légua, cada um, "na Barra do Calado Grande, na margem esquerda do rio Piracicaba, poucas léguas acima de sua confluência com o rio Doce".[16]

Nesse mesmo local, seu irmão, o coronel Geraldo Ribeiro de Resende, a esposa Esmênia Joaquina de Mendonça e a filha deles, Ana Esméria Ribeiro de Resende, receberam sesmaria de terras devolutas.[17] Todas essas propriedades ficavam no rio Doce e eram contíguas.

Tal como fez no sequestro de José de Resende Costa, o tenente Pedro Teixeira também solicitou que parte dos bens de seu cunhado Francisco Antônio fosse vendida para pagar dívidas que ele e sua esposa Hipólita Jacinta, irmã do cobrador, tinham com a sua casa e com a de seu pai.

O patrimônio sequestrado do inconfidente Francisco Antônio foi dividido em dois lotes de arrematação, a serem vendidos para quitar a dívida de 4:635$224 réis. No primeiro lote foram incluídos

> todos os bens móveis e semoventes que são os seguintes: trezentas cabeças de gado vacum entre grandes e pequenos // mais quatro éguas // mais duas potras // mais sessenta cabeças de ovelhas // mais quarenta cabeças de porcos de terreiros // mais doze colheres, doze garfos [e] doze facas de cabo de prata // mais um escravo [...] [deste trecho em diante se listam 27 escravos].[18]

Todos estes bens foram avaliados e arrematados, em 10 de junho de 1796, pela quantia de 2:362$400 réis. No segundo Auto de Arrematação incluiu-se "uma fazenda de cultura com todos os seus pertences", com "casas de vivenda cobertas de telha", paiol, "engenho de pilões coberto de telha" e "terras de cultura de capoeiras, matas virgens com os seus logradouros e vales", bens avaliados e arrematados por 2:201$000 réis, em 28 de junho de 1796.[19]

No cômputo geral da venda os dois lotes de bens de Francisco Antônio foram vendidos por 4:563$400 réis, restando a dona Hipólita Jacinta o acerto de 71$824 réis, conforme anotação do contador do Juízo da Real Fazenda em conta corrente lançada em livro daquele órgão fiscal.[20] De Francisco Antônio de Oliveira Lopes, a Fazenda Real não obteve rendimento.

Seus bens foram comprados pelo tenente-coronel José Francisco de Carvalho, tio de dona Hipólita.[21] Na transação de venda do sequestro, a fazenda da Ponta do Morro, com seus "matos e capoeiras, e mais terras a ela pertencentes, com casas de vivenda de sobrado, [...] horta, paiol, senzalas, e mais oficinas, tudo coberto de telha; engenho de cana preparado que mói com bois [...] [e] uma capela ou ermida com a invocação de Nossa Senhora da Penha de França" não foi confiscada pela devassa, apesar de ela aparecer listada na primeira relação de bens apreendidos do sedicioso da Ponta do Morro.[22] Sua exclusão do processo deveu-se à questão da legitimidade da posse daquela herdade. Por não pertencer ao patrimônio de Francisco Antônio, mas aos pais de Hipólita Jacinta, a fazenda não pôde ser apreendida pela devassa. Na época da apreensão, após a morte de seus pais, a fazenda da Ponta do Morro ainda não havia sido partilhada entre os herdeiros: dona Hipólita e seu irmão Gonçalo Teixeira de Carvalho, capitão-mor da vila de São José.[23] Pela falta dessa meação, o Fisco da Real Fazenda não a levou a figurar entre os bens finais sequestrados àquele inconfidente. Mesmo não permanecendo entre os bens do sequestro, todos os rendimentos de suas lavras e patrimônios móveis e imóveis foram apreendidos pela devassa, excluindo-se apenas a propriedade da terra.[24]

A fazenda da Ponta do Morro, por não figurar entre os bens apreendidos pela devassa, permaneceu em poder de dona Hipólita após a conclusão do processo de sequestro. Coube ao seu tio, José Francisco de Carvalho, arrematar os animais e alguns escravos e utensílios domésticos da fazenda para ela. Na Tabela 2 indicamos que a família teve apenas quatro bens de raiz apreendidos, ao invés das cinco propriedades comumente citadas pela historiografia. A fazenda da Ponta do Morro não entrou em nossos cálculos.[25]

Hipólita Jacinta adotou um menino deixado à porta de sua casa. Em 1827, quando ela redigiu seu testamento, instituiu Antônio Francisco Teixeira Coelho, seu filho adotivo, como herdeiro universal, em virtude de tê-lo criado e de receber dele "obediência, respeito e amor". Declarou ainda que como ele, dos dezesseis aos 25 anos de idade, administrara a fazenda da Laje, arbitrava-lhe ordenado de 200$000 réis por ano de trabalho em que estivesse cuidando de suas fazendas, lavras e demais negócios.[26]

Após seu falecimento, em 1828, Antônio Francisco Teixeira Coelho passou a ser o legítimo dono de todas as propriedades e bens de sua mãe. Em 17 de janeiro daquele ano, por testamento aberto no dia de seu falecimento, o marechal de campo Antônio José Dias Coelho o reconheceu como seu filho e de Maria Inácia Policena da Silveira, irmã de Bárbara Eliodora, deixando-lhe a quantia de 561$266 réis, de herança.[27]

No Auto de Sequestro, a fazenda da Laje apareceu descrita com

> casas térreas e engenho de pilões de socar farinha, paiol com seu moinho aparelhado com dois picões, tudo coberto de telha, e mais as senzalas cobertas de capim, murado o terreiro de pedra, com todos os seus pertences de capoeiras e campos, e mais logradouros e águas para o engenho e moinho.[28]

Em cópia de escritura de troca, passada em 7 de janeiro de 1850, na fazenda da Ponta do Morro, de acordo com informação transmitida por Helena Teixeira Martins em *Sedes de fazendas mineiras*, o então comendador Antônio Francisco Teixeira Coelho e sua mulher Claudina Celestina da Natividade permutaram a fazenda da Laje com o tenente-coronel Joaquim Tomás da Costa Gonçalves e sua mulher, Maria do Carmo Celestina da Natividade, pela fazenda do Curralinho, composta de matos e campos, também situada na freguesia da Laje.[29]

A fazenda da Laje, de acordo com Helena Martins, era maior que a do Curralinho. Na avaliação, a fazenda da Laje foi orçada em 30:000$000 réis. Como a fazenda do Curralinho foi estimada em 20:000$000 réis, Joaquim Tomás entrou com 10:000$000 réis em moeda corrente, ficando ainda obrigado a fornecer, de quinze em quinze dias, três alqueires de farinha e suprir de azeite a fazenda da Ponta do Morro, entrando Antônio Francisco com os escravos necessários, enquanto vida tivesse.[30]

Assim, vale a ressalva feita para a fazenda da Laje dos Resende Costa: em cinquenta anos, com as medidas temporais e inflacionárias devidas, sem pensarmos na potencialidade de exploração agrícola do local, a fazenda da Laje, pertencente a Francisco Antônio, foi avaliada de 2:201$000 réis para 30:000$000 réis, ou 1.363,01% acima do valor originalmente orçado pela devassa.

Além das propriedades rurais, Francisco Antônio de Oliveira Lopes teve sequestradas duas moradas de casas: uma, no arraial de Prados, em Minas Gerais, e outra, na Rua do Rosário, no Rio de Janeiro.

A casa de dois andares localizada no Rio de Janeiro só foi descoberta pela Alçada em 2 de maio de 1792, após o encerramento da devassa, por indiscrição do inconfidente que, dias antes de partir para o degredo, recebeu de sua irmã Clara Maria, freira no Rio, o dinheiro do aluguel dessa casa e, inadvertidamente, passou recibo de quitação mensal do aluguel pela quantia de 16$000 réis, pelas "casas, tanto de altos como das lojas": "Recebi do Senhor Geraldo Gomes de Campos quatro doblas à conta dos aluguéis das casas que minha mulher possui nesta cidade e para clareza, lhe passei o presente por mim somente assinado. Rio de Janeiro, 26 de abril de 1792. *Franc.º Ant.º de Olivr.ª Lopes*".[31]

Por meio deste recibo, a devassa descobriu esse imóvel. No processo de apreensão, Geraldo Gomes de Campos, comerciante do Rio de Janeiro e responsável pela cobrança dos aluguéis, declarou:

> [...] que as mesmas casas pertencem a dona Hipólita Jacinta Teixeira, mulher de Francisco Antônio de Oliveira Lopes, que se acha preso por culpa de inconfidência, que lhe couberam por folha de partilha de seu pai, o capitão-mor Pedro Teixeira e sua mulher, que ele Geraldo Gomes era quem cobrava os aluguéis delas e tem cobrado até o dia sete do presente mês de maio pelo inquilino pagar adiantado até o dito dia, e que a razão disto fora lhe mandar pedir uma freira chamada a Madre Clara Maria, irmã do dito Francisco Antônio que adiantasse o mesmo aluguel para haver de fazer alguma roupa ao dito Francisco Antônio e supri-lo com algumas coisas de que precisava, e que por essa razão ele o cobrara e remetera tudo à dita freira.[32]

Feita a apreensão, o destino deste imóvel, o único de um inconfidente fora da capitania de Minas Gerais, perdeu-se na história.

Em Prados, a família Oliveira Lopes era proprietária de uma casa no centro do arraial. Este imóvel passou às mãos de Francisco Antônio por herança paterna. No ano de 1794, quando os bens do coronel José Lopes de Oliveira, pai de Francisco Antônio, foram divididos entre os herdeiros, "a casa do arraial" foi avaliada em 400$000 réis. Em 1796, quando se procedeu ao Auto de Avaliação do sequestro, essa mesma casa (apreendida em 1795) foi apreciada em 100$000 réis, ou 25% do valor anterior. Essa casa assobradada, com frente para o adro da Igreja Matriz de Nossa Senhora da Conceição, com cozinha, estrebaria e pátio, em 1853, fazia parte do patrimônio de Antônio Francisco Teixeira Coelho.[33]

Francisco Antônio diferia completamente dos proprietários da região e, também, de outros membros de sua família: enquanto persistia um perfil concentrador de terras nas mãos dos proprietários, o inconfidente não adquiriu nenhuma sesmaria ou comprou qualquer propriedade agrícola em sua vida. Seu pai, o coronel José Lopes de Oliveira, e seu tio, o tenente-coronel Manuel Lopes de Oliveira, comandavam territorialmente as terras nos altos da serra da Mantiqueira. A família teve três inconfidentes presos: Francisco Antônio, seu irmão padre José Lopes de Oliveira e José Aires Gomes, casado com Maria Inácia de Oliveira, filha do tenente-coronel Manuel Lopes.[34]

Aires Gomes foi o inconfidente que mais teve propriedades sequestradas pela devassa. Comumente na historiografia se encontra escrito que ele devia as posses das terras, que o colocavam entre os maiores proprietários de Minas Gerais, ao casamento que realizou com Maria Inácia, em 1785, de quem herdou a fazenda da Borda do Campo (situada no atual município de Antônio Carlos), a sede de suas propriedades, pois seu sogro foi o dono da histórica herdade.[35]

Pouco antes de partir em degredo, Aires Gomes escreveu, em 6 de maio de 1792, instruções endereçadas a sua mulher e filhos, para que tomassem conhecimento de suas dívidas e as pagassem, pois devia seguir para o presídio de Inhambane (Moçambique), podendo morrer ali sem acertar os seus negócios:

> Primeiro que declaro, é que comprei a fazenda da Borda do Campo ao coronel Francisco Gomes Martins por 24:000$000 réis. A fazenda era do tenente-coronel Manuel Lopes de Oliveira, que a vendeu ao dito coronel Francisco Gomes Martins para se pagar aos seus credores e herdeiros, [que] era e é o doutor José Lopes de Oliveira e a minha mulher dona Maria Inácia de Oliveira, dos bens do dito Manuel Lopes. Eu, José Aires Gomes, só fiz pagamentos do que constar na escritura que me passou dona Clara Maria, viúva do dito Francisco Gomes Martins, salvo erro de trinta mil cruzados [ou] o que constar da mesma escritura – Para desencargo de minha consciência, declaro que a fazenda está por pagar, e o herdeiro a reivindicará se quiser, e se se rematar em praça pode requerer a Sua Majestade para haver a si a fazenda, porque o coronel Francisco Gomes não pagou a primeira escritura, que eu sempre tive este receio que o dito doutor José Lopes, como herdeiro, viesse contender comigo para tirar a fazenda e as sesmarias que tudo entrou na dita compra.[36]

No seu livro de dívidas, Aires Gomes escreveu que comprou a fazenda do tenente-coronel Francisco Gomes Martins, pelo valor de 24:000$000 réis. Esta informação é confirmada na Certidão de Compra e Venda da fazenda da Borda do Campo e de todos os seus logradouros e terras contíguas, que se encontra anexada à Carta Precatória movida contra João Ribeiro Gomes, filho mais velho e fiel depositário dos bens sequestrados de seu pai, indicando que a transação comercial efetivada entre o tenente-coronel Manuel Lopes e o tenente-coronel Francisco Gomes ocorreu em 2 de fevereiro de 1768, pelo mesmo valor apontado no livro de dívidas.[37]

Francisco Gomes Martins era casado com Clara Maria de Jesus, irmã de Teresa Maria de Jesus, casada com o coronel Manuel Rodrigues da Costa e mãe do padre inconfidente Manuel Rodrigues da Costa, da fazenda do Registro Velho, vizinha à da Borda do Campo. Quando comprou a fazenda da Borda do Campo e adjacências, pagou ao tenente-coronel Manuel Lopes de Oliveira a quantia de 2:625$000 réis à vista e o restante – 21:375$000 réis – foi dividido em quinze parcelas a serem pagas ao longo de quinze anos, sendo que cada débito deveria ser quitado no final de cada ano, que teria seu princípio na data da assinatura da escritura, sendo os dois primeiros pagamentos no valor de 1:300$000 réis cada um e os três últimos, no de 1:925$000 réis. Os valores restantes, de 13:000$000 réis, deveriam ser pagos em dez anos.

Por enfrentar dificuldades financeiras, em 1775, Francisco Gomes vendeu a fazenda da Borda com todos os seus pertences e terras contíguas a Aires Gomes. O valor da transação foi o mesmo da compra: 24:000$000 réis, tendo pagado uma parcela inicial de 12:000$000 réis à vista.[38]

As terras da Borda do Campo, e em especial as da fazenda de semelhante nome, inserem-se no contexto de abertura do Caminho Novo. Foram terras pertencentes ao bandeirante Garcia Rodrigues Pais, que passaram a ser, no princípio do século XVIII, administradas pelo seu cunhado e primo coronel Domingos Rodrigues da Fonseca Leme. Ao se retirar para São Paulo, em 1724, Domingos vendeu a herdade a Francisco da Costa e a Matias Domingos, que foram seus segundos proprietários. A seguir, a fazenda passou às mãos das viúvas de Francisco da Costa e de Manuel Dias de Sá. Com a morte da viúva do primeiro, a Borda do Campo passou, em 1749, a ser propriedade do tenente-coronel Manuel Lopes de Oliveira, em razão de seu casamento com a viúva do capitão Manuel Dias de Sá, Ana Maria dos Santos. Da união entre Manuel Lopes e Ana Maria nasceram dois filhos: José Lopes de Oliveira e Maria Inácia de Oliveira, a futura esposa de Aires Gomes.

Além da fazenda da Borda do Campo, Aires Gomes adquiriu outras propriedades na região, entre elas as fazendas Calheiros e Mantiqueira, sequestradas pela devassa em 1791. A "escritura de venda do alferes Francisco Gomes Martins a José Aires Gomes" demonstra a grandiosa transação:

> [...] da fazenda chamada a *Cachoeira*, com casas de vivenda, engenho de pilões, moinho corrente, casas de vivenda, rancho de passageiros, casas de morada do capitão, capela com invocação de Nossa Senhora da Piedade, quatro moradas de casas que se costumam alugar, dois ranchos mais em que mora o pardo Guilherme de Matos e Inácio alfaiate, paióis, olaria e todos os mais pertences, tudo coberto de telha e as senzalas de capim; o sítio chamado do *Narciso*, com casa e paiol de telha; o sítio do *Quilombo*, com todos os seus [pertences]; o sítio do *Pinheirinho*, com suas casas de vivenda, engenho de pilões, tudo coberto de telha e seus pertences, [...] a fazenda nova da *Ponta da Serra da Mantiqueira*, cabeceiras do rio da Rocinha e a mesma que parte com o dito sítio do *Pinheiro* [...]; o sítio e fazenda do *Calheiros*, que consta de casas de vivenda e ranchos cobertos de telhas com todos os mais pertences [...]; a fazenda da *Mantiqueira* [...]; uma *sesmaria nos matos do Zapato* [Xopotó!] [...], e todos os mantimentos e plantas que acharem nas ditas fazendas; *uma morada de casas assobradada coberta de telha com seu quintal e olaria, citas no arraial da Borda do Campo*, [...] oitenta e oito escravos [...], vinte e sete [bois] machos; dezesseis cavalos, todos arriados com cangalhas, cabrestos, selas, sobrecargas e todos os mais pertences da mesma tropa; seis éguas e duas crias; dezesseis cabeças de ovelhas; seis cabeças de cabras; trezentas cabeças de gado vacum, pouco mais ou menos, e todas as mais que se acharem do que ficou do sobredito tenente-coronel do qual a maior parte se acha marcada em um dos quartos traseiros com a letra = L = cinquenta cabeças de porcos, entre grandes e pequenos; entram os bois de carro que servem nas ditas fazendas; seis carros ferrados, dos quais se acham quatro quebrados; dois carretões usa-

dos, tudo com seus preparos e arreios; mais três cavalos selados e enfreados com selas usadas; [a partir daqui, ocorre a descrição dos utensílios domésticos, dos objetos da lavoura e da ferraria, além de peças do vestuário].[39]

Francisco Gomes vendeu oito propriedades territoriais e mais uma morada de casas no arraial da Borda do Campo (atual Solar dos Andradas, em Barbacena) ao seu irmão. Os valores finais, como se afirmou, foram 24:000$000 réis, sendo pagos 12:000$000 à vista, e o restante a ser quitado em data a ser acertada. Até o ano de 1791, quando Aires Gomes foi preso como inconfidente, ainda não havia pago a dívida com seu irmão e com a família de Manuel Lopes de Oliveira.[40]

No processo de avaliação de seus bens, a fazenda da Borda foi orçada em 6:000$000 réis. Deste valor, a Coroa descontou a meação da esposa Maria Inácia (3:000$000 réis) e o pagamento de débitos garantidos por lei (1:127$100 réis). Ao final do processo, a fazenda foi quantificada para ir a leilão por 1:872$900 réis.[41]

Além da Borda, outras terras também foram avaliadas pela devassa, tendo por finalidade a sua venda:

> [...] uma sesmaria chamada ___ [tracejado e em branco no original] com todos os seus pertences – 200$000 [réis] // duas sesmarias seguintes ___ [tracejado e em branco] Rio Abaixo – 75$000 [...] // a segunda sesmaria chamada o Bananal – 200$000 // a terceira sesmaria chamada a Varge do Palmital – 300$000 // a quarta sesmaria chamada do rio do Pinho – 50$000 // uma sesmaria que foi de José Lucas Alves – 25$000.[42]

Destas propriedades, nenhuma apareceu indicada no sequestro elaborado em 1791. No Auto de Avaliação, de 1796, feito antes da Partilha, a sesmaria do Bananal foi avaliada em 800$000 réis; a sesmaria Varge do Palmital em 1:200$000 réis; e a sesmaria que foi de José Lucas Alves a 100$000 réis. As "duas sesmarias [...] do Rio Abaixo" foram avaliadas em 800$000 réis e a primeira "sesmaria chamada ___ com todos os seus pertences" ou "sesmaria do Acácio" em 800$000 réis. A "sesmaria chamada do rio do Pinho" não

Fluxograma 4. Proprietários e cartas de sesmaria da fazenda da Borda do Campo

Abertura do Caminho Novo
Garcia Rodrigues Pais

↓

Fazenda da Borda do Campo

↓

1º) **Domingos Rodrigues da Fonseca Leme**
- CS: 22/04/1713 – CCS: 31/08/1713
- CS: 17/02/1714 – CCS: 16/07/1718
- CS: 09/05/1723

↓

2º) **Matias Domingos** / **Francisco da Costa**

↓

3º) **Manuel Dias de Sá** + Ana Maria dos Santos →

Antônio Dias de Sá
- CS: 14/12/1747 – paragem Batalha

Silvestre Dias de Sá
- CS: 14/12/1747 – junto à roça do Calheiros
- CS: 11/05/1792 – entre as sesmarias da Mantiqueira, do Acácio e de João Ribeiro
- CS: 23/03/1798 – Borda do Campo

Manuel Dias de Sá (filho)
- CS: 23/07/1742 – terras vizinhas à fazenda da Borda do Campo

↓ 1743

4º) **Manuel Lopes de Oliveira**
- CS: 28/05/1749 – CCS: 30/10/1749
- CS: 1º/06/1750

→

José Lopes de Oliveira
- CS: 22/03/1751 – CCS: 10/04/1758: sítio Cará

Maria Inácia de Oliveira
- CCS: 25/04/1798 – fazenda Cachoeira

↙

Terras na região da Borda do Campo:
- CS: 10/06/1745 – CCS: 25/04/1748 – fazenda Cachoeira (compra)
- CS: 14/12/1747 – fazenda Quilombo (compra)
- CS: 18/08/1748 – CCS: 06/12/1749: paragem Bananal
- CS: 27/09/1751 – sertão da Mantiqueira (fazenda Ponta da Serra)
- CS: 23/07/1754 – Pinho Velho
- CS: 23/03/1756 – CCS: 13/04/1758: córrego Quebra Canoas (Mariana)

Propriedades adquiridas:
- sítio Narciso
- sítio Pinheirinho
- fazenda Calheiros
- sesmaria nos matos do Xopotó

(cont.)

(*cont.*)

venda: 02/02/1768

5º) **Francisco Gomes Martins** + Clara Maria de Jesus

José Gomes Martins

- CS: 30/06/1783 – paragem Cachoeira de São Domingos

Luís Serafim

- CS: 12/05/1792 – Batalha

posse das propriedades que foram de seu pai:

- fazenda João Gomes
- fazenda Engenho do Mato

propriedades adquiridas:

- fazenda Passa Três
- fazenda Calheiros
- sítio Narciso
- fazenda Quilombo
- fazenda Ponta da Serra
- sítio Pinheirinho
- fazenda Mantiqueira
- sesmaria Xopotó
- fazenda Cachoeira

venda: 08/08/1775

Propriedades adquiridas:

- fazenda João Gomes – CCS: 1782
- fazenda Pedro Alves – CCS: 1782
- fazenda Sesmaria Real – CCS: 1782
- fazenda Pinho – CCS: 1782

6º) **José Aires Gomes** + Maria Inácia de Oliveira

- CS: 24/11/1797 = João Aires Gomes (filho)

outras propriedades:

- CS: 10/06/1781 – sertão do rio do Pinho
- CS: 20/06/1782 – CCS: 08/07/1782: fazenda Passa Três
- CS: 1782 – fazenda Calheiros
- fazenda Acácio

Legenda:

CS = carta de sesmaria
CCS = carta de confirmação de sesmaria

recebeu avaliação inicial.[43] De 1791 a 1796, independentemente da meação da mulher, os valores obtiveram significativa diminuição. As subavaliações, e aqui utilizamos este termo acreditando que o preço praticado, bem abaixo do seu real valor, seja sinal de fraude, são indícios de corrupção nos ADIM. O que resta saber é quais as pessoas que, coniventemente, permitiram o azeitamento da estrutura burocrática e de cobrança judicial.

Após 31 meses da realização do primeiro sequestro, a família sofreu, no dia 26 de fevereiro de 1794, nova intervenção estatal. A Sentença Cível e Formal de Partilhas, tirada pelo desembargador Antônio de Brito e Amorim, foi lavrada pelo escrivão da Fazenda Real, Antônio Joaquim de Macedo, sobrinho do contratador João Rodrigues de Macedo e um de seus dois herdeiros universais.

Utilizando-se do princípio jurídico da precedência do crédito, Antônio Macedo protestou as dívidas que o conjurado tinha com a Fazenda Real, por ter sido fiador de seu tio nos contratos de Dízimos, de 1777 a 1783. Por lei, cabia à Coroa honrar o pagamento das dívidas contraídas pelo preso antes de seu envolvimento na revolta, e entre essas dívidas estavam as contraídas com o seu tio.

Para que isso fosse feito, e sabendo das baixas avaliações recebidas pelos bens confiscados do conjurado, Antônio Joaquim de Macedo empreendeu vistoria na fazenda da Borda, onde localizou "um saco em que se tinham incluído vários papéis pertencentes ao sequestro" e que foram devolvidos à família. No interior do pacote encontravam-se inúmeros papéis de crédito e de negócios realizados com agentes de várias partes de Minas Gerais e do Rio de Janeiro. Como estes documentos, segundo ele, não receberam a devida importância na primeira tomada de seus bens, resolveu confiscá-los e proceder a nova apreensão, no que achasse conveniente.[44]

Entre esses papéis localizaram-se desde documentos que datavam do início da ocupação das paragens da Borda do Campo, como as terras que o coronel Domingos Rodrigues da Fonseca adquiriu junto a Domingos Jorge Santarém pelo preço de 1:800$000 réis e que foram anexadas ao patrimônio da fazenda da Borda, até negócios mais recentes com terras, como os realizados por Maria Inácia de Oliveira.[45]

Além destes papéis, encontrou-se uma escritura de venda de uma fazenda que Aires Gomes e sua mulher Maria Inácia de Oliveira fizeram ao capitão Antônio de Miranda Magro, seu genro (casado com Ana Maria Perpétua de Oliveira), "com recibo de entrega da mesma fazenda". Além dessa escritura, acharam-se ainda

> [...] um papel de cessão e trespasse de uma sesmaria sita abaixo da serra da Mantiqueira rio do Pomba passado por Mateus Ferreira da Silva a José Aires Gomes como no mesmo se declara // [...] um papel de obrigação passado por Mateus Ferreira da Silva a José Aires Gomes de compra de uma sesmaria sita abaixo da serra da Mantiqueira rio Pomba, pela quantia de seiscentos mil réis como nele se declara, passado em vinte e oito de junho de mil setecentos e oitenta // [...] dezenove cartas de datas de terras e águas minerais pertencentes a José Aires Gomes com requerimento do mesmo e umas procurações que tudo e acha em um só maço // Item umas escrituras e sesmarias de importância como diz a cota declarada, cujos são descritos em sete papéis separados que se acham todos juntos // Item quatorze sentenças de sesmarias constantes da lista junta às mesmas sentenças pertencentes ao tenente-coronel Manuel Lopes de Oliveira como nela se declara // Item mais uma sentença de sesmaria de dona Clara Maria de Jesus na fazenda chamada João Gomes no caminho do Rio de Janeiro // Item mais duas sesmarias // [...] um papel de obrigação de Francisco Ferreira Armonde e Felizardo Francisco de Assis de ajuste de contrato que fizeram com José Aires Gomes em dezoito de outubro de oitenta e oito, com um requerimento feito ao Ilustríssimo e Excelentíssimo senhor visconde de Barbacena pelo mesmo Aires, com três petições de sesmarias em nome do mesmo Aires com três cartas tudo junto às referidas petições // [...] Item outra dita [escritura] de venda de uma morada de casas que fazem Antônio Teixeira da Silva a José Aires Gomes como da mesma consta // [...] tem outro dito de venda de meação de uma roça no caminho das minas que fez o sargento-mor Antônio de Mendonça e Vasconcelos ao coronel Domingos Rodrigues da Fonseca e quitação do preço como da mesma se vê etc. // Item uma obrigação de João Domingues de Aguiar de uma venda de um sítio chamado o Pinheiro, vendido ao tenente Manuel Lopes de Oliveira, com

todos os seus pertences e logradouros e umas casas de telha e mais pertences, pela quantia de quatrocentos mil réis como da mesma se vê // Item uma obrigação de Antônio José de Castro das terras do córrego do Espírito Santo, por serem pertencentes a José Aires Gomes como da mesma se vê [...].[46]

A pessoa escolhida para guardar estes papéis foi o capitão José Possidônio Ferreira Rabelo que, com o avançar do processo, requereu ao juiz Antônio Ramos da Silva Nogueira, da Fazenda Real, que removesse o depósito que custodiava para as mãos de outro fiel depositário, principalmente após ter descoberto novas cartas de crédito e documentos de terras em outros documentos sequestrados e guardados no interior de outro saco. Os papéis foram entregues a Francisco Bernardino Lisboa.[47]

Com a descoberta destes novos documentos, Antônio Joaquim de Macedo empreendeu novo sequestro em 17 de dezembro de 1795, 22 meses após o anterior. Entre os documentos amealhados, encontramos apreciável quantidade de cartas de créditos e

> [...] uma carta de arrematação de uma morada de casas na vila de São João del-Rei // [...] uma conta que declara ser da roça da Mantiqueira // [...] uma escritura de venda de um sítio // uma escritura de venda de uma roça no caminho das minas // [...] uma escritura de venda de um sítio da invocação de Nossa Senhora da Assunção de Santo Antônio // [...] um escrito de mão da venda de um sítio.[48]

Além destes, acharam-se ainda

> [...] um recibo de compra de uma roça // uma obrigação que passou Antônio José da Costa de umas terras // uma obrigação que passou Henrique Ferreira velho de umas terras // [...] um papel que passou Inácio de Mesquita das terras que [tem] no mato // [...] um papel que passou Lourenço Lima da Silva das terras do Passa Três // [...] uma carta de sesmaria // [...] quatro sentenças de sesmarias com três confirmações // [...] um papel de confirmação e aprovação passada pelo Ilustríssimo e Excelentíssimo bispo do Rio de

Janeiro, assinado com o selo de suas armas, com uma carta de sesmaria confirmada [e] selada pelo general de São Paulo, que foi Antônio de Albuquerque de Carvalho.[49]

Como novamente se descobriram novas folhas entre os pertences que estavam com a família de Aires Gomes, procedeu-se a novo confisco, em 11 de fevereiro de 1797, catorze meses depois do último sequestro. Nesta nova intervenção não encontramos qualquer referência a negócios com terras entre os bens listados; localizamos apenas a indicação em um crédito de que era devedor João Batista de Andrade a Francisco José da Silva, passado em 3 de março de 1772, com um recibo nas costas assinado pelo inconfidente, datado de 4 de junho de 1775, referente ao salário de 16$700 réis, que este pagou a João Batista de Andrade por realizar medições em suas sesmarias.[50]

Os três sequestros coordenados pelo escrivão Antônio Joaquim de Macedo procuraram diminuir a dívida de seu tio perante a Junta da Real Fazenda. Sendo ele um dos dois herdeiros universais do contratador Macedo, não poderia ter feito valer mais facilmente a lei e intimar o fiador de seu tio para que cumprisse os seus compromissos legais? Ao realizar detalhado sequestro em créditos e terras que poderiam ser facilmente revertidos em dividendos ao Fisco Real, não estaria tentando aumentar as suas possibilidades de amealhar algum patrimônio (a que legalmente tinha direito), uma vez que era, ao lado de seu irmão, um dos herdeiros? Estratégia interessante e legal: fazer pagar o fiador, no lugar do devedor principal.

Mas, de toda essa história, vale-nos a informação de que José Aires Gomes constituiu-se em grande proprietário de terras na Borda do Campo e áreas adjacentes, seguindo o perfil concentrador de seus parentes, entre eles seu sogro e seu irmão, que compraram e venderam várias propriedades. Possivelmente a intenção de José Aires Gomes ao adquirir enormes parcelas de terra estava na terra em si, pois buscava um bem que o distinguisse dos outros moradores da região. Possuir terras era distintivo social, além de ser reserva de valor. A necessidade de terras descansadas, ainda preservando a cobertura vegetal inicial, era também objetivo do comprador que estava interessado em explorar os seus recursos pelo maior prazo de tempo possível, antes de se ver obrigado a uma nova operação de compra ou de posse de terra. Suas propriedades, como a dos demais inconfidentes, tornar-se-ão unidades produtivas de gêneros alimentícios em grande escala para abastecer o mercado local, regional e interprovincial. O que os conjurados produziam em suas fazendas? A resposta a esta pergunta está no próximo item.

Indícios de práticas agrícolas nas fazendas dos inconfidentes

Na segunda metade do século XVIII, a capitania de Minas Gerais dividia-se em quatro comarcas: a de Vila Rica, Rio das Velhas, Rio das Mortes e Serro Frio. A comarca do Rio das Mortes estava situada ao sul de Minas Gerais, desde as fronteiras com São Paulo e o Rio de Janeiro, passando pelo rio Paraibuna e parte da Zona da Mata, até o rio Pomba. Tinha como sede político-administrativa a vila de São João del-Rei.

Desde o início do povoamento de Minas Gerais, o Rio das Mortes destacou-se como área abastecedora de alimentos. A produção agrícola que mais sobressaiu foi a da cana-de-açúcar, em especial a dedicada ao fabrico da aguardente. A chegada da cultura da cana em Minas remonta aos primeiros povoadores que para lá se dirigiam, levando consigo a tecnologia da lavoura e da destilação da gramínea. Os colonos, vindos da Bahia e de Pernambuco, ao norte, e de São Paulo e Rio de Janeiro, ao sul, plantavam a cana-de-açúcar nas proximidades de todos os centros de mineração e nas regiões em que as pessoas se fixavam ou por onde passavam os viajantes que atravessavam a capitania. Eles construíam pequenos engenhos para a produção de cachaça e rapadura, de acordo com o aumento da população e do consumo. Nessa época era comum o proprietário das lavras de ouro fornecer cachaça para seus escravos, pois acreditava que a pinga os faria trabalhar com mais dedicação, por horas a fio, principalmente nos meses chuvosos do verão e no frio úmido do inverno.

Várias propriedades se dedicavam ao cultivo variado de legumes, frutas, verduras e à criação de gado, além da produção de cana e cachaça.

Diferentemente do que ocorria nas plantações açucareiras da Bahia, especializadas e voltadas para o mercado externo, em Minas a cana e seus subprodutos eram destinados ao consumo local.

Os pequenos e médios agricultores limitavam-se à produção da rapadura e da cachaça, pois a fabricação do açúcar era muito dispendiosa. Mesmo sofrendo restrições metropolitanas, datadas de 1715 e 1743, que controlavam a existência de novos engenhos em Minas, Alvarenga Peixoto encaminhou requerimento à rainha Maria I solicitando licença para construir um novo engenho de cana em sua fazenda da Boa Vista.[51] No documento alegou que quando comprou a propriedade, situada na freguesia de Santo Antônio do Vale da Piedade da Campanha do Rio Verde, ali encontrou um engenho velho, "insuficiente" e com "pouca utilidade".

Como a autorização estava demorando, Alvarenga Peixoto pediu ao governador dom Rodrigo permissão para construir o novo engenho, enquanto a resolução real não chegasse ao seu conhecimento. No pedido, fundamentando-o, alegou ter cabedal, grande quantidade de escravos e área plantada.

O engenho existente, localizado em uma "fragorosa serra", era movido por bois e não tinha capacidade produtiva para moer toda a cana plantada na fazenda. O seu plano era construir outra fábrica, perto, aliás, da anterior, e que seria movimentada pela água, que a própria fazenda forneceria. O novo estabelecimento seria mais possante, mais aperfeiçoado e adequado aos projetos de desenvolvimento agrícola pensados por Alvarenga.

Com as melhorias na propriedade, informou ele que, como dono da fazenda, teria bons lucros e que estes também reverteriam para a Fazenda Real, por meio da cobrança do Subsídio Literário dos fabricantes de aguardente.[52] Este foi um hábil argumento que o governador não deixaria de levar em conta na avaliação da solicitação, tanto mais que, esclarece ainda a Petição, até aquele momento, só tinha sido possível utilizar nos trabalhos do engenho um terço de toda a escravaria da fazenda. A Licença do governador foi concedida em 21 de junho de 1780.[53]

Na fazenda Engenho dos Pinheiros, localizada na mesma freguesia e contígua à propriedade chamada Boa Vista, de três léguas de comprimento por uma légua e meia de largura (aproximadamente trinta quilômetros quadrados) e titulada com carta de sesmaria, Alvarenga estabeleceu outro engenho de cana, coberto de telhas e que fabricava açúcar e aguardente. Na fazenda havia um moinho que contava com "dois alambiques de cobre", sendo que cada um levava dezesseis barris de aguardente (363 litros), uma caldeira "de cobre, que levava dezoito barris [384 litros], e uma casa do mesmo que levava cinco barris" (105 litros), um tacho de cobre, "que levava cinco barris", três tonéis, "que levavam duzentos e cinquenta barris [5.340 litros] cada um deles" e duas pipas, "que levavam setenta barris [1.495 litros] cada uma".[54] As terras da roça eram trabalhadas por trinta escravos.[55]

Como inconfidente, Alvarenga teve seus bens sequestrados pela devassa. Após a partilha, a metade que lhe coube foi administrada pelo depositário Francisco Xavier Pereira até sua arrematação pelo ex-contratador João Rodrigues de Macedo, em 1795. Macedo, ao adquirir aquela metade, passou a administrar as propriedades e os negócios herdados do sedicioso na região da Campanha do Rio Verde.

Através de sua correspondência, trocada com Bárbara Eliodora e com os feitores ou administradores da fazenda agrícola, do engenho de cana e das minas, percebemos que Macedo recomendava com insistência o envio de escravos ora para as lavras, ora para as roças. Em uma dessas cartas, de 27 de agosto de 1795, encaminhada a Francisco José Alves Nogueira, faz recomendações sobre a disposição dos escravos nos serviços. Parecia-lhe que bastavam trinta "pessoas escolhidas" para o trabalho das roças. Todos os negros, diz, dispensáveis da prática agrícola, deveriam ir para a mineração, cujos regos mandava conservar bem limpos. Manda, também, que se plante cana-de-açúcar e café na fazenda Engenho dos Pinheiros.[56]

Uma carta do feitor Lúcio José Monteiro, sem data, endereçada ao ex-contratador, informa o "deplorável estado" do canavial, que daria uns 150 barris de aguardente (3.204 litros) se não estivesse debaixo do mato. E complementa afirmando que havia outros pequenos canaviais mais novos que, se não se tomassem providências, poderiam cair na mesma situação, de abandono ou descuido.[57]

No mesmo dia, 27 de agosto de 1795, Macedo escreveu carta ao guarda-mor José de Bastos de Oliveira lembrando que já era tempo de mudar a cana, ou seja, de se plantarem novas socas, e que não se plantassem feijão nem milho entre a gramínea.[58]

Na Tabela 3, a seguir, indica-se a produção do açúcar e da aguardente na fazenda Engenho dos Pinheiros, de Alvarenga Peixoto, juntamente com os rendimentos líquidos recebidos por sua esposa, Bárbara Eliodora, e por João Rodrigues de Macedo, seu sócio, a partir de 1795.

No período contábil de 16 de dezembro de 1790 ao início de janeiro de 1792, que para nós corresponde ao ano de 1791, as roças de cana renderam 338 barris de aguardente (7.219 litros). Dona Bárbara Eliodora, segundo consta no documento "Apenso relativo ao sequestro dos bens de Inácio José de Alvarenga Peixoto", vendeu aquela produção por 405$600 réis, sendo cada barril comercializado pela quantia de 1$200 réis. Estes valores correspondem ao total líquido extraído da produção, sem abatimento algum, pois as dívidas e os ônus da propriedade eram descontados dos valores finais extraídos da produção mineral.[59]

Em 1792, Bárbara Eliodora lançou dúvidas quanto aos valores (rendimentos e despesas) apresentados pelo fiel depositário na prestação de contas das propriedades sequestradas. No documento, contestou que os rendimentos estavam abaixo do esperado e menores que a média dos anos anteriores, manifestando "escândalo de falcatrua" contra o que realmente deveria receber. Na parte final, ela citou que a aguardente produzida no Engenho dos Pinheiros rendeu-lhe 151-¾-7 oitavas de ouro, que valiam em dinheiro 182$362,5 réis, ou seja, pouco menos de 44% do recebido no ano anterior.[60] Observando-se a literatura sobre o período, a documentação contábil e as correspondências trocadas entre os feitores e seus administradores, ou entre Bárbara e terceiros, não encontramos quaisquer indicações de que a roça daquela propriedade tenha sofrido intempéries, ao longo do ano de 1792, que determinassem aquela diminuição da produção da cana-de-açúcar.

Já no período seguinte, é nítida a observação de que tanto a produção de aguardente quanto a de açúcar aumentaram entre os anos de 1796

Tabela 3. Rendimentos da aguardente e do açúcar produzidos na fazenda Engenho dos Pinheiros, de Alvarenga Peixoto (1791 / 1792 / 1796-1798)

Produtos	Anos				
	1791	1792	1796	1797	1798
Aguardente (barris)	338	?	66	152	528
Açúcar (arroba)			12	25	30
	▼	▼			▼
Rendimentos					
Bárbara Eliodora	405$600	182$362,5			448$197
João Rodrigues de Macedo					768$381

Fonte: AHMI. Mapoteca, gav. 3 – Apenso relativo ao sequestro dos bens de Inácio José de Alvarenga Peixoto (1792); AHMI. Mapoteca, gav. 3 – Apenso relativo a dúvidas que opôs D. Bárbara Heliodora Guilhermina da Silveira às contas dadas pelo administrador depositário Francisco Xavier Pereira (1792); FBN/CIM. II-31, 31, 5 – Conta dos mantimentos que se colhe na roça do Senhor João Rodrigues de Macedo e a Senhora D. Bárbara Eliodora (1801); APM/CC, pl. 20276, rolo 528, doc. 3 – Conta do que pertence a Bárbara Eliodora Guilhermina da Silveira e João Rodrigues de Macedo, e suas despesas particulares (1798).

a 1798, sendo a de cachaça mais significativa. Enquanto a produção açucareira, de um extremo a outro do triênio, subiu duas vezes e meia, a de aguardente octuplicou.

Os dados numéricos gerais do segundo período (de 1796 a 1798) atestam a ocorrência de uma fase de prosperidade nas propriedades anteriormente confiscadas pela Coroa portuguesa, com rendimento talvez superior ao do tempo em que o próprio Alvarenga administrava as suas fazendas, engenhos e lavras.

O aumento da produção do engenho, por exemplo, deve ser, em grande parte, fruto da administração geral de Macedo, que já possuía experiência no cultivo e na comercialização da gramínea, como se observa na carta que enviou ao seu primo Bento Rodrigues de Macedo, em Coimbra, no ano de 1783. Percebe-se pela missiva transcrita por Miguel Costa Filho que o contratador, na época, exportava açúcar da capitania de Minas Gerais para o reino, embora o fizesse esporadicamente, e que o açúcar produzido nas suas propriedades chegava ao Rio de Janeiro transportado por 42 tropeiros.

No lombo de burros, os tropeiros levaram à capital fluminense 18.036 arrobas, ou 264.913 quilos de açúcar.[61]

O açúcar que descia de Minas juntava-se ao açúcar produzido na capitania do Rio de Janeiro e era exportado para Portugal ou consumido naquela ou em outras localidades brasileiras. Vejamos um trecho da carta trocada entre eles:

> [...] o açúcar está nesta a 2.200 e por empenhos para se comprar neya (?) do meu dinheiro. Eu em Minas tenho bastante meu dos dízimos que são da safra passada. E esta agora se for boa, hei de mandar a Vossa Mercê bastante para vir a troco de ferro que para daqui a dois anos hei de precisar 12.000, até 20:000 quintais, de ferro para me ficar dentro do Registro para ganhar para mim os quantos 4.500 réis. De cada quintal toca-me a metade desta conta.[62]

Por estes termos, conclui-se que Minas e Macedo, especificamente, enviavam açúcar para Portugal. Com o produto da venda do açúcar mineiro remetido para Lisboa, o ex-contratador compraria artefatos de ferro, que não podiam ser fabricados em Minas, já que a Coroa portuguesa não permitia a extração desse minério.

A possibilidade de abastecer o Rio de Janeiro, que ao longo do século XVIII foi se tornando cada vez mais um mercado emergente, beneficiado pela condição de porto mais importante para a região de Minas, permitiu que a produção agrícola das fazendas da comarca do Rio das Mortes se caracterizasse pela diversificação e elas fossem particularmente capazes de absorver o choque das transformações ocorridas, após a exaustão do ouro aluvial.[63]

Na fazenda da Borda do Campo, propriedade de Aires Gomes e por onde passava o Caminho Novo, existiam casas de vivenda coberta de telhas; rancho de tropas, de pedra; rancho de passageiros, um de palha e outro de pedra; um engenho de fazer farinha de trigo, coberto de telhas; um moinho; uma seara de trigo que levaria de semeadura um alqueire (mineiro) e meio de trigo, o equivalente a 72.600 metros quadrados; olaria; campos de criar destinados à cultura extensiva de gado vacum; um estabelecimento comercial (uma venda); 22 escravos e uma capela, entre outros pertences.[64]

Em outra de suas fazendas, a do Engenho de São Sebastião, que integrava unidades de produção voltadas para as práticas agrícolas e pastoris, encontramos indicada a presença de casas de vivenda e sobrados cobertos de telhas; um engenho de moer cana com bois (engenho de trapiche); "moendas chapeadas de chapéu de ferro, das quais faltam cinco chapas"; "um moinho preparado"; forno de cobre assentado em fornalha; paiol; casas de tropas; monjolo – tudo coberto com telhas; senzala coberta de capim; 51 escravos; alambique de cobre, coberto com telhas, e com produção de 24 barris (512 litros). Além destes, encontravam-se plantadas duas roças de milho que totalizavam 32 alqueires e produção de 1160,5 litros (967 quilos); uma roça de feijão com onze alqueires (399 litros / 332,5 quilos); um canavial com vinte alqueires (725 litros / 604,5 quilos) e vinte alqueires de arroz com casca.[65]

O coronel Francisco Antônio de Oliveira Lopes, morador da fazenda da Ponta do Morro, teve sequestrados dois alambiques: um "grande de cobre de destilar cachaça, que levará dezoito barris" e outro "mais pequeno, que levará nove barris". Além desses, teve apreendidos, ainda, "uma cabeça de fazer melado de cobre, que levará seis barris; um tacho grande de cobre que levará quatro barris; outro mais pequeno, que levará barril e meio; uma escumadeira de cobre" e "uma pipa grande com arcos de ferro, a qual levará cento e sessenta barris".[66] É interessante notar que nenhuma produção agrícola foi sequestrada nessa propriedade em 1789. No ano seguinte, quando os bens do coronel começaram a ser avaliados pela devassa, os objetos ligados ao universo agrário daquela propriedade desapareceram do rol dos trastes apreendidos. Tanto no processo de avaliação do *Sequestro em bens de Francisco Antônio de Oliveira Lopes, por parte da Real Fazenda (1790)*, quanto nos *Autos de Depósito/Prestação de Contas do capitão Pedro Joaquim de Melo, depositário dos bens do inconfidente Francisco Antônio de Oliveira Lopes*, não localizamos quaisquer referências aos alambiques ou aos objetos de produção de açúcar ou cachaça anteriormente apreendidos pela devassa. Mesmo no item correspondente à avaliação da fazenda da Ponta do Morro, que inclui todos os pertences imóveis (não desmembrados da avaliação para venda), como casas de vivenda, paiol, senzalas, oficinas, terreiros, entre outros, os objetos do horizonte agrário açucareiro não estão mencionados ou listados.[67]

Além de nenhuma produção agrícola ser apreendida do inconfidente na Ponta do Morro, é digno de nota que Francisco Antônio foi quem teve a segunda maior quantidade de objetos e benfeitorias relacionados ao universo agrário sequestrado, com 51 utensílios. Como informou José Caetano César Manitti, no *Resumo dos bens sequestrados em Minas*, de abril de 1791, o sequestro empreendido contra o patrimônio desse sedicioso foi "executado com defeito e diminuição".[68]

Em 28 de janeiro de 1795, Hipólita Jacinta escreveu a Macedo solicitando-lhe que arrematasse a parte de seu marido nas terras que eles tinham em sociedade em uma fazenda de cultura na Aplicação da Laje. Na correspondência afirmou que "ao pé da Laje está um pedacinho de terra, que levara 4 ou 5 alqueires de milho, tudo perdido dos fogos", por conta "de estar sem dono" e por não lhe interessar mais. Em resposta àquela carta, Macedo informou que desconhecia aquelas terras:

> Senhora Dona Hipólita Jacinta Teixeira
> Muito minha Senhora
> Recebi a de vossa mercê de 28 do passado, respeito a umas terras que vossa mercê me diz eu tenho nessa Aplicação da Laje eu ignoro que lá tenha essas terras, mas pode ser que algum dos meus Administradores as tenham penhorado; nestes termos saiba vossa mercê quem era o possuidor das ditas terras, e quem mandou fazer a penhora, a fim de poder correr a execução e vossa mercê rematar como pretende, pois que o meu desejo é servir a vossa mercê. Desejo a vossa mercê saúde [e] que Deus a guarde.
> Vila Rica, 3 de fevereiro de 1795.[69]

O exemplo revelou-nos que Francisco Antônio empreendia atividades agrícolas em suas propriedades. As terras da Aplicação da Laje eram contíguas às da Ponta do Morro e prestavam-se a produção agrícola e a criação de animais. No caso citado, o milho era plantado em quatro ou cinco alqueires, perdidos pelo uso do fogo para se fazer sementeiras ou limpar a terra.

As duas propriedades localizavam-se próximas da estrada que ia de Prados à Borda do Campo, onde passava o Caminho Novo. Nos lugares em que as fazendas tinham ligações com caminhos ou estradas que rompiam o território mineiro era comum a ocorrência de fazendas do tipo misto, onde se desenvolviam a agricultura de abastecimento interno e as práticas minerárias. Os produtos destas propriedades rurais alimentavam o comércio tanto no interior da capitania como ao longo das rotas para as capitanias vizinhas.

Na fazenda do Registro Velho, localizada às margens do Caminho Novo e vizinha à fazenda da Borda do Campo, o padre inconfidente Manuel Rodrigues da Costa recebeu, em 1817, a visita do cientista francês Auguste de Saint-Hilaire, que assim descreveu aquela localidade:

> [...] a pequena distância de Borda do Campo, na habitação de Registro Velho, tive o prazer de ver um campo de trigo que prometia colheita, e cujo proprietário plantara, com o maior êxito, macieiras, vinhedos, marmeleiros, ginjeiras, oliveiras e até mesmo pereiras, árvores que tão raramente produzem em outras partes elevadas do Brasil. [...] sobre uma elevação está a casa de moradia; bem perto vê-se uma capela, e, ao pé da colina, corre o Rio das Mortes [...]. Por todos os lados veem-se campos de milho entremeados de pastos e moitas de arvoredo.[70]

Na fazenda do Registro Velho, onde ele morava com sua mãe, Joana Teresa de Jesus, e irmãos, a devassa apenas apreendeu-lhe objetos pessoais. O seu único bem de raiz confiscado foi o sítio Tapera, contíguo à fazenda do Registro, constituído de casas de vivenda cobertas de telha, cozinha coberta de capim e, ao redor da casa-sede, árvores de espinhos e bananeiras, cuja paragem se compõe de campos e capoeiras.[71] A devassa não empreendeu visita à propriedade e, por isso, nenhuma produção nem utensílios agrícolas foram sequestrados do padre.

O sítio possuía ainda um monjolo coberto de capim e cercado de pau a pique, provavelmente para moer ou socar milho ou arroz, que poderiam ser cultivados nos "campos" ou "capoeiras" da propriedade.

O milho foi um dos mais importantes produtos agrícolas do horizonte agrário mineiro, sendo consumido por todos os estratos sociais e, também, como alimento de animais.

Nas propriedades do coronel José Aires Gomes se produzia milho em apreciável quantidade. Na fazenda do Engenho, cuidada por 51 escravos, existiam duas roças que totalizavam 32 alqueires (1.160,5 litros / 967 quilos), além de um moinho e um paiol com cinco carros do cereal estocados (150 litros); na fazenda Passa Três, com três léguas de extensão (sessenta quilômetros quadrados) e localizada no "caminho do mato do Rio de Janeiro", existia "um paiol bom, coberto de telha, com 16 carros de milho dentro" (480 litros), tudo assistido pelo agregado José da Cruz Alves, homem pardo, e por mais dois escravos. Dos papéis sequestrados, encontrou-se "um bilhete de Joaquim Batista Rodrigues em que diz: recebi por conta de meu amo o capitão Antônio Gomes Mafra em vinte e três de outubro próximo [?], seis alqueires de milho [217,6 litros] a preço de doze vinténs" [= 240 réis ou quarenta réis cada alqueire].[72]

Na fazenda Acácio, também de Aires Gomes, há indicação de uma roça que já sofrera a colheita de sete alqueires, "que apenas poderá render 12 ou 14 carros de milho em espiga" [360 ou 420 litros] e um "monjolo de socar milho", estando toda a manutenção da propriedade a cargo de Manuel da Silva Espíndola – "sócio" de Aires Gomes no empreendimento – e sua família. A colheita era estocada em um paiol coberto de telhas e que fora assolado por um incêndio em um dos seus cantos. Possivelmente, a causa de tal tragédia foi o prolongamento de alguma das queimadas feitas na mata auxiliar para limpar e fertilizar o solo no ano de 1790 ou no anterior.[73] O sequestro dos bens do conjurado deu-se em maio de 1791, época da colheita do grão. Auguste de Saint-Hilaire transmitiu-nos detalhes acerca da cultura do milharal:

> Toda a sabedoria do lavrador consiste em queimar as matas e semear na época favorável. Pelo mês de setembro, quer dizer, pelo fim da seca, fazem-se, na terra coberta de cinzas, buracos afastados de três ou quatro pés, e põe-se em cada um deles alguns grãos de milho. [...] Pelos fins de janeiro, um pouco depois da fecundação do milho, plantam-se ordinariamente os feijões entre

> as estipes dessa gramínea; limpa-se ainda uma vez a terra entre a plantação do milho e o tempo da colheita, e, pelo mês de abril, faz-se a colheita do milho e do feijão ao mesmo tempo ou com poucos dias de intervalo.[74]

No inventário de Ana Maria dos Santos (1747), sogra de Aires Gomes, está indicado que a propriedade tinha 49 escravos, um engenho de fazer farinha de milho, dez ovelhas, treze cavalos, 65 porcos, 86 cabeças de gado vacum e 3 mil mãos de milho empaiolados (= 29.100 litros, equivalentes a 29,1 metros cúbicos de milho armazenado em área pouco maior que três metros de comprimento por três de largura e três de altura).[75] O engenho na propriedade, localizada às margens do Caminho Novo, era essencial para o tipo de atividade que esta fazenda desempenhava: atender a passageiros, já que possuía ranchos.

Entre os inconfidentes residentes do Rio das Mortes, o vigário da vila de São José, Carlos Correia de Toledo, tinha em sua fazenda, "com casas de vivenda térreas e assoalhadas" na paragem "ao pé da Lage, termo da vila de São José", "engenho de pilões, moinho aparelhado, tudo coberto de telha, senzalas, chiqueiros e mais ranchos cobertos de capim com seu quintal com árvores de espinho, tudo murado de pedra, com todos os seus pertences de matos e capoeiras e mais logradouros, e com seu rego de água para o engenho e o moinho". A propriedade era trabalhada por dezesseis escravos, que cuidavam de quatro alqueires de milho plantado (193.600 metros quadrados) e quatro ditos de feijão, um cavalo baio e dois potros. Além disso, a fazenda tinha ainda "seis bois de carros com suas cangas" e "um carro desferrado usado".[76]

O coronel Alvarenga Peixoto tinha na fazenda Engenho dos Pinheiros 150 carros de milho estocados no paiol, avaliados cada um a 1$200 réis, que totalizavam a quantia de 180$000 réis, conforme documento da devassa. Na propriedade encontravam-se ainda "casas de engenho e paiol grande"; moinho, tudo coberto de telhas; senzalas cobertas de capim; três bestas muares com suas cangalhas e bruacas, cinquenta carros de bois, cinco carros desferrados com suas cargas e tiradeiras e quarenta cabeças de porcos de terreiro.[77]

Na roça da Boa Vista, também de Alvarenga, o fiel depositário deixou-nos indicado que, no período de 1796 a 1798, a produção do milho rendeu 1.157 carros (34.370 litros).[78] Se utilizarmos o valor de cotação recebido pelo cereal da fazenda Engenho dos Pinheiros (1$200 réis / carro), concluiremos que o milho colhido na Boa Vista renderia 1:388$400 réis, em três anos. Os 150 carros da fazenda Engenho corresponderam à produção de 1789. Infelizmente, não possuímos detalhes dos anos posteriores.

Na roça Boa Vista, ao lado da cultura do milho, destacava-se também a do feijão, semeado concomitantemente, apesar de as colheitas dos dois cereais ocorrerem em tempos diferentes. No triênio de 1796 a 1798, do feijão colheram-se oitocentos, 624 e 480 alqueires, respectivamente. A produção do grão, no período, diminuiu em 40%, sem se saberem os motivos que levaram à queda na produtividade. Passou-se de uma produção de 24.180 quilos, em 1796, para 18.860,40 quilos, em 1797, chegando a 14.508 quilos em 1798.[79] Os demais produtos também diminuíram seus rendimentos. A questão inicial que se esboça é: o que ocasionou a diminuição da produção agrícola da Boa Vista no ano de 1798?

A roça da Boa Vista, localizada nas proximidades da fazenda Engenho dos Pinheiros, não contou com intempéries que pudessem diminuir a produção. Poderíamos atribuir essa diminuição ao desgaste do solo, natural para uma propriedade agrícola, mas as técnicas de manejo e o cuidado com a terra (com o pousio, a rotação de culturas, a drenagem e a fertilização do solo, informações encontradas na documentação) não nos permitem afirmar tal fato.

Após limpar-se e preparar-se a terra semeavam-se o milho e o feijão com as sementes estocadas da colheita anterior. Raimundo José da Cunha Matos, em sua *Corografia histórica da província de Minas Gerais*, de 1837, anotou que "a sementeira do milho rende ordinariamente acima de 80 por um, e em lugares de mato virgem tem rendido 500 por um, e que a sementeira do feijão rendia 60 por um".[80] O milho produzia seus frutos em 150 dias e o feijão, em noventa.[81] Assim, também não podemos atribuir às sementeiras a diminuição da produção, pois as produções subsequentes das roças supririam a demanda pelos grãos.

Na correspondência trocada entre Macedo e o feitor da propriedade, Lúcio José Monteiro, é possível encontrar evidências do que poderia ter ocorrido na roça, no ano de 1798. Após receber os resultados da produção, Macedo enviou instruções ao feitor solicitando que plantasse dez alqueires de feijão, a fim de aumentar a produção e repor os estoques. O cultivo foi iniciado em janeiro de 1800, coincidindo com o começo do período chuvoso na região. Em resposta à missiva de Macedo, o feitor indicou que as providências necessárias ao tratamento do solo foram tomadas, para garantir o plantio dos 484 mil metros quadrados. Em determinado trecho da carta, Lúcio alegou que a queda da produção, naquele ano, deveu-se a três motivos: "um bocado de feijão [...] foi dado, outro vendido, outro furtado".[82] Mas, será que foi isto o que aconteceu realmente?

De 1797 a 1798, a produção do feijão diminuiu em 23,08%, passando de 624 alqueires para 480 ou de 18.860,40 quilos para 14.508, com diferença de 144 alqueires ou 4.352,40 quilos. Será que alguém conseguiria vender ou furtar tal quantidade, passando despercebido pela propriedade? Os grãos, quando colhidos, eram contabilizados, armazenados em sacos e estocados em paióis. Carregar quatro toneladas nos dias de hoje, com toda a tecnologia de que dispomos, já se torna complicado, imaginemos há pouco mais de duzentos anos. Quantas pessoas seriam necessárias para realizar tal proeza? Quantos animais de carga ou pessoas seriam mobilizados nessa aventura? Quanto à possibilidade de venda de parte da produção, a justificativa do feitor é compreensível, mas por que o fiel depositário não justificou na prestação de contas essa possibilidade transacional? Desviar uma parte da produção ou do dinheiro arrecadado com a venda do feijão torna-se até justificável na sociedade do Antigo Regime, em que angariar rendimentos referia-se à sobrevivência e à melhoria de *status*, como nos dias de hoje.

Acreditamos que tenha ocorrido sonegação por parte do feitor da propriedade e não diminuição da produção ou erro de cálculo do fiel depositário, já que este trabalhava com os números apresentados pelos administradores das roças e lavras.

Outras propriedades dos inconfidentes também se destacaram pela produção de grãos. Na fazenda da Laje, do coronel Resende Costa, a devassa sequestrou-lhe uma roça de milho de vinte alqueires e uma roça de feijão de oito alqueires (290 litros), além de um engenho de fazer farinha, um moinho, um forno de torrar farinha assentado na fornalha, uma oficina de ferreiro, entre outros bens. O feijão era plantado quase sempre no meio das sementeiras do milho ou de outras culturas. O padre Toledo tinha uma fazenda na paragem da Lage, vizinha à fazenda da Ponta do Morro, trabalhada por dezesseis escravos, com seis bois, um moinho, um engenho, quatro alqueires de milho plantado e quatro de feijão (193.600 metros quadrados cada). Aires Gomes não ficava atrás, pois na fazenda Engenho eram cultivados onze alqueires de feijão (532.400 metros quadrados).[83]

Outro produto que também teve presença na conta dos mantimentos colhidos na roça da Boa Vista, de Alvarenga, foi o arroz. Com a produção destacada em dois períodos, 1797 e 1798, o arroz rendeu, no total, 163 alqueires, ou 3.941,34 quilos.

A fazenda da Mantiqueira, de uma légua de extensão e propriedade de Aires Gomes, tinha treze escravos que se revezavam nas culturas do trigo e do arroz. Os trigais compreendiam apenas meio alqueire de terra plantada, equivalente a 24.400 metros quadrados, e se destinavam ao abastecimento dos animais da fazenda, que eram sessenta porcos e dois cavalos, e dos moradores da propriedade, além de seus excedentes serem comercializados no mercado local. A produção de arroz com casca abrangia uma área de doze alqueires (580.800 metros quadrados). Na fazenda Acácio, a produção de arroz chegava a vinte alqueires (725,5 litros).[84]

Muitas vezes, o arroz também era plantado no mesmo campo do milho. Possivelmente, devido a isso, não encontramos em nenhum outro sequestro de bens de inconfidentes do Rio das Mortes qualquer referência individual à plantação desse cereal; constatamos apenas a presença nos sequestros de pilões, que tinham múltiplas utilidades, como limpar o arroz e, no caso do milho, preparar a canjica. Nos pilões também era preparado o azeite de mamona, indispensável para a iluminação, assim como a paçoca (tanto a feita de carne-seca quanto a de amendoim torrado) e a massa da mandioca cozida, utilizada na preparação da broa e no beneficiamento do café em pó.

Tabela 5. Rendimentos da fazenda da Borda do Campo, de José Aires Gomes (2 de junho de 1791 a 12 de novembro de 1796)

	1791	1792	1793	1794	1795	1796	Rendimentos (em réis)
Outras rendas	165$292	270$656 ¼	240$357	290$798 ½	314$475	300$000	1:581$578 ¾
Milho	255$000	190$975	199$400	202$400	198$900	207$000	1:253$675
Feijão	66$000	55$000	48$500	40$975	43$640	41$525	295$640
Arroz	24$600	26$300	19$575	21$950	20$400	19$740	132$565
							3:263$458 ¾

Fonte: IHGB. DL 973.1, fls. 294-294v – Traslado de Auto de Sequestro feito em bens do coronel José Aires Gomes.

A indicação do arrozal de Alvarenga não faz parte de qualquer citação de documento sequestrado pela devassa; as únicas referências que temos são os roçados de Aires Gomes nas fazendas da Mantiqueira e do Acácio.

Em 1797, pouco antes de receber os seus bens partilhados pela devassa, Maria Inácia de Oliveira, viúva de Aires Gomes, que morrera no ano anterior, apresentou à Fazenda Real as contas dos rendimentos das roças de milho, feijão e arroz existentes nas fazendas da Borda do Campo, da Mantiqueira, do Confisco e do Engenho, correspondentes ao período de 1791 a 1796, época em que estas propriedades estavam confiscadas.

Pela existência de oito diários que registraram as anotações financeiras dessas propriedades, vasculhamos as produções de milho, feijão e arroz que se praticavam nas paragens da Borda do Campo. Além destas culturas, outras apareceram sem especificação de nome, apenas com a indicação do valor do rendimento, conforme a Tabela 5.

O milho era o principal produto agrícola da Borda. Em 1791, ano da prisão de Aires Gomes e o de sequestro de seus bens, foi anotada pela devassa a existência de uma roça de milho de um alqueire e meio, equivalente a 72.600 metros quadrados da propriedade. Os seus rendimentos chegaram a 255$000 réis. Para os demais períodos, não existem relatos das áreas plantadas, nem a quantidade de grãos colhidos.

Quanto ao feijão e ao arroz listados, não apareceram quaisquer indicações no sequestro. Como indicado, muitas vezes o arroz era plantado no mesmo campo do milho, daí a sua provável ausência no inventário dos bens confiscados. Já a roça do feijão foi omitida nos ADIM. Com um rendimento de 295$640 réis, nos dois triênios apresentados, a "roça de feijão" não deveria ser imperceptível ao olhar dos inquiridores.

A lista dos rendimentos das demais propriedades, Mantiqueira, Engenho e Confisco, não apresenta a divisão por culturas plantadas e colhidas em suas receitas. Só existe indicação do rendimento das terras em relação à produção agrícola. O que sabemos (ou o que nos é permitido conjecturar), baseados nos Autos de Sequestro praticados nos bens de Aires Gomes, é o seguinte:

Tabela 6. Rendimentos da fazenda da Mantiqueira, de José Aires Gomes (2 de junho de 1791 a 12 de abril de 1796)

1791	1792	1793	1794	1795	1796	Rendimentos totais (em réis)
243$232	382$786	404$287	461$692	357$976	451$907 ½	2:301$880 ½

Fonte: IHGB. DL 973.1, fl. 295 – Traslado de Auto de Sequestro feito em bens do coronel José Aires Gomes.

Tabela 7. Rendimentos da fazenda do Confisco, de José Aires Gomes (2 de junho de 1791 a 12 de abril de 1796)

1791	1792	1793	1794	1795	1796	Rendimentos totais (em réis)
87$987	323$518 ½	247$521	275$118 ¾	199$894	239$412	1:373$180 ¼

Fonte: IHGB. DL 973.1, fl. 295v – Traslado de Auto de Sequestro feito em bens do coronel José Aires Gomes.

Em 1791, a devassa encontrou plantadas nas fazendas da Mantiqueira e do Confisco roças de trigo: cada uma tinha semeado meio alqueire (24.200 metros quadrados). Na primeira fazenda haviam sido plantados ainda doze alqueires de arroz (580.800 metros quadrados).

Em ambas as propriedades, como na fazenda da Borda, existiam ranchos de passageiros e de tropas. Na Borda, o rancho de passageiros era grande e de pedra; na da Mantiqueira, era "mediano" e composto de varanda, quartos e cavalariças que atendiam aos viandantes. Nas três propriedades, os ranchos de tropas eram grandes e atendiam aos tropeiros que se dirigiam pelo Caminho Novo às áreas minerárias da comarca do Rio das Mortes e às fazendas localizadas na serra da Mantiqueira.

Na fazenda Engenho do Mato de São Sebastião, a devassa encontrou plantadas duas roças de milho (32 alqueires), uma de feijão (onze alqueires), um canavial (1,5 quarta de milho / produção de nove litros) e uma de arroz (vinte alqueires). Ali existiam, ainda, casas de vivenda e sobrados cobertos de telhas, um engenho de moer cana-de-açúcar com bois, moinho, paiol, casas de tropa e monjolo, tudo coberto de telhas, senzala coberta de capim e um alambique. Os rendimentos dessa propriedade, declarados por Maria Inácia, foram os seguintes:

Tabela 8. Rendimentos da fazenda do Engenho, de José Aires Gomes
(2 de junho de 1793 a 12 de novembro de 1796)

1791	1792	1793	1794	1795	1796	Rendimentos totais (em réis)
		97$412 ½	38$975	41$082	41$075	218$544 ½

Fonte: IHGB. DL 973.1, fl. 296 – Traslado de Auto de Sequestro feito em bens do coronel José Aires Gomes.

Pelos números apresentados, é possível perceber que a propriedade foi sendo "aparentemente" abandonada pela família ao longo dos anos. No período de 1791 a 1796, Maria Inácia relatou que as despesas da fazenda eram da ordem de 166$547 ½ réis.[85] Como se percebe, mesmo desconhecendo os valores dos rendimentos originários nos anos de 1791 e 1792, a propriedade gerou um superávit de 51$997 réis.

O total apresentado pelas listagens de rendimentos das quatro fazendas, de 1791 a 1796, foi o seguinte:

Tabela 9. Rendimentos totais das fazendas da Borda do Campo, da Mantiqueira, do Confisco e do Engenho, de José Aires Gomes (1791 a 1796)

Propriedade	Rendimentos (em réis)
Fazenda da Borda do Campo	3:263$458 ¾
Fazenda da Mantiqueira	2:301$880 ½
Fazenda do Confisco	1:373$180 ¼
Fazenda do Engenho	218$544 ½
Total Geral	7:157$064

Fonte: IHGB. DL 973.1, fls. 294-296 – Traslado de Auto de Sequestro feito em bens do coronel José Aires Gomes.

Além dos rendimentos, apresentaram-se também listagens contendo as despesas de custeio que cada uma daquelas fazendas teve nos anos de 1791 a 1796. Seus números foram anotados a partir dos oito diários. Somente no primeiro se percebe o quanto cada uma das propriedades gastou com a sua manutenção. Os dados coligidos do segundo até o oitavo caderno foram anotados como se fossem um único.

No diário nº 1, os dados respectivos às fazendas da Borda do Campo, Mantiqueira, Calheiros e Engenho foram os seguintes:

Tabela 10. Diário nº 1 – Fazendas da Borda do Campo, da Mantiqueira, do Confisco e do Engenho, de José Aires Gomes (2 de junho de 1791 a 12 de novembro de 1796)

Propriedade	Despesas (em réis)
Fazenda da Borda do Campo	1:840$616
Fazenda da Mantiqueira	733$080
Fazenda do Confisco	153$453
Fazenda do Engenho	166$547 ½
Outras despesas de custeio	260$303 ¼

Fonte: IHGB. DL 973.1, fl. 297 – Traslado de Auto de Sequestro feito em bens do coronel José Aires Gomes.

Tabela 11. Diários nº 2 ao 8 – Fazendas da Borda do Campo, da Mantiqueira, do Confisco e do Engenho, de José Aires Gomes (2 de junho de 1791 a 12 de novembro de 1796)

Propriedade	Despesas (em réis)
Nº 2	637$051 ¼
Nº 3	660$095 ¾
Nº 4	487$105 ¼
Nº 5	179$258 ¼
Nº 6	313$083 ¾
Nº 7	411$231 ½
Nº 8	1:736$547 ½

Fonte: IHGB. DL 973.1, fls. 297-297v – Traslado de Auto de Sequestro feito em bens do coronel José Aires Gomes.

O valor total das despesas expressas nos diários foi de 7:578$373 réis, quantia maior que a registrada nos créditos (7:157$064 réis). A diferença entre ambos, ou seja, o déficit, foi de 421$309 réis. Por que as despesas de custeio do diário nº 8 são tão discrepantes em relação aos demais livros? Como compreender que a fazenda do Engenho, com roças diversas, engenho e alambiques, rendeu somente 218$544 ½ réis, entre 1791 e 1796, e teve prejuízos, no mesmo período, quantificados na ordem de 166$547 ½ réis?

A pecuária

A riqueza em uma propriedade não se media somente em terras, benfeitorias e produções agrícolas, mas também em número de cabeças de gado e de escravos.

O tenente-coronel Francisco Antônio de Oliveira Lopes teve verificadas pela devassa duas fazendas. A primeira foi a da Ponta do Morro, que tinha dois cavalos, dezesseis bois de carro, quatro vacas com cria e uma besta. Na segunda, no arraial da Laje, existiam quatro éguas, duas potras, sessenta ovelhas, trezentas cabeças de gado vacum, um cavalo e quarenta porcos de terreiro.[86]

Em 1794, quando o patrimônio de Francisco Antônio foi partilhado em favor de sua esposa, a quantidade de animais indicados no documento da meação foi discordante da indicada nos Autos de Sequestro. No Auto de Partilha existem anotados 38 porcos como sendo os únicos animais pertencentes ao patrimônio da família. Quanto aos demais quadrúpedes, não há qualquer menção a eles.[87] Hipólita Jacinta conseguiu permanecer com bens que não foram alvo do sequestro final.

Na prestação de contas apresentada pelo capitão Pedro Joaquim de Melo, fiel depositário, consta a anotação de "dezesseis bois de carro", sendo que "cinco [destes animais] morreram de velhos, e onze foram vendidos".[88] Apesar deste apontamento no documento judicial, não há referência aos valores transacionais das vendas. Quanto aos animais desaparecidos da partilha, alguns deles aparecem aí listados. No texto, as únicas informações escritas pelo depositário em que não constam débitos ou créditos na dita prestação são as operações que envolvem as éguas, as ovelhas, os porcos e os bois de carro. No restante das transações constam anotações sobre seus respectivos aumentos e decréscimos. Eis o trecho dos animais:

> Das quatro vacas do sequestro da Ponta do Morro, nasceram três bezerros, que se mataram, para sustento dos escravos enfermos --------------------------//
> As éguas não tiveram sucessão---//
> Nas ovelhas não houve aumento por morrerem muitas -------------------------//
> Nos porcos também não houve aumento, e alguns leitões que havia não se lhe tem valor --- //[89]

Na prestação de contas, as informações sobre o rendimento do gado vacum na fazenda da Laje foram:

Tabela 12. Rendimento do gado vacum pertencente ao sequestro de Francisco Antônio de Oliveira Lopes (1793-1795 / 1801-1802)

Animais vendidos	Data	Receita (em réis)	Observações
45	julho de 1793	138$000	
32	outubro de 1794	84$000	
40	agosto de 1795	108$000	
89	outubro de 1801	244$200	
8	outubro de 1802	14$400	"quatro vacas e quatro crias sequestradas na fazenda da Ponta do Morro, por velhas e não levarem descaminhos se venderam"
11	outubro de 1802	52$800	"onze bois de carro por velhos, e não estarem capazes do trabalho"
Total		641$400	

Fonte: IHGB. DL 3.4, fl. 4v – Autos de Depósito / Prestação de Contas do capitão Pedro Joaquim de Melo, depositário dos bens do inconfidente Francisco Antônio de Oliveira Lopes.

A informação de que "quatro vacas e quatro crias sequestradas na fazenda da Ponta do Morro, por velhas e não levarem descaminhos se venderam" é sugestiva. A palavra "descaminho" dá-nos a entender que algum gado vacum foi extraviado e não apareceu relacionado na listagem dos animais da Ponta do Morro, durante os trâmites judiciais de elaboração dos sequestros. É mais fácil sonegar bens que se movem, pois são facilmente escondidos, do que patrimônio imóvel.

O impressionante não são os indícios de que houve irregularidades no processo de sequestro e na meação dos bens divisos do inconfidente, mas a estrutura de rearranjo montada para que seus bens fossem avaliados em conjunto e por preços mais baixos do que a prática corrente no mercado. Vejamos:

> Tenente Manuel José de Souza Caldas, Tabelião do Primeiro Ofício desta vila de São José e seu termo, [...] certifico e faço certo aos que esta minha certidão virem que por consentimento do atual escrivão das execuções José Antônio Ribeiro de Miranda, e por ele dito me foram apresentados [...] um Auto de

> Arrematação de todos os bens móveis e semoventes que são os seguintes: trezentas cabeças de gado vacum entre grandes e pequenos // mais quatro éguas // mais duas potras // mais sessenta cabeças de ovelhas // mais quarenta cabeças de porcos de terreiros // mais doze colheres // doze garfos // doze facas de cabo de prata // mais um escravo... [descrevem-se ao todo 26 cativos], e por conclusão foram rematados os referidos bens acima mencionados em praça do dia dez do mês de junho do ano de mil e setecentos e noventa e seis por preço e quantia de dois contos trezentos sessenta e dois e quatrocentos reis.[90]

No Auto de Arrematação de alguns dos bens sequestrados ao tenente-coronel Francisco Antônio, os animais reapareceram para "encorpar" o montante de bens a ser vendido em leilão público pela Fazenda Real: 406 animais (trezentas cabeças de gado vacum, quatro éguas, dois potros, sessenta ovelhas e quarenta porcos – os mesmos sequestrados pela devassa na fazenda da Laje), 36 peças de utilidades domésticas (garfos, facas e colheres, uma dúzia de cada) e 26 escravos. Tudo arrematado pela quantia de 2:362$400 réis, pelo tenente-coronel José Francisco de Carvalho, em nome de sua sobrinha Hipólita Jacinta.[91]

Por não possuirmos as avaliações individualizadas de cada bem utilizaremos, de forma aleatória, os itens citados, em termos de preço daqueles animais.

No inventário de Manuel Coelho da Costa, datado de 1796, morador no Barro Vermelho do Capivari, em Carrancas, termo da vila de São João, existe a indicação que quarenta porcos de terreiro foram avaliados em 12$000 réis, "uma vaca com dois garrotes" a 5$000 réis e "oito bois de carro" a 25$600 réis.[92] Já no de João Alves Correia, de 1795, residente na fazenda Ribeirão das Almas da Aplicação de São Tiago, do termo da vila de São José, trezentos porcos de terreiro valiam 45$000 réis, trinta "cabeças de gado vacum" foram orçadas em 72$000 réis e dezesseis bois de carro, a 76$800 réis.[93] Se realizarmos o cálculo das trezentas cabeças de gado vacum de Francisco Antônio pelo menor preço desta avaliação – média de 2$400 réis –, chegamos ao valor de 720$000 réis, ou pouco mais de 30,47% do total daquela transação. Esta quantia, obtida apenas pela multiplicação da média do preço de vacas, não inclui bois de carros, que também faziam parte do plantel do gado vacum sequestrado do inconfidente. No último inventário, cada boi de carro foi avaliado em 4$800 réis, o dobro do valor de uma vaca; no primeiro inventário, cada boi de carro valia 3$200 réis. De qualquer maneira, os valores referentes ao gado vacum seriam maiores em 30% que o montante arrematado no leilão pelo tio de dona Hipólita, o que nos ajuda a explicar o baixo preço daquela avaliação.

Para endossar esta afirmação, valem as palavras do sargento-mor Manuel Caetano Lopes de Oliveira, escritas ao ouvidor Manitti na devassa da Inconfidência, ao denunciar que "muito gado vacum, dentre bois e vacas, éguas e potros [, além de bois de carro, estavam] ocultos nas fazendas da Laje, Gales e Ponta do Morro, e em casas de Pedro Joaquim de Melo e do tenente Antônio Gonçalves".[94]

Na fazenda da Borda do Campo, de Aires Gomes, a devassa anotou que existiam dois cavalos, um primeiro utilizado para percorrer jornadas e um segundo empregado como "pastor de éguas", 36 bois de carro, 126 cabeças de gado vacum, dezessete potros machos, 55 éguas, dois burros, 25 porcos, dezoito bestas muares e onze crias fêmeas. No sítio Quilombo, também deste inconfidente, sequestrou-se uma tropa aparelhada com "28 bestas arreadas, com suas cangalhas e mais preparos" e outras três bestas de sela, além de um cavalo andador e oito porcos. Na fazenda da Mantiqueira, onde foram plantados doze alqueires de arroz e uma seara de trigo que levava por volta de meio alqueire, só encontramos referência a sessenta cabeças de porcos e dois cavalos, um "baio já maduro" e outro "muito velho". Ao lado da produção agrícola, a herdade possuía ainda uma tenda de ferreiro em que, dos treze escravos sequestrados da propriedade, três tinham a especificação de oficiais e outro a insigne de "aleijado da mão esquerda", que possivelmente decorreu de suas atividades na ferraria.[95]

Na fazenda Engenho dos Pinheiros, ainda propriedade de Aires Gomes, achava-se, ao lado das atividades agrícolas, a criação de animais: vinte porcos, quinze cabras e trinta ovelhas. Na fazenda Calheiros, composta de casas de vivenda cobertas de telhas, com as portas e janelas com batentes, uma varanda aberta que serve de rancho de tropas, matos virgens, capoeiras e um pequeno pomar de árvores de espinho, criavam-se cinco cabeças de gado, sendo três garrotes e dois novilhos. Nas três léguas de terras de cultura da fazenda Passa Três encontramos apenas quarenta porcos e dois escravos.[96]

No século XVIII, o termo da vila de Pitangui constituiu-se em um importante polo da pecuária regional no interior da capitania de Minas Gerais. Em sua maioria, as propriedades eram de criação de gado vacum e cavalar. Por ser área em constante expansão da cultura pecuarista, atraía os interesses das pessoas que tivessem cabedal para investir na região e que buscassem dividendos não imediatos. Esse foi o caso, talvez, da sociedade firmada, em 24 de março de 1791, entre Aires Gomes e Mateus da Costa Cardoso, referente ao "estabelecimento de uma casa de negócio de cargas de molhados, [...] com venda de varejar". A "lista das carregações" dos gêneros comprados para ali serem comercializados somava a quantia de 879$549 réis.[97]

A data da associação entre ambos é significativa. A prisão tardia de José Aires Gomes como implicado na Conjuração Mineira ocorreu em 18 de maio de 1791, portanto pouco mais de dois meses após a concretização do negócio firmado entre ele e Mateus da Costa Cardoso. Será que Aires Gomes esperava realmente ser preso como cúmplice dos inconfidentes que já estavam encarcerados e sendo interrogados no Rio de Janeiro? Como sócio de Macedo, por ser seu fiador nos contratos de Dízimos, esperava que o mesmo que aconteceu ao seu "amigo e compadre" acontecesse com ele, ou seja, que saísse impune da devassa? Sua prisão se deveu ao fato de que as primeiras notícias sobre a sua participação vieram no depoimento de Alvarenga Peixoto, feito no Rio de Janeiro. Só mais tarde a devassa fluminense começou a estender a malha sobre os implicados restantes e que apareciam, circunstancialmente, nos depoimentos. Aires Gomes apareceu citado, em junho de 1789, em discretas referências das testemunhas, depois réus, padre Manuel Rodrigues da Costa, padre José Lopes de Oliveira e Francisco Antônio, na devassa aberta em Minas Gerais, que tinha menos fôlego do que a aberta no Rio de Janeiro. Sendo assim, retomando a questão, será que se a devassa ficasse circunscrita ao território mineiro, ou melhor, ao poder das autoridades governantes de Minas Gerais, entenda-se o visconde de Barbacena, Aires Gomes poderia sair ileso? Pouco antes de ser preso, ao se tornar sócio de uma venda de molhados – produtos comestíveis –, tinha ideia realmente do que se passava ao seu redor?

Com relação à vila de Pitangui, vale lembrar que era área que mantinha contato com diversas regiões da capitania, onde a atuação de tropeiros e o seu movimentado registro, por onde passava principalmente gado vacum, peixe seco, carne-seca e potros, gerava lucrativo comércio, destinado ao abastecimento local e aos mercados de outras capitanias da América portuguesa, como São Paulo e Bahia.[98] Dos empreendimentos voltados para o mercado interno, a pecuária foi um dos mais rentáveis. Ao instalar uma venda em Pitangui, grande área pecuarista, os seus proprietários queriam arrebatar parte dos dividendos auferidos pelos tropeiros e pelos comerciantes que se dirigiam àquelas paragens. Além de o comércio de "molhados" ser forte fonte de renda naquela região, Pitangui também se destacava pela exploração mineratória do ouro e pela venda de mantimentos.

Em 1789, Aires Gomes envolveu-se na transação de 302 cargas de "molhados" comprados no Rio de Janeiro para serem vendidos em Minas Gerais. No Auto de Penhora, de 15 de julho de 1793, para quitar débitos que ele tinha de 312$174 réis, de "entradas e dízimos do tempo em que por sua conta se administraram" os negócios de João Rodrigues de Macedo no Caminho Novo, encontramos o requerimento de que devia 226$500 réis daquela compra. Deste valor, o Fisco recebeu 34$326 réis, pagos em 13 de outubro de 1790, restando ainda o débito de 192$174 réis.[99]

Esses dados evidenciam que Aires Gomes não esperava ser preso. Os múltiplos negócios em que se envolveu, a aquisição constante de terras nas paragens da Borda do Campo e a diversificação da produção de gêneros alimentícios em suas propriedades, voltadas para o abastecimento de áreas internas e externas da capitania, permitiram-nos incluí-lo entre os grandes proprietários de terras e negociantes de Minas Gerais na segunda metade do século XVIII. Posição em que inserimos, também, outros três inconfidentes: José de Resende Costa, Francisco Antônio de Oliveira Lopes e Alvarenga Peixoto. Todos esses homens tinham alguns traços comuns: mantiveram a antiga estratégia de domínio territorial de seus parentes, posicionando suas propriedades nas principais rotas de trânsito dentro da capitania, principalmente à beira do Caminho Novo, e diversificaram sua produção agrícola, disponibilizando-a ao comércio e às áreas ligadas ao abastecimento do mercado.

A presença de animais de tiro, como mulas, bestas, burros, potros, éguas e cavalos, revela que as unidades produtivas dos inconfidentes reuniam a criação de animais, o transporte e a venda de alimentos no mercado. A existência do gado muar (mulas, bestas e burros) nos sequestros sugere a formação de tropas e, assim, a relação com mercados mais distantes.[100] As informações sobre a produção dos gêneros alimentícios comercializados – açúcar, milho, arroz, feijão etc. – nos chegaram graças aos fiéis depositários e as suas anotações incorporadas aos Autos de Sequestro originais. Por apresentarem as prestações de contas das propriedades por eles supervisionadas, descobrimos o lado agrícola das unidades produtivas sequestradas e que se voltava tanto para o abastecimento interno quanto para o mercado constituído pela sociedade mineira. A fazenda Engenho dos Pinheiros, na Campanha do Rio Verde, de Alvarenga Peixoto, com 162 quilômetros quadrados, titulada com documento de sesmaria, destacava-se pela produção de aguardente, milho e criação de animais. Nas fazendas da Borda do Campo e Engenho de São Sebastião, ambas de Aires Gomes, sequestraram-lhe vários utensílios e instrumentos do universo agropastoril, a produção agrícola estocada nos paióis e uma tenda de ferreiro. As condições de colheita, o destino das produções e a força de trabalho dominante naquelas propriedades só foram conhecidos porque analisamos os sequestros originais.

A reconstituição desse patrimônio sedicioso iniciou-se pela análise da posse da terra. Verificamos, com base nos Autos de Sequestro e em documentos correlatos, o perfil concentrador empreendido pelos inconfidentes e por suas famílias na aquisição de bens de raiz nas regiões onde moravam, uma vez que ter terra significava poder, embora consegui-la fosse prova de prestígio, pois o mecanismo de doação da sesmaria era acionado por laços políticos, familiares e clientelísticos. A concentração de terra tinha por base não somente a expansão de seus domínios territoriais, mas era utilizada como instrumento fundamental para sustentar o seu poder de mando local e calçar seu prestígio. É assim que personagens como o padre Carlos Correia de Toledo, Francisco Antônio de Oliveira Lopes, José Aires Gomes, Alvarenga Peixoto e José de Resende Costa inseriam-se na sociedade colonial.

Observamos, também, que as famílias dos conjurados não ficaram na pobreza, após a realização dos sequestros de "alguns" de seus bens pela devassa. Mesmo passando por sucessivos processos de apreensão de seus pertences e arrematações em praça pública, as mulheres dos inconfidentes, juntamente com seus filhos e parentes, continuaram a receber terras e a readquirir os seus bens sequestrados pela devassa. Em todas as oportunidades, as famílias conseguiram manter suas principais propriedades, o que comprova que o processo de sequestro pouco afetou seus destinos e angariou lucros para a Coroa portuguesa. Estes assuntos continuam a ser debatidos no próximo capítulo.

Notas

1. Lígia Osório Silva, *Terras devolutas e latifúndios*. Campinas: Editora da Unicamp, 1996, pp. 37-38.

2. Inúmeros são os estudos que demonstram a intensa rede comercial que circulava pelos caminhos mineiros. Conferir os já clássicos: Mafalda P. Zemella, *O abastecimento da capitania das Minas Gerais no século XVIII*. 2. ed. São Paulo: Hucitec-Edusp, 1990, e Alcir Lenharo, *As tropas da moderação: o abastecimento da corte na formação política do Brasil: 1808-1848*. 2. ed. Rio de Janeiro: Secretaria Municipal de Cultura, Turismo e Esportes, Departamento Geral de Documentação e Informação Cultural, Divisão de Editoração, 1993; além de alguns recentes como: João Fragoso, *Homens de grossa aventura: acumulação e hierarquia na praça mercantil do Rio de Janeiro, 1790-1830*. 2. ed. Rio de Janeiro: Civilização Brasileira, 1998; Júnia Ferreira Furtado, *Homens de negócios: a interiorização da metrópole e do comércio nas Minas seiscentistas*. São Paulo: Hucitec, 1999; Cláudia Maria das Graças Chaves, *Perfeitos negociantes: mercadores das Minas setecentistas*. São Paulo: Annablume, 1999; Afonso de Alencastro Graça Filho, *A princesa do Oeste e o mito da decadência de Minas Gerais: São João del-Rei (1831-1888)*. São Paulo: Annablume, 2002.

3. APM/SC, cód. 125, fls. 5-6v – Carta de sesmaria: José de Resende Costa. 12/06/1759; IHGB. DL 70.9, fls. 19; 33v; 32-33 – Sequestro de bens do capitão José de Resende Costa por parte da Fazenda Real.

4. IHGB. DL 70.9, fls. 29v; 32v-33v – Sequestro de bens do capitão José de Resende Costa por parte da Fazenda Real. O tenente Pedro Teixeira de Carvalho, referido no documento, é irmão de dona Hipólita Jacinta por parte de pai. Seu pai, o capitão-mor Pedro Tei-

xeira de Carvalho, após a morte de sua primeira esposa, Clara Maria de Melo, relacionou--se com a viúva Rosa Angélica da Luz, com quem teve o filho Pedro, em 1765. Este rapaz, conhecido como Pedro Teixeira de Carvalho, o moço, casou-se com Maria Lucinda da Apresentação, com quem teve vários filhos. Um desses, Claudina Celestina da Natividade casou-se com Antônio Francisco Teixeira Coelho, o futuro barão da Ponta do Morro, filho adotivo de Hipólita Jacinto, sua irmã. Portanto, um casamento entre primos, como tanto outros da época.

5. Ibidem, fls. 29v-32v.

6. Ibidem, fl. 32v.

7. AHET/IPHAN-MG/SJDR, cx. 149, fl. 19v – Testamento: Gervásio Pereira de Alvim. 1837.

8. Ibidem, fl. 19v.

9. APM/SC, cód. 275, fls. 226v-228v – Carta de sesmaria: Francisca Cândida de Rezende. 13/03/1798.

10. APM/SC, cód. 285, fls. 50-50v – Carta de sesmaria: Gabriel da Costa Rezende. 07/07/1798.

11. APM/SC, cód. 125, fls. 5-6v – Carta de sesmaria: Antônio Nunes de Rezende. 12/06/1759; APM/SC, cód. 256, fls. 91-92 – Carta de sesmaria: José Nunes de Resende. 28/05/1790; APM/SC, cód. 265, fls. 171-172 – Carta de sesmaria: Gervásio Pereira de Alvim. 18/05/1797; AHET/IPHAN-MG/SJDR, SM 29 – Carta de sesmaria: Gervásio Pereira de Alvim. 1799.

12. Márcio Jardim, op. cit., pp. 173-174.

13. Ibidem, p. 174.

14. APM/SC, cód. 363, fls. 131-131v – Carta de sesmaria: José de Rezende Costa. 15/01/1817.

15. APM/SC, cód. 363, fls. 135v-136v – Carta de sesmaria: Francelina Carneira de Resende. 21/01/1817.

16. APM/SP, cód. 36, fls. 3v-5 – Carta de sesmaria: Estevão Ribeiro de Rezende. 10/03/1825; APM/SP, cód. 36, fls. 5-6v – Carta de sesmaria: Ilidia Mafalda de Souza Queirós de Rezende. 10/03/1825.

17. APM/SP, cód. 36, fls. 72-72v – Carta de sesmaria: Geraldo Ribeiro de Rezende. 26/08/1825; APM/SP, cód. 36, fls. 71-71v – Carta de sesmaria: Ésmenia Joaquina de Mendonça. 25/08/1825; APM/SP, cód. 36, fls. 71v-72 – Carta de sesmaria: Anna Esméria de Rezende. 25/08/1825.

18. IHGB. DL 3.4, fls. 155-155v – Autos de Depósito / Prestação de Contas do capitão Pedro Joaquim de Melo, depositário dos bens do inconfidente Francisco Antônio de Oliveira Lopes.

19. Ibidem, fl. 156.

20. Ibidem, fl. 156v.

21. Ibidem, fl. 157.

22. ANRJ/ADIM-C5, v. 7, doc. 2, fl. 1 – Traslado do sequestro feito a Francisco Antônio de Oliveira Lopes.

23. Ibidem, fl. 13.

24. Em 31 de maio de 1749, o capitão-mor Pedro Teixeira de Carvalho obteve carta de sesmaria de meia légua de terras em quadra, na Ponta do Morro, na freguesia de Prados, legitimando sua posse de mais de vinte anos na região, adquiridas por compra ao alferes Francisco João. Conferir: APM/SC, cód. 90, fls. 195v-196 – Carta de sesmaria: P.º Teyxeira de Carvalho. 31/05/1749.

25. Praticamente todos os que estudam a Conjuração Mineira e analisam o patrimônio do inconfidente Francisco Antônio de Oliveira Lopes incluem a Ponta do Morro entre seus bens sequestrados. Conferir, por exemplo: Lúcio José dos Santos, op. cit., pp. 204; 209; Tarquínio J. B. de Oliveira, Nota biográfica ao "Apenso II – Autos de Perguntas ao coronel Francisco Antônio de Oliveira Lopes". In: ADIM, v. 2, p. 39; Márcio Jardim, op. cit., p. 150; Dario Cardoso Vale, *Memória histórica de Prados*. Belo Horizonte: [s.n.], 1985, p. 94; Helena Teixeira Martins, *Sedes de fazendas mineiras: Campos das Vertentes, séculos XVIII e XIX*. Belo Horizonte: BDMG Cultural, 1998, pp. 32; 66; João Pinto Furtado, op. cit., p. 105.

26. "Óbito e registro do testamento de D. Hipólita Jacinta Teixeira de Melo, viúva do Inconfidente Francisco Antônio de Oliveira Lopes". Prados, 27/04/1828. In: ADIM, v. 9, pp. 433; 432.

27. Ibidem, p. 437.

28. ANRJ/ADIM-C5, v. 7, doc. 2, fl. 14 – Traslado do sequestro feito a Francisco Antônio de Oliveira Lopes.

29. Helena Teixeira Martins, op. cit., p. 67.

30. Ibidem, p. 67.

31. ANRJ/ADIM-C5, v. 7, doc. 20, fl. 4 – Sequestro de uma morada de casas à Rua do Rosário, no Rio de Janeiro, pertencente ao coronel Francisco Antônio de Oliveira Lopes.

32. Ibidem, fl. 5.

33. IHGB. DL 101.2, fls. 20; 75v – Sequestro em bens de Francisco Antônio de Oliveira Lopes, por parte da Real Fazenda (1790). No mesmo local, no final do século XVIII, uma casa de sobrado, coberta de telhas, com frente para o mesmo largo da Matriz e quase contígua à do inconfidente Francisco Antônio, era avaliada em 600$000 réis. Na Rua do Arraial, próximo à Igreja Matriz, o inconfidente adquiriu por compra a Tereza de Souza Caldas, em meados da década de 1780, outra morada de casas pelo valor de 300$000 réis. Em 1788 – um ano antes de ser preso – ele doou aquela residência ao padre João de Melo Costa, por ter sido, naquele ano, o capelão de sua sogra Clara Maria de Melo. Conferir: Dario Cardoso Vale, op. cit., p. 31.

34. A família tinha dois padres com o nome de José Lopes de Oliveira. A pessoa que foi presa pelo envolvimento na Conjuração Mineira era o irmão de Francisco Antônio de Oliveira Lopes e não o padre homônimo irmão de Maria Inácia de Oliveira, casada com o inconfidente Aires Gomes. O padre irmão de Maria Inácia faleceu em 1804 na cidade do Porto, onde residia e se ordenara sacerdote e bacharel. Conferir: André Figueiredo Rodrigues, *Um potentado na Mantiqueira: José Aires Gomes e a ocupação da terra na Borda do Campo*, op. cit., p. 32.

35. Esta ideia está presente em, por exemplo, Joaquim Norberto de Sousa Silva, *História da Conjuração Mineira*. 2. ed. Rio de Janeiro: Imprensa Nacional, 1948, t. 1, p. 94; José Bonifácio, "A fazenda da Borda do Campo: o inconfidente Jose Ayres Gomes". *Revista do Arquivo Público Mineiro*, Belo Horizonte, ano 11, pp. 631-639, 1907; José Bonifácio de Andrada Silva, "Uma fazenda histórica – Borda do Campo". *Revista do Instituto Histórico e Geográfico Brasileiro*, Rio de Janeiro, t. 72, n. 120, pp. 127-151, 1909; José Crux Rodrigues Vieira, *Tiradentes: a Inconfidência Mineira diante da história*. Belo Horizonte: 2º Clichê Comunicação & Design, 1993, v. 2, t. 2, p. 461; Márcio Jardim, op. cit., p. 163; Wilson de Lima Bastos, *A fazenda da Borda do Campo e o inconfidente José Aires Gomes*. Juiz de Fora: Paraibuna, 1992; Tarquínio J. B. de Oliveira, "Notas". In: ADIM, v. 2, p. 399.

36. CEM-UFMG/AFA/PF, cx. 3. P3, fl. 1 – Livro de dívidas.

37. A Carta Precatória movida pelo desembargador e juiz dos Feitos do Contencioso da Real Fazenda, Antônio José Duarte de Araújo Gondim, de 1816, e contrária a João Ribeiro Gomes, foi ocasionada por dívida de 660$143 réis, deixada por Aires Gomes quando foi fiador nos contratos de Dízimos, arrematados por Macedo. Para cobrir o déficit, foram-lhe sequestradas duas sesmarias e dois escravos, postos à venda em leilão. Conferir: CEM-UFMG/AFA/PF, cx. 3. P17 – Carta Precatória.

38. CEM-UFMG/AFA/PF, cx. 3. P17, fl. 50 – Carta Precatória. Não sabemos ao certo como Aires Gomes adquiriu dinheiro para comprar aquelas terras, mas supomos que parte dele veio da herança que recebeu para ingressar na carreira eclesiástica, já que, por não ser o primogênito da família (a quem cabia continuar os empreendimentos do pai, João Gomes Martins, na região do Sumidouro, hoje distrito de Padre Viegas, pertencente ao município de Mariana, e na freguesia de Nossa Senhora do Engenho do Mato, atual distrito de Paula Lima, em Barbacena), coube-lhe seguir o estado eclesiástico; outra parte poderia ter vindo dos negócios que, desde o início da década de 1770, passou a administrar e a gerir na serra da Mantiqueira. Sobre estes assuntos, conferir: André Figueiredo Rodrigues, *Um potentado na Mantiqueira: José Aires Gomes e a ocupação da terra na Borda do Campo*, op. cit., pp. 39-48.

39. CEM-UFMG/AFA/PF, cx. 3. P17, fls. 32v-36 – Carta Precatória. Grifo nosso.

40. CEM-UFMG/AFA/PF, cx. 3. P3, fl. 4 – Livro de dívidas.

41. IHGB. DL 973.1, fl. 110 – Traslado de auto de sequestro feito em bens do coronel José Aires Gomes; AHMI. Pagamento feito à Real Fazenda e Fisco da Câmara Real para a solução do que tocou da metade dos bens em que foi condenado o confiscado José Aires Gomes, fl. 23.

42. AHMI. Pagamento feito à Real Fazenda..., op. cit., fls. 22v-23. O tracejado em branco encontra-se semelhante ao original.

43. IHGB. DL 973.1, fl. 110 – Traslado de Auto de Sequestro feito em bens do coronel José Aires Gomes.

44. "Sentença cível de formal de partilhas passadas a favor do desembargador procurador da Real Fazenda desta capitania de Minas Gerais Antônio de Brito Amorim dos autos de sequestro a que se procedeu dos bens do sequestrado inconfidente José Aires Gomes". *Revista do Arquivo Público Mineiro*, Belo Horizonte, ano 38, p. 107; pp. 100-123, 1990;

45. IHGB. DL 973.1, fl. 65 – Traslado de Auto de Sequestro feito em bens do coronel José Aires Gomes; CEM-UFMG/AFA/PF, CX. 2. PI – Sesmaria; "Sentença cível de formal de partilhas...", op. cit., p. 107.

46. No Auto de Sequestro, custodiado no IHGB, encontramos a indicação de que foram amarradas em um embrulho "20 cartas de datas de terras e águas e junto com as mesmas três procurações, dois requerimentos e um pertencente a Rosa Joaquina da Costa". Conferir: IHGB. DL 973.1, fls. 63v-67v; 73v-76 – Traslado de Auto de Sequestro feito em bens do coronel José Aires Gomes. A citação desta nota encontra-se no fl. 76. A citação no texto é o da "Sentença cível de formal de partilhas...", op. cit., pp. 101-110.

47. A alegação, movida talvez por pressões que sofria, foi a seguinte: "[...] e como se acham alguns papéis que não estão descritos naquele sequestro de que é o suplicante depositário, e dele quer fazer entrega, por essa razão requer a vossa mercê para que se digne mandar que os oficiais da remoção descrevam de novo as que foram achadas entre os outros, e os depositem em mão e poder de outro depositário". In: Ibidem, pp. 110-111.

48. Ibidem, pp. 111-113.

49. IHGB. DL 973.1, fls. 74-79 – Traslado de Auto de Sequestro feito em bens do coronel José Aires Gomes.

50. "Sentença cível de formal de partilhas...", op. cit., p. 114.

51. Medidas administrativas foram tomadas em 1715 e 1743, no sentido de se proibir a instalação de engenhos nas Minas. Miguel Costa Filho indicou que tais medidas se mostraram inúteis e ignoradas. Desde 1714, no governo de dom Brás Baltasar da Silveira proibiu-se a instalação de novos engenhos, com pena de demolição e pagamento de severas multas por parte dos proprietários de fábricas montadas a partir de então. Outras proibições e perseguições apareceram em 1718 e anos posteriores, durante o governo do conde de Assumar; 1736, 1743 e 1745, no governo de Gomes Freire de Andrade; de 1768 a 1773, na administração de José Luís de Meneses Abranches Castelo Branco e entre 1775-1780, no governo de dom Antônio de Noronha. Sobre detalhes, conferir o capítulo "Guerra dos engenhos". In: Miguel Costa Filho, *A cana-de-açúcar em Minas Gerais*. Rio de Janeiro: Instituto do Açúcar e do Álcool, 1963, pp. 103-118. Detalhes sobre as perseguições podem ser consultados em: Marcelo Magalhães Godoy, "Os 'engenheiros' entre a norma e a clandestinidade: as relações entre o estado e a agroindústria canavieira de Minas Gerais no século XIX". In: SEMINÁRIO SOBRE ECONOMIA MINEIRA, 9. 2000, Belo Horizonte. *Anais*... Belo Horizonte, UFMG, 2000, pp. 213-256; 216-218.

52. Imposto destinado às despesas com a instrução pública e derivado do pagamento de quatro réis por canada de aguardente, um real pela de vinho e 160 réis por cada pipa de vinagre.

53. APM/SC, cód. 186, rolo 40, gav. 3, fls. 208-208v.

54. ANRJ/ADIM-C5, v. 7, doc. 10, fls. 5v-6 – Traslado do sequestro de Inácio José de Alvarenga Peixoto.

55. AHMI. Mapoteca, gav. 3, fl. 4 – Apenso relativo a dúvidas que opôs D. Bárbara Heliodora Guilhermina da Silveira às contas dadas pelo administrador depositário Francisco Xavier Pereira. 1792.

56. FBN/CIM, II-31, 31, 5 – Relação dos mantimentos colhidos na roça de João Rodrigues de Macedo e Bárbara Heliodora e conta dos rendimentos e despesas da fábrica e lavra da Boa Vista de São Gonçalo da Campanha de 1800 e 1801. Campanha, MG, 1800-1801.

57. Miguel Costa Filho, op. cit., p. 146.

58. FBN/CC, I-13, 12, 12, n. 3 – Carta de João Rodrigues de Macedo a José de Bastos de Oliveira.

59. AHMI. Mapoteca, gav. 3, fls. 2; 3; 5 – Apenso relativo ao sequestro dos bens de Inácio José de Alvarenga Peixoto (1792).

60. AHMI. Mapoteca, gav. 3, fls. 3; 4 – Apenso relativo a dúvidas que opôs D. Bárbara Heliodora Guilhermina da Silveira às contas dadas pelo administrador depositário Francisco Xavier Pereira. 1792.

61. Miguel Costa Filho, op. cit., p. 207.

62. FBN, I, 9, 30. Apud Miguel Costa Filho, op. cit., pp. 207-208.

63. Angelo Alves Carrara, *Minas e currais: produção rural e mercado interno de Minas Gerais, 1674-1807*. Juiz de Fora, MG: Editora da UFJF, 2007, p. 65.

64. CEM-UFMG/AFA/PF, CX. 3. P12, fls. 4v-10 – Escritura de compra e venda da fazenda da Borda do Campo; IHGB. DL 973.1 – Traslado de Auto de Sequestro feito em bens do coronel José Aires Gomes. Igreja Nova (Barbacena). Maio-junho de 1791.

65. IHGB. DL 973.1, fls. 19-22 – Traslado de auto de sequestro feito em bens do coronel José Aires Gomes. Igreja Nova (Barbacena). Maio-junho de 1791.

66. ANRJ/ADIM-C5, v. 7, doc. 2, fl. 2v – Traslado do sequestro feito a Francisco Antônio de Oliveira Lopes.

67. IHGB. DL 101.2 – Sequestro em bens de Francisco Antônio de Oliveira Lopes, por parte da Real Fazenda (1790); IHGB. DL 3.4 – Autos de Depósito / Prestação de Contas do capitão Pedro Joaquim de Melo – depositário dos bens do inconfidente Francisco Antônio de Oliveira Lopes.

68. ANRJ/ADIM-C5, v. 2, doc. 66, fl. 273 – Resumo geral do estado em que se acham os sequestros feitos na capitania de Minas Gerais – 1789/1791, por José Caetano César Manitti.

69. FBN/CC, I-10, 18, 001 n. 005 – Carta de Hipólita Jacinta Teixeira de Melo a João Rodrigues de Macedo pedindo que a ajude a arrematar terras penhoradas por este na região. Laje, 28/01/1795.

70. Auguste de Saint-Hilaire, *Viagem pelas províncias do Rio de Janeiro e Minas Gerais*. Trad. Vivaldi Moreira. Belo Horizonte: Itatiaia; São Paulo: Edusp, 1975, p. 60.

71. ANRJ/ADIM-C5, v. 7, doc. 16, fl. 4 – Auto de Sequestro nos bens do padre Manuel Rodrigues da Costa.

72. IHGB. DL 973.1, fls. 20-21v [fazenda do Engenho]; 24v-25 [fazenda Passa Três] – Traslado de Auto de Sequestro feito em bens do coronel José Aires Gomes". Igreja Nova (Barbacena). Maio-junho de 1791; "Sentença cível de formal de partilhas...", op. cit., p. 106.

73. IHGB. DL 973.1, fl. 24v – Traslado de auto de sequestro feito em bens do coronel José Aires Gomes. Igreja Nova (Barbacena). Maio-junho de 1791.

74. Auguste de Saint-Hilaire, op. cit., p. 106.

75. AHET/IPHAN-MG/SJDR, cx. 230 – Inventário de Ana Maria dos Santos. Borda do Campo, 1747. Localizamos este documento após citação de: Angelo Alves Carrara, op. cit., p. 196.

76. ANRJ/ADIM-C5, v. 7, doc. 9, fls. 3-6v – Traslado do sequestro do vigário Carlos Correia de Toledo.

77. ANRJ/ADIM-C5, v. 7, doc. 10, fls. 6; 19 – Traslado do sequestro de Inácio José de Alvarenga Peixoto.

78. FBN/CIM, II-31, 31, 5 – Relação dos mantimentos e conta dos rendimentos e despesas das lavras da Boa Vista, 1800 e 1801.

79. A questão das unidades de medida representa um dos mais complexos problemas a se resolver ao estudarmos a história econômica no Brasil, particularmente para o período colonial. Na análise da agricultura, por exemplo, enfrentamos dificuldade com a conversão de unidades de medida. Os grãos eram geralmente medidos por unidade de volume e não por unidade de peso. Francisco Vidal Luna e Herbert S. Klein elaboraram uma tabela de conversão de alqueires para litros e quilos:

Tabela 4 – Conversão de alqueires para litros e quilos

Produto	Unidade original	Produto densidade	Em litros	Em quilos
Milho	Alqueire	0,8333	36,27	30,225
Feijão	Alqueire	0,8333	36,27	30,225
Arroz	Alqueire	0,8333	36,27	24,180

Fonte: Francisco Vidal Luna; Herbert S. Klein, "Nota a respeito de grãos utilizados no período colonial e as dificuldades para a conversão ao sistema métrico". *Boletim de História Demográfica*, São Paulo, FEA/USP, ano VIII, n. 21, mar. 2001. Disponível em: <http://historia_demografica.tripod.com/pesquisadores/paco/pdf-paco/ar47.pdf>. Acesso em: 28 mar. 2008.

80. Apud Angelo Alves Carrara, op. cit., p. 206.

81. José Newton Coelho Meneses, *O continente rústico*: *abastecimento alimentar nas Minas Gerais setecentistas*. Diamantina: Maria Fumaça, 2000, p. 184.

82. FBN/CC, I-10, 15, 036 n. 016 – Carta de Lúcio José Monteiro a João Rodrigues de Macedo remetendo notícias de sua propriedade e da plantação. s. d.; FBN/CT, I-35, 11, 13 n. 12 – Minuta de João Rodrigues de Macedo a Lúcio José Monteiro sobre a plantação de dez alqueires de feijão. 05/12/1799.

83. ANRJ/ADIM-C5, v. 7, doc. 14, fls. 1v-3v – Auto de Sequestro feito em bens do coronel José de Resende Costa; ANRJ/ADIM-C5, v. 7, doc. 9, fl. 5v – Traslado do sequestro do vigário Carlos Correia de Toledo; IHGB. DL 973.1, fl. 21 – Traslado de Auto de Sequestro feito em bens do coronel José Aires Gomes. Igreja Nova (Barbacena). Maio-junho de 1791.

84. IHGB. DL 973.1, fls. 16v-17; 24v – Traslado de Auto de Sequestro feito em bens do coronel José Aires Gomes". Igreja Nova (Barbacena). Maio-junho de 1791.

85. Ibidem, fl. 297.

86. ANRJ/ADIM-C5, v. 7, doc. 2, fls. 8v; 10v – Traslado do sequestro feito a Francisco Antônio de Oliveira Lopes.

87. IHGB. DL. 101.2, fl. 20 – Sequestro em bens de Francisco Antônio de Oliveira Lopes, por parte da Real Fazenda (1790).

88. IHGB. DL 3.4, fl. 5 – Autos de Depósito / Prestação de Contas do capitão Pedro Joaquim de Melo, depositário dos bens do inconfidente Francisco Antônio de Oliveira Lopes.

89. Ibidem, fl. 5.

90. Ibidem, fls. 154v-156.

91. Ibidem, fl. 157.

92. AHET/IPHAN-MG/SJDR, CX. 69 – Inventário de Manoel Coelho da Costa. Carrancas, 1796.

93. AHET/IPHAN-MG/SJDR, CX. 579 – Inventário de João Alves Correa. Ribeirão das Almas e Aplicação de São Tiago, 1795.

94. IHGB. DL 3.4, fls. 44-44v; 78v – Autos de Depósito / Prestação de Contas do capitão Pedro Joaquim de Melo, depositário dos bens do inconfidente Francisco Antônio de Oliveira Lopes.

95. ANRJ/ADIM-C5, v. 7, doc. 13, fls. 13v; 19; 19v – Auto de Sequestro feito em bens do coronel José Aires Gomes.

96. Ibidem, fls. 24v; 25v; 26v.

97. "Sentença cível de formal de partilhas...", op. cit., pp. 109-110.

98. Cláudia Maria das Graças Chaves, *Perfeitos negociantes*..., op. cit., pp. 88; 104.

99. CEM-UFMG/AFA/PF, CX. 3. P5, fl. 17 – Auto de Penhora. Este valor é o mesmo encontrado na listagem dos devedores de direitos de Entradas cobrados no registro do Caminho Novo, no ano de 1789. Das vinte pessoas indicadas, somente José Aires Gomes não havia quitado a sua obrigação em 14 de junho de 1792 – ano em que se contabilizou e se acertou o pagamento da lista. O seu caixeiro devia pagar 192$174 réis, o segundo maior valor arrecadado no mês de junho de 1789 e o quinto do total descrito. A maior quantia cobrada foi a paga pelo coronel Luís Cardoso Fontes, também no mês de junho de 1789, no valor de 435$000. Conferir: APM/CC, CX. 523, pl. 20029, doc. 5 – Relação dos créditos dos direitos de Entradas.

100. Mônica Ribeiro de Oliveira, *Negócios de família: mercado, terra e poder na formação da cafeicultura mineira – 1780-1870*. Bauru, SP: Edusc; Juiz de Fora, MG: FUNALFA, 2005, pp. 117; 112.

A mineração e a escravidão nas propriedades inconfidentes

A mineração nas propriedades inconfidentes

Desde finais do século XVII, a descoberta do ouro de aluvião nas cercanias de Vila Rica, Sabará, Mariana e Caeté provocou a migração de homens brancos e livres de todas as partes do Império português para as Minas Gerais.

Na natureza, as jazidas apresentam-se em depósitos de aluvião, onde o ouro é encontrado nos leitos e margens dos rios em partículas soltas, junto com cascalho de quartzo, areia e terra; e em filões, onde o metal precioso aparece em veios disseminados em quartzo ou em outras rochas auríferas. Em ambos os casos desse tipo de mineração, as explorações eram a céu aberto, usando-se métodos semelhantes – serviços de rio e de tabuleiro, e sistema de catas. A mineração subterrânea era raramente utilizada, por exigir tecnologia mais complexa.[1]

No caso de exploração dos rios, a jazida de onde se extrai o ouro (a lavra) era feita em três lugares: as *grupiaras*, *guapiaras* ou *gupiaras*, depósitos de cascalho no interior e nas encostas dos morros; os *veios*, "aluviões que formam o leito propriamente dito dos rios"; e os *tabuleiros*, depósitos que ocupam as margens dos rios, "em um nível ligeiramente superior as do depósito precedente".[2]

A extração do ouro de grupiara acontecia da seguinte maneira: primeiramente limpava-se a vegetação, deixando-se descoberto o cascalho aurífero; cavavam-se valas (os regos) de uma légua de extensão por onde parte da água do rio era desviada, deixando-a cair no solo para revolver a terra e carregar o cascalho por um canal ao pé do morro, enquanto as partes que continham ouro, mais pesadas, ficavam nas valas. À medida que sucessivas correntes de água passavam por todas as valas, estas se aprofundavam, desmontando as extremidades superiores das margens.[3]

O uso da água para a lavagem do minério nas montanhas era indispensável. Muitas vezes era preciso buscá-la em lugares distantes, por meio de canais que se estendiam pelas regiões superiores da serra, exigindo dos construtores habilidade e precisão. Alguns desses canais tinham léguas de comprimento, em consequência da necessidade de captação de água em quantidade suficiente para seus trabalhos.[4]

Alvarenga Peixoto, por exemplo, pouco menos de dois meses após o final de sua magistratura no ofício de ouvidor da comarca do Rio das Mortes, empreendeu atividades agrícolas e minerárias na região de São Gonçalo. Sua história, como minerador, iniciou-se em 21 de junho de 1780, quando o governador dom Rodrigo José de Meneses assinou Portaria dando-lhe posse das águas dos ribeirões de São Vicente e Piranga, do distrito de São Gonçalo da Campanha do Rio Verde, na comarca do Rio das Mortes, por lá existirem terras minerais que "prometem avultadas conveniências se forem abertas e lavradas com a devida regularidade, e método por pessoas inteligentes, e de avultada fábrica".[5]

No documento, dom Rodrigo explica a doação daquelas águas minerais:

> [...] e naquele referido Distrito de São Gonçalo se ache com avultadas terras, escravos e fábricas de minerar do Doutor Inácio José de Alvarenga as quais prometem avultadas conveniências que as deixa de perceber pela total falta de águas por cujos motivos, e pelos da boa razão, e justiça; Ordeno ao Guarda-Mor do Distrito que logo que esta minha Portaria lhe for apresentada passe aos referidos distritos, com seu Escrivão e algumas pessoas dignas de fé que a minha ordem as fará ir com as quais examinará todos aqueles ribeiros, e achando sem uso as águas as conceda por Provisão ao dito Doutor Inácio José de Alvarenga na forma do estilo sem atenção a qualquer gênero de oposição, embargo, ou outro algum pretexto judicial, ou extrajudicial, por dever prevalecer em tudo, e por tudo esta minha determinação por ser conforme as terminantes por Sua Majestade que faculta semelhantes mercês sem prejuízo

de seu Régio Patrimônio, e senhorial domínio; ao que devo atender. Vila Rica a 21 de junho de 1780, Dom Rodrigo José de Menezes.[6]

A data da doação é sugestiva: 21 de junho de 1780 – foi nesse mesmo dia que dom Rodrigo assinou Despacho favorável autorizando Alvarenga a levantar um novo engenho de cana em sua fazenda da Boa Vista.

Para lavrar essas terras, Alvarenga empreendeu obras de infraestrutura na região para conduzir as águas do ribeirão de São Vicente para as minas do Ouro Fala, São Gonçalo Velho, Boa Vista e Baú. Como aquelas terras necessitavam de água para serem exploradas, não poupou esforços na construção do canal da Boa Vista, de setenta quilômetros de extensão, ou pouco mais de onze léguas, através de densas matas, contornando rochedos "por meio de aquedutos formados por bicas de tábuas, sustentados por vergalhões de ferro cravados na rocha, sendo que desses aquedutos o mais considerável é o do Moinho Velho, cuja extensão é de 400 metros com uma altura de 20 acima do nível do solo".[7]

A canalização das águas de um rio despendia dinheiro, tempo e trabalho escravo, o que dificilmente poderia ser feito por mineiros sem condições financeiras condizentes com a realidade de exploração do metal precioso em quantidade considerável. Caso fosse necessário o aumento do volume das águas construía-se, nas proximidades do local onde se empreendia a mineração, um reservatório para armazenar água das chuvas e de diferentes pontos das montanhas. No ribeirão Piranga, Alvarenga construiu o açude Mãe d'Água, sendo seu esgoto guiado por canal para as lavras do Baú.[8]

Para escavar as montanhas e cortar as rochas eram usadas algumas das treze alavancas, 34 enxadas e 75 cavadeiras sequestradas. Na extração do ouro utilizava-se a grupiara. Já nas terras dos irmãos Toledo, padre Carlos Correia e sargento-mor Luís Vaz, os sete almocafres apreendidos (enxadas estreitas e pontiagudas com as suas folhas de escavar dobradas em ângulo reto) revelavam o uso de métodos de exploração de depósitos auríferos abaixo do nível das águas correntes, permitindo revirar o cascalho ou retirar o sedimento depositado entre grandes blocos de pedra. Este método era chamado de cata (escavação) e adotado quando a massa rochosa, que se tem de desmontar, é friável. Escava-se, para este fim, de acordo com o barão de Eschwege, "um poço circular, tanto mais largo na superfície quanto mais profundo for, de modo a ter sempre a forma de funil e apresentar espécies de banquetes", por onde os negros, "transportando o material de desmonte" das rochas em carumbés (vasilhas de madeira), feitos pelo almocafre, sobem um caminho em espiral. A profundidade do poço era determinada pelo nível das águas. Em razão das infiltrações, o trecho do rio desviado mantinha-se continuamente lamacento e o esgotamento das águas se fazia, a princípio, por meio dos próprios homens ou pelo emprego de um rosário.[9]

O rosário, também chamado de "roda" ou "bomba", era utilizado para elevar água de poço ou cisterna, diminuindo sua infiltração. Este aparelho era composto de duas partes: uma roda hidráulica e uma sequência de chapas ou caixões de madeira por onde se extraía a água do poço, chamados de rosários. Esses caixões eram presos por uma corrente em uma roda pequena dentada que transmitia o movimento de rotação da roda hidráulica para o rosário, por intermédio de um eixo horizontal de madeira, fazendo com que o mecanismo fosse acionado e as chapas ou caixões do aparelho descessem até a cata infiltrada, capturando a água e subindo-a para ser represada em outro lugar.[10]

Como em um projeto de canalização de um córrego, a construção de rosários ajudava a solucionar problemas de infiltração de água nas lavras, mas também criava certa diferenciação entre os mineiros, pois somente os mais abastados tinham condições financeiras e de pessoal de construí-los em suas áreas minerais. O mineralogista José Vieira Couto informou-nos em sua *Memória histórica da capitania de Minas Gerais* que o assentamento ou a mudança de uma dessas máquinas hidráulicas, de um lugar para outro, exigia o serviço de "cinquenta e mais escravos" na cata. Para ele, "em lugar desta máquina, acho muito mais cômodo o uso de bombas, que são muito maneiras e praticadas em semelhantes casos e, à proporção da água que há para se esgotar, pode-se aumentar ou diminuir o número delas; uma roda pode tocar dez ou vinte e muito mais bombas por banda".[11]

É estranho que nenhuma roda, bomba ou rosário tenha sido sequestrado de Alvarenga Peixoto, apesar de recursos hidráulicos serem referenciados nas correspondências entre feitores das lavras e Macedo, nos anos em que este esteve à frente dos negócios do inconfidente e de Bárbara Eliodora.

No sequestro do padre Toledo, sua "bomba de broquear" foi avaliada em seiscentos réis, o dobro do preço de um almocafre ou de um martelo apreendido entre seus bens. Entre os pertences de seu irmão Luís Vaz, a devassa listou "uma roda, com caixão e eixo, sem valor, por estar tudo danificado" e "um rosário, e mais ferragens pertencentes à mesma roda", avaliado em 160$000 réis. No sequestro de Aires Gomes, "uma bomba de ferro" foi avaliada em 600$000 réis.[12]

Outro objeto significativo do universo exploratório do ouro foi a bateia. Este recipiente de madeira, estanho ou latão, em formato afunilado e circular, era utilizado para lavrar areia e cascalho auríferos. Entre os sediciosos, o único que teve esta peça confiscada foi Aires Gomes, que, ao lado de um crivo (peneira), teve um "prato de latão de limpar ouro" sequestrado. De acordo com informações de Wilhelm Ludwig von Eschwege, nos anos iniciais da mineração em Minas Gerais eram utilizadas pequenas vasilhas ou pratos de estanho de apuração de ouro.[13]

Na listagem de compras feitas por Alvarenga Peixoto do amigo e compadre João Crisóstomo da Fonseca Reis, irmão de Joaquim Silvério dos Reis, na primeira metade da década de 1780, consta a aquisição de 24 bateias, sendo cada uma delas adquiridas a 1$275 réis, no total de 30$600 réis.[14] Em 1798, na prestação das contas das catas das Cabras e do Baú, de Alvarenga, registrou-se a compra de bateias, em três ocasiões, no valor de 5$625 réis.[15]

Nas lavras, a terra retirada e amontoada dificultava a exploração das áreas vizinhas, pois, quando chovia, o poço inundava, o que exigia perigosos serviços de esgotamento das águas com vasilhas ou rosários. Quando ocorria o desmoronamento do poço, destruindo o trabalho realizado, colocava-se em risco a vida dos escravos que nele trabalhavam, as ferramentas e os aparelhos. Em muitas propriedades, instrumentos agrícolas e mineratórios eram produzidos em tendas de ferreiros.

É de surpreender que entre os bens de Aires Gomes e de Francisco Antônio tenham sido sequestrados suas tendas de ferreiro, sem que nenhum objeto relacionado estritamente à mineração aparecesse entre seus pertences. Na Prestação de Contas da fazenda da Ponta do Morro, de Francisco Antônio, o fiel depositário anotou a compra, em vários momentos, de 1791 a 1804, de aço e ferro para a pequena ferraria que tinha naquela propriedade. Em recibo assinado, em 18 de outubro de 1792, Hipólita Jacinta em letra impecável escreveu:

> Vale este dezenove oitavas e três quatros e três vinténs de ouro que tanto importou o aço e ferro, que meu primo Pedro Joaquim de Melo, depositário dos bens de meu casal, comprou em casa do Senhor Capitão Barrozo para a fábrica sequestrada do mesmo meu casal, cuja quantia à vista deste paguei ao dito Senhor.[16]

A dívida de 23$812,5 réis, que deveria ser paga à vista, conforme anotou dona Hipólita, só teve baixa das contas da fazenda em 2 de julho de 1802, dez anos depois, conforme assinatura de quitação do próprio capitão Antônio Barrozo Pereira.[17]

Mesmo não tendo nenhum utensílio de mineração sequestrado pela devassa, objetos destinados à faina mineral foram produzidos pela tenda de ferreiro existente no local. Os objetos "omissos" produzidos proporcionaram, oficialmente, a extração de ouro na propriedade que, de 1791 a 1804, gerou uma receita de 259$012,5 réis, em 24 apurações.

Na Tabela 13, é interessante observar que, de 1791 a 1804, a média anual registrada pela devassa da produção de ouro na fazenda da Ponta do Morro foi pouco mais de quinze oitavas por ano. Em janeiro de 1790, dois meses após a realização do primeiro sequestro, quando se registrou a apuração do período anterior, sem intervenção judicial, a produção de ouro era de 42 oitavas, com o rendimento de 50$400 réis. Em maio desse mesmo ano, o ouro rendeu 30-½-0 oitavas, ou 36$600 réis. Outras duas apurações realizaram-se naquele ano (em agosto e em dezembro), rendendo 46-¾-6 oitavas ou 56$365 réis.[18]

No ano de 1790 apuraram-se 119-¼-6 oitavas ou 143$325 réis, praticamente 55,33% de todo o rendimento arrecadado em catorze anos de sequestro. Das quatro apurações anuais que se realizavam, a devassa passou a

Tabela 13. Rendimento das lavras da fazenda Ponta do Morro, de 1791 a 1804

Apuração	Data	Quantidade de ouro (em oitava)	Receita (em réis)
1ª	março de 1791	10 – 0 – 0	12$000
2ª	novembro de 1791	21 – ¼ – 0	25$500
3ª	maio de 1792	11 – 0 – 4	13$350
4ª	janeiro de 1793	14 – ½ – 0	17$400
5ª	julho de 1793	13 – 0 – 6	15$825
6ª	fevereiro de 1794	18 – 0 – 2	21$675
7ª	dezembro de 1794	12 – ¼ – 0	14$700
8ª	junho de 1795	7 – 0 – 0	8$400
9ª	janeiro de 1796	9 – ¼ – 0	11$100
10ª	agosto de 1796	4 – 0 – 0	4$800
11ª	abril de 1797	6 – ½ – 0	7$800
12ª	dezembro de 1797	3 – ¾ – 0	4$500
13ª	julho de 1798	5 – ½ – 4	6$750
14ª	janeiro de 1799	11 – 0 – 6	13$425
15ª	novembro de 1799	4 – ½ – 4	5$550
16ª	julho de 1800	10 – ¼ – 0	12$300
17ª	fevereiro de 1801	5 – 0 – 0	6$000
18ª	novembro de 1801	8 – 0 – 3	9$712,5
19ª	julho de 1802	3 – 0 – 1	3$637,5
20ª	novembro de 1802	2 – 0 – 5	2$587,5
21ª	abril de 1803	9 – 0 – 0	10$800
22ª	outubro de 1803	10 – ¼ – 4	12$450
23ª	abril de 1804	12 – 0 – 4	14$550
24ª	julho de 1804	3 – ½ – 0	4$200
			259$012,5

Fonte: IHGB. DL 3.4, fl. 4 – Autos de Depósito / Prestação de Contas do capitão Pedro Joaquim de Melo – depositário dos bens do inconfidente Francisco Antônio de Oliveira Lopes.

registrar apenas duas ou mesmo uma dessas contagens do metal precioso por ano. Tais quedas, tanto de produtividade quanto de arrecadação, permitiram-nos suspeitar de práticas de sonegação na apuração e/ou na contabilidade da produção aurífera da fazenda da Ponta do Morro.

Entre os pertences do coronel Resende Costa foram sequestradas sua pequena tenda de ferreiro e sua "balança de pesar ouro de meia libra". A devassa apreendeu-lhe dez títulos de terras minerais (datas), sem que qualquer utensílio de mineração fosse confiscado.[19]

Pela Tabela 14, Resende Costa detinha a posse de 245 terrenos minerais. Quando um rio aurífero era descoberto, o guarda-mor, responsável pela divisão das terras e águas minerais, determinava seu comprimento em braças para, em seguida, reparti-las em datas quadradas de trinta braças (uma braça = 2,20 metros), isto é, 66 metros de lado ou novecentas braças quadradas (4.356 metros quadrados).[20]

Das 245 datas do capitão Resende Costa, consta que 91 ou 37,14% eram exploradas em sociedade com seu irmão, o capitão Antônio Nunes Resende, e que em dezesseis dessas terras ele tinha a terça parte de todos os seus rendimentos. Estas explorações localizavam-se na fazenda Campos

Tabela 14. Datas minerais sequestradas de José de Resende Costa, em 1793

Títulos	Quantidade de datas	Localização	Lavragem	Avaliação (em réis)
1ª	16	"córrego que verte a casa de Antônio Nunes de Resende"	em operação	5$000
2ª	49	"córrego do Patrimônio do padre José Alves Preto"	"consta não terem ouro"	12$000
3ª	27	"córrego do Jacaré"		10$000
4ª	24	"fazenda penhorada no córrego chamado de Santo Antônio"		6$000
5ª	26	"córrego do Jacaré"	já lavrada	7$000
6ª	13	"córrego ao pé da fazenda de Antônio Nunes de Resende"	"inúteis"	4$000
7ª	15	"junto ao rio Carandaí"		10$000
8ª	67	"em terras em que era sócio o capitão Antônio Nunes de Resende"	já lavrada	
9ª	4		já lavrada	
10ª	4		já lavrada	
Total				
10	245			54$000

Fonte: IHGB. DL 70.9, fls. 19v; 21v-22; 32-33 – Sequestro de bens do capitão José de Resende Costa, por parte da Fazenda Real.

Gerais da Laje, de Antônio Nunes de Resende, contígua à propriedade de mesmo nome que pertencia ao inconfidente. No terreno de seu irmão e de seu cunhado, José de Resende Costa tirava proveito individual de outras treze datas minerais (5,30%), tidas pelo avaliador da devassa como "inúteis", devido à baixa produtividade. Nas terras de seu cunhado padre José Alves Preto, explorava 49 datas (20%), anotadas no sequestro como não tendo ouro. As 92 datas restantes, ou 37,56% do total, estavam localizadas em áreas próximas, pois os córregos do Jacaré e de Santo Antônio são afluentes do rio Carandaí, principal curso d'água em que o sedicioso explorava ouro. Infelizmente, não nos ficaram as listagens de seus rendimentos.

Interessava à Coroa portuguesa distribuir a maior quantidade de minas produtivas aos mineiros interessados em explorá-las e, com isso, aumentar ao máximo o rendimento dos quintos.[21] Devido a isso, as datas concedidas eram relativamente pequenas e suas doações eram reguladas pelo número de escravos que cada mineiro possuía. Concedia-se a primeira data ao descobridor do ribeirão no ponto escolhido por ele; a segunda, era da Fazenda Real, a ser vendida em leilão; e, em terceiro lugar, o descobridor recebia mais um lote como minerador, à sua escolha. Daí por diante, as datas eram demarcadas e distribuídas por meio de sorteio, sendo um pedaço de terra para cada um dos exploradores que possuísse, pelo menos, doze escravos, ou uma superfície quadrada de 2,5 braças (5,50 metros) ao lado dos que tinham um número inferior de cativos, para se evitar que a data ficasse inexplorada. Um mineiro só podia obter uma nova data depois de ter terminado a lavra da primeira; todavia, aquele que possuísse mais de doze escravos podia receber áreas adicionais se sobrassem terras a serem repartidas, uma vez todos os presentes satisfeitos, um espaço de 2,5 braças para cada cativo excedente.[22]

A venda da data era proibida e o início da exploração tinha prazo máximo de quarenta dias, sob o risco de perda do direito à concessão, exceto em alguns casos especificados, como problemas de saúde, falta de alimentos, distância e invernada, à vista dos quais o prazo poderia ser dilatado.[23]

O exemplo das datas pertencentes a José de Resende Costa serve de modelo para se estudar a concentração de terras nas mãos de poucas pessoas. O interessante a se descobrir é como os inconfidentes conseguiram amealhar tal quantidade de datas ou áreas de serviço mineral à revelia da lei, já que possuíam várias delas. Em 1781, por exemplo, Joaquim José da Silva Xavier, o Tiradentes, comandou a construção do Caminho do Meneses, que atravessava a serra da Mantiqueira.

Ao verificar as riquezas minerais de rios e córregos da região, solicitou o direito de explorar oitenta datas minerais. Em sua Petição, afirmou que

> se acha com fábrica avultada de escravos, sem terras minerais para o poder fazer e no porto e quartel do Meneses se acham terras devolutas, [...] onde faz barra o córrego do Convento em o rio do porto do mesmo quartel, pelo rio acima, [...] portanto em rumo direito pelo caminho do Meneses, para a parte do poente.[24]

No Despacho, com data de 22 de setembro de 1781, o escrivão Antônio Tavares da Silva confirmou-lhe a concessão e a medição de 43 datas minerais, localizadas no meio do rio do porto do Meneses, no tabuleiro do quartel e na barra do córrego da Vargem e do Convento, por possuir escravos suficientes para explorar aqueles terrenos. No dia 24 daquele mesmo mês, o comandante do distrito, tenente-coronel Manuel do Vale Amado, confirmou-lhe as datas de águas minerais, entregando-lhe a "posse corporal e atual e individual" das terras.[25]

O exemplo das 43 datas que Tiradentes explorava permite constatar que ele não era um homem com poucas posses como a historiografia tende a ressaltar e que sua ligação com o poder era maior do que se tem dito, pois do ponto de vista legal não seria possível explorar as datas minerais que estavam sob sua posse. Até ser preso pela devassa da Inconfidência, em 1789, Tiradentes explorava aquelas terras. Foi possivelmente com os lucros obtidos nessa mineração que pôde emprestar ao cadete José Pereira de Almeida Beltrão 200$000 réis e a Luís Pereira de Queirós a quantia de 220$000 réis, encontrados no sequestro de seus bens.[26] Não seria, por conseguinte, somente com o soldo de militar (142$350 réis anuais) que Tiradentes se sustentaria. Em 1757, recebeu de sua mãe, Antônia da Encarnação Xavier, herança no valor de 965$774 réis.[27]

A devassa descobriu, quase um mês após o sequestro de seus bens, que Tiradentes era dono de um sítio "com casas de vivenda, senzalas e monjolo, tudo coberto de capim, [...] com todos os seus pertences de matos virgens e capoeiras", de aproximadamente cinquenta quilômetros quadrados, compreendidos em oito sesmarias, na Rocinha Negra, no porto do Meneses, o que confirma a sua ligação com o poder, pois não se podia doar mais que uma sesmaria a uma única pessoa.[28] Praticamente nada sabemos sobre esta propriedade, apenas que no dia 17 de setembro de 1783 Tiradentes apareceu medindo e demarcando essas terras, e que elas não foram sequestradas pela devassa, porque o ferreiro João Alves Ferreira, que dizia ser seu sócio, arranjou comprovante de tê-las comprado antes da prisão do alferes.[29]

Na freguesia de Nossa Senhora da Glória de Simão Pereira, no Caminho Novo, termo da vila de São João del-Rei, Tiradentes também tinha fazendas em três sesmarias, que passaram por arrematação ao capitão Jerônimo da Silva Ferreira. No século XIX, essas terras estarão em posse do capitão José de Cerqueira Leite, um dos maiores cafeicultores da Zona da Mata mineira.[30]

Os exemplos das onze sesmarias e das 43 datas exploradas por Tiradentes, na comarca do Rio das Mortes, nos permitem inseri-lo entre os grandes proprietários de terras da região, na segunda metade do século XVIII. O maior potentado da Mantiqueira, o inconfidente e coronel José Aires Gomes, que tinha mais de 22 fazendas, não possuía a mesma quantidade de terras com título de sesmaria de Tiradentes. As terras tituladas desse inconfidente não passavam de oito. A diferença entre as posses territoriais de Aires e Tiradentes encontrava-se no tamanho das glebas que receberam das autoridades metropolitanas: as terras de Tiradentes eram todas de meia légua em quadra, enquanto as pertencentes a Aires Gomes variavam de meia a três léguas quadradas.

Alvarenga Peixoto, Francisco Antônio de Oliveira Lopes e José de Resende Costa tiveram apreendida pela devassa uma única herdade agrícola. O padre Toledo teve cinco propriedades. Nos Autos de Sequestro de Tiradentes consta a indicação de que ele era dono de algumas fazendas (sem sabermos quantas eram), na freguesia de Simão Pereira, sendo todas elas tituladas com documento de sesmaria. Na Rocinha Negra, Tiradentes recebeu do governador dom Rodrigo José de Meneses oito sesmarias para poder explorar a agricultura no local e abastecer os viandantes que passavam pelo Caminho do Meneses rumo ao registro do Paraibuna. No local, o alferes conseguiu também o direito de explorar 43 datas minerais. Estes terrenos foram distribuídos legalmente a Tiradentes. Se compararmos estas posses auríferas com dados sobre os terrenos minerais de Alvarenga e de Resende Costa, descobriremos o quão importante foram as terras do "herói" da Inconfidência.

Nas suas fazendas, Tiradentes desenvolvia práticas agrícolas e criava gado. Em abril de 1811, por exemplo, no recenseamento feito na Intendência de Sabará, das arrematações dos ofícios de Justiça e contratos dos Dízimos, consta o lançamento da arrecadação feita por conta da arrematação que Antônio Álvares de Araújo fez do gado vacum sequestrado do inconfidente Joaquim José da Silva Xavier, pela quantia de 50$005 réis.[31] Em nenhum trecho de seu Auto de Sequestro consta que o alferes era proprietário de animais de corte. Este exemplo permite duas constatações: a primeira diz respeito ao desconhecimento – mesmo que parcial – do patrimônio que Tiradentes deveria possuir; e a segunda refere-se à evidência de que os sequestros não representam todos os bens da pessoa presa. Esta indicação comprova a evasão de patrimônio da devassa e que Tiradentes não era uma pessoa pobre.

José de Resende Costa teve apreendidos dez títulos de datas minerais. Destes documentos, nenhum pertencia restritivamente ao inconfidente ou estava em seu nome. No caso de Alvarenga, com dezessete serviços minerais sequestrados, em nenhum deles tinha o título de posse legal. Em sete deles comprou aquelas terras.

O caso das 43 datas e das onze cartas de sesmaria exploradas por Tiradentes demonstra a magnitude e o poder político que ele tinha perante as autoridades da capitania. Percebe-se, não só no caso do alferes, mas também no dos outros revoltosos, a quantidade expressiva de terras de sesmaria e de mineração ajuntadas em uma mesma propriedade e em posse de uma única pessoa, demonstrando uma das características da estrutura agrária mineira: a concentração da propriedade da terra (e ao arrepio da lei).

O exemplo do alferes Tiradentes em amealhar várias terras minerais se repetirá com outro inconfidente: Inácio José de Alvarenga Peixoto. Na apreensão de seus bens existe menção a dezessete serviços minerais, sem a indicação da quantidade de datas exploradas no interior de cada uma dessas lavras. Joaquim Norberto, em 1860, informou que essas terras compreendiam mais de 4 mil datas minerais.[32]

Nas "contravertentes do ribeirão de São Gonçalo", Alvarenga comprou do capitão Manuel Teixeira Ribeiro "quatro cercos e dois regos" (córregos Taguaral e Saracura) que se estendiam pelo "meio do arraial" de São Gonçalo da Campanha do Rio Verde. Segundo informações transmitidas pelo próprio capitão ao governador dom Rodrigo, decidiu vender aquelas águas minerais para se livrar das perseguições que sofria por parte do então ouvidor Alvarenga, que queria se apossar das ditas terras e iniciar-se em atividades de mineração. O valor da transação foi de 860$000 réis.[33]

Além dessa lavra, Alvarenga comprou outra intitulada Santa Luzia e uma fazenda composta de "terras de cultura e benfeitorias", com título de sesmaria, chamada Boa Vista.[34] Em 1804, este "sítio" compunha-se, no referido à mineração, de

> [...] um rego grande de água de minerar chamado córrego de São Vicente; outro rego de água que vem da serra de São Gonçalo Novo, que vem para as lavras do Baú e seus anexos; assim mais outro rego de água que vem da vertente do córrego do Bom Despacho denominado Água do Arraial; outro rego de água que vem para o Baú, tirado da mesma serra de São Gonçalo Novo [na] cachoeira de dona Branca, em todas as terras minerais pertencentes a dita sociedade as quais se compõem de muitos títulos que são os seguintes: as provisões concedidas a Inácio José de Alvarenga das águas da Piranga e ribeirão de São Vicente; outra provisão de água do córrego de Santa Ana e São José; outra provisão de três de Maio de oitenta e quatro das mesmas águas; um título de quarenta datas de terras com duas de larga no ribeirão de São Vicente, com provisão de água própria; outra provisão passada a Manuel Gonçalves de Matos e cedida ao antecessor Alvarenga; um título de terras e cessões de Manuel Mendes Ribeiro; outra dita pertencente a compra de João Francisco

Grilo e Manuel Xavier; outro dito de retificações e concessões de São Vicente e Piranga Grande no distrito de São Gonçalo Novo; e outro no mesmo ribeirão de São Vicente por fora das sobrequadras; outro dito da contravertente dos morros de São Gonçalo Novo e da Boa Vista; outro título de terras e águas minerais do Alto do Taquaral até o ribeirão da Estiva; outros títulos de terras de São Gonçalo Velho com outras águas e dos campos do Aterrado até a barra do Azevedo até as sobrequadras do ribeirão de São Gonçalo; outros títulos pertencentes a compra do capitão Manuel Teixeira e sua mulher; outro título pertencente a cessão de dona Ana Joaquina do Rosário, viúva de Matias Ferreira de Sam Paio; outro título pertencente a compra de Lourenço José Correia de Mesquita; títulos das águas da mesma compra; os títulos de escritura e mais papéis pertencentes a compra feita ao capitão Manuel Teixeira Piza e sua mulher; assim mais um título de vinte e cinco de comprido e sessenta de largo em São Gonçalo Velho; assim mais os títulos das praças na lavra do Ouro Fala; assim mais nas ferramentas noventa alavancas de ferro fino, uma dita de quebrar pedra; setenta enxadas; quatorze almocafres; vinte foices; sete machados, um dito pequeno; vinte e cinco cavadeiras [...].[35]

As terras da Boa Vista foram compradas em nome de seu tio, Sebastião de Alvarenga, sendo-lhe doadas, após a efetivação da transação comercial, em 1777, quando Alvarenga Peixoto começou a exercer o ofício de ouvidor na vila de São João. Em novembro de 1780, aquelas terras foram medidas e demarcadas, por ordem do governador dom Rodrigo, em observância ao requerimento assinado pelo seu antecessor, dom Antônio de Noronha, a fim de apaziguar conflitos fronteiriços entre Alvarenga e sua vizinha Maria do Nascimento. Os embates ocorreram por causa da medição daquelas terras, do posicionamento dado a um cerco (barragem fechada encravada no leito de um rio) e do usufruto que se fazia das águas dos regos remanescentes que desaguavam no córrego que dividia as duas propriedades.[36]

O conflito iniciou-se devido à ação de uma tromba d'água que derrubou a cerca e uma das barragens de madeira, pedra e terra que existiam no local. Quando os feitores, agregados e escravos pertencentes a Alvarenga foram levantar um novo muro para represar a água do córrego que ali passava, posicionaram-no propositadamente dentro do curso d'água que vertia para a propriedade de dona Maria do Nascimento, fazendo-a perder parte do território a que legalmente tinha direito e impossibilitando-a de utilizar os canais remanescentes da região, ficando tudo para usufruto de Alvarenga.

A mudança do muro deveu-se à esperteza dos funcionários de Alvarenga em querer se aproveitar do córrego que ali passava para ampliar a área que exploravam, avançando a cerca e a barragem sobre o terreno mineral de sua verdadeira proprietária. Ao conhecer os fatos, dom Rodrigo deu ganho de causa ao ex-ouvidor, mandando que o muro daquele reservatório ficasse estabelecido nas marcas em que fora disposto pelos auxiliares de Alvarenga.[37]

Não concordando com a solução apresentada pelo governador ao caso da invasão de suas terras e do represamento das águas que usufruía em sua mineração, Maria do Nascimento entrou com processo no Tribunal da Relação, na cidade do Rio de Janeiro, pedindo a devolução da terra intencionalmente tomada, alegando que a Justiça favorecera Alvarenga Peixoto por este ser ex-ouvidor e amigo do atual detentor daquele cargo, Luís Ferreira de Araújo e Azevedo. Após julgamento, os autos a favor de Alvarenga foram declarados nulos.[38] Mesmo com esta decisão, o conflito não se encerrou, pois os marcos de posse, que determinavam os limites daquela ocupação amparada por lei, não foram colocados em sua marca original.

A discórdia não era por causa da terra, mas pela posse das águas do rego que alimentavam a mineração no local. Bárbara Eliodora escreveu em carta a Macedo que as lavras de seu marido tinham "água em abundância para se repartir e acomodar quantos escravos quisesse" e que as "lavras de D. Maria do Nascimento, que seguramente não têm [= tinham] tanta água, traziam perto de trezentos escravos e são [= eram] onze sócios".[39]

Quando não se obtinha suficiente quantidade de água corrente formavam-se reservatórios no alto dos morros, para desgastar as camadas superficiais da encosta, facilitando o escoamento que arrastava materiais soltos acumulados em degraus construídos nos canais abertos para dar fluidez à represa. Parado o desmonte do morro, efetuava-se o enriquecimento da lama depositada, transportada posteriormente para canoas (canais retangulares cavados na terra, sendo que na extremidade inferior eram colocadas baetas ou couros de boi para reter, como filtros, o cascalho aurífero).[40]

O cerco das águas era feito quando o leito do rio prometia rendosos lucros e as condições naturais das águas e/ou financeiras do minerador não permitiam que seu curso fosse completamente desviado. Como as águas que vertiam para a propriedade de dona Maria do Nascimento foram represadas e seus córregos tiveram diminuídas as proporções de água corrente, as reclamações não cessaram.

Em Minas, no mês de abril de 1782, dom Rodrigo, após receber reclamação de Alvarenga, censurou o juiz ordinário da Campanha do Rio Verde, João Crisóstomo, filho de dona Maria, para que parasse de "inquietar" o ex-ouvidor e que as discussões particulares que os envolviam fossem resolvidas no âmbito particular.[41] Para solucionar o litígio, que já perdurava por longo tempo, o governador ordenou que o guarda-mor Pedro Dias Pais Leme, juntamente com o ouvidor Luís Ferreira, fosse à fazenda da Boa Vista executar nova medição e demarcação das terras e águas minerais entre Alvarenga Peixoto e Maria do Nascimento. Em 9 de abril de 1782, o ouvidor, o guarda-mor substituto Francisco Pais Leme e o juiz de sesmarias Nicolau Barbosa Teixeira Coutinho demarcaram aquelas terras e águas minerais, em definitivo, fazendo cumprir a determinação do Tribunal da Relação do Rio de Janeiro, sem, contudo, deixarem de favorecer o amigo de magistratura.[42]

O conflito entre Alvarenga e sua vizinha, entretanto, não cessou. Quatro meses após a prisão do sedicioso, tal conflito novamente veio à tona. Bárbara, em 22 de setembro de 1789, resolveu solucionar a discórdia, dando a Maria do Nascimento e a seus herdeiros uma área mineral para compensar a terra de que seu marido tinha se apossado. Bárbara nos informou:

> [...] que atendendo às desordens, ruínas e prejuízos, que tudo por mim tem sido ponderado e querendo como quero por mim e meu marido constituinte, acautelar e providenciar de hoje para todo o sempre todas as circunstâncias [...] que o móvel de todas as sobreditas desordens provêm da demanda movida sobre um título de terras minerais de vinte e seis datas, que tem seu

princípio em um córrego que faz barra [no rio] do Bom Despacho e segue por detrás do [rio] do adro da Capela, ribeirão de São Gonçalo abaixo e finda em a porteira e valo que foi do defunto Francisco Xavier Correia de Mesquita, em cuja demanda fomos vencidos na Relação do Estado.[43]

Pelo excerto, percebe-se que a área invadida nas terras minerais de Maria do Nascimento correspondia a 26 datas auríferas e que, mesmo perdendo a demanda no Tribunal da Relação do Rio de Janeiro, aquelas terras, ou boa parte delas – não sabemos –, continuaram em posse e domínio da família do conjurado.

Além desse conflito, Bárbara indicou-nos em documento anexo à correspondência de Macedo a existência de outra demanda por terras envolvendo aquelas duas famílias. A contestação, desta vez, deveu-se a compra que Alvarenga fez de um título de 65 datas minerais do capitão João Ribeiro, de terras principiadas na porteira da propriedade de Francisco Xavier Correia de Mesquita, em São Gonçalo, cujas águas minerais foram concedidas ao alferes Dionísio da Fonseca, e a metade delas foi cedida pelo dito militar e por sua esposa Maria do Nascimento ao capitão-mor Bento Pereira de Sá. Com a morte deste, as terras foram novamente concedidas pelo guarda-mor a Maria do Nascimento. Entretanto, quando se fez esta concessão, as terras se encontravam penhoradas ao capitão João Ribeiro, que as vendeu ao testamenteiro do falecido Bento Pereira de Sá, capitão Luiz Antônio de Araújo Alves, e ao futuro inconfidente Alvarenga Peixoto. Do montante vendido, Alvarenga comprou 65 datas minerais pelo preço de 400$000 réis. Em 1789, estas datas ainda estavam por pagar e não foram alvo de sequestro.[44]

Mas, para resolver a demanda em definitivo com Maria do Nascimento, Bárbara Eliodora sugeriu a troca desses dois lotes com 91 datas tomados por seu marido por outros quatro terrenos minerais que tinha na região: "uma sorte de terras minerais" que possuía no "córrego de São José para o [córrego do] Bom Despacho [...], cujas terras estão na maior parte entulhadas e lavradas"; "outro título que principia na barra de um córrego para cima da capela [...] [que] finda na porteira ou valo que foi do defunto

Mesquita, cujas terras se acham em grandes partes lavradas"; outras terras "impossibilitadas de se lavrar por se achar nelas estabelecido o Arraial"; e, por último, "um título que o dito meu marido comprou a dona Maria da Visitação, cujo título tem princípio para as partes do ribeirão que vem desde Santa Rufina". A troca foi aceita por Maria do Nascimento.[45]

Na grandiosa transação apareceram indicadas terras que não foram sequestradas pela devassa, como as três primeiras cedidas a Maria do Nascimento e uma propriedade mineral que, estando sob confisco da Justiça, foi negociada à revelia da lei por dona Bárbara, ao incluí-la no negócio. A lavra que não poderia ser alvo de negociata era a existente no ribeirão de Santa Rufina.

Ainda com relação às terras auríferas compradas por Alvarenga, consta que ele adquiriu outras na região, como atestados no Libelo Cível movido pelo sargento-mor Luís Antônio da Silva: em 17 de novembro de 1788, Alvarenga comprou de Manuel Teixeira Ribeiro, o mesmo que lhe vendeu terras minerais em 1777, a parte que este tinha em lavras e terras de cultura nas cercanias da lavra do Baú, que o inconfidente explorava em São Gonçalo. Na ocasião, o sargento-mor emprestou-lhe 144$000 réis "para a compra". Em dezembro daquele ano, Alvarenga escreveu ao sargento-mor Manuel Xavier, administrador das lavras no Baú, solicitando-lhe que fizesse o pagamento do que devia ao seu compadre, "fazendo para esse fim apurar alguns canais". Em resposta, o administrador informou-lhe que não fez o pagamento daquela dívida por ocasião das "muitas águas" que romperam "os açudes e regos" dos quais tiraria os rendimentos que seriam utilizados na quitação do débito.[46]

Para manter suas propriedades, Alvarenga comprava constantemente grande quantidade de ferro, aço, pregos, utensílios para mineração (alavancas, peneiras, bateias, enxadas, limas), pólvora, mercúrio, tecidos rústicos tanto para vestir sua escravaria quanto para servir na apuração de ouro nos regos, além de alugar grande quantidade de cativos. No que se refere ao uso da mão de obra escrava, o ex-ouvidor trazia, desde 1783, no serviço de suas lavras, dez escravos de sua sogra Maria Josefa da Cunha, contratados a meio tostão por dia de jornada, de que ela se queixava, em 1794, não ter recebido um tostão sequer do que lhe devia seu genro.[47]

Na Prestação das Contas das lavras do inconfidente, em 1798, Maria Josefa da Cunha apareceu listada, ao lado de outros doze proprietários de escravos, como a pessoa que mais recebeu jornais pelos cativos alugados que trabalhavam na cata das Cabras. Pelos dados informados, Maria Josefa recebeu 128$250 réis, por 1.368 serviços. Na cata trabalhavam, ainda, os escravos de Macedo e de Bárbara Eliodora.

A lavra das Cabras teve 40.117 serviços minerais realizados de 1º de dezembro de 1797 a 25 de novembro de 1798. Os escravos de Bárbara realizaram 5.650 serviços, rendendo-lhe 774$534 réis; valor maior que a soma das apurações dos treze sócios juntos (483$093,75 réis). Os cativos que foram de Alvarenga Peixoto registraram 19.658 jornais para Macedo. A estes números devem ser adicionadas 1.292 apurações realizadas por negros alugados, totalizando uma extração mineral de 20.950 serviços, ou 52,22% do total, que possibilitou um ganho de 2:193$289 réis.[48]

Na lavra das Cabras havia diferença na arrecadação dos serviços minerais realizados pelos cativos de Bárbara Eliodora e de Macedo. Esta dessemelhança não deveria ocorrer, pois tanto o número de escravos de Macedo quanto o de Bárbara, destinados ao trabalho extrativista, era o mesmo, de acordo com a documentação. Quando ocorreu a divisão dos bens apreendidos de Alvarenga, foi determinada pela devassa a separação proporcional de seus cativos, que eram em número de 134. Na divisão, cada uma das partes – a de Bárbara e a do sequestro – recebeu 67 mancípios. Os negros indicados como sendo de Macedo eram os pertencentes à parte que lhe ficou da meação de Alvarenga no patrimônio do casal. Portanto, se o número de cativos era idêntico, por que os rendimentos obtidos por Macedo foram maiores que os angariados por Bárbara? Se a jornada e o local de trabalho eram os mesmos, por que os números da rentabilidade das lavras foram diferentes?

Do período de agosto de 1799 a novembro de 1801 possuímos informações quantitativas que também comprovam essa desigualdade numérica. Infelizmente, de novembro de 1798 a agosto de 1799 não temos quaisquer dados sobre a cata das Cabras.

O Gráfico 1 ilustra o contexto da produtividade dos cativos de Bárbara Eliodora e de João Rodrigues de Macedo na cata das Cabras, de 1797 a 1801:

Gráfico 1. Apurações de Bárbara Eliodora e Macedo na cata das Cabras, de 1797 a 1801

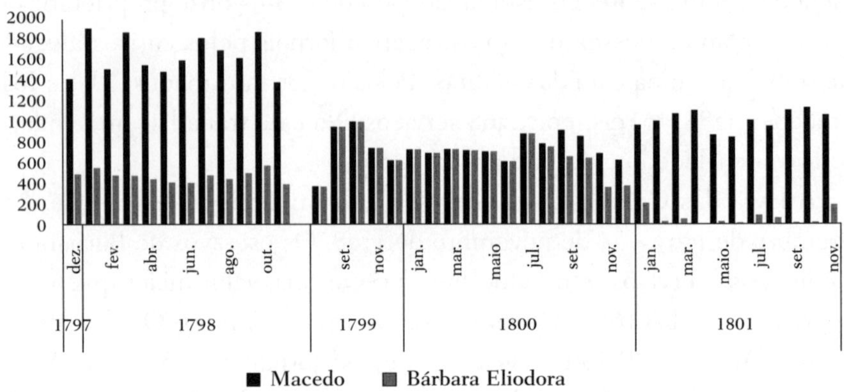

Fonte: APM/CC, pl. 20276, rolo 528, doc. 3, fl. 4 – Conta do que pertence a Bárbara Eliodora Guilhermina da Silveira e João Rodrigues de Macedo, e suas despesas particulares (1798); FBN/CIM, II-31, 31, 5 – Conta do rendimento, despesa da fábrica, e lavras da Boa Vista, de São Gonçalo da Campanha, em que são sócios o Senhor João Rodrigues de Macedo e a Senhora Dona Bárbara Eliodora Guilhermina da Silveira. 22/08/1799-28/11/1801.

Pelo Gráfico 1 se identificam três momentos distintos da produtividade escravista nessas apurações. O primeiro refere-se aos meses de dezembro de 1797 a novembro de 1798; a seguir, de agosto de 1799 a julho de 1800; e, por último, de setembro de 1800 a novembro de 1801.

Com exceção do período intermediário, nos dois extremos é perceptível que a lucratividade obtida por Bárbara foi substancialmente menor que a de seu sócio Macedo. De dezembro de 1797 a novembro de 1798, os rendimentos de Macedo não foram inferiores a 75%, ou seja, Bárbara conseguiu lucrar, no máximo, 25% do total daquelas apurações. Após agosto de 1800, os ganhos amealhados pelos cativos de Bárbara revelam queda em sua participação naquela sociedade. Nas apurações de fevereiro a outubro de 1801, os mancípios de Bárbara angariaram rendimentos inferiores a 10% do total. Oficialmente, por lei, isso não poderia ocorrer, pois ambos trabalhavam com o mesmo número de escravos, já que a parte de Macedo correspondia exatamente à metade dos cativos apreendidos de Alvarenga Peixoto. Mas, se isso não deveria acontecer, por que ocorreu essa dessemelhança? Para responder a essa pergunta é necessário que investiguemos as relações estabelecidas entre Macedo e Bárbara na conjuntura dos sequestros para, então, voltar aos números do Gráfico 1.

João Rodrigues de Macedo apareceu em Minas Gerais ao redor de 1775, para arrematar o contrato das Entradas por dois triênios, de 1776 a 1778 e de 1779 a 1781, para Minas Gerais (766:726$612 réis) e Mato Grosso, Goiás e São Paulo (189:044$918 réis), por 944 contos. Além desse contrato, arrematou também o de Dízimos, por 395:378$957 réis, para o período de 1777 a 1783.[49]

No levantamento dos débitos que acompanha a *Instrução para o governo da capitania de Minas Gerais,* entregue em 1788 ao visconde de Barbacena pelo ministro Martinho de Melo e Castro, a dívida de Macedo, apurada na ocasião, era de 750:061$601 réis, sendo 466:451$480 réis do contrato de Entradas e 283:607$121 réis dos Dízimos. Macedo, de 1788 a 1803, amortizou 111:001$734 réis da dívida que possuía, restando-lhe ainda o montante de 639:059$867 réis a ser pago ao Erário Régio.[50]

Com tais dívidas, Macedo conseguiu arrematar em leilão as terras penhoradas do alferes Tiradentes e os bens de Alvarenga Peixoto. De Tiradentes, o ex-contratador adquiriu à vista, por 50$075 réis, em 26 de julho de 1794, um sítio "com casas de vivenda, senzalas e monjolo, tudo coberto de capim, [...] com todos os seus pertences de matos virgens, capoeiras, em que se compreendem oito sesmarias" e "todas as terras e águas minerais compreendidas dentro das ditas sesmarias, serviços de regos e águas para o monjolo", localizado no Porto do Meneses e barranco do rio Paraibuna.[51]

Em 30 de maio de 1795, Macedo arrematou em Vila Rica a parte confiscada dos bens de Alvarenga Peixoto na Campanha do Rio Verde. De acordo com a historiografia, a compra desses bens por Macedo deveu-se a um "gesto de generosidade ímpar", que ele fez em favor de Bárbara Eliodora.[52]

Na tradição há a ideia de que Macedo interessou-se pela compra do patrimônio de Alvarenga após Bárbara Eliodora enviar-lhe correspondência pedindo que arrematasse a metade de seus bens e formasse com ela uma sociedade, pois receava manter contrato comum de bens com uma pessoa estranha. Eis o que escreveu em carta, de 18 de fevereiro de 1795:

> Enfim, meu compadre, é esta a ocasião de mostrar que é todo o meu amparo, nas amarguras que me rodeiam: eu não tenho outro abrigo, e que será de mim e de meus tristes filhos, se nos faltar a sua proteção? É isso o que basta para

a nossa total ruína; eu, por mim só, nada, nada me afligiria porque, depois de perder meu marido (e que marido!) e por um modo tão lastimoso, não quero senão chorar toda a vida.[53]

Macedo atendeu ao apelo de Bárbara e arrematou a metade dos bens levados à praça. Mas, antes que essas informações sejam dadas como únicas e totalmente verídicas, é importante lembrar que o ex-contratador acompanhava, à distância, os trâmites do processo de sequestro. Seu representante em Campanha, Francisco José Martins, o informou em carta, de 26 de setembro de 1794, que descobriu "algo extraordinário" nas lavras de ouro.[54]

A partir de então, Macedo mostrou-se interessado na aquisição daquelas terras. Em correspondência com Luís Antônio Branco Bernardes de Carvalho, ouvidor nomeado para a comarca do Rio das Mortes, em substituição a Luís Ferreira de Araújo e Azevedo, Macedo informou-lhe seu desejo de adquirir os bens do sequestro de Alvarenga.[55]

Em resposta, o doutor Bernardes deu apoio ao ex-contratador na compra daquele patrimônio, que estava para ser disputado também pelo sargento-mor Luís Antônio da Silva, que maquinava no sentido de concorrer àquela arrematação:

> Conheço o caráter do tal meu senhor: sei que traz guerra contínua e declarada com a verdade; e que é capaz de tudo o que é mau: de sorte que não duvido, antes creio, que os seus projetos serão mais amplos, e até diferentes do que ele inculca. *Outro é o caráter de Vossa Mercê, e por isso lhe digo que se os meus ofícios podem valer no presente caso que farei quanto pode fazer um homem de bem*.[56]

Na carta percebe-se a preferência dada pelo ouvidor Bernardes ao ex--contratador na arrematação da parte sequestrada dos bens de Alvarenga.

Macedo, após resposta do ouvidor, de que conseguiria arrematar aqueles bens, ou teria a certeza de que o conseguiria, comunicou a Bárbara a sua decisão. Em resposta, ela agradeceu a "grande bondade" do amigo em "fazer menos desgraçada a minha [sua] triste sorte".[57]

Devido a essa atitude, Macedo passou à história como o protetor da família daquele conjurado. Na historiografia, ao pesquisar as relações do ex-contratador com Bárbara Eliodora ou dele com Alvarenga Peixoto, os autores destacaram apenas o gesto de benevolência de Macedo na ajuda à família do amigo, sem questionar se havia outros interesses por trás daquela ação. Na correspondência trocada entre João Rodrigues de Macedo e seu representante em Campanha e com o ouvidor Bernardes, observa-se que o ex-contratador só se interessou em auxiliar aquela família após saber que nas lavras do amigo fora descoberto algo financeiramente rentável: os interesses pessoais falaram mais alto naquele ato de generosidade.

Sobre a arrematação do patrimônio de Alvarenga por Macedo, analisemos seus números, a fim de elucidar a discordância nas apurações de ouro na lavra das Cabras.

A avaliação dos bens patrimoniais de Alvarenga Peixoto foi orçada em 84:126$310 réis, cabendo à esposa a quantia de 42:063$155 réis.[58] No processo de arrematação, em 30 de maio de 1795, Macedo lançou 50$000 réis sobre o preço dos ditos bens, com a cláusula de se descontarem 19:852$562,5 réis, mais os seus juros (233$476 réis), do total da compra, para abate das dívidas que o confiscado tinha com ele e com nove credores.[59] Após o desconto, o valor resultante da transação seria pago "fiado por tempo de dez anos em pagamentos iguais".[60]

As contas desse processo, aprovadas pelos doutores Diogo Pereira Ribeiro de Vasconcelos (possivelmente envolvido na Conjuração Mineira) e José Caetano César Manitti (ouvidor e protetor de Macedo), responsáveis na época pelo Juízo do Fisco, foram:

Tabela 15. Recibos da arrematação feita por Macedo dos bens de Alvarenga Peixoto

João Rodrigues de Macedo...	Crédito (em réis)	Saldo devedor (em réis)
"Arrematou a lavra e outros bens do inconfidente" – 30 de maio de 1795		42:077$155
"Deu à vista por encontro de dívidas de que vários credores lhe fizeram cessão, e o que lhe devia Alvarenga de negócios particulares tendo por sentença do Juízo do Fisco"	20:086$041	21:991$114
"Abateu-se de bens que não recebeu"	651$800	21:339$314
"Pagou a um credor por ordem do Juízo e do Fisco"	404$625	20:934$689

Fonte: FBN/CT, I-35, 12, 4 – Recibos da arrematação feita por João Rodrigues de Macedo referente aos bens de Inácio José de Alvarenga.

A arrematação dos bens de Alvarenga custou para Macedo 20:934$689 réis, que deveria quitar em um prazo de dez anos. Mesmo protegido por seus amigos e favorecido naquela operação financeira, o ex-contratador queixou-se em carta ao tenente Francisco José Álvares do preço que teria pago por aqueles bens. Em trecho sugestivo, avisou como faria para arrecadar o dinheiro necessário para quitar os débitos correspondentes:

> É certo que a avaliação dos bens de Alvarenga foi feita há anos, nela se compreenderam os escravos, as lavras, águas etc. que tudo foi avaliado no prazo em que estimavam. Logo é certo, que ou senão deviam lavrar terras algumas, ou se se lavraram, devia haver diminuição no preço: se estão lavradas, e não se havia feito a apuração, todos os serviços são meus, pois rematei sem reserva alguma a frente da avaliação, tudo foi estimado, e se isto assim não há, também me não pertence o milho e cana que havia. Demais eu imediatamente que rematei devia pôr os escravos a trabalhar para mim, moendo as águas para onde me parecesse; e logo que o fizesse, com que escravos e águas se havia de fazer a apuração? *Em uma palavra, todo o ouro da apuração é meu por todos os direitos*, e para providenciar isso, pretendia eu ir pessoalmente; e como o não posso fazer agora por causa das festas, mando o Senhor José Bastos de Oliveira em meu lugar, com o qual conversará, e ele melhor exporá. [...] Entretanto, *parece-me que não precisa de se revelar o que digo a pessoa alguma*.[61]

No mesmo dia, Macedo comunicou ao ouvidor Luís Antônio Branco Bernardes de Carvalho suas pretensões na arrecadação do ouro, além de informar-lhe que o guarda-mor José de Bastos e Oliveira iria representá-lo nos "serviços de apurações" em São Gonçalo, para diminuir os "prejuízos" com a compra daquelas terras ("para que não seja maior o meu prejuízo").[62] Será que o segredo indicado na carta se refere a uma possível evasão do ouro ao qual Bárbara Eliodora teria direito?

A partir dessa ideia, encontramos explicação para as dessemelhanças numéricas na cata das Cabras. Como Macedo necessitava quitar aquela compra com a Fazenda Real, o dinheiro angariado das lavras o auxiliou no pagamento dos débitos. Como atendeu ao pedido de sua comadre na dita compra, ela deveria arcar com os prejuízos de não ter ao seu lado como sócio um estranho, mas sim um amigo, e, para isso, seria necessário algum esforço – financeiro – para que liquidasse os débitos.

Nos recibos da prestação de contas daquela arrematação consta que os valores amortizados eram pagos em ouro, que entravam "nos Reais Cofres por conta da lavra" que mantinha em sociedade com Bárbara Eliodora, conforme a Tabela 16.

Como o feito nos contratos de Entradas e Dízimos, Macedo também se tornou insolvente ao não pagar a arrematação que fez dos bens que foram do seu amigo inconfidente na Campanha. O prazo final para quitar aquele débito com a Fazenda Real era 1806. De 1796 até aquele ano, conseguiu satisfazer a dívida em pouco mais de 50%, ou seja, correspondeu ao período em que Macedo comandou diretamente a exploração aurífera no local.

Macedo também criou outro artifício para angariar fundos para satisfazer seus débitos: desviou escravos da parte de dona Bárbara para realizar atividades agrícolas e comerciais nas fazendas da Boa Vista e do Engenho dos Pinheiros. No segundo capítulo, apresentamos dados sobre a rentabilidade da produção da aguardente e do açúcar naquelas propriedades. Verificamos um considerável aumento de produção nos anos de 1797 e 1798; os mesmos em que Macedo consegue arcar com suas obrigações financeiras. Os escravos que se dedicaram ao plantio e à manutenção das socas da cana-de-açúcar eram os pertencentes ao lote da esposa do sedicioso. Os cativos de sua parte permaneceram dedicados unicamente ao trabalho de exploração do ouro.

Em 6 de outubro de 1807, Macedo faleceu em São Gonçalo, onde vivia desde 1797, quando seu patrimônio foi sequestrado pela Fazenda Real. Em 1802, o sequestro se reverteu em perdimento total de seus bens. Conseguiu deixar de fora a sociedade com Bárbara, garantindo-lhe algum sustento. Seu espólio foi disputado pelos sobrinhos herdeiros – Antônio José Fernandes de Macedo, Antônio Joaquim Rodrigues de Macedo e Jerônimo Fernandes de Macedo –, pois não deixou descendência. Coube ao comandante do destacamento da vila de Campanha da Princesa José da Silva Brandão mandar uma patrulha para guardar os bens do falecido e permitir à Justiça que definisse o destino de seu patrimônio. Em Ofício ao príncipe regente dom João, escreveu:

Tabela 16. Evolução da dívida e amortizações da conta de João Rodrigues de Macedo pela arrematação dos bens de Alvarenga Peixoto, de 1795 a 1812

Data	Saldo Inicial	Amortizações	Saldo Devedor	Percentuais (%)*
30/05/1795	20:934$689			100,00
20/12/1796		2:129$120	18:805$569	89,82
17/02/1798		1:729$340	17:076$229	81,56
14/12/1798		2:133$931	14:942$298	71,37
23/09/1799		2:133$931	12:808$367	61,18
21/04/1806		1:288$894	11:519$473	55,02
28/08/1806		1:111$106	10:408$367	49,71
17/08/1807		420$613	9:987$754	47,70
18/11/1807		706$614	9:281$140	44,33
18/03/1808		243$068	9:038$072	43,17
21/08/1809		190$566	8:847$506	42,26
21/08/1809		630$735	8:216$771	39,24
21/11/1809		201$596	8:015$175	38,28
21/11/1809		283$832	7:731$343	36,93
28/02/1810		357$392	7:373$951	35,22
03/09/1810		100$943	7:273$008	34,74
11/03/1811		551$582	6:721$426	32,10
06/06/1811		43$250	6:678$176	31,90
28/08/1811		88$596	6:589$580	31,47
06/12/1811		28$005	6:561$575	31,34
05/03/1812		295$380	6:266$195	29,93
18/06/1812		56$275	6:209$920	29,66

Fonte: FBN/CT, I-35, 12, 4, fl. 2 – Recibos da arrematação feita por João Rodrigues de Macedo referente aos bens de Inácio José de Alvarenga.

* Os índices percentuais referem-se ao saldo devedor.

Participo a Vossa Alteza Real que o dito João Rodrigues de Macedo faleceu da vida presente ontem que se contaram 6 do corrente mês, [...] para cuja casa e lavras do mesmo falecido e devedor, despachei logo uma Guarda Militar deste Destacamento, não só para as vigiar, assistir às apurações que se continuam a fazer; mas também para auxiliar qualquer diligência da Justiça, que houver de se proceder; para o que requeri ao doutor Juiz de Fora deste Termo, que enquanto a Junta da Administração da Fazenda de Vossa Alteza Real não determinasse outras providências, mandasse ele pôr em segurança todos os bens do referido falecido; e eu sigo já a examinar o estado em que ficam as sobreditas lavras e mais bens respectivos, para poder dar a Vossa Alteza Real uma exata informação, sendo precisa, para me determinar o que for servido.[63]

No mesmo Ofício, apresentou anexas duas listagens contendo 2.850 oitavas de ouro apuradas em apenas duas de suas lavras, de maio a outubro daquele ano. Estes 3:420$000 réis apreendidos em ouro permite-nos conjecturar que a situação das terras minerais que Macedo tinha em sociedade com Bárbara permaneceram produtivas após a sua morte.

As áreas minerais de Alvarenga eram produtivas, pois se assim não fosse, ele não teria se envolvido em conflitos fronteiriços para ampliar suas posses em lavras na Campanha. Para compensar Maria do Nascimento por duas demandas de terras minerais, Bárbara Eliodora transferiu-lhe quatro terrenos que tinha no local. Para solucionar aqueles litígios, ela utilizou três títulos de datas minerais que estavam sequestrados pela devassa e outro de terras que não foram apreendidas pelas autoridades metropolitanas no perdimento dos bens de seu marido. Legalmente, Bárbara não tinha autorização para negociar aquelas terras, pois elas não poderiam ser desmembradas do patrimônio sedicioso sem ordens governamentais. Mais uma vez, a família agiu à revelia da lei.

Após a análise dos documentos fiscais e contábeis da produção e administração das lavras de ouro de Alvarenga, é possível concluir que a parte de Bárbara naqueles empreendimentos minerais foi de 24:921$995,5 réis. Esses números, reproduzidos na Tabela 17, representaram unicamente a lucratividade recebida em doze lavras (Cabras – canal de cima e canal de baixo, Baú – canal de cima e canal de baixo, Boa Vista, Rio Verde, Lopo, Santa Luzia, São Gonçalo Velho, São Vicente, sexta-feira e Carvalho), em três momentos distintos: de dezembro de 1790 a dezembro de 1792, de janeiro de 1796 a dezembro de 1801, e de janeiro de 1812 a julho de 1819. Dos dezessete títulos minerais sequestrados de Alvarenga, apenas oito catas estão aqui representadas nominalmente. Quanto aos períodos interpostos, não localizamos nenhum documento contábil ou fiscal de suas produções.

Tabela 17. Rendimentos obtidos por Bárbara Eliodora nas apurações de algumas de suas lavras, 1790-1792 / 1796-1800 / 1812-1819 (em réis)

LAVRA	1790	1791	1792	1796						1797				1798				1799			
	dez.	jan.-dez.	jan.-dez.	jan.	fev.-maio	jun.-jul.	ago.	set.	out.-dez.	jan.	fev.-jul.	ago.-nov.	dez.	jan.-abr.	maio-jun.	jul.	ago.-nov.	jan.-jul.	ago.-set.	out.	nov.-dez.
Cabras – canal de cima	1:318$551		283$031,25			517$200		637$200		1:082$250			774$534						345$000		
Cabras – canal de baixo						486$300							149$275						37$781,25		
Baú I – canal de cima	662$587,5		237$281,25			456$000		350$100		47$400			336$937,5								
Baú II – canal de baixo				264$300									1:277$100						801$450		
Rio Verde				153$600																	
Boa Vista*											230$400		774$525						258$412,5		
Lopo	475$240		172$312,5								146$250										
Santa Luzia	54$225																				
São Gonçalo Velho																					
São Vicente															1:116$000						
Sexta-feira													129$656,25								
Carvalho													8$156,25								
																				4$800	
TOTAL	2:510$603,5		692$625	2:864$700						6:072$484								1:447$443,75			

3:203$228,5

12:323$948,25

	jan.-abr.	maio	jun.-jul.	ago.-dez.	jan.-jul.	ago.-nov.	dez.	jan.-dez.	jan.-dez.	jan.-dez.	jan.-dez.	jan.-dez.	jan.-dez.	jan.-dez.	jan.-jul.
Cabras – canal de cima	735$000				67$500										
Cabras – canal de baixo	42$843,75			273$093,75			67$200								
Baú I – canal de cima				92$156,25	244$781,25					631$200					
Baú II – canal de baixo		99$600				168$562,5									
Rio Verde															
Boa Vista*								1:455$187,5	1:058$587,5	1:003$743,75	1:522$350	790$050	1:131$825	990$975	610$500
Lopo															
Santa Luzia															
São Gonçalo Velho										200$400					
São Vicente															
Sexta-feira															
						135$506,25									
Carvalho	$327														
							12$750								
TOTAL	1:939$320,75							1:455$187,5	1:058$587,5	1:835$343,75	1:522$350	790$050	1:131$825	990$975	610$500

9:394$818,75

Fonte: IHGB, DL 347.37, fls. 7-8; APM, SC, pl. 20276, rolo 528, docs. 2-3; FBN, CC, I-10, 15, 043 n. 009-013; FBN, II-31, 31, 5; AHMI, Mapoteca, gav. 3 – Apenso relativo à dúvidas...; AHMI, Mapoteca, gav. 3 – Apenso relativo ao sequestro...; FBN, II-31, 31, 9; FBN, CC, I-10, 15, 036 n. 006; 009-010; FBN, I-35, 12, 4; Eschwege, Wilhelm Ludwig von. *Pluto brasiliensis*. Trad. Domício de Figueiredo Murta. Prefácio de Mário G. Ferri. Belo Horizonte: Itatiaia; São Paulo: Edusp, 1979, v. 2, pp. 46-47.

OBS.: * A partir de 1812, o capitão Simão Lopes de Araújo anotou todos os rendimentos contabilizados pelas terras minerais de Bárbara Eliodora como sendo renda advinda unicamente da lavra da Boa Vista; exceção feita ao ano de 1814, que apareceu com duas outras taxas de lucratividade indicadas pelo barão de Eschwege para as das lavras do Baú I e São Gonçalo Velho.

Os dados apresentados na Tabela 17 demonstram os substanciais rendimentos auferidos por Bárbara Eliodora em três instantes distintos de sua trajetória. Os lucros recebidos, depois de descontadas as despesas e de se proceder ao pagamento dos sócios, comprovam, ou nos permitem concluir, que o perfil econômico de Alvarenga Peixoto voltava-se para a mineração, pois era onde ganhava mais dinheiro, apesar de conjugar, em suas propriedades, atividades múltiplas ligadas ao universo agrário. Como se leu, seu patrimônio foi preservado. Para manter as terras que estavam sob sua ingerência, e outras que foram "sonegadas" dos inquiridores, Bárbara utilizou-se de meios fraudulentos para trocar datas minerais que estavam sequestradas pelo apaziguamento das relações sociais com sua vizinha.

Alvarenga Peixoto, Francisco Antônio e José de Resende Costa são exemplos de proprietários que concentraram quantidades significativas de terras. A origem e a manutenção de seus níveis de riqueza tiveram na diversificação de atividades (agrícolas, minerárias, de criação de animais e mercantil) sua propulsão. Os sequestros de seus bens comprovam um processo de acumulação baseado na exploração do trabalho escravo. Mas, afinal, quem eram os escravos que trabalhavam nas suas propriedades? O que os Autos de Sequestro informam sobre eles?

Os escravos nas propriedades dos inconfidentes

Os sete conjurados da comarca do Rio das Mortes tiveram sequestrados 442 cativos, sendo 361 escravos do sexo masculino (81,67%) e 81 do sexo feminino (18,33%).[64]

Dos 442 escravos apreendidos pela devassa, 35,98% eram nascidos no Brasil e 63,12% eram originários da África. Esses números nos permitem constatar que esses senhores estavam conectados ao comércio negreiro, ou que tinham negócios, direta ou indiretamente, com traficantes de escravos, uma vez que a maioria dos cativos presentes em seus plantéis originava-se de duas grandes regiões do continente africano: África ocidental (atualmente de Camarões e da Nigéria ao oeste e ao norte até Senegal) e África centro-ocidental (hoje, de Angola, no sul, até Gabão, ao norte, e incluindo o vasto Congo).[65]

Tabela 18. Escravos sequestrados dos inconfidentes na comarca do Rio das Mortes

	Homens	%	Mulheres	%	Total
Carlos Correia de Toledo (1789)	28	90,32	3	9,68	31
Luís Vaz de Toledo Piza (1789)	33	89,19	4	10,81	37
Francisco Antônio de Oliveira Lopes (1789)	57	77,03	17	22,97	74
José Aires Gomes (1791)	105	78,95	28	21,05	133
Manuel Rodrigues da Costa (1791)	2	100,00	0	0	2
Inácio José de Alvarenga Peixoto (1789)	112	85,58	22	16,42	134
José de Resende Costa (1791)	24	77,42	7	22,58	31
	361	81,67	81	18,33	442

Fonte: ANRJ/ADIM-C5, v. 7 – sequestros diversos.

Os negros africanos constituíam 63,12% do total de escravos listados pela devassa, sendo que, destes, 94 cativos, ou 21,27% do total, eram denominados angolas; ao passo que 92, ou 20,81%, eram benguelas. Estes dois grupos correspondiam a 42,08% de todos os mancípios apreendidos dos inconfidentes.

Os escravos de origem angola foram os únicos presentes em todos os sequestros. Os benguelas foram encontrados nos plantéis do padre Toledo, de Francisco Antônio, Aires Gomes, Alvarenga Peixoto e Resende Costa. Os mancípios do coronel Resende Costa eram originários, em sua maioria, da África. As propriedades de Luís Vaz se abasteciam, predominantemente, de escravos provenientes do tráfico negreiro.

A presença de africanos no grupo escravista de Aires Gomes, Alvarenga Peixoto, Luís Vaz e Resende Costa foi diretamente proporcional à razão homens/mulheres entre escravos. O tráfico para o Brasil foi responsável "pela entrada de grande número de homens jovens, menor quantidade de mulheres e número ainda mais reduzido de velhos e crianças".[66] Nas unidades produtoras desses conjurados observa-se que as razões entre os sexos foram expressivas, chegando, alguns desses plantéis, a ter oito homens para cada mulher (grupo de Luís Vaz). Nas demais, a média aproximava-se a três.

Tabela 19. Origens dos escravos apreendidos dos inconfidentes pela devassa da comarca do Rio das Mortes

	CCT	LVTP	FAOL	JAG	MRC	IJAP	JRC	Total
Brasil								
Crioulo	15	12	30	23		22	8	110
Mulato	1		3	17		10	1	32
Cabra	1		6	3		1		11
Pardo				3		3		6
África ocidental								
Cabo Verde		1		1				2
Cobu			2			2		4
Mina	3	3	2			10	1	19
Sabaru						3		3
África centro-ocidental								
Angola	7	21	21	24	2	17	2	94
Benguela	3		7	36		31	15	92
Congo			2	8		7	1	18
Cabinda				4		6	1	11
Casange				1		1		2
Ganguela						2		2
Mefumbe				1		3		4
Monjolo	1			1			1	3
Mosonso							1	1
Quissama				1		2		3
Rebolo				9		8		17
Xambá						2		2
Indefinidos (África)				1		1		2
Não consta			1			3		4
TOTAL	31	37	74	133	2	134	31	442

Fonte: ANRJ/ADIM-C5, v. 7 – sequestros diversos.

Legendas: CCT = Carlos Correia de Toledo; LVTP = Luís Vaz de Toledo Piza; FAOL = Francisco Antônio de Oliveira Lopes; JAG = José Aires Gomes; MRC = Manuel Rodrigues da Costa; IJAP = Inácio José de Alvarenga Peixoto; JRC = José de Resende Costa.

Os grupos de Francisco Antônio e do padre Toledo eram abastecidos no mercado interno ou mantinham escravos herdados. Para isto basta notar que a relação mais equilibrada entre homens e mulheres ocorreu no plantel de Francisco Antônio. Nas propriedades desse fazendeiro, os cativos nascidos na América superavam os originários da África por cinco pessoas: 34 negros africanos (45,95%) e 39 coloniais (52,70%), sendo o restante, 1,35%, referente a um cativo sem qualquer informação de seu local de origem. O grupo com maior proporção de escravos coloniais em relação ao africano foi o do padre Toledo: 54,84% contra 45,16% de estrangeiros.

A menor proporção entre "brasileiros" e africanos verificou-se no sequestro de Alvarenga Peixoto: 26,87% dos cativos eram oriundos do Brasil, enquanto 70,90% vieram da África e de 2,23% não se conhece a procedência.

Entre os escravos nascidos no Brasil, os crioulos foram os que tiveram o maior percentual, com 69,18% dos mancípios naturais da colônia ou 24,88% de todos os cativos sequestrados. Os 110 crioulos listados pela devassa, identificados na Tabela 19, dividiam-se em 48 mulheres e 62 homens. Destes números, dezenove mulheres e quatro homens eram casados, sendo estes mesmos quatro homens consorciados com mulheres de sua mesma etnia – três casais no plantel de Francisco Antônio e um no grupo de Alvarenga Peixoto. Todos esses casais não deixaram descendência. Com relação aos mulatos, 22 eram homens e dez eram mulheres. Ainda sobre os mancípios naturais da colônia, no grupo dos cabras têm-se sete homens e quatro mulheres e no dos pardos, quatro pessoas eram do sexo masculino e duas do feminino.

A devassa apreendeu do padre Manuel Rodrigues da Costa dois escravos: ambos de origem angola. Estes negros acompanhavam o dito padre em suas visitas pastorais nas freguesias de Simão Pereira e Engenho do Mato, para ministrar o sacramento do Crisma. Já os cativos da fazenda do Registro Velho, onde ele residia com sua mãe viúva e irmãos, não foram listados pela devassa. A propriedade, ligada à lide agrária, na freguesia da Borda do Campo, por pertencer ao patrimônio de seu pai, o coronel Manuel Rodrigues da Costa, falecido, não teve seus pertences anotados pelos representantes da Coroa, quando foram elaborar os sequestros de seus bens. Do padre, listaram-se os dois escravos, objetos pessoais e alguns religiosos, um título de terras minerais e um sítio denominado Tapera, com casas de vivenda e monjolo. Essas terras não eram exploradas, constituindo reserva de valor da fazenda do Registro, já que eram áreas contíguas.

A preferência dos senhores Aires Gomes, Alvarenga Peixoto, Resende Costa e Luís Vaz era por mancípios africanos do sexo masculino e jovens capazes de desenvolver atividades minerárias e produtivas voltadas ao abastecimento dos mercados interno e/ou externo da capitania de Minas Gerais. Para implantar ou ampliar as múltiplas atividades agrícolas em que se envolveram, fosse ou não para a exportação, pressupunha-se a aquisição de mão de obra escrava de origem africana.

O desequilíbrio por sexo dos plantéis, realimentado pelo constante ingresso de recém-chegados, não impossibilitava as relações familiares. No interior desses grupos escravistas encontramos a existência da família cativa.[67] Dos 442 escravos constatou-se a existência de 53 pessoas casadas ou com uniões sexuais estáveis, sendo 27 homens e 26 mulheres, distribuídos em quatro sequestros. Além desses, identificamos uma pessoa viúva, uma mãe com dois filhos sem referência ao cônjuge e sem a indicação de ser casada e oito crianças sem menção das mães ou nome do pai nas escravarias (estes poderiam ser forros, falecidos ou pertencerem a outro proprietário).

Das 26 famílias escravas escrutinadas pela devassa, em onze delas verificou-se a presença de filhos (42,31%). Os meirinhos anotaram 23 crianças geradas nestas famílias (pessoas na faixa etária entre zero e dez anos), sendo doze homens e onze mulheres. Além dessas, constatou-se a presença de duas crianças, no sequestro de Aires Gomes, sem que sua mãe trouxesse a indicação de ser casada. A mulata Engrácia, de trinta anos de idade, teve informado seus dois filhos menores (Rita, de seis anos, e o ingênuo Epifânio), também mulatos. Na unidade escravista de Luís Vaz constatou-se a existência de Francisco, de nove anos de idade, sem indicação de a qual dos casais sequestrados ele pertencia. Este era irmão de Manuel, de doze anos.

Na documentação encontramos o registro de crianças escravas com idade inferior a um ano. Três casais de escravos de Alvarenga Peixoto tiveram filhos nessa situação. Francisco Carapina cabinda e Esperança conga eram os pais de dois crioulos: Manuel e Maria – ela, com seis meses de idade. Lourenço benguela e Marcela crioula, de cinquenta e quarenta anos, respectivamente, eram os genitores de três crioulos, sendo eles Josefa, de seis meses, Vicência, de dois anos, e Antônia, de nove anos. Ao lado destes casais, Antônio mina e Catarina crioula eram pais de Narciso, de oito meses de idade, nascido em fevereiro de 1789. Em setembro desse mesmo ano, Bárbara Eliodora deu à luz o terceiro filho – Tristão Antônio de Alvarenga. Coube à escrava Catarina tornar-se a ama de leite desse menor.[68]

Consideração importante a ser feita sobre os laços matrimoniais entre cativos diz respeito à presença de 23 crianças com até dez anos de idade nas escravarias sequestradas. Interessa reportarmos aqui ao caso de Alvarenga Peixoto, que não se opunha ao livre estabelecimento de relações familiares e sexuais entre os seus cativos. Em ação de compra de cativos, ele não viu com "maus olhos" a reposição de parte da mão de obra pela natalidade. Alvarenga, em carta a Macedo, na época em que exercia o ofício de ouvidor do Rio das Mortes (1779), escreveu que o então sargento-mor José Aires Gomes apareceu em São João del-Rei com um lote de 57 negros vindos do Rio de Janeiro:

> O sargento-mor José Aires Gomes apareceu aqui com um lote de 57 negros, na verdade excelente, e me fez presente a honra com que vossa mercê me tratava, distinguindo-me para a primeira escolha, e eu que não carecia de negros por ter bastantes, disse-lhe que tiraria alguns somente por sinal de gratidão à lembrança de vossa mercê, e quis tirar somente seis: mas eles [os negros] me persuadiu [sic] de forma, e a bondade dos negros me tentou tanto, que tirei vinte e quatro. O preço de 140$000 é muito alto, e o tempo de seis meses, é muito pouco [...]. Eu careço de quarenta, até cinquenta negras, para casar a flor dos meus negros; estas devem ser de doze até dezesseis anos; já a vossa mercê tinha pedido em Vila Rica que me remetesse até vinte: mas suponho não haveria ocasião até agora: porém sou a dizer que a vossa mercê que elas me são muito úteis, porque além da multiplicação, que podia esperar, ponho-as no Engenho e na Cata, da qual o serviço é muito leve e aplico todos os

negros a meter umas águas, das quais certamente provirá logo, não só o meu desempenho com vossa mercê, mas toda a minha fortuna.[69]

A ampliação da produção agrícola e minerária nas terras de Alvarenga Peixoto produziu demanda por mão de obra em um ritmo muito mais rápido do que poderia ser satisfeito por um crescimento endógeno. Na carta comprova-se a articulação de Alvarenga com o mercado negreiro, por meio da importação de trabalhadores escravos africanos para o seu plantel, e que Aires Gomes vendia cativos que eram trazidos do porto do Rio de Janeiro. Esta informação, a de que Aires Gomes vendia escravos, demonstra sua participação em investimentos multifacetados, pois se dedicava ao comércio de gado e de negros e a práticas agrícolas diversas em suas propriedades (plantava arroz, milho, feijão, trigo, cana-de-açúcar etc.). Outro assunto da correspondência é a família escrava como uma das formas de exploração dos senhores para manter e ampliar suas bases escravistas, não importando os padrões destas uniões, se naturais da América, África ou criados pela vivência no cativeiro.[70]

No cativeiro, a maior família sequestrada pertencia a Aires Gomes: os mulatos Joaquim, de 35 anos, e Rosa, de 28, tiveram quatro filhos mulatos de seu consórcio: Hipólita (cinco anos), Matilde (quatro anos), Joaquim (dois anos) e Antônio (seis meses). Um terço de todas as mulatas apreendidas dos sediciosos procedeu dessa família.

Dos escravos listados na fazenda Paraopeba, de Alvarenga Peixoto, localizada em São Brás do Suaçuí, às margens da estrada que passa em direção a São João del-Rei, apareceu escrito que o mina José, de cinquenta anos, era "casado", sem, contudo, indicar o nome de sua cônjuge.[71] Sua ausência nos Autos de Sequestro sugere, no mínimo, três hipóteses: erro de anotação do meirinho; sonegação ou atitude furtiva da cativa; ou, no momento da elaboração da lista de escravos, ela não se encontrava no plantel.

Na fazenda da Borda, de Aires Gomes, algo semelhante a isso também aconteceu: o escravo angola Caetano Tumba, que apareceu originalmente listado naquele local, estava em posse de seu cunhado José Lopes de Oliveira em outro lugar. Os oficiais da devassa não viram esse cativo pessoalmente, mas o anotaram como pertencente àquele plantel, pois sabiam, por notório conhecimento, que o dito cativo pertencia a sua posse e que estava constantemente em companhia do irmão de sua esposa. O mancípio só aparecerá entre os bens de Aires no processo de avaliação do sítio Engenho.

Mas informações concernentes à reprodução nos plantéis dos inconfidentes do Rio das Mortes evidenciam que a reposição da mão de obra consumida nas fazendas e nas áreas minerais e a ampliação dos plantéis – como se observou na citação da carta de Alvarenga ao amigo Macedo, sobre a compra de cativos – ocorreu por meio da importação de mancípios e da reprodução interna.

Dados extraídos dos Autos de Sequestro comprovam que mancípios do sexo feminino são expressivos entre os escravos nascidos no Brasil. Isto pode ser explicado por duas razões: a preferência pela importação de cativos do sexo masculino e pela impossibilidade de o senhor influir na determinação do sexo dos mancípios nascidos no cativeiro. Das 48 crioulas listadas pela devassa, catorze inseriam-se na estrutura etária de zero a dez anos de idade. Nesta faixa, e única, o número de mulheres foi superior ao número de homens, pois nasceram mais cativos do sexo feminino que do sexo masculino naquele circunscrito espaço de tempo.

Pelos exemplos é-nos permitido concluir que inconfidentes como Luís Vaz, Alvarenga Peixoto, José de Resende Costa e Francisco Antônio de Oliveira Lopes apresentavam perfil econômico tradicional, pois eles são muito mais mineradores, apesar de diversificarem alguns de seus negócios, do que agricultores, além de serem proprietários de grande quantidade de escravos no contexto de Minas Gerais. Foi por meio da mineração que estes senhores escravistas conseguiram amealhar seus maiores rendimentos, apesar de eles estarem inseridos na principal região produtora de grãos, leguminosas, cana-de-açúcar e aguardente, e de criação de bois, muares e porcos de Minas Gerais.

De acordo com a historiografia, após meados do século XVIII, a economia de Minas Gerais retraiu-se com a diminuição da produção de ouro e diamantes. Os centros de garimpo se contraíram e o número de minas e jazidas diminuiu, enquanto a população se transferia para a agropecuária de subsistência. De acordo com Stuart Schwartz, por volta de 1810, menos de 10% dos aproximadamente 150 mil escravos, que viviam em Minas Gerais, ainda trabalhava na extração do metal precioso. Com efeito, a população cativa reduziu-se de 190 mil em 1786 para 148 mil em 1808, ocupada em atividades rurais, em sua maioria. Em um contexto de crescimento demográfico e de ampliação e diversificação das áreas de produção de gêneros alimentícios é que a economia do Rio das Mortes e a comercialização de sua agricultura independeram da exaustão da extração aurífera.[72]

Apesar de os inconfidentes desenvolverem em suas propriedades atividades agropastoris concomitantes com a exploração do ouro, eles não se inseriam plenamente na realidade agrário-pastoril da comarca do Rio das Mortes, na segunda metade do século XVIII. Os sediciosos estavam com a atenção muito mais direcionada para uma estrutura econômica tradicional, própria do Antigo Regime, do que aberta às inovações. Em sua maioria, os conjurados mineiros de 1788-1789 são conservadores, exceção feita a José Aires Gomes, que acompanha as mudanças econômicas da região, diversificando suas plantações e inserindo-se em outros ramos de atividades, como o do comércio.

Os escravos e alguns casos de sonegação nos Autos de Sequestro

Em agosto de 1794, o sargento-mor Manuel Caetano Lopes de Oliveira solicitou a devolução dos bens de sua mãe, Bernardina Caetana do Sacramento, que estavam em poder de seu irmão Francisco Antônio de Oliveira Lopes e de sua cunhada Hipólita Jacinta, como testamenteiros da matriarca. O patrimônio foi confiscado pela devassa como se fosse do "degredado e confiscado" Francisco Antônio, e estava sendo administrado pelo fiel depositário, Pedro Joaquim de Melo.[73]

Por "repetidas vezes", o sargento-mor apresentou certidões para que o fiel depositário entregasse os bens de sua mãe, desmembrando-os do sequestro ocorrido em 25 de setembro de 1789. Mesmo com a possibilidade de ser preso pelo não cumprimento dessa medida, como escrito nos atestados, o primo de dona Hipólita, Pedro Joaquim de Melo, não se interessou pela divisão patrimonial, deixando-o integrado ao sequestro.

Manuel Caetano, ao perceber o descaso e a falta de empenho em se fazer cumprir a decisão judicial, a qual lhe foi favorável a devolução dos bens da herança de sua mãe, recorreu diretamente ao juiz responsável pela devassa, Antônio Ramos da Silva Nogueira, explicando-lhe o ocorrido. Alegou que a restituição dos bens estava desfavorável aos seus interesses e, também, aos do Estado metropolitano, pois, enquanto o que lhe pertencia por herança estava listado como patrimônio do inconfidente, o que cabia ao seu irmão e deveria ser objeto da real apreensão foi omitido da devassa.

Com a delação, esperava ganhar a confiança e o respeito do devassante quanto à solução da disputa familiar. Transcrevamos a apresentação dos fatos:

> Diz o sargento-mor Manuel Caetano Lopes de Oliveira, que no sequestro que se procedeu por este Juízo na Ouvidoria do Rio das Mortes contra o coronel Francisco Antônio de Oliveira Lopes compreendido, condenado, e definitivamente sentenciado pelo delito de Sublevação *se ocultaram muitos bens, que o suplicante denuncia quais são os do Rol junto, e poderão ainda haver muito mais como há de constar* do Inventário feito entre dona Hipólita Jacinta Teixeira, mulher do dito proscrito, e seu irmão capitão-mor Gonçalo Teixeira, que todos pertencem ao referido sequestro por ser o suplicante dito condenado no perdimento de sua inteira meação, e para segurança dos mesmos, e sobre eles requer o suplicante seus direitos, e ações que lhe competirem.[74]

Foi devido às brigas familiares causadas pela herança de Bernardina Caetana que detectamos processos de sonegação e corrupção presentes nos Autos de Devassa. O patrimônio escondido contava com vários escravos, "muitos trastes de casa", como jarros, bacias de prata, dois faqueiros "de colheres, garfos e facas de cabo de prata", "várias dúzias de cadeiras, baús, caixas e armários" e "várias dúzias de louças de prata da Índia e de pó de pedra".[75] Entre os bens semoventes foram encobertos bois, vacas, cavalos, éguas e potros, com suas selas e arreios. Todos estes bens estavam "ocultos nas fazendas da Laje, Gales e Ponta do Morro e em casas de Pedro Joaquim de Melo [o fiel depositário] e do tenente Antônio Gonçalves [de Moura]". Quanto aos bens imóveis registrou-se a indicação da desconhecida fazenda Bananal, localizada no termo de Mariana, que foi vendida ao coronel João Damasceno, sendo que este ainda devia a maior parte das prestações de compra da propriedade.[76]

Nos ADIM não existe qualquer menção às fazendas chamadas Gales e Bananal como pertencentes ao conjurado Francisco Antônio. O próprio desembargador Antônio Ramos da Silva Nogueira achou estranha a omissão daqueles bens de raiz, chegando a sublinhar no manuscrito a indicação da existência da fazenda Bananal, de tão surpreendente que foi a sua descoberta.[77]

Quando foi chamada para depor na inquirição de sequestro dos bens denunciados pelo seu cunhado, Hipólita Jacinta disse que desconhecia quaisquer bens existentes nas fazendas Bananal e Laje. Na fazenda Gales, localizada no termo da vila de São José, os inquiridores apreenderam nove cabeças de gado vacum. Ainda em São José, na fazenda Carandaí, do capitão Antônio Gonçalves, foram encontradas e sequestradas várias éguas e bois que pertenciam ao casal Hipólita e Francisco Antônio.[78]

Mas, de todas as omissões, as mais significativas foram as dos escravos: 74 cativos não apareceram listados no sequestro. Manuel Caetano entregou ao juiz Antônio Ramos da Silva Nogueira lista contendo os nomes dos escravos furtados do inquérito da Inconfidência.

Estes números são impressionantes: metade de sua unidade escravista esteve subtraída às escondidas da devassa. Nos ADIM, em sua edição impressa, está registrado que Francisco Antônio teve 69 mancípios apreendidos. Na documentação original seus números chegaram a 74 pessoas listadas.

Dona Hipólita, em 27 de abril de 1795, quando inquirida sobre os bens "ocultos ao sequestro" e que foram "denunciados no Juízo dos Feitos do Contencioso da Real Fazenda", apresentou as seguintes justificativas para que os 74 escravos omitidos não aparecessem na lista do sequestro:

Quadro 1. Justificativas apresentadas por Hipólita Jacinta dos escravos omitidos no sequestro de Francisco Antônio de Oliveira Lopes

Quantidade de escravos omitidos	Justificativa
8	"seis foram apresentados aos ministros" e que estes não foram inventariados porque "se achavam hipotecados a Domingos da Cunha por dívidas que [...] lhe devia" e, os outros dois, por "andarem fugidos juntos com outros mais";
16	"todos estes haviam sido sequestrados e se acham no depósito do primeiro sequestro como dele há de constar";
8	"nasceram depois do sequestro";
3	"pertenciam a sua mãe Bernardina Caetana" [mãe do inconfidente];
15	pertenciam a outras pessoas;
5	eram "escravos nascidos depois do sequestro e que se dizem mortos";
4	na ocasião do sequestro estavam fugidos, "hoje estão falecidos";
4	não pertenciam ao seu patrimônio;
3	na ocasião do sequestro estavam fugidos e, quando presos, "foram levados para a casa do sargento-mor Manuel Caetano Lopes de Oliveira";
8	estavam depositados nas mãos de Pedro Joaquim de Melo.

Fonte: IHGB. DL 101.2, fls. 79-80 – Sequestro em bens de Francisco Antônio de Oliveira Lopes.

Dos 74 escravos apontados no agravo de sequestro (Quadro 1), 54 foram denunciados como novos bens e reconhecidos por dona Hipólita como sendo de seu patrimônio. Se somarmos os 74 mancípios originalmente sequestrados pela devassa com os 54 cativos sonegados e delatados, concluímos que no plantel de Francisco Antônio havia 128 escravos. Mas, mesmo assim, podemos acreditar nesses números? Afinal, quantos cativos pertenciam àquele inconfidente, em 1789, no ano em que se realizaram os três sequestros de seu patrimônio em Minas Gerais? Quem eram esses cativos? De onde vieram esses negros? Por que estes 54 mancípios foram denunciados?

Antes de iniciar a análise dos escravos que comprovam a existência da sonegação e da corrupção no processo de devassa, é preciso examinar a origem de parte desse plantel.

A briga jurídica pela herança de Bernardina Caetana faz parte de um processo maior que se avolumava na Justiça, desde a morte do tenente-coronel José Lopes de Oliveira, o patriarca da família. Para se chegar à partilha, o juiz Antônio Ramos da Silva Nogueira mandou que se fizesse a divisão dos bens do dito tenente-coronel. Pela partilha, ocorrida em 14 de setembro de 1790, os 46 escravos do plantel de José Lopes foram divididos igualmente entre os dois herdeiros, sendo cada um deles beneficiado com 23 cativos.[79]

Dos 23 escravos partilhados recebidos por Francisco Antônio, vinte apareceram indicados nos Autos de Sequestro e três foram omitidos. No montante, estes escravos representaram 160$000 réis, ou 13,83% do total. Assim, dos mancípios omitidos da devassa, três eram originários da herança paterna.

Conforme indicado no capítulo 2, em 10 de junho de 1796 os bens de Francisco Antônio foram arrematados em leilão pelo tenente-coronel José Francisco de Carvalho, em nome de sua sobrinha Hipólita Jacinta. No processo de compra constam 406 animais, 36 peças de utilidades domésticas e 26 escravos, avaliados pela quantia de 2:362$400 réis.[80] Destes mancípios apenas nove fizeram-se presentes nos sequestros oficiais da devassa e os demais são somados na conta dos negros delatados por Manuel Caetano, por atos de sonegação praticados por Hipólita Jacinta: dezesseis escravos eram novos e um pertencia ao patrimônio de José Lopes de Oliveira.

Dos 26 cativos vendidos em leilão, conhecemos o valor individual de apenas dez deles que, somados, em dinheiro seriam 850$000 réis, ou 35,98% do valor total. Dos nove escravos avaliados acima de cem mil-réis no plantel, cinco estavam relacionados naquela operação de venda. E, de todos esses mancípios, apenas um deles era de origem africana (um angola), sendo cinco mulatos (todos homens), treze crioulos (seis homens e sete mulheres), cinco cabras (quatro homens e uma mulher) e dois pardos (um homem e uma mulher).

A venda de todos esses bens permitiu a legalização de parte dos escravos omitidos da devassa. Mesmo com tais condutas, a família permaneceu com aquele patrimônio. A delação não significou qualquer abalo em sua estrutura econômica, pois, ao que parece, os bens foram subavaliados, e os escravos tornaram-se os melhores comprovantes dessa prática.

Mas, voltando-se à lista entregue por Manuel Caetano, observa-se a delação de 74 nomes de cativos. Destes, seis encontravam-se no sequestro, nove transferiram-se para o patrimônio de Manuel Caetano com o desenvolvimento do processo, cinco morreram entre a data de confecção do primeiro sequestro e o dia da delação e, do restante, 54 mancípios eram novos. Portanto, da delação, apenas esta quantidade de negros não foi arrolada entre os bens apreendidos do sedicioso.

Com estas informações, podemos calcular os cativos que estavam no plantel de Francisco Antônio no momento da confecção do primeiro sequestro (25 de setembro de 1789) e a data da delação feita por seu irmão, em agosto de 1794.

Pelo Quadro 2 se presume que, de 1789 a 1796, o plantel de Francisco Antônio era composto de 148 escravos. Este número representa um aumento de 74 mancípios ou 200% sobre o total de cativos apreendidos pela devassa, considerando-se, para o efeito deste cálculo, os sequestros originais (74 escravos). Se todos esses negros fossem sequestrados pela devassa se poderia atribuir a ele o epíteto de o maior escravista da Conjuração Mineira.

Quadro 2. Plantel escravista de Francisco Antônio de Oliveira Lopes (1789-1796)

Quantidade de escravos	Origem da escravaria
23	Herança de Francisco Antônio – partilha dos bens de José Lopes de Oliveira (1790)
25	Auto de Arrematação (1796)
54	Denúncia do sargento-mor Manuel Caetano Lopes de Oliveira (1794)
41	Sequestro realizado pela devassa da Inconfidência (1789)
5	Escravos que nasceram e morreram / não contabilizados nos itens acima (1789-1794)
148	

Fonte: IHGB. DL 101.2, fls. 16; 18-21; 43-44v; 74-83v – Sequestro em bens de Francisco Antônio de Oliveira Lopes; IHGB. DL 3.4, fls. 155-164v – Autos de Depósito / Prestação de Contas do capitão Pedro Joaquim de Melo, depositário dos bens do inconfidente Francisco Antônio de Oliveira Lopes.

Comparando-se esses dois contextos, temos:

Tabela 20. Plantel escravista de Francisco Antônio de Oliveira Lopes (1789-1796)

	Escravos sequestrados		Escravos omitidos		Total	
Brasil	Homens	Mulheres	Homens	Mulheres		
Crioulo	19	11	15	19	64	96
Mulato	3		5	4	12	
Cabra	3	3	5	6	17	
Pardo			2	1	3	
África ocidental						
Cobu	2				2	7
Mina	1	1	3		5	
África centro-ocidental						
Angola	21		1		22	40
Banguela	5	2	6	1	14	
Congo	2		1		3	
Cabinda			1		1	
Não consta	1		4		5 ⟶	5
Total	57	17	43	31		148

Fonte: IHGB. DL 101.2, fls. 16; 18-21; 43-44v; 74-83v – Sequestro em bens de Francisco Antônio de Oliveira Lopes; IHGB. DL 3.4, fls. 155-164v – Autos de Depósito / Prestação de Contas do capitão Pedro Joaquim de Melo, depositário dos bens do inconfidente Francisco Antônio de Oliveira Lopes.

Em ambos os momentos sobressaíram os cativos nascidos no Brasil (64,86% do total). Dos mancípios omitidos destacam-se os do sexo feminino (40,54%).

No plantel encontramos a existência de dezesseis famílias. Das uniões conjugais legalmente constituídas por meio do matrimônio, como se depreende dos assentos de óbito e batismo reproduzidos em Anexo aos Autos de Sequestro originais, cinco grupos tiveram filhos. Destes casais, dois deles apareceram listados pela devassa: Perpétua e João da Vila, com sua filha Gertrudes, de um ano e meio de idade, e Josefa e Manuel, com sua filha Floriana, de três anos. Após o sequestro (1789) nasceram dois filhos do primeiro casal – João e Florentino. Quando os meirinhos estiveram na fazenda da Ponta do Morro, Perpétua estava a dias de dar à luz. Não sabemos se as crianças nasceram gêmeas. Mas, de acordo com a documentação e a denúncia de Manuel Caetano, quando os oficiais voltaram à fazenda para complementar o sequestro, em 16 de abril de 1790, essas duas crianças já se achavam nascidas.

Da cabra Josefa e do crioulo Manuel, ambos com 25 anos, a devassa listou-os como um casal contendo apenas um filho – Floriana, crioula, de três anos. Além dela, o casal teve outros três filhos – Simão, Simplícia e Violante; todos suprimidos da devassa. Os dois primeiros morreram infantes. Sabe-se que Simplícia faleceu de "bexigas" (varíola) e foi sepultada no adro da capela de Nossa Senhora da Penha de França do arraial de Bichinho, filial da Igreja Matriz de Santo Antônio da vila de São José, em 1795.[81]

Dos cinco casais listados pela devassa como não tendo filhos, a documentação original permitiu-nos encontrar dois deles com três crianças e as três uniões restantes permaneceram sem descendência, como indicado na devassa.

Dos casais que se formaram no cativeiro, e se encontravam omitidos, o crioulo Clemente uniu-se à crioula Feliciana. Desse relacionamento nasceram quatro filhos: três mulheres e um homem. Todos eles estiverem presentes entre os escravos que fizeram parte do lote arrematado, em 1796, pelo tio de dona Hipólita.[82]

Contudo, de todos os núcleos familiares constituídos no plantel de Francisco Antônio destacou-se o chefiado pela cabra Joaquina e seus cinco filhos mulatos. Infelizmente, os documentos não trazem referência ao cônjuge e, como já afirmamos, a ausência de um dos membros da família poderia ser sinal de morte, de o esposo ser alforriado ou pertencer a outro proprietário. Como neste caso, em outras seis situações houve somente o registro do nome da mãe e a indicação do nome e origem de seus doze descendentes. Duas mulheres apareceram indicadas com três filhos cada uma: a crioula Damiana, de 22 anos, que teve seus três filhos falecidos em um prazo de dois anos – Pedro, em 7 de novembro de 1797; Venceslau, em 13 de julho de 1799, e Justa, em 15 de novembro daquele ano. Estas três crianças morreram sem irem à pia batismal.[83] Situação inversa da crioula Joana, que educou suas três crianças – os cabras Clara e Joaquim e o mulato Túdio. Este mulato, aliás, apareceu listado no Testamento de dona Hipólita, em 1828, ao lado de outros cativos que ela alforriou no leito de morte.

Por meio do documento testamental é-nos permitido vasculhar, na fazenda Ponta do Morro, o término de um ciclo escravista iniciado por Francisco Antônio e concluído com a morte de Hipólita Jacinta, em 1828. Pouco menos de um ano antes de seu falecimento, esta senhora escreveu: "Declaro que todo escravo meu que apresentar papel de coartamento ou alforria passados por mim, meus testamenteiros estarão por eles, e em Juízo terão todo o crédito, com a declaração que, se devem alguma coisa, lhes perdoo".[84]

Este ato de magnanimidade estendeu-se a 34 cativos e aos filhos de três mulheres desse plantel, sem indicar quantos e quem eram essas crianças. Os demais escravos, sem sabermos ao certo quantos eram eles, não receberam a liberdade. Constatou-se que doze dos mancípios listados no Testamento pertenceram ao grupo sequestrado de seu marido e que outras duas mulheres eram filhas de escravos evadidos da devassa. Entre eles, existiam onze laços familiares constituídos: oito casais, sendo um com filhos e sete sem descendência; e três mães com filhos. Dos casais sem filhos destaca-se, por exemplo, o dos pardos Fortunata, que recebeu a alforria de Hipólita, e Silvano, que não consta na listagem dos escravos agraciados com a liberdade (para permanecer no cativeiro, servindo a outros membros da família, ou por já ser forro ou propriedade de outro senhor).

Dos processos de libertação citados no Testamento, alguns casos merecem análise pormenorizada. O primeiro se refere ao pardo Luís, referenciado na lista dos cativos arrematados, em 1796, pelo tio de dona Hipólita. Na época, ele tinha seus trinta anos de idade e exercia o ofício de ferreiro. Com base nos "bons serviços" prestados deixou-lhe "uma dobla" de gratificação (12$600 réis).[85]

A viúva do inconfidente também concedeu liberdade ao mulato Antônio de Lima, listado pela devassa em 1789, e a sua mulher: "e por se achar doente e impossibilitado de tratar de si, os meus testamenteiros o conservarão nas minhas fazendas e lhe darão de comer e vestir enquanto viver".[86]

Possivelmente, todos os casais do plantel receberam a liberdade, expressa de maneira gratuita ou condicional. No trecho em que Hipólita outorgou o direito de autonomia aos seus escravos, mencionou de passagem a coartação ou a possibilidade de o escravo pagar por sua própria alforria.[87] No entanto, não existem informações sobre essa prática no documento, apenas essa rápida e curta menção.

Ao mulato Antônio Pedro, um dos 54 cativos escondidos da devassa, Hipólita deixou 100$000 réis de recompensa pelos bons serviços que lhe tinha feito. Ela informou, ainda, que já lhe havia dado a alforria e um escravo para servi-lo.

De todos os processos de libertação citados, o caso mais extraordinário coube ao pardo Justo. Ele, juntamente com sua mãe Elena, foi um dos escravos homiziados da devassa e arrematados no processo de 1796. Para que ele e sua esposa conseguissem a liberdade, dona Hipólita estipulou uma condição: teriam de "feitorizar quaisquer serviços" em suas fazendas.

Ao mancípio Baltasar, Hipólita Jacinta escreveu:

> Declaro que dei um papel de um pedaço de terras do Sítio do Tejuco a meu compadre Baltasar Teixeira, por este me haver pedido [...]; mas conhecendo eu o dano que faz esta dádiva à fazenda, a reclamo e declaro sem efeito algum. E porque o dito Baltasar seja meu compadre e fosse meu escravo, e algum tempo feitorizasse alguma lavra minha, lhe deixo duzentos mil-réis; e enquanto for vivo, e sua mulher, o meu testamenteiro lhe dará terras para plantar; mas no caso que mal aconselhados, o que duvido, queira alidar o dito papel, seja defendido à custa dos meus bens, e não se lhes dará coisa alguma.[88]

Dos cativos citados, este foi o único que não recebeu a alforria no leito de morte de sua proprietária. De sua esposa não conhecemos nada – se ela pertencia àquele plantel ou a outro e se era forra ou cativa. Sabemos, unicamente, que ela não fez parte da relação das cativas que alcançaram a liberdade em 1828.

Evidência interessante foi a doação de terras para serem plantadas pelo escravo em uma propriedade (Sítio do Tejuco) totalmente desconhecida por aqueles que se dedicaram ao estudo da Inconfidência, como posse de dona Hipólita. Ao se arrepender da doação, ela solicitou a reintegração daquele quinhão ao seu patrimônio. Em troca, pela compensação de possíveis prejuízos, Hipólita decidiu dar-lhe 200$000 réis como ressarcimento e outro pedaço de terra na fazenda da Ponta do Morro, desde que ele não tivesse alienado aquele terreno ao usufruto de um terceiro.

Esse exemplo evidenciou a presença de atividades econômicas desenvolvidas por negros em terras de seu senhor, possibilitando-lhes a formação de um pecúlio. Sobre esta realidade, chamada de "brecha camponesa", Ciro Flamarion Cardoso destacou que a "economia autônoma do cativo" tinha a função de minimizar os custos de manutenção e reprodução da força de trabalho, permitindo a produção independente de alimentos, para uso próprio ou para venda. Independentemente da ampla discussão suscitada por esse tema na historiografia – que não é o foco de nossa pesquisa –, o importante a destacar no excerto documental é que a terra escrava representava uma concessão revogável que se destinava a ligar o mancípio à propriedade e evitar, provavelmente, fugas e atos de rebeldia.[89]

Pelo documento, o senhor, ao permitir que seu escravo tivesse para si um pedaço de terra, podia voltar atrás em sua decisão, quando se sentisse prejudicado pela doação, não mais a autorizando. A estratégia psicológica dessa concessão era importante, mas não acessível a todos. A doação de uma roça não se ligava apenas ao fator econômico, com a intenção de angariar dinheiro, mas representava um momento em que o cativo se sentia livre, aproximando-se do mundo dos homens livres, pois, por intermédio desta autonomia, construía seu próprio universo repleto de traços culturais, religiosos e marcados pelo cotidiano familiar. Nesse universo de subjetividades e de respostas ao cativeiro, o administrador Francisco Alves Nogueira, em janeiro de 1796, permitiu que mancípios de Alvarenga Peixoto plantassem em espaços próprios o que quisessem roçar, pois, caso não consentisse com o que eles queriam, não teria braços para lavrar a cana-de-açúcar naquele local.[90]

Os exemplos ajudaram-nos a verificar situações do cativeiro pouco expressivas na historiografia, além de comprovar a existência de sonegação de bens e corrupção no processo da devassa. Mas o caso de Francisco Antônio não foi o único.

Na fazenda Boa Vista nos Campos Gerais, no arraial da Laje, residia o coronel José de Resende Costa. Ele, como Francisco Antônio, também conseguiu esconder escravos da devassa. O sequestro foi feito em 20 e 23 de maio de 1791, cabendo a sua guarda e administração ao capitão-mor Gervásio Pereira de Alvim, casado com Francisca Cândida de Resende, filha do inconfidente.

Pouco mais de quatro anos depois deste processo de sequestro, a residência de José de Resende Costa passou por um censo eclesiástico que enumerou, domicílio por domicilio (fogo), todos os 10.929 indivíduos moradores da paróquia de São José, integrantes da Igreja Matriz, de sete ou mais anos de idade com direito a participar da comunhão no ano de 1795, bem como aqueles que frequentavam as nove capelas adicionais que constituíam a freguesia e que haviam cumprido a exigência de se confessar naquele ano.[91]

Na morada do conjurado, quem respondeu por aquele domicílio foi sua esposa Ana Alves Preto. No fogo encontravam-se cinquenta pessoas. Como aquela lista nominativa, denominada *Rol dos confessados desta freguesia de S. Antônio da vila de S. José, comarca do Rio das Mortes, deste presente ano de 1795*, registrou apenas os nomes das pessoas maiores de sete anos de idade, não podemos afirmar que o fogo de Ana Alves Preto fosse o maior do distrito da Laje, embora tenha sido aquele que apresentou o maior número de indivíduos listados. Mesmo com essa advertência existe a possibilidade de que tenha sido o maior fogo do distrito, porque havia muitos escravos casados e deveria haver crianças escravas naquele plantel.[92]

Ana Alves Preto encabeçava a lista com a posse de 29 cativos pertencentes a ela e ao seu marido. A seguir vinha José Nunes de Resende, feitor da fazenda, e seu escravo Caetano cabinda, de catorze anos de idade. José Nunes era filho do capitão Antônio Nunes de Resende, irmão do também capitão José de Resende Costa, e de Maria Pedrosa de Morais, irmã de Ana Alves Preto (casamento clânico).[93]

Depois, apareceram listados dois casais de pardos forros como agregados, sendo que o casal formado por José Joaquim, de 23 anos, e Constância Maria, de 22 anos, possuía um escravo de origem africana (João, congo, de 47 anos). Em seguida, anotou-se a presença do pardo forro José Máximo. Daí por diante, apareceram como agregados do fogo Gervásio Pereira de Alvim e sua esposa Francisca Cândida, juntamente com a relação de seus nove mancípios. Por último, encerrou-se a listagem das pessoas daquela residência com o nome de João Resende, branco, solteiro e de quinze anos de idade.

Dos 29 escravos listados como patrimônio de Ana Alves Preto, nove não apareceram indicados pela devassa no processo de sequestro dos bens de seu marido Resende Costa.

No período compreendido entre o sequestro de 1791 e o instante de confecção do censo eclesiástico, em 1795, conforme a Tabela 21, registraram-se a morte de três escravos de origem africana (um congo, um banguela e um monjolo) e nenhuma aquisição de mão de obra escrava para aquele

Tabela 21. Escravos pertencentes a Ana Alves Preto, esposa do capitão José de Resende Costa, listados no *Rol dos confessados*, da freguesia de São José (1795)

	Escravos sequestrados		Escravos omitidos		Total	
Brasil	Homens	Mulheres	Homens	Mulheres		
Crioulo	5	3	1	1	10	
Mulato	1				1	12
Cabra			1		1	
África ocidental						
Mina	1				1	→ 1
África centro-ocidental						
Angola	2		1	1	4	
Banguela	11	4			15	
Congo	1		2	1	4	
Cabinda	1				1	27
Ganguela			1		1	
Monjolo	1				1	
Mosonso	1				1	
	24	7	6	3	40	
Escravos falecidos (1791 a 1795)					3	
Total de escravos do plantel (1795)					37	

Fonte: IHGB. DL 70.9, fls. 17v-19; 20 – Sequestro de bens do capitão José de Resende Costa por parte da Fazenda Real; IHGT. *Rol dos confessados desta freguesia de S. Antônio da vila de S. José, comarca do Rio das Mortes, deste presente ano de 1795.*

plantel. O grupo de escravos que foi de Resende Costa, neste último ano, era composto de 28 cativos apreendidos pela Fazenda Real e nove outros omitidos da devassa, que, somados, chegavam a 37 mancípios. Se pensarmos no momento da devassa, esse plantel constituía-se de quarenta escravos, sendo dez mulheres (25%) e trinta homens (75%).

Dos 31 escravos oficialmente sequestrados, vinte apareceram nominados no documento eclesiástico; dos demais, três morreram, como se disse, um era infante (em 1795 deveria ter seis anos e, como menor de sete anos, não confessava e não comungava) e sete não constavam naquela relação. Estes sete cativos foram os que receberam as piores avaliações da devassa, com preços infinitamente menores do que os atribuídos aos demais do plantel; além de aparecerem grafados no documento de sequestro original como doentes ou sem condições físicas para o trabalho ("descadeirado", "quebrado", "com feridas na perna"). Somente os melhores escravos permaneceram no grupo.

Como a casa do capitão Resende Costa sofreu processo de execução movido pelo tenente Pedro Teixeira, irmão de dona Hipólita, por dívidas que contraíram com o seu pai, na ordem de 3:237$652 réis, coube a Gervásio Alvim quitar aquela pendência financeira.

Para liquidar esses débitos, o depositário promoveu a avaliação e a disponibilização de bens para venda. O patrimônio sedicioso foi dividido em três lotes. O primeiro continha uma morada de casas, a fazenda Boa Vista, 155 datas minerais, 175 animais, 27 escravos, ferramentas, vestimentas e utensílios domésticos, tudo avaliado em 3:344$625 réis.

Gervásio Alvim arrematou esses bens pelos mesmos 3:344$625 réis da avaliação.[94] Dos 31 escravos sequestrados, somente 27 entraram como componentes desse lote, pois, como expresso na Tabela 21, três morreram entre 1791 e 1795, e o quarto deles apareceu indicado "sem valor", ou seja, todos os bens do lote foram arrematados pela própria família. A devassa os avaliou em 1:603$000 réis, excetuando-se o cativo Marcelino, que acompanhou seu proprietário ao Rio de Janeiro e, de lá, após a condenação do capitão Resende Costa e de seu filho homônimo, foi reintegrado ao patrimônio da família, fazendo parte, inclusive, do processo de compra feito pelo genro do inconfidente dos bens de seu sogro.

Assim, com base na lista eclesiástica de 1795, descobriu-se a quantidade real de escravos existentes no plantel do coronel Resende Costa, no momento de realização dos Autos de Sequestro: quarenta mancípios. A devassa, em 1791, apreendeu 31 cativos em suas propriedades. Ana Alves Preto conseguiu, portanto, sonegar nove cativos ou 29,03% do total. Apesar de este número ser menor que o dos escravos sequestrados (31 ou 70,97%), esta ação foi significativa. Praticamente um terço de seu plantel foi escondido ou passou por processo de corrupção. Os escravos que permaneceram em posse da família foram exatamente os mais bem qualificados e os que receberam as maiores avaliações monetárias. Os escravos doentes e qualificados como "sem valor" foram descartados daquele plantel. A família permaneceu com os escravos de melhor saúde e com aqueles que desenvolviam atividades mecânicas.

Ainda com base na lista nominativa de 1795, também encontramos a família do inconfidente Luís Vaz de Toledo Piza representada por sua esposa Gertrudes Maria de Camargo como chefe de um fogo de 28 pessoas. No censo consta que ela era viúva, tinha 45 anos de idade e vivia ao lado de quatro filhos legítimos, uma criança exposta, 21 escravos e dois pardos forros agregados.[95]

O levantamento censitário nesse domicílio foi realizado com diminuição e aparente erro de informações. A primeira dúvida que se opõe a esse documento diz respeito ao estado de viuvez da cabeça da residência. Segundo informações historiográficas, em 1795 Luís Vaz ainda estava vivo.

Após a sentença condenatória de 1792, Luís Vaz, ao lado de Alvarenga, Francisco Antônio e José Álvares Maciel, embarcou na corveta *Nossa Senhora de Guadalupe* com destino a Angola. Chegando a Luanda, em julho de 1792, foi recolhido à Fortaleza de Santo Antônio do Penedo. Dali foi transportado para Cambambe e Calumbo. Em 1797 voltou, por autorização do governador Manuel de Almeida e Vasconcelos, para Luanda, onde, em 1801, aparecia como escrivão no foro local. Naquela localidade, Luís Vaz faleceu, em 1807, com 68 anos, deixando um filho natural.[96]

No *Rol dos confessados* se encontra declarado que ao lado de Gertrudes Maria de Camargo viviam duas filhas e dois filhos legítimos. Segundo consta da exposição sobre o "Estado das famílias sequestradas na comarca do Rio das Mortes", de Luís Antônio Branco Bernardes de Carvalho, escrita em 1791, o casal Luís Vaz e Gertrudes tinha sete filhos: Maria, casada com Manuel Botelho (24 anos), Eulália (23 anos), Escolástica (dezenove anos), Timóteo (dez anos), Carlos (sete anos), Bonifácio (cinco anos) e Umbelina (quatro anos). Além desses, também se encontra referência aos netos de Luís Vaz: todos filhos de Maria – Luís (oito anos), Bento (seis anos), José (cinco anos), Claro (dois anos) e Gertrudes (três meses).[97]

A família morava em São José del-Rei, onde, de acordo com a historiografia, vivia na esfera de influência e na dependência do padre Carlos Correia de Toledo, irmão de Luís Vaz e vigário de excepcionais posses.[98]

Ao tempo da Conjuração Mineira, Luís Vaz era senhor de uma escravaria respeitável e de terras e serviços minerais. Após a repressão aos inconfidentes, a família passou a residir na fazenda da Laje. Dos seus 37 cativos sequestrados, nenhum apareceu listado no fogo administrado por sua esposa Gertrudes. Entretanto, em poder dessa mulher constava a posse de 21 cativos, sendo cinco pertencentes ao cunhado reverendo Bento Cortês de Toledo, treze que ficaram do plantel do padre Toledo e três da sociedade de extração mineral que tinha com o capitão Domingos Barbosa Ribeiro.[99]

No processo de sequestro dos bens de Luís Vaz, o capitão Domingos Ribeiro informou ao escrivão João Batista Lustosa que ele e seu sócio haviam comprado fiado e em partes iguais alguns escravos, utensílios de mineração e terras minerais, tudo ainda por pagar:

> [...] e que estes bens estavam ainda por pagar ao vendedor deles, ou quem sua pessoa representava, sem embargo de estarem já vencidos todos os pagamentos; porque, posto que ele jurado, à conta da metade que lhe pertencia do preço dos mesmos bens, tinha feito de seu próprio dinheiro algumas contribuições das quais tinha recibos, o dito seu sócio até agora nada tinha pago para a conta da sua metade, pela qual estava ele jurado responsável por ser a obrigação da dívida e dos pagamentos dela feita por cada um de per si, e um por ambos, e que até agora não tinham dado os mesmos bens rendimentos

algum líquido, porque tudo tinha sido pouco para sustento, vestuário, curativo e mais despesas da fábrica, com o que tudo ele jurado tinha assistido.[100]

A ausência dos escravos apreendidos de Luís Vaz pela devassa explica-se, em parte, pela sua transferência para o patrimônio do capitão Domingos Ribeiro. Em seu fogo encontramos referenciado que moravam 67 pessoas e, ao lado de sua esposa Brígida Pereira da Mota, viviam em sua rede de mando 65 mancípios. Deste total, 22 cativos estiveram listados no sequestro do inconfidente.[101]

Como atestado pelo documento eclesiástico, Domingos Barbosa Ribeiro, natural e morador na freguesia de Santo Antônio da vila de São José, onde vivia de minerar, ficou com os escravos de sua parte na sociedade minerária (59,46%).[102] Dos quinze escravos faltantes (40,54%) desconhecemos o destino. Por meio de informações dos Autos de Sequestro, é possível conjecturar que dois destes mancípios dificilmente seriam reaproveitados em atividades agrícolas ou extrativistas na capitania, pois a crioula Geralda, de 42 anos, era "leprosa" e o angola Joaquim, nos seus 56 anos de idade, achava-se "achacado e impossibilitado de trabalhar". Ainda com relação aos dados do *Rol dos confessados*, cinco indicações de nome e naturalidade dos escravos são semelhantes à listagem dos sequestros, mas a diferença temporal entre as idades não nos permitiu incluí-los entre os cativos apropriados pelo capitão Domingos, como sendo propriedade original do inconfidente. Para os 22 mancípios da listagem as idades são ascendentes e proporcionalmente análogas ao tempo entre a confecção do Auto de Sequestro e o levantamento da população religiosa da vila de São José, ao passo que nos cinco casos que expusemos as idades são descendentes e com variações de, no mínimo, uma década entre os números.

Os 22 escravos originalmente sequestrados distribuíam-se em vinte homens (onze angolas, cinco crioulos, três minas e um de origem de Cabo Verde) e duas mulheres (ambas crioulas). Seus valores, contabilizados pela devassa, foram 1:468$000 réis (72,21%). Os demais quinze escravos do plantel de Luís Vaz representavam 27,79% do total, ou 565$000 réis do montante final (2:033$000 réis). O escrivão Manitti, em seu *Resumo* dos sequestros, informou que os bens apreendidos do inconfidente estavam avaliados em 1:103$600 réis – praticamente metade do que originalmente valiam.[103]

A avaliação de seus bens, a sexta maior da lista, não nos permite afirmar que Luís Vaz e sua família vivessem em estado de dependência total do irmão padre Toledo.[104] Ele não era uma pessoa rica, embora pertencesse a uma família rica – os Toledo Piza. Muitos de seus bens, como afirmado pelo capitão Domingos Ribeiro, ainda estavam por pagar.

Dos escravos listados no *Rol dos confessados*, como fazendo parte do fogo dirigido por Gertrudes Maria de Camargo, sabemos que treze apareceram mencionados como pertencentes ao plantel do padre Toledo (no documento: "escravo do padre Toledo, sequestrado"). Destes cativos, apenas nove encontravam-se referenciados na lista dos bens apreendidos do vigário da vila de São José. Todos estes mancípios, aliás, foram os mais bem avaliados pela devassa. Do total dos 31 escravos do padre Toledo, 28 foram quantificados monetariamente em 1:856$000 réis. Os nove mancípios que citamos, que correspondem a 29,03% do grupo, valiam 740$000 réis ou 39,87% do valor total.[105]

Dos sete cativos com avaliação igual ou superior a cem mil-réis, a família de Luís Vaz estava com quatro: os crioulos José Antônio, de trinta anos, e Lourenço, de 25 anos, valiam 140$000 réis cada um; Alberto, de 21 anos, e Apolinário, de 23, valiam 120$000 e 100$000 réis, respectivamente.[106]

Ainda com referência aos mancípios do padre Toledo, o cozinheiro angola Leandro, de 63 anos, que morava em sua casa na rua do Sol, na vila de São José, apareceu incorporado ao plantel de quatro mancípios do padre Bento Toledo, conforme o censo paroquial de 1795.

Os três escravos citados no *Rol dos confessados* como pertencentes à sociedade que Luís Vaz tinha com o capitão Domingos Ribeiro não apareceram listados no sequestro.

Por meio da lista censitária de 1795, descobrimos que quatro cativos (12,90%) não foram mencionados no plantel do padre Toledo. Se contabilizarmos todos os mancípios citados nos ADIM e nos documentos que utilizamos para evidenciar práticas de sonegação chegar-se-á à constatação de que um total de pelo menos 529 escravos viviam nas propriedades inconfidentes nos anos de 1789 a 1791, sendo que destes 442 foram oficialmente sequestrados e 87, ou 19,68% do total, foram omitidos da devassa em três plantéis.

Estes 87 escravos evidenciaram que um quinto do patrimônio cativo não foi relacionado nas listagens elaboradas pela devassa, comprovando a existência de ações evasivas no processo de sequestro. Além dos mancípios sonegados, as famílias dos inconfidentes esconderam ou deixaram de indicar, propositadamente, animais, fazendas e objetos domésticos e de uso pessoal, como roupas e joias. Na denúncia apresentada por Manuel Caetano ao juiz da devassa constava que sua cunhada Hipólita escondeu, além de escravos, muitos trastes de casa, animais e as fazendas Gales e Bananal. Nos Autos de Sequestro de Francisco Antônio não foram incluídas peças de toucador e joias. Situação repetida na listagem elaborada nos bens do padre Toledo: ele também não teve nenhuma joia apreendida.

Ao responder e ao admitir que escravos de seu plantel "furtivamente" não foram contabilizados pelos meirinhos, Hipólita assumiu que praticou fraude contra a Fazenda Real; não apenas ao esconder parte do patrimônio da família, mas, também, ao prestar declarações falsas aos inquiridores. O depositário favoreceu sua prima em várias situações, inclusive alterando a prestação das contas da fazenda da Ponta do Morro com a inclusão do pagamento de suas despesas particulares na parte correspondente ao acerto financeiro do sequestro.

Estes atos, juntamente com a venda de parte de seus bens em lotes para parentes, em nome de dona Hipólita, levaram a família de Francisco Antônio a preservar parte substancial de seu patrimônio. O exemplo da sonegação dos escravos desse sedicioso comprova seu perfil econômico: fazendeiro e dependente do uso da mão de obra cativa para lavrar e explorar as áreas minerais de sua propriedade. Este perfil, aliás, também se ajusta ao encontrado em dois outros casos: José de Resende Costa e padre Toledo. Eles dependiam intensamente da escravidão para desenvolver práticas agrário-pastoris e minerárias em suas fazendas. Talvez esta seja a explicação mais plausível para se compreender o porquê de alguns de seus escravos terem sido omitidos da devassa. O receio de perder a força de trabalho dominante em suas propriedades fez com que suas famílias sonegassem pelo menos uma parte daquele pequeno grupo motriz: os mancípios escondidos foram os mais bem qualificados, os mais jovens e com as avaliações mais elevadas no processo de devassa.

Os cativos não mencionados nas listagens de bens de José de Resende Costa representavam, aproximadamente, 30% do total de mancípios apreendidos; no caso do plantel do padre Toledo, os negros ocultados significaram pouco mais de 10%. Apesar de esses números não representarem proporções substanciais de escravos nas unidades produtivas, eles indicam a subordinação desses senhores ao universo escravista.

Notas

1. Tânia Maria F. de Souza; Liana Reis, "Técnicas mineratórias e escravidão nas Minas Gerais dos séculos XVIII e XIX: uma análise comparativa introdutória". In: SEMINÁRIO SOBRE A ECONOMIA MINEIRA, 12, 2006, Diamantina, MG. *Anais*... Belo Horizonte, Cedeplar/UFMG, 2006, p. 2. Disponível em: <www.cedeplar.ufmg.br/seminários/seminário_diamantina/2006/D06A018.pdf>. Acesso em: 28 set. 2009. Sobre o tema, conferir, também: Flávia Maria da Mata Reis, *Entre faisqueiras, catas e galerias: explorações do ouro, leis e cotidiano das Minas do século XVIII (1702-1762)*. Belo Horizonte, 2007. Dissertação (Mestrado em História) – Faculdade de Filosofia e Ciências Humanas, Universidade Federal de Minas Gerais, pp. 81-167.

2. Paul Ferrand, *O ouro em Minas Gerais*. Trad. Júlio Castañon Guimarães. Estudos críticos de João Henrique Grossi Sad, Juvenil Félix, Friedrich E. Renger e Ronald Fleischer. Belo Horizonte: Fundação João Pinheiro-Centro de Estudos Históricos e Culturais, 1998, p. 97; Flávia Maria da Mata Reis, op. cit., pp. 98-99.

3. Wilhelm Ludwig von Eschwege, *Pluto brasiliensis*. Trad. Domício de Figueiredo Murta. Prefácio de Mário G. Ferri. Belo Horizonte: Itatiaia; São Paulo: EDUSP, 1979, v. 1, p. 173.

4. Paul Ferrand, op. cit., p. 108.

5. APM/SC, cód. 228, fl. 22.

6. Ibidem, fl. 22.

7. Roberto Leonel de Rezende, op. cit., p. 23.

8. Ibidem, p. 23.

9. Wilhelm Ludwig von Eschwege, op. cit., v. 1, pp. 176; 168.

10. Flávia Maria da Mata Reis, op. cit., pp. 157-158.

11. José Vieira Couto, *Memória sobre a capitania das Minas Gerais: seu território, clima e produções metálicas*. Estudo crítico de Júnia Ferreira Furtado. Belo Horizonte: Fundação João Pinheiro-Centro de Estudos Históricos e Culturais, 1994, p. 63.

12. ANRJ/ADIM-C5, v. 1, fls. 253-253v – Avaliação dos bens sequestrados ao vigário Carlos Correia de Toledo; ANRJ/ADIM-C5, v. 1, fl. 262 – Avaliação dos bens sequestrados ao sargento-mor Luís Vaz de Toledo Piza; IHGB. DL 973.1, fl. 99v – Traslado de Auto de Sequestro feito em bens do coronel José Aires Gomes. Igreja Nova (Barbacena). Maio/junho de 1791.

13. Wilhelm Ludwig von Eschwege, op. cit., v. 1, p. 167.

14. FBN/CT, I-35, 12, 8 n. 2, fl. 2. Em 11 de outubro de 1778, Alvarenga Peixoto, por procuração, e Maria Josefa Bueno da Cunha (mãe da Bárbara Eliodora) foram padrinhos de batismo de Eliodora Valentina dos Reis, filha do capitão João Crisóstomo da Fonseca Reis e Maria Rodrigues do Nascimento, na Paróquia de Campanha. A reprodução do assento de batismo encontra-se em: Alfredo Valladão, *Campanha da Princeza*. Rio de Janeiro: Leuzinger, 1937, v. 1, pp. 111-112. Este documento confirma a relação de amizade/parentela entre Alvarenga e a família Silveira e de compadrio entre estes e a família Reis. O compadrio consistia em um dos elementos de estruturação das redes sociais que organizavam a vida cotidiana. A escolha do então ouvidor do Rio das Mortes e da esposa do detentor de um dos cargos camarários da vila de São João – José da Silveira e Souza – explica-se por eles serem personagens com interesses enraizados localmente. Em 1778, Alvarenga já namorava Bárbara Eliodora e mantinha amizade com Joaquim Silvério dos Reis e seu irmão João Crisóstomo da Fonseca Reis.

15. APM/CC, pl. 20276, rolo 528, doc. 3, fls. 5; 6; 7.

16. IHGB. DL 3.4, fl. 20 – Autos de Depósito / Prestação de Contas do capitão Pedro Joaquim de Melo, depositário dos bens do inconfidente Francisco Antônio de Oliveira Lopes.

17. Ibidem, fl. 21.

18. IHGB. DL 101.2, fl. 39v – Sequestro em bens de Francisco Antônio de Oliveira Lopes, por parte da Real Fazenda (1790).

19. IHGB. DL 70.9, fls. 17; 19v; 21v-22 – Sequestro de bens do capitão José de Resende Costa por parte da Fazenda Real.

20. Paul Ferrand, op. cit., p. 145.

21. O quinto era um tributo régio cobrado da quinta parte sobre quaisquer produtos da extração mineral, vegetal e animal, decorrente de direito senhorial "devido a Sua Majestade como fruto das terras de que a mesma senhora tem o domínio, para usar delas como bem lhe parecer". O quinto do ouro, especificamente, era a taxa que se pagava sobre um quinto de todo o ouro extraído na capitania. In: José João Teixeira Coelho, *Instrução para o governo da capitania de Minas Gerais* (1782). Organização, transcrição documental e textos introdutórios de Caio César Boschi. Belo Horizonte: Secretaria do Estado da Cultura-Arquivo Público Mineiro-Instituto Histórico e Geográfico Brasileiro, 2007, p. 265.

22. Paul Ferrand, op. cit., p. 145.

23. Francisco Vidal Luna, *Minas Gerais: escravos e senhores. Análise da estrutura populacional e econômica de alguns centros mineratórios (1718-1804)*. São Paulo: IPE/USP, 1981, pp. 39-40.

24. FBN, 7-3, 17, 15-j – Auto de partição e medição e posse de 43 datas de terras no meio do rio do porto do Menezes e no tabuleiro do quartel na barra do córrego de Vargem, concedidas e repartidas ao alferes Joaquim José da Silva Xavier. Registro do Caminho Novo, 24/09/1781. Cópia. In: FBN – Livro da Guardamoria do distrito da serra da Mantiqueira abaixo até o Paraibuna. A transcrição deste documento encontra-se em: Waldemar de Almeida Barbosa, "Um documento interessante: Tiradentes não era um 'pobre coitado'". *Revista do Instituto Histórico e Geográfico de Minas Gerais*, Belo Horizonte, v. 22, t. 1, pp. 81-86, 84-86, 1992-1998.

25. Ibidem, pp. 85-86.

26. ANRJ/ADIM-C5, v. 7, doc. 8, fls. 6v-7 – Traslado dos sequestros e mais termos que por bem deles se fizeram ao sequestrado e alferes Joaquim José da Silva Xavier. José Pereira de Almeida Beltrão era casado com Eugênia Joaquina da Silva e pai de João Pereira de Almeida Beltrão. Ela era irmã de Antônia Maria do Espírito Santo, companheira de Tiradentes e mãe de sua filha Joaquina.

27. "Autos de Inventário e Partilha dos bens que ficaram da defunta Antônia da Encarnação Xavier, mãe de Tiradentes". *Revista do Instituto Histórico e Geográfico Brasileiro*, Rio de Janeiro, v. 66, parte 1, pp. 285-323, 321, 1904. Kenneth Maxwell chamou atenção para o fato de que o alferes Tiradentes foi prejudicado pela política do governador Luís da Cunha Meneses, pois foi desprezado em várias promoções. Por não compactuar com as arbitrariedades daquele representante real, acabou afastado do comando do destacamento da serra da Mantiqueira, ponto-chave da ligação entre a capital Vila Rica e o Rio de Janeiro. Ao ser retirado do comando daquela área estratégica, Cunha Meneses afastava-o da possibilidade de obtenção de lucro com o contrabando que se praticava naquela paragem. Conferir: Kenneth Maxwell, op. cit., p. 121.

28. ANRJ/ADIM-C5, v. 7, doc. 8, fl. 5v – Traslado dos sequestros e mais termos que por bem deles se fizeram ao sequestrado e alferes Joaquim José da Silva Xavier.

29. FBN – Auto de medição e demarcação de terras referentes à sesmaria de Joaquim José da Silva Xavier. Fazenda da Rocinha Negra, 17 set. 1783. É interessante notar que nenhuma sesmaria que pertenceu ao alferes Tiradentes se encontra indicada no "Catálogo de sesmarias" doadas em território mineiro, publicado pela Revista do Arquivo Público Mineiro em 1998. Da mesma maneira, não encontramos no *Inventário de documentos sobre Minas Gerais no Arquivo Histórico Ultramarino*, qualquer referência a terras que Tiradentes possuía em algum lugar de Minas Gerais. Sobre a sociedade de Tiradentes com João Alves Ferreira, conferir: ANRJ/ADIM-C5, v. 7, doc. 8, fl. 5v – Traslado dos sequestros e mais termos que por bem deles se fizeram ao sequestrado e alferes Joaquim José da Silva Xavier; ANRJ/ADIM-C5, v. 2, doc. 66, fl. 273 – Resumo geral do estado em que se acham os sequestros feitos na capitania de Minas Gerais – 1789-1791, por José Caetano César Manitti; ANRJ/ADIM-C5, v. 3, doc. 35, fl. 1v – Estado das famílias dos réus sequestrados em Vila Rica – Joaquim José da Silva Xavier, por José Caetano César Manitti.

30. IHGB – Livro do tombo da fazenda do Paraibuna, fls. 565-659. Nos fólios 640 e 649, Tiradentes aparece indicado como piloto em medições de terras na região e procurador de requerentes em litígios de terras.

31. APM/AVC, cx. 17, doc. 85, fl. 7 – Recenseamento feito na Intendência de Sabará. 1811.

32. Joaquim Norberto de Sousa Silva, op. cit., t. 1, p. 182.

33. "Documentos justificados – Defesa de Manuel Teixeira Ribeiro contra Inácio José de Alvarenga Peixoto". In: Manuel Rodrigues Lapa, op. cit., pp. 230-231. O capitão Manuel Teixeira Ribeiro era casado com Maria Rosa de Toledo, tia do padre Toledo e de Luís Vaz.

34. IHGB. DL 70.9, fls. 9v; 34v – Traslado do sequestro feito a Inácio José de Alvarenga Peixoto; APM/SC, cód. 226, fl. 18 – Auto de Medição de sesmaria: Alvarenga Peixoto. 27/07/1780.

35. ANRJ/CIM, fundo: 3A, cx. 3031, pacotilha 7, fls. 10v-11 – Libelo Cível entre Manuel Rodrigues Pacheco e Morais, pelo caso de Dionísio Chevalier – executante – contra dona Bárbara Eliodora Guilhermina da Silveira, viúva do inconfidente executado – Alvarenga Peixoto. Ouro Preto, 1804.

36. APM/SC, cód. 226, fl. 18 – Auto de Medição de sesmaria: Alvarenga Peixoto. 27/07/1780; APM/SC, cód. 229, fls. 70-72 – Auto de Medição de sesmaria: Alvarenga Peixoto. 20/01/1781.

37. APM/SC, cód. 227, fls. 23-23v.

38. "Documentos justificados – Certidão da sentença da Relação contra Alvarenga Peixoto e Luís Ferreira de Araújo e Azevedo". In: Manuel Rodrigues Lapa, op. cit., pp. 273-274.

39. "Carta de Bárbara Eliodora ao contratador João Rodrigues de Macedo, expondo-lhe suas dificuldades na administração dos negócios". São João del-Rei, 18/02/1795. *Revista do Arquivo Público Mineiro*, Belo Horizonte, ano 38, 1990, p. 100.

40. Wilhelm Ludwig von Eschwege, op. cit., v. 1, pp. 186-187; Flávia Maria da Mata Reis, op. cit., pp. 102-103.

41. APM/SC, cód. 230, fl. 17v.

42. Ibidem, fls. 17v-18; 18.

43. FBN/CC, I-10, 17, 191, fl. 3 – Carta de Joaquim Coelho de Souza a João Rodrigues de Macedo. São João del-Rei, 26/11/1795. O documento citado faz parte do Anexo desta correspondência.

44. Ibidem, fls. 3-3v.

45. Ibidem, fls. 3v-6.

46. ANRJ/CIM, fundo: 3A, cx. 3031, pacotilha 19, fls. 4-4v – Libelo Cível entre o sargento-mor Luiz Antônio da Silva e o procurador do Fisco, pelos bens do inconfidente Inácio José de Alvarenga Peixoto – réu. Vila Rica, 1794.

47. ANRJ/CIM, fundo: 3A, cx. 3031, pacotilha 21, fls. 4-4v – Libelo Cível entre Maria Josefa da Cunha e o procurador do Real Fisco, pelos bens do inconfidente Inácio José de Alvarenga Peixoto – réu. Vila Rica, 1794.

48. APM/CC, pl. 20276, rolo 528, doc. 3, fls. 3-4; 8-9 – Conta do que pertence a Bárbara Eliodora Guilhermina da Silveira e João Rodrigues de Macedo, e suas despesas particulares (1798).

49. FBN/CIM, II-31, 31, 15 n. 6, fls. 6v-7; 18v-19.

50. Aviso de Dom Rodrigo de Sousa Coutinho à Junta da Administração e Arrecadação da Real Fazenda da Capitania de Minas Gerais, datado de Lisboa, a 17 de agosto de 1803. In: ADIM, v. 11, pp. 109-110.

51. ANRJ/ADIM-C5, v. 7, doc. 8, fl. 5v – Traslado dos sequestros e mais termos que por bem deles se fizeram ao sequestrado e alferes Joaquim José da Silva Xavier; "Arrematação de bens de Tiradentes por João Rodrigues de Macedo". In: José Afonso Mendonça de Azevedo, *A Inconfidência Mineira: documentos do Arquivo da Casa dos Contos (Minas Gerais)*, op. cit., pp. 208-209.

52. Essa visão é unânime na historiografia. A ajuda de Macedo a Bárbara, "num gesto de generosidade ímpar", de acordo com Tarquínio J. B. de Oliveira deveu-se às relações afetivas que mantinha com a família do inconfidente. Conferir: Tarquínio J. B. de Oliveira, *Um banqueiro da Inconfidência...*, op. cit., p. 21. Esta ideia se encontra em: Lúcio José dos Santos, "O destino da família de Alvarenga". *Minas Gerais*, Belo Horizonte, 31 maio 1969. Suplemento Literário. Idem. *A Inconfidência Mineira: papel de Tiradentes na Inconfidência Mineira*, op. cit., p. 448; Guerino Casasanta, "Bárbara Heliodora". *Revista do Instituto Histórico e Geográfico de Minas Gerais*, Belo Horizonte, v. 4, pp. 199-206, 1957; Miguel Costa Filho, *O engenho de Alvarenga Peixoto*. Rio de Janeiro: Instituto do Açúcar e do Álcool, 1959, pp. 26-28; Aureliano Leite, *Vida heroica de Bárbara Eliodora*. São Paulo: Instituto Histórico e Geográfico de São Paulo, 1964, pp. 26-27; Darcy Damasceno, "Bárbara Eliodora e o contratador Macedo". *Jornal do Commercio*, Rio de Janeiro, ano 142, n. 243, 20/07/1969. Suplemento Dominical, pp. 4-5; Maria Claret Carneiro Barbosa, *A participação da mulher na história de Minas*. Belo Horizonte: Imprensa Oficial, 1986, pp. 39-42; Marcelo Nascimento, *Bárbara Heliodora, um exemplo de mulher: a história real da única heroína da Inconfidência Mineira*. Campanha: [s.n.], 1994, p. 47; Celeste Noviello, *Sonhos de liberdade*. Três Corações, MG: Excelsior, [2000?], pp. 336-338; Paulo Miguel Moreira da Fonseca, op. cit., p. 88; entre outros.

53. "Carta de Bárbara Eliodora ao contratador João Rodrigues de Macedo, expondo-lhe suas dificuldades na administração dos negócios", op. cit., p. 101.

54. FBN, I-33, 12, 11 – Carta de Francisco José Martins a João Rodrigues de Macedo. 26/09/1794.

55. "Carta de João Rodrigues de Macedo a Luís Antônio Branco Bernardes de Carvalho. Vila Rica, 19/03/1795". Apud. Guerino Casasanta, op. cit., pp. 202-204.

56. "Carta de Luís Antônio Branco Bernardes de Carvalho a João Rodrigues de Macedo. São João del-Rei, 08/04/1795". Apud. Darcy Damasceno, op. cit., p. 4. Grifo nosso.

57. APM/AVC, CX. 14, doc. 49 – Carta de Bárbara Eliodora Guilhermina da Silveira a João Rodrigues de Macedo comunicando-lhe sua satisfação por esse ter arrematado a parte dos bens de Inácio José de Alvarenga Peixoto.

58. ANRJ/ADIM-C5, v. 1, fl. 269 – Avaliação dos bens sequestrados a Inácio José de Alvarenga Peixoto.

59. FBN/CT, I-35, 12, 2 n. 2, fl. IV. Os credores citados são Manuel Rodrigues Braga, Felizarda Matildes de Morais, Bento Rodrigues de Macedo, capitão José Joaquim Correia,

capitão Luís Cardoso Fontes e outros, sargento-mor Luís Antônio da Silva, tenente-coronel José Pereira Marques, tenente-coronel Manuel Teixeira de Queiroga e doutor João de Araújo e Oliveira.

60. FBN/CT, I-35, 12, 2 n. 2, fls. IV – Arrematação de bens feita por João Rodrigues de Macedo da parte pertencente a Inácio José de Alvarenga na Campanha do Rio Verde. Estes números repetem-se também em: FBN/CT, I-35, 12, 5 – Parecer referente a arrematação de João Rodrigues de Macedo dos bens de Inácio José de Alvarenga.

61. FBN/CC, I-10, 36, 002 n. 029, fl. 1 – Carta de João Rodrigues de Macedo ao tenente Francisco José Álvares. 20/08/1795. Grifo nosso.

62. FBN/CC, I-10, 36, 002 n. 029, fl. 2 – Carta de João Rodrigues de Macedo ao desembargador Luís Antônio Branco Benevides de Carvalho. 20/08/1795.

63. FBN, I-32, 09, 025 – Ofício relativo ao falecimento de João Rodrigues de Macedo e aos procedimentos referentes ao seu espólio. Campanha da Princesa, 07/10/1807.

64. Os demais inconfidentes presos tiveram 54 escravos apreendidos: Cláudio Manuel da Costa (31), José da Silva e Oliveira Rolim (sete), Tiradentes (cinco), Francisco de Paula Freire de Andrada (cinco), Domingos de Abreu Vieira (quatro), Luís Vieira da Silva (um) e Vicente Vieira da Mota (um). Os cativos desses proprietários corresponderam a 12,22% do total dos escravos sequestrados, enquanto os estudados por nós representaram 87,78% de todos os mancípios sequestrados pela devassa. Os demais presos – Tomás Antônio Gonzaga, José Álvares Maciel, José de Resende Costa filho, José de Oliveira Lopes, Salvador Carvalho do Amaral Gurgel, Domingos Vidal de Barbosa Lage, João da Costa Rodrigues, João Dias da Mota e Vitoriano Gonçalves Veloso – não tiveram nenhum cativo apreendido em seus patrimônios.

65. A divisão geográfica que adotamos baseou-se em: Douglas Cole Libby, "As populações escravas das Minas setecentistas: um balanço preliminar". In: Maria Efigênia Lage de Resende; Luiz Carlos Villalta (org.). *História de Minas Gerais: as Minas setecentistas.* Belo Horizonte: Autêntica-Companhia do Tempo, 2007, v. 1, pp. 407-438; p. 431. Embora ocorra precisão na indicação dos cativos nascidos no Brasil e na África, a análise dos Autos de Sequestro merece cautela. Quanto ao requisito da origem na África, é difícil saber ao certo se a terminologia utilizada na identificação se referia tão somente aos portos de embarque, às regiões geográficas ou aos grupos étnicos, religiosos, linguísticos ou territoriais de existência efêmera que, hoje, não podemos identificar. Os notários da devassa, para designar a origem dos africanos, utilizaram termos que se referem ao local de embarque, como mina, que faz referência ao castelo de São Jorge da Mina, de onde saíram os escravos da região do Golfo do Benin, bem como às traduções fonéticas de termos africanos, tais como cobu, "adaptação portuguesa para *kovenú*, que se refere ao natural de Cové, região de antiga fala *mahi*"; ou até sua localidade específica e grupo linguístico, como o caso de Cabo Verde. Mesmo com tais dificuldades e se conhecendo os limites que essas representações europeias impuseram aos grupos africanos, uniformizando-os como nações geográficas imaginárias, optamos por quantificar e tecer considerações sobre esses cativos segundo a determinação da "origem" indicada no documento. Para os limites quanto às origens dos africanos

em Minas Gerais, baseamo-nos em: Júnia Ferreira Furtado, "Quem nasce, quem chega: o mundo dos escravos no Distrito Diamantino e no Arraial do Tejuco". In: Douglas Cole Libby; Júnia Ferreira Furtado (org.), *Trabalho livre, trabalho escravo: Brasil e Europa, séculos XVIII e XIX*. São Paulo: Annablume, 2006, pp. 223-250; 246-248.

66. Sheila de Castro Faria, op. cit., p. 295.

67. As discussões historiográficas sobre o tema da família escrava em Minas Gerais do século XVIII são extensas. Para a comarca do Rio das Mortes, na segunda metade dos setecentos, conferir: Luciano Raposo de Almeida Figueiredo, *Barrocas famílias: vida familiar em Minas Gerais no século XVIII*. São Paulo: Hucitec, 1997; Silvia Maria Jardim Brügger, *Minas patriarcal: família e sociedade (São João del-Rei – séculos XVIII e XIX)*. São Paulo: Annablume, 2007; Maria Lúcia Resende Chaves Teixeira, *Família escrava e riqueza na Comarca do Rio das Mortes: o Distrito da Lage e o Quarteirão do Mosquito*. São Paulo: Annablume; Coronel Xavier Chaves: Prefeitura Municipal de Coronel Xavier Chaves, 2006; Tarcísio Rodrigues Botelho, "A família escrava em Minas Gerais no século XVIII". In: Maria Efigênia Lage de Resende; Luiz Carlos Villalta (org.). *História de Minas Gerais: as Minas setecentistas*. Belo Horizonte: Autêntica-Companhia do Tempo, 2007, v. 1, pp. 455-476; Afonso de Alencastro Graça Filho; Fábio Carlos Vieira Pinto; Carlos de Oliveira Malaquias, "Famílias escravas em Minas Gerais nos inventários e registros de casamento: o caso de São José do Rio das Mortes, 1743-1850". *Varia História*, Belo Horizonte, v. 23, n. 37, pp. 184-207, jan.-jun. 2007.

68. FBN/CT, I-35, II, 13 n. 4 – Carta de Bárbara Eliodora Guilhermina da Silveira a João Rodrigues de Macedo tratando da saúde do Senhor Mathias, roupas para escravos, etc. s.d.

69. FBN/CIM, II-31, 31, 15 n. 5, fls. 4-5 – Carta de Inácio José de Alvarenga a João Rodrigues de Macedo. 28/05/1779.

70. Ideias suscitadas por: Sheila de Castro Faria, op. cit., p. 300.

71. A fazenda Paraopeba, pertencente a Inácio José de Alvarenga Peixoto, não foi sequestrada pela devassa, pois fora arrematada por seu sogro José da Silveira e Sousa, em seu nome, no tempo em que foi ouvidor. Por lei, Alvarenga não poderia participar da compra daquelas terras, pois era vedado aos funcionários reais de alto escalão participar de negociatas nos lugares de sua jurisdição administrativa.

72. Stuart B. Schwartz, *Escravos, roceiros e rebeldes*. Trad. Jussara Simões. Bauru, SP: EDUSC, 2001, pp. 149-150. Pesquisas recentes demonstram a existência de vastas áreas de Minas Gerais ligadas não apenas ao abastecimento regional, mas, principalmente, ao fornecimento de gêneros para o Rio de Janeiro. Conferir, entre outros: Kenneth Maxwell, op. cit.; Alcir Lenharo, op. cit.; Angelo Alves Carrara, op. cit.; Afonso de Alencastro Graça Filho, op. cit.; Mônica Ribeiro de Oliveira, op. cit.; André Figueiredo Rodrigues, *Um potentado na Mantiqueira: José Aires Gomes e a ocupação da terra na Borda do Campo*, op. cit.

73. IHGB. DL 101.2, fl. 15 – Sequestro em bens de Francisco Antônio de Oliveira Lopes.

74. Ibidem, fl. 42. Grifo nosso.

75. ANRJ/ADIM-C5, v. 7, doc. 2, fls. 1-7 – Traslado do sequestro feito a Francisco Antônio de Oliveira Lopes.

76. IHGB. DL 101.2, fls. 44-44v; 78v-80v – Sequestro em bens de Francisco Antônio de Oliveira Lopes. Além desses bens, denunciou-se, ainda, "um crédito, ou execução que é devedor Manuel Inácio Rodrigues, cuja ação principiou contra Manuel Antônio camarada do dito Manuel Inácio Rodrigues". In: Ibidem, fl. 78.

77. No documento, encontramos: "Uma fazenda chamada o Bananal, sita no termo de Mariana, que foi vendida ao coronel João Damasceno, que ainda se deve a maior parte de seu valor". [grifo do original]. In: Ibidem, fl. 78. A fazenda Bananal é a mesma que consta no processo de compra dos bens do tenente-coronel Manuel Lopes de Oliveira feita por Francisco Gomes Martins e, depois, por Aires Gomes. Este tenente-coronel era pai de Maria Inácia de Oliveira, esposa do inconfidente da Borda do Campo, e do sedicioso Francisco Antônio de Oliveira Lopes.

78. Ibidem, fls. 80v-81; 83-83v.

79. Para chegar a estes números, cruzamos a lista dos escravos sequestrados de Francisco Antônio com o Auto de Partilha do tenente-coronel José Lopes de Oliveira. A elaboração das duas listas difere em um ano. Ao analisar os documentos de óbito dos negros da Ponta do Morro e os da fazenda da Laje, constatamos que nenhum dos cativos pertencentes ao dito tenente-coronel morreu naquele período, pois nenhum dos nomes de escravos falecidos coincide com os nomes contidos nas duas listagens.

80. IHGB. DL 3.4, fl. 157 – Autos de Depósito / Prestação de Contas do capitão Pedro Joaquim de Melo, depositário dos bens do inconfidente Francisco Antônio de Oliveira Lopes.

81. Ibidem, fl. 164.

82. Ibidem, fls. 155-156.

83. Ibidem, fls. 160v-161.

84. "Óbito e registro do testamento de D. Hipólita Jacinta Teixeira de Melo, viúva do inconfidente Francisco Antônio de Oliveira Lopes". Prados, 27/04/1828. In: ADIM, v. 9, pp. 430-431.

85. A dobla era uma moeda de ouro. No Rio de Janeiro, o escravo Nicolau, sequestrado a Domingos de Abreu Vieira, foi avaliado em oito doblas ou 102$400 réis, o que indica o valor de 12$600 réis por dobla. Conferir: ADIM, v. 6, p. 239.

86. "Óbito e registro do testamento de D. Hipólita Jacinta Teixeira de Melo, viúva do inconfidente Francisco Antônio de Oliveira Lopes". Prados, 27/04/1828. In: ADIM, v. 9, p. 431.

87. Sobre os estudos da coartação em Minas colonial, conferir: Eduardo França Paiva, *Escravos e libertos nas Minas Gerais do século XVIII: estratégias de resistência através dos testamentos*. São Paulo: Annablume, 1995, pp. 78-109; Idem. *Escravidão e universo cultural na colônia: Minas Gerais, 1716-1789*. Belo Horizonte: Editora UFMG, 2001, pp. 167-216; Laura de Mello e Souza. "Coartação: problemática e episódios referentes a Minas Gerais no século XVIII". In: *Norma e conflito: aspectos da história de Minas no século XVIII*. Belo Horizonte: Editora UFMG, 1999, pp. 151-174. Além do clássico: Stuart B. Schwartz, *Segredos internos:*

engenhos e escravos na sociedade colonial, 1550-1835. Trad. Laura Teixeira Motta. São Paulo: Companhia das Letras, 1999, pp. 213-215.

88. "Óbito e registro do testamento de D. Hipólita Jacinta Teixeira de Melo, viúva do inconfidente Francisco Antônio de Oliveira Lopes". Prados, 27/04/1828. In: ADIM, v. 9, p. 433.

89. Ciro Flamarion Cardoso, *Escravo ou camponês? O protocampesinato negro nas Américas*. São Paulo: Brasiliense, 1987, p. 137.

90. FBN/CC, I-10, 15, 043 n. 009 – Carta de Francisco José Alves Nogueira a João Rodrigues de Macedo tratando da administração local e da remessa de créditos. 04/01/1796.

91. Douglas Cole Libby; Clotilde Andrade Paiva, "Alforrias e forros em uma freguesia mineira: São José d'El Rey em 1795". *Revista Brasileira de Estudos de População*, São Paulo, v. 17, n. 1-2, pp. 17-46, 18-20, jan.-dez. 2000.

92. Maria Lúcia Resende Chaves Teixeira, op. cit., pp. 50-51.

93. IHGT. *Rol dos confessados desta freguesia de S. Antônio da vila de S. José, comarca do Rio das Mortes, deste presente ano de 1795*. Devo ao Prof. Dr. Douglas Cole Libby o acesso a esse documento.

94. IHGB. DL 70.9, fls. 29v-32v – Sequestro de bens do capitão José de Resende Costa por parte da Fazenda Real.

95. IHGT. *Rol dos confessados desta freguesia de S. Antônio da vila de S. José, comarca do Rio das Mortes, deste presente ano de 1795*.

96. "Ofício do conde de Resende a Martinho de Melo e Castro, secretário da Marinha e Ultramar, sobre execução das sentenças da Alçada". Rio de Janeiro, 22/05/1792. In: ADIM, v. 8, pp. 371-372; APM/CI, cx. 01, doc. 07 – Manuel de Almeida Vasconcelos, governador e capitão general de Angola: Guias de marcha para os presídios de Ambaca (Inácio José de Alvarenga), Massangano (José Álvares Maciel) e Cambambe (Luís Vaz de Toledo). Luanda, 24/07/1792; ANRJ/ADIM-C5, v. 3, doc. 35, fl. 5 – Estado das famílias dos réus sequestrados – Luís Vaz de Toledo Piza, por Luís Antônio Branco Bernardes de Carvalho. 1791.

97. Idem, fl. 5.

98. Márcio Jardim, op. cit., p. 184; José Crux Rodrigues Vieira, op. cit., v. 2, t. 2, p. 646.

99. IHGT. *Rol dos confessados desta freguesia de S. Antônio da vila de S. José, comarca do Rio das Mortes, deste presente ano de 1795*.

100. ANRJ/ADIM-C5, v. 7, doc. 3, fl. 2v – Traslado do sequestro de Luís Vaz de Toledo.

101. IHGT. *Rol dos confessados desta freguesia de S. Antônio da vila de S. José, comarca do Rio das Mortes, deste presente ano de 1795*.

102. Caso semelhante ocorreu com a fazenda que Tiradentes tinha na Rocinha Negra. Na ocasião dos Autos de Sequestro, o ferreiro João Alves Ferreira arranjou comprovante que o alferes lhe tinha vendido aquelas terras e, portanto, elas não poderiam ser alvo de apreensão. Conferir: ANRJ/ADIM-C5, v. 7, doc. 8, fl. 5v – Traslado dos sequestros e mais termos que por bem deles se fizeram ao sequestrado e alferes Joaquim José da Silva Xavier.

103. ANRJ/ADIM-C5, v. 2, doc. 66, fl. 273 – Resumo geral do estado em que se acham os sequestros feitos na capitania de Minas Gerais – 1789/1791, por José Caetano César Manitti.

104. A afirmação de que Luís Vaz vivia completamente subordinado ao seu irmão padre Toledo veio da declaração do padre Bento Cortês de Toledo ao escrivão João Batista Lustosa, no processo de sequestro dos bens de seu irmão e que foram seguidos à risca pela historiografia: "E recebido o dito juramento no referido livro dos Santos Evangelhos, em que pôs a sua mão direita, debaixo dele disse, e jurou, que não tinha em seu poder bens alguns pertencentes ao dito Sargento-mor, nem sabia que ele os tivesse em alguma parte, porquanto os escravos e móveis com que se serviam o dito Sargento-mor e sua família, eram pertencentes a seu irmão, o Reverendo Vigário Carlos Correia de Toledo e Melo, e mesmo os sequestrados pelo autorretro, não eram do sobredito Sargento-mor, por se acharem por pagar a quem lhos havia vendido". In: ANRJ/ADIM-C5, v. 7, doc. 3, fl. 4 – Traslado do sequestro de Luís Vaz de Toledo. Na ocasião de sua prisão como inconfidente, Luís Vaz exercia o ofício de juiz dos órfãos da vila de São José, que lhe garantia certo prestígio e rendimentos (70$000 réis mensais). Sobre os valores pagos aos juízes ordinários, vereadores e procuradores da vila de São José, conferir: José João Teixeira Coelho, op. cit., p. 195.

105. ANRJ/ADIM-C5, v. 1, fls. 253-253v – Avaliação dos bens sequestrados ao vigário Carlos Correia de Toledo.

106. Ibidem, fl. 253v.

Créditos e endividamentos

Os créditos

No dia a dia, abastecer a casa com os mantimentos necessários e pagar um credor ou comprar tecidos para vestir os escravos eram práticas que poderiam ser realizadas por meio de uma operação de crédito – entendida como toda transação de compra e venda efetuada sem o pagamento imediato.[1] A prática de solicitar empréstimo era usual entre as pessoas. Em Minas Gerais, de acordo com Júnia Furtado, "o sistema de endividamento entrelaçava a população local e o pequeno comércio", acarretando a criação de um sistema de créditos e de empréstimos.[2]

O crédito envolve relações pessoais, autoridade, reputação e confiança. Para ter direito a adiar um pagamento ou a cobrança de uma dívida era preciso existir uma relação de crédito entre as duas partes. Para essa troca ocorrer estavam em jogo, de acordo com Maria Luiza Ferreira de Oliveira, "a reputação, as influências, a qualidade da relação (familiar, amizade, negócio) e a informação".[3]

Dos sete sediciosos do Rio das Mortes foi possível desvendar – a partir unicamente dos Autos de Sequestro, dos Libelos Cíveis e de cartas e bilhetes de crédito – quem foram as pessoas que emprestaram dinheiro, concederam mercadorias ou prestaram serviços aos conjurados e, também, quem foram as pessoas que receberam dinheiro, mercadorias ou serviços realizados pelos inconfidentes. É nessa rede de endividamento, analisada parcialmente ou sob um pequeno ângulo, que se pretende medir a dimensão e o espraiar das relações de crédito estabelecidas nas Minas Gerais setecentistas e entre os sediciosos.

Na sociedade colonial, emprestar dinheiro, disponibilizar primeiramente a mercadoria para receber depois, e prestar o serviço para ser pago futuramente eram práticas cotidianas. Nos atos diários, ser devedor era bem mais usual do que ser credor. Entre os inconfidentes, quem fornecia crédito? Com base nos documentos originais, descobriram-se 177 operações creditícias, distribuídas em quatro sequestros. Esses números não traduzem o total das transações efetuadas pelos conjurados, mas apenas o que se apreendeu nos seus papéis. Deve-se atentar ainda que, em algumas situações, empréstimos não foram formalizados por meio de escrituras, porque faziam parte de transações cotidianas, como o fornecimento de mantimentos em pequena proporção a um conhecido. Essas vendas, registradas em contas correntes, deixaram explícitos apenas o nome do comprador e a mercadoria adquirida, sem a descrição pormenorizada de seu pagamento futuro ou o valor monetário expresso na negociação.

No sequestro dos bens de José Aires Gomes, na fazenda da Borda do Campo, registraram-se, a título de exemplo, duas compras ilustrativas dessas situações: Gabriel Antônio de Mesquita adquiriu, em data indefinida, "40 bruacas de sal" sem a indicação de seu valor, e o alferes Manuel Vidal Lopes comprou "uma libra de salsa e três onças de sene, no qual não declara quantia alguma, sim de que é devedor".[4]

Aqui se analisarão, apenas, as referências de crédito que trouxeram explícitas as normas e os respectivos valores contratados. Pensando-se nesses limites, das obrigações creditícias indicadas na Tabela 22, foi possível descobrir quem eram alguns de seus credores.

Embora o sequestro de Francisco Antônio de Oliveira Lopes revele a existência de uma série de "notas de crédito", evidenciando que praticava intermediação de crédito, não constam nos Autos que aqueles documentos pertenciam ao inconfidente. Das 36 cartas em sua posse, nenhuma delas dizia respeito diretamente a ele; todas foram passadas em nome de seu sogro, o capitão-mor Pedro Teixeira de Carvalho. Por ser o responsável legal pelo patrimônio do pai de sua esposa, o sedicioso teve apreendido aqueles papéis entre os seus bens, mas nenhum deles pertencia a ele, apenas administrava a sua cobrança. No total, a dívida ativa era de 4:176$353 réis.[5]

Tabela 22. Cartas de crédito sequestradas dos inconfidentes na comarca do Rio das Mortes

	Cartas de Crédito	Valores (em réis)
Carlos Correia de Toledo	–	–
Luís Vaz de Toledo Piza	–	–
Francisco Antônio de Oliveira Lopes	36	4:176$353
José Aires Gomes	128	5:930$856
Manuel Rodrigues da Costa	3	216$826,5
Inácio José de Alvarenga Peixoto	–	—
José de Resende Costa	10	343$056
	177	10:667$091,5

Fonte: ANRJ/ADIM-C5, v. 7 – sequestros diversos.

Pedro Teixeira de Carvalho, capitão-mor da vila de São José, era filho do casal português Gaspar Teixeira de Carvalho e Anastácia João, os primeiros donos da fazenda da Ponta do Morro (1729). A carta de sesmaria daquela propriedade só foi obtida em 1749, quando o capitão-mor recebeu meia légua de terras na freguesia de Prados para legitimar a ancestralidade da posse.[6]

Em 1750, o mesmo Pedro apareceu ao lado do tenente João de Sequeira, morador em Vila Rica, como sócio de João de Souza Lisboa no triênio do contrato de Dízimos de Minas Gerais, nos anos de 1750 a 1753. Coube-lhe arcar com uma das três parcelas de 90:496$000 réis, correspondente à sua parte na sociedade.[7]

Como homem de "grosso cabedal", Pedro Teixeira emprestava dinheiro a terceiros e a parentes. Seu irmão, o capitão-mor Manuel Teixeira de Carvalho, proprietário de um sítio no Bichinho (atual distrito de Vitoriano Veloso, em Prados), recebeu 362$939 réis, tendo pagado parcela de 151$012,5 réis (41,60% do total da dívida). Da transação, restava quitar ainda 211$926,5 réis.[8]

As 36 cartas de crédito sequestradas correspondiam a empréstimos cedidos a 28 pessoas. José Lopes Ribeiro foi o que mais contraiu auxílio financeiro do amigo (quatro vezes) – 626$846 réis (15,% do total); seguido de Manuel José da Rosa Lisboa, com três empréstimos e 213$400 réis de dívidas (5,10%

do total) feitas em 1771, 1774 e, a última, em data indeterminada. Com dois empréstimos cada, três pessoas recorreram a sua ajuda – o sargento-mor Inácio Pereira de Sousa com 100$500 réis, sendo uma das parcelas referentes ao pagamento do registro de sua carta patente no regimento comandado pelo tenente-coronel Francisco de Paula Freire de Andrada, em Vila Rica (23-¾-0 oitavas = 27$300 réis); Manuel Mendes Pereira com 184$000 réis, dividido em duas parcelas, sendo uma de 160$000 e outra de 24$000 réis; e o contratador e capitão João de Sousa Lisboa, com o valor de 36$000 réis, em dois empréstimos – um de 25 e outro de seis oitavas de ouro.[9]

Entre as 28 pessoas que contraíram empréstimos financeiros com Pedro Teixeira constavam cinco oficiais militares (um alferes, um coronel, um capitão-mor, um capitão – o contratador João de Sousa Lisboa – e um sargento-mor), um frade e um médico.

Seguindo o exemplo de seu pai em não deixar débitos (pelo menos registrado em documentação avulsa), dona Hipólita escreveu em seu testamento que não tinha qualquer dívida por pagar, tanto de sua autoria quanto contraída por seu marido.[10]

No inventário do tenente José Fernandes de Souza, de 13 de novembro de 1827, consta que Gonçalo Teixeira de Carvalho, sucessor do pai no posto de capitão-mor da vila de São José, devia-lhe 6$300 réis. Como a situação financeira da família de sua irmã Hipólita era mais confortável que a dos descendentes do capitão-mor Gonçalo, a viúva e inventariante, Joana Cândida de São Bernardo, indicou a dívida ativa em favor de dona Hipólita, por ser uma das herdeiras de seu irmão.[11]

No inventário de Bento Gonçalves da Costa, casado em primeiro matrimônio com Maria Joaquina de Souza, com quem teve sete filhos e, em segundas núpcias com Maria Teixeira de Carvalho, com quem não teve descendentes, deixou registrado o nome de seus dezoito devedores. Entre eles consta Hipólita Jacinta com 12$000 réis ou 0,56% do valor total das dívidas ativas, que era de 2:122$467 réis.[12]

Estes foram os únicos documentos encontrados com indicação de débitos em nome de Hipólita Jacinta. Estes valores somados, 18$300 réis, são pequenos em relação às cartas de crédito e dinheiro que tinha em seu poder.

No testamento de dona Hipólita lê-se:

> Declaro que, no tempo da minha infelicidade, alguns parentes meus e estranhos trataram dos negócios da minha casa, comprando e vendendo, e pagando algumas dívidas minhas. E porque possa acontecer, o que muito duvido, que algum tenha carta ou crédito meus, pagos, ou algum papel que eu por engano assinasse, declaro que nada devo.[13]

Em 1811, o fiel depositário dos bens de Francisco Antônio entregou à Fazenda Real sua prestação de contas, com as justificativas das dívidas e dos débitos realizados de 1789 a 1804. Dos 158 documentos apresentados, constavam três cobranças de dívidas. Todas elas anotadas pela devassa.

O fiel depositário e a família de dona Hipólita receberam de Jacinto Moreira de Sá 19$800 réis, que lhe haviam sido emprestados pelo capitão-mor Pedro Teixeira. Este pagamento só foi possível devido ao acerto salarial que o depositário fez com o dito Jacinto, pelo tempo em que este trabalhou como feitor das lavras e administrador da fazenda da Ponta do Morro. Pelos nove anos de serviços (de princípios de janeiro de 1792 ao final de janeiro de 1801), Jacinto recebeu, em 3 de janeiro de 1802, a quantia de vinte oitavas de ouro para cada ano de trabalho ou 180 oitavas no total (= 216$000 réis). O fiel depositário pagou-lhe integralmente o valor de seus salários, cuja quantia foi descontada da meação do sequestro. Após receber o que lhe cabia por salários atrasados, ele pagou a dívida que tinha na herança do capitão Pedro. Do ajuste, ao se descontar o débito, Jacinto recebeu 196$200 réis ou 90,83% do total que a família lhe devia, conforme recibo que assinou.[14]

Outra pessoa que quitou totalmente as suas dívidas com aquela casa foi Manuel Bernardes de Cristo, que devia por crédito, de 8 de setembro de 1776, a quantia de quarenta oitavas de ouro "com os seus juros". Ele pagou os 48$000 réis do valor principal mais os juros, calculados em 31$987,5 réis, referente ao período de treze anos, três meses e dezessete dias de atraso. Ao todo, o devedor quitou, em 1789, o valor de 79$987,5 réis.[15]

Mas, de todos os valores cobrados e que apareceram quantificados, chamou-nos a atenção a dívida contraída pela preta forra Maria Antônia:

488$880 réis, "com os seus juros", ou 11,29% de todas as transações creditícias realizadas por Pedro Teixeira. O empréstimo, ocorrido em 30 de agosto de 1773, foi pago parcialmente em 1789. Daquela conta descontaram-se apenas 26 oitavas ou 31$200 réis, restando-lhe ainda a obrigação de pagar 457$680 réis.[16]

Os valores dos três pagamentos recebidos por dona Hipólita Jacinta foram utilizados para acerto de despesas de sua casa. Quando se lê em seu testamento que ela não deixou nenhuma dívida, pode-se acreditar que suas anotações estejam corretas. Em 1811, o fiel depositário apresentou a prestação das contas e a explicação do destino dos bens sequestrados. No documento constam os recibos dos pagamentos das despesas correntes efetuadas para a manutenção daquela casa, como tratamentos médicos aos escravos e aquisição de manufaturas essenciais ao desenvolvimento das práticas minerárias, pecuárias e agrícolas realizadas nas fazendas da Ponta do Morro e da Laje.

Ao depositário cabia zelar e administrar o patrimônio do sequestrado, enquanto não lhe fosse dada a devida destinação legal. O fiel Pedro Joaquim fez mais do que isto: permitiu que se lançassem débitos que não faziam parte do sequestro na conta que administrava. Ele, como gestor da parte meada do sequestro, respondia unicamente pelas despesas daquela parte. Quaisquer débitos originários de terceiros, que fossem anteriores à prisão do réu, deveriam ser solicitados em juízo junto à Fazenda Real. Não cabia ao fiel decidir se pagava ou não débitos pendentes da casa. Mas, contrariando os limites que lhe foram impostos pela lei, Pedro permitiu que as despesas contraídas por Francisco Antônio fossem apresentadas e pagas, à revelia de determinações legais, desde que Hipólita reconhecesse as dívidas e autorizasse a quitação dos débitos.

Após incessante luta para reaver a parte que lhe cabia dos bens sequestrados, já que inicialmente negaram-lhe o direito à meação conjugal, Hipólita Jacinta escreveu ao Secretário do Ultramar, em Lisboa, alegando que parte dos pertences apreendidos era de sua herança paterna.[17] Os argumentos e as provas apresentadas foram convincentes e, por isso, ela obteve despacho favorável.

Com o Despacho de dom Rodrigo de Sousa Coutinho, a favor da meação do patrimônio de Francisco Antônio, dona Hipólita conseguiu salvaguardar parte de seus bens de casada, mais os oriundos da herança paterna. Esta informação corrige o exposto pela historiografia que afirma que Hipólita foi a única esposa de inconfidente a não conseguir a meação do patrimônio do marido, por ter sido penalizada pelo visconde de Barbacena devido à sua participação ativa no movimento insurreto.[18] Na verdade, ela foi a última mulher a conseguir reaver o que lhe pertencia (1804); no mínimo, uma década depois das demais senhoras.

Com a partilha dos bens e sabendo o que era seu patrimônio e o que deveria ser revertido para a Fazenda Real, Hipólita aproveitou-se da oportunidade de seu primo ser o fiel depositário e lançou despesas de sua parte nas contas da fazenda da Ponta do Morro. Despesas médicas de escravos que lhe ficaram na meação, por exemplo, foram pagas pelo sequestro, assim como débitos do padre José Lopes de Oliveira, irmão de Francisco Antônio, juntaram-se ao processo.

As dívidas do casal, como expostas na Tabela 23, foram pagas aos seus credores. De 1789 a 1804 ocorreu o pagamento de despesas habituais com a manutenção das propriedades, o tratamento de saúde dos escravos e a compra de sal. No período de 1790 a 1802 contabilizaram-se débitos com a aquisição de sal na ordem de 521$100 réis ou 19,32% do total das despesas. Além de seu uso alimentar, os criadores de animais domésticos eram obrigados a dar-lhes sal para engorda, devido à inexistência de terras ou águas salitrosas na região da comarca do Rio das Mortes.[19]

O último recibo anexado à Prestação de Contas foi o pagamento de 371 oitavas (= 445$200 réis) referente à compra de gado que Francisco Antônio realizou com Manuel Francisco Bernardes, anterior a 1789. A dívida foi quitada em 24 de março de 1790.[20]

Retomando-se os números gerais da Tabela 23, pode-se perguntar: O que aqueles lançamentos representaram no patrimônio sequestrado? Ao contabilizar seus lançamentos chega-se aos seguintes resultados:

Tabela 23. Prestação de Contas do fiel depositário Pedro Joaquim de Melo dos bens sequestrados de Francisco Antônio de Oliveira Lopes (1811)

	1789	1790	1791	1792	1793	1794	1795	1796	1797	1798	1799	1800	1801	1802	1803	1804
Despesas contabilizadas																
custas do sequestro	33$897															
alimentação			4$275	9$600	12$600											
vestuário	20$112,5			12$468												
insumos (aço / utensílios)							4$650							36$112,5	36$237,5	
insumo (sal)		7$200	50$400	27$600	25$200	55$800	57$600	84$750	52$800	38$400	33$600	28$800	28$800	30$150		
salário de feitores				12$300	38$400				108$000					216$000		
medicamentos			4$800			29$130							17$700	107$917,5		
honorários médicos							97$608	22$912,5						51$487,5		
custas religiosas			4$200										4$500	243$150		
despesas em loja														434$812,5		
ajuste de contas		12$000			16$912,5				8$400							
dízimos														88$612,5		
passagem no Porto Real		7$875		22$162,5					12$000							
compra de gado		445$200														
Subtotal	54$009,5	472$275	63$675	84$130,5	93$112,5	84$930	159$858	107$662,5	181$200	38$400	33$600	28$800	51$000	1:208$242,5	36$237,5	
Rendimentos contabilizados																
lavras			37$500	13$350	33$225	36$375	8$400	15$900	12$300	6$750	18$975	12$300	15$712,5	6$225	23$250	18$750
gado vacum					138$000	84$000	108$000	244$200						67$200		
dívidas recebidas	31$200															99$787,5
Subtotal	31$200		37$500	13$350	171$225	120$375	116$400	260$100	12$300	6$750	18$975	12$300	15$712,5	73$425	23$250	118$537,5

Fonte: IHGB. DL 3.4, fls. 1-153 – Autos de Depósito / Prestação de Contas do capitão Pedro Joaquim de Melo, depositário dos bens do inconfidente Francisco Antônio de Oliveira Lopes.

Despesa:	2:697$133 réis
Receita:	1:031$400 réis

Saldo (déficit):	(–) 1:665$733 réis

A casa do inconfidente finalizou o período do sequestro, de 1789 a 1804, com déficit de 1:665$733 réis. Este número difere do escriturado no documento (1:665$739 réis) em seis réis. Esta diferença explica-se por erro contábil no lançamento da escrituração feita pelo próprio depositário. Na soma dos valores e, consequentemente, na sua transposição entre as páginas do manuscrito, no item "vem por transporte somando", apareceu a diferença de seis réis.[21]

Como indicado, o irmão consanguíneo de Hipólita Jacinta, o tenente Pedro Teixeira, solicitou em juízo que a parte sequestrada do seu cunhado fosse vendida para pagar dívidas que o casal tinha com a casa de seu pai. Para que isto ocorresse, o patrimônio apreendido foi dividido em dois lotes de arrematação, a serem vendidos para quitar os débitos de 4:635$224 réis cobrados na Justiça.

O primeiro lote, contendo bens de Francisco Antônio, era composto de 406 animais, doze conjuntos de colheres, facas e garfos "de cabo de prata" e 26 escravos: tudo avaliado e arrematado por 2:362$400 réis. No segundo processo de arrematação incluiu-se uma fazenda de cultura com todos os seus pertences, avaliada e arrematada por 2:201$000 réis.[22]

Assim, deduz-se que alguns dos bens sequestrados de Francisco Antônio foram avaliados e vendidos por 4:563$400 réis, ficando Hipólita Jacinta a dever à Fazenda Real a importância de 71$824 réis.[23] Este valor, insignificante em relação ao patrimônio que lhe ficou, foi quitado posteriormente. O restante de seu patrimônio, determinado pela meação conjugal e pelas omissões de bens, fizeram-na escrever corretamente em seu testamento que não devia nada a ninguém.

Os bens sequestrados do sedicioso da Ponta do Morro renderam à Coroa portuguesa a bagatela de 71$824 réis. Os favores do fiel depositário em quitar todas as dívidas da casa, lançando-as nas contas finais do processo, não foram esquecidos por dona Hipólita no momento de escrita de seu Testamento e partilha do quinhão. As maiores doações foram feitas às filhas do primo Pedro Joaquim (Hipólita e Cândida; cada uma recebeu 200$000 réis) e as do irmão Pedro Teixeira, morador na fazenda Fortaleza, que receberam "cada uma duzentos mil-réis para ajuda do seu dote, e em remuneração do amor que seus pais sempre me tiveram".[24]

Em suma, de Francisco Antônio de Oliveira Lopes a Fazenda Real não obteve rendimento. Além disso, ele foi o único dos grandes proprietários do Rio das Mortes, envolvidos na Conjuração Mineira, que não devia a ninguém, ou seja, ao longo de sua trajetória conseguiu liquidar suas pendências financeiras, tornando sua casa credora.

Outro inconfidente também credor foi o padre Manuel Rodrigues da Costa, que teve apenas três cartas de crédito sequestradas, sendo avaliadas em 216$826,5 réis, e nenhuma ação de cobrança judicial registrada em seu nome.

Dos seus três devedores, sabe-se que o presbítero secular Antônio de Souza Monteiro Galvão, morador na freguesia de São João, recorreu ao também eclesiástico Manuel Rodrigues da Costa solicitando-lhe ajuda financeira, pois ele, sua mãe Mariana de Souza Monteiro (viúva de Antônio de Souza Monteiro Galvão) e irmãs necessitavam arcar com as despesas habituais de sua casa, que se achavam a dever créditos na praça. Sua dívida era de 67$500 réis. O seu maior devedor foi Antônio Pereira dos Santos, com 146$512,5 réis, e o menor, Manuel Simões Diniz, com 2$814 réis.[25]

O inconfidente José de Resende Costa teve sequestradas dez obrigações creditícias que, contabilizadas, somavam 333$461 réis. Seu maior devedor era seu irmão e sócio em projetos de mineração, capitão Antônio Nunes de Resende, com 58,91% de todos os rendimentos a receber de que tinha direito (196$436 réis).

Apesar de Resende Costa possuir dez créditos a receber, os valores de suas dívidas eram maiores. Estas dívidas, contraídas de 1789 a 1791, foram somadas e pagas por duas pessoas: o coronel Severino Ribeiro e o capitão-mor Gervásio Pereira de Alvim. Estes homens se ligavam à família por laços sanguíneos.

O português Severino Ribeiro era casado com Josefa Maria de Resende, irmã do coronel Resende Costa. Em quatro ocasiões, ele foi o responsável pelo pagamento de empréstimos e compras de fazendas realizadas pelo inconfidente. A primeira dessas vezes ocorreu em 24 de novembro de 1765, quando Severino pagou 130$000 réis a Bernardo Homem da Silveira, por compras realizadas em seu estabelecimento comercial. Deste valor, o sedicioso passou recibo no qual escreveu ao cunhado que pagaria aquele débito em três anos com os juros respectivos. Para quitar, parcialmente, aquela dívida, Resende vendeu a Severino Ribeiro, em 10 de junho de 1771, "mil mãos de milho" por 69$000 réis. Em 14 de janeiro de 1782, outra parcela foi paga: desta vez, a origem do dinheiro veio dos rendimentos das datas minerais que Resende Costa explorava ao lado de seu irmão Antônio Nunes no córrego do Jacaré. Da mineração, enviou por mão do sobrinho João, filho de Antônio, uma barra de ouro no valor de 40$520 réis. Novo pagamento em espécie foi realizado, em 13 de fevereiro de 1783, desta vez entregue ao coronel "18-½-0 oitavas de mantimentos", que foram comercializados aos seus "fregueses" da vila de São João, rendendo-lhe 22$200 réis. Após os acertos dessas parcelas, a dívida de 130$000 réis estava totalmente quitada.[26]

Mas nem todas as dívidas contraídas pelo sedicioso junto ao seu cunhado foram pagas. Em outras três oportunidades, seus saldos não foram quitados: 210-¼-0 oitavas por fazendas compradas, 52 oitavas de "empréstimo de ouro para pagar uma dívida a Manuel Fernandes de Melo" e 124-¼-6 oitavas de "dívidas com os herdeiros de Manuel da Cunha Vale". Estas quantias somaram 386-½-6 oitavas, que ficaram à espera de resgate.[27]

Severino Ribeiro, utilizando-se da lei, moveu ação de cobrança judicial no Fisco e Câmara Real solicitando o ressarcimento daquele valor. Toda quantia cobrada era dividida em duas partes: a primeira correspondia à divisão da esposa e, a segunda, ao inconfidente. Só a metade concernente aos débitos do sedicioso era alvo de cobrança judicial. Assim, ele, Severino, pôde solicitar apenas o desconto de 193-0-7 oitavas (= 231$862,5 réis) do monte-mor do patrimônio sequestrado de seu parente.[28]

Outra ação de cobrança impetrada contra o patrimônio de Resende Costa foi movida pelo seu genro Gervásio Pereira de Alvim. É interessante que após a prisão de seu sogro, em 1791, coube a Gervásio a tarefa de administrar, como fiel depositário, os bens apreendidos pela devassa. Concomitantemente, ele administrava a casa sequestrada, a parte da meação de sua sogra Ana Alves Preto e cobrava os débitos que o proprietário daquele fogo deixou-lhe a descoberto.

No processo, Gervásio alegou que pagou dívidas de Resende Costa por amizade e que, com o correr do tempo, e após apresentar-lhe a sua filha e significante valor de dote, firmou compromisso de casamento com Francisca Cândida de Resende:

> 1. Provara que o Autor teve em outro tempo boa amizade com José de Resende Costa, debaixo do qual lhe pedia este houvesse o dito Autor de lhe pagar algumas de suas dívidas.
> 2. Que debaixo da dita amizade, intentou aquele José de Resende Costa que o Autor se casasse com uma sua filha, no que convenceu o mesmo e tratando-se o dito casamento, lhe prometeu o dito Resende em dote o que consta do papel junto em último lugar.
> 3. Que aceitado que foi o referido casamento, recebeu o Autor os bens constantes do papel que entrega, que lhe fez o mesmo Resende e passando-lhe a clareza de 800$000 réis, à conta dos quais recebeu o Autor 200$000 réis nos bens aí declarados, e tudo o mais lhe está devendo.
> [...]
> 5. Provara que depois de casado foi continuando a pagar as dívidas daquele seu sogro José de Resende Costa, por ordem que este lhe dava. Umas vezes por escrito, e outras vocalmente, como tudo consta das cartas e papéis juntos [...].[29]

Na ação de cobrança movida por Gervásio, ele reivindicou o pagamento do dote trazido por sua esposa Francisca Cândida para o enlace matrimonial. A dimensão e o tipo de bens contidos no dote estimularam o casamento, a ponto de Gervásio interessar-se em receber ou fazer escapar do processo de sequestro o patrimônio que lhe foi prometido. A estratégia de cobrar os bens do contrato nupcial pode ser interpretada sob dois ângulos: vantagem sobre a herança e proteção de parte dos bens sequestrados do inconfidente.

Em 1789, quando começaram a prender alguns dos envolvidos na Conjuração Mineira, Resende Costa foi chamado para depor como testemunha em duas oportunidades. Tanto na devassa de Vila Rica (28 de julho de 1789) quanto na do Rio de Janeiro (12 de setembro de 1789) informou ter 59 anos de idade.[30] Nesta época, de acordo com pelo menos dois testemunhos, ele era um homem velho e doente. Seu amigo, o sargento-mor Luís Vaz de Toledo Piza, a ele se referiu como "velho e doente". Nos embargos ao Acórdão da Alçada de 1791, o advogado José de Oliveira Fagundes escreveu que "o dito Resende não servia para sócio [do movimento intentado], pela sua idade e moléstia". Em outro parágrafo, disse ele que não havia provas de seu envolvimento no levante, estando o réu pai "na avançada idade de mais de 59 anos, trêmulo, pobre e de fraca e débil constituição".[31]

Sabendo-se da possibilidade de ser preso, juntamente com seu filho de nome homônimo, e já em idade avançada e doente, o coronel Resende firmou o dito contrato de casamento, em 25 de abril de 1791, prometendo como dote ao capitão-mor Gervásio vários bens e dinheiro.

O dote trazido por Francisca Cândida para o matrimônio incluía oito escravos (cinco homens e três mulheres, avaliados em 710$000 réis), oitenta "cabeças de gado sortido" (a 160$000 réis), "trinta cabeças de éguas sortidas" (a 120$000 réis), a fazenda do Rio dos Bois (avaliada em 550$000 réis) e mais 800$000 réis em dinheiro. No total, a esposa levou um dote de 2:340$000 réis.[32]

A cobrança movida por Gervásio contra o patrimônio sequestrado do inconfidente exigia o pagamento de 600$000 réis, referente à parte do dote que seu sogro lhe ficou devendo em dinheiro. Na ocasião do casamento, o capitão Resende entregou-lhe apenas 200$000 réis à vista, ficando o restante (600$000 réis) condicionado a doações que se extrairiam de bens móveis e de raiz que tinha no arraial da Laje. O débito deveria ser pago em seis parcelas de cem mil-réis cada.[33]

Após a execução do processo de sequestro e presumindo a real possibilidade de perder parte dos bens da família Resende para o Fisco e Câmara Real, Gervásio solicitou o cumprimento do dote e o pagamento de dívidas que fez em nome de seu sogro. Ao somar os recibos apresentados, os débitos foram de 1:172$856 réis, sendo-lhe facultado o direito de receber apenas a metade daquela quantia, ou 586$428 réis.[34]

A possibilidade de o coronel Resende ter utilizado o matrimônio de sua filha como estratégia para sonegar ou transferir bens do processo de sequestro evidencia-se pelo contrato de casamento ter sido assinado em abril de 1791, na véspera de sua prisão. A união de sua única filha com um amigo da família, dias antes da repressão, permitiu que se mantivesse parte da fortuna circunscrita à família, impedindo sua dispersão pelo sequestro. Como a família se organizaria se os dois homens da casa fossem presos, já que desde o início das investigações da devassa a possibilidade de prisão dos sabedores e consentidores do levante era real? Apesar de sua prisão ter sido tardia, em maio de 1791, receios de que ela viesse a ocorrer eram intensos, já que em seus depoimentos, como testemunhas, tanto Resende pai quanto Resende filho revelaram detalhes do movimento insurreto.

Se o contrato nupcial não fosse firmado, a devassa sequestraria-lhe um plantel de 39 escravos, em vez dos 31 originalmente apreendidos. Dos oito cativos dados como dote, cinco deles apareceram indicados no censo eclesiástico de 1795 (no documento, "escravo de Gervásio e Francisca"), ao lado de outros quatro cativos que eram posse própria do capitão Gervásio. Dos três outros mancípios não relacionados, dois eram menores de sete anos de idade e, por isso, não apareceriam indicados e um "inadvertidamente" não foi referenciado.[35]

No inventário de Gervásio (1837) apareceu indicada a fazenda Rio dos Bois, localizada no Curato do Passatempo (atual Entre Rios de Minas), no termo da vila de São José, como sendo uma das quatro herdades de que ele era proprietário. A fazenda se compunha de terras de "cultura e campos para criar", com 183,5 alqueires de capoeiras e 795 alqueires de campo, avaliada em 8:929$000 réis.[36]

Esses bens, de maneira legítima, foram transferidos para Gervásio, subtraindo-os do processo de sequestro. Como fiel depositário, esse capitão-mor tornou-se o responsável pela administração da parte sequestrada e dos bens que eram dele e de sua esposa, e que constavam no patrimônio listado pela devassa. Como separá-los legalmente sem prejudicar a família e a si próprio no processo de sequestro?

Quando apresentou a Prestação das Contas daquele patrimônio, informou que "todos" os bens de Resende Costa "foram arrematados em várias execuções por dívidas que o casal devia".[37] Como ocorreu com o patrimônio de Francisco Antônio, aqui também o fiel depositário administrou os bens da maneira que considerou adequada, pagando os débitos do sogro em detrimento das ordens da Fazenda Real. Vale reforçar que o maior credor do coronel Resende era seu próprio genro e fiel depositário.

A casa do inconfidente sofreu duas cobranças judiciais: uma impetrada pelo cunhado Severino e outra pelo genro. Para quitar essas pendências e outras que não constavam individualizadas nos Autos de Sequestro, cuja existência foi indicada nas entrelinhas do processo, Gervásio tornou-se autor-exequente e representante dos "outros credores" e, também, de "ele mesmo", no processo que todos moviam contra os bens de seu sogro, no valor de 3:237$652 réis.[38]

Para pagar essa quantia aos credores, Gervásio (o maior de todos estes credores, com três quatros de todo esse valor) resolveu separar e avaliar alguns bens do sequestro para liquidar aqueles débitos. Entre os bens separados constam utensílios domésticos (objetos da casa, como tachos, bules, pratos, roda de fiar e toalha de mesa), ferramentas (objetos ligados ao universo do trabalho agrícola e mineral, como foices, balança "de pesar ouro", sela com estribos e enxadas), escravaria, bens de raiz, datas minerais, animais, peças de vestuário (como farda e armamento de oficial) e móveis (como cadeiras, quadros, armário e mesas).

Neste primeiro Auto de Arrematação, conforme a Tabela 24, foram avaliados 465 bens por 3:352$075 réis. Estes pertences foram vendidos por 3:344$625 réis, ou 0,22% abaixo do valor originalmente estipulado pelo avaliador.[39] O responsável pela separação, avaliação e arrematação desses bens em leilão foi uma mesma pessoa: o capitão-mor Gervásio Pereira de Alvim. Como arrematante e sendo quem receberia a maior quantia paga por aqueles bens, pois possuía a maior parcela de créditos a receber, Gervásio apenas descontou do valor total da compra os valores a serem quitados aos outros credores que ele representou na ação executória. Com isso, o patrimônio permaneceu nas mãos da família, sem necessidade de efetivar a meação.

Tabela 24. 1º Auto de Execução contra os bens sequestrados do inconfidente José de Resende Costa

Produto	Quantidade	Valor (em réis)	% do total
Bens de raiz	2	1:240$000	36,99
Datas minerais	155	44$000	1,31
Escravaria	26	1:608$000	47,97
Animais	175	333$900	9,96
Ferramentas	42	37$950	1,13
Utensílios domésticos	37	48$725	1,45
Móveis	26	15$900	0,48
Peças de vestuário	2	23$600	0,71
Total	465	3:352$075	100,00
Valor da arrematação		3:344$625	99,78

Fonte: IHGB. DL 70.9, fls. 29v-32v – Sequestro de bens do capitão José de Resende Costa por parte da Fazenda Real.

Entre o valor arrecadado pela venda e a quantia cobrada em juízo restaram aos cofres públicos 106$973 réis.

1º Auto de Execução rendeu	3:344$625 réis
Valor da dívida	3:237$652 réis

Saldo (superávit)	106$973 réis

Após pagar as dívidas pessoais, outras duas cobranças judiciais vieram à tona, fazendo com que o fiel depositário voltasse a colocar em avaliação e arrematação o restante do patrimônio sequestrado do inconfidente.

A segunda ação de cobrança contra os bens de Resende Costa foi movida pelo procurador do Fisco e Câmara Real solicitando o pagamento de 62$477 réis.[40] Gervásio procedeu a uma nova separação, avaliação e arrematação de parte do patrimônio confiscado.

Tabela 25. 2º Auto de Execução contra os bens sequestrados do inconfidente José de Resende Costa

Produto	Quantidade	Valor (em réis)	% do total
Escravaria	1	40$000	55,32
Utensílios domésticos	18	32$300	44,68
Total	19	72$300	100,00
Valor da arrematação		72$300	100,00

Fonte: IHGB. DL 70.9, fls. 32v-34 – Sequestro de bens do capitão José de Resende Costa por parte da Fazenda Real.

A segunda execução contra a casa do coronel Resende, de acordo com a Tabela 25, rendeu 72$300 réis, superando em 9$833 réis o valor do débito cobrado.

2º Auto de Execução rendeu	72$300 réis
Valor da dívida	62$477 réis

Saldo (superávit)	9$833 réis

Em duas execuções, os bens da família Resende Costa renderam 116$806 réis. Este valor será utilizado no pagamento da terceira ação de cobrança movida pelo tenente Pedro Teixeira de Carvalho. Na ocasião, coube novamente ao fiel depositário realizar o pagamento de 1:116$637 réis.[41]

No terceiro e último Auto de Execução (Tabela 26) foram arrematados 83 bens e a sobra das duas execuções anteriores pela quantia de 999$722 réis. A arrematação e a dívida cobrada pelo tenente Pedro Teixeira seguem abaixo:

3º Auto de Execução rendeu	999$722 réis
Valor da dívida	1:116$637 réis

Saldo (déficit)	(-) 116$915 réis

Tabela 26. 3º Auto de Execução contra os bens sequestrados do inconfidente José de Resende Costa

Produto	Quantidade	Valor (em réis)	% do total
Remanescentes de execuções	2	116$806	11,68
Bens de raiz	1	520$000	52,02
Títulos de terras minerais	4	10$000	1,00
Escravaria	1	5$000	0,50
Livros (número de volumes)	61	35$860	3,58
Cartas de créditos	7	303$756	30,39
Utensílios domésticos	6	1$800	0,18
Móveis	2	900	0,09
Peças de vestuário	3	5$600	0,56
Total	85	999$722	100,00
Valor da arrematação		999$722	100,00

Fonte: IHGB. DL 70.9, fls. 32v-34 – Sequestro de bens do capitão José de Resende Costa por parte da Fazenda Real.

Após o abatimento do importe, restou pagar ao tenente Pedro Teixeira 116$915 réis.[42] Este déficit oficializou o número final do sequestro dos bens de José de Resende Costa. Em 1º de dezembro de 1804 encerrou-se a ação judicial, com a publicação do Termo de Conclusão, escrito pelo juiz dos Feitos do Contencioso da Real Fazenda, doutor Lucas Antônio Monteiro de Barros:

> Como depois de satisfeitas as dívidas do casal confiscado, o capitão José de Resende Costa, nada resta, que se possa arrematar, pois que havendo-se arrematado pelos credores exequentes todos os bens penhorados para pagamento, ainda os mesmos não chegaram para inteira solução, o que se evidencia da Certidão [...]. Cumpra-se dar mais passo na presente causa; passando-se Precatória para a Ouvidoria do Rio das Mortes a fim de suspender-se qualquer procedimento contra o depositário na forma requerida, e a fim de se lhe dar mandado de levantamento do referido depósito.[43]

Pela citação conclui-se que do sequestro feito de bens de mais um destacado proprietário da comarca do Rio das Mortes a Coroa não obteve rendimento. As famílias de Francisco Antônio e de Resende Costa permaneceram com a posse integral de suas propriedades, não sendo abaladas pela devassa. Gervásio, após a morte de sua sogra, passou a administrar todos os bens que foram da família, ao lado de sua esposa Francisca Cândida, a herdeira da mãe e do patrimônio anteriormente sequestrado de seu genitor.

Já o conjurado José Aires Gomes teve apreendidas 128 cartas de crédito, passadas por 107 pessoas e que somadas totalizaram 5:930$856 réis. Sua maior parcela foi obtida pela compra dos bens de seu irmão Francisco Gomes Martins. A cobrança de muitas daquelas dívidas ativas passou por gerações da família, chegando às mãos do inconfidente sem quaisquer soluções de pagamento.

Entre os devedores de Aires Gomes constam seu cunhado, o padre Silvestre Dias de Sá, o maior de todos, com treze notas de crédito avaliadas em 794$871 réis, ou 13,40% do total. Padre Silvestre era filho de Ana Maria dos Santos (em suas primeiras núpcias) e Manuel Dias de Sá – o terceiro proprietário da fazenda da Borda do Campo. Ele era irmão de Maria Inácia de Oliveira (filha do segundo matrimônio de Ana Maria com Manuel Lopes), esposa do sedicioso.

O padre Silvestre, também implicado na Conjuração Mineira, vivia de suas ordens e tinha terras "nos matos gerais junto à roça do Calheiros", onde desenvolvia práticas agrícolas. Recebeu carta de sesmaria de suas posses em 14 de dezembro de 1747. As terras desta propriedade foram incorporadas, posteriormente, ao patrimônio de seu cunhado.[44]

Na mesma região, em 11 de maio de 1792, Silvestre requereu ao governador visconde de Barbacena, quarenta e cinco anos após receber sesmaria no local, terras "entre as sesmarias da Mantiqueira, do Acácio e de João Ribeiro, [onde] se acham umas sobras de terras devolutas [...] para sua sustentação e de seus escravos".[45] A propriedade, já desenvolvida com práticas agrícolas, foi medida e demarcada, em 23 de março de 1798, quando aquelas terras já estavam em poder de sua irmã Maria Inácia, herdeira daquele patrimônio, como atestou em documento: "pertence esta carta de sesmaria a minha irmã dona Maria Inácia de Oliveira".[46] Após a delimitação espacial daquele terreno, lavrou-se o termo de sua posse em nome de João Aires Gomes, o filho mais velho do casal Maria Inácia e Aires Gomes.[47]

Dentre os papéis apreendidos pela devassa e que citam o nome do padre Silvestre existe referência a documentos de negócios e transações com terras. Na Sentença Cível e Formal de Partilhas lê-se:

> [...] uma carta de Agostinho Fernandes da Silva escrita ao reverendo Silvestre Dias de Sá em vinte e cinco de março de setenta e oito, na qual diz na cota que dentro se acha o recibo de um conto de réis, que recebeu o reverendo Silvestre Dias de Sá para a compra da fazenda da Mantiqueira, em que nele declara me pertence [José Aires Gomes] a fazenda.[48]

Para adquirir a fazenda da Mantiqueira, contígua à fazenda da Borda, anteriormente arrendada pelo tenente-coronel Manuel Lopes de Oliveira ao padre Agostinho Figueiredo e à viúva Inês Maria de Jesus (parente de Clara Maria de Jesus, esposa de Francisco Gomes Martins, irmão do inconfidente), Aires Gomes pediu ao padre Silvestre que comprasse a propriedade em seu nome. Para conseguir o dinheiro da compra, Aires pediu 1:000$000 réis emprestados a Agostinho Fernandes da Silva e 1:200$000 réis a madre Perpétua Maria de Santana, sua "comadre", em 1772. A fazenda da Mantiqueira foi adquirida pela quantia de 2:200$000 réis.[49]

Esta propriedade, de acordo com o sequestro, contava com casas de vivenda assobradadas, um "mediano rancho de passageiros com varandas, quartos e cavalariças", um "rancho grande de tropas", uma "casa onde está a tenda de ferreiro" e "outras oficinas necessárias", de uma légua de extensão.[50] Na propriedade havia treze escravos, sessenta porcos, dois cavalos, doze alqueires de arroz e meio de trigo plantados. A herdade foi avaliada pela devassa em 1:372$000 réis, ou 62,36% do valor originalmente pago por Aires Gomes ao antigo proprietário daquelas terras.[51]

Em outra oportunidade, o padre Silvestre também apareceu como financista da família. Em 1792, quando Aires Gomes partiu condenado rumo ao degredo em Moçambique, seu filho homônimo negociava com o primo Luís Serafim alguns terrenos que este possuía na paragem da Batalha. As terras, almejadas pelo filho do sedicioso mineiro, compreendiam "matos e campos" que confrontavam as suas bandas com o Caminho Novo e com as propriedades de seu pai: os sítios Confisco, Pinheirinho e Calheiros, e as fazendas Engenho e Bananal.[52]

O auto de posse da sesmaria de meia légua de Luís Serafim, iniciado como escritura de venda, se transformou, por interferência de Maria Inácia, em termo de cessão de terras em favor de Aires Gomes, o filho:

> Luís Serafim Gomes [...] cedia todo o domínio e ação que tem em uma sesmaria que alcançou pela secretaria deste governo, no lugar da Batalha, termo desta vila [de Barbacena], na pessoa de José Aires Gomes, o moço, cuja cessão fazia em pagar as despesas que fez ao reverendo Silvestre Dias de Sá que assistiu para ele cedente obter a dita carta de sesmaria.[53]

Mais uma vez, o padre Silvestre envolveu-se em transações de terras na paragem da Borda: ora requerendo terras para si, ora aparecendo como financista de membros da família. Antes de partir em degredo, o inconfidente escreveu em seu livro de anotações que era devedor de uma quantia indeterminada ao seu cunhado. No livro, Aires anotou que a família deveria pagar o que ele apresentasse por "conta", estando "pelo que o mesmo disser eu dever".[54]

Outro membro da família que também teve seu nome revelado como devedor do sedicioso foi Manuel Dias de Sá, filho homônimo do pai proprietário da fazenda da Borda. Sua dívida foi de 45$450 réis. Como seu irmão padre Silvestre, Manuel solicitou sesmaria de um terreno "junto à do defunto seu pai para as partes do sertão [onde] se achavam terras devolutas, nas quais queria haver por sesmaria meia légua em quadra". A confirmação da carta de sesmaria deu-se em 29 de março de 1746.[55]

Outro personagem ligado aos empreendimentos territoriais dessa família e que teve obrigações creditícias sequestradas pela devassa foi José Garcia Velho, agregado na fazenda da Borda do Campo. Com dívida de 5$400 réis, contraída em 14 de outubro de 1774, comprou insumos agrícolas para a sua pequena lavoura de subsistência.[56]

Após a condenação de Aires Gomes ao degredo e a real apreensão de parte de seu patrimônio, sua família sofreu seis ações de cobrança judicial, sendo duas delas movidas pela própria Fazenda Pública e quatro abertas por pessoas que venderam bens ao conjurado. Em todos estes processos solicitava-se o pagamento de 3:001$980 réis.

As duas ações de Libelo Cível movidas pela Fazenda Pública, em 1803, contra a casa de Aires Gomes deveram-se às dívidas que ele tinha com devedores fiscais. O primeiro foi ocasionado pela cobrança de um crédito passado ao licenciado Francisco da Costa, por ele ter sido fiador, juntamente com outras pessoas, da "arrematação que fez José Caetano Pereira do ofício de escrivão da Real Fazenda [...] e porque não satisfez a importância total da arrematação, se procedeu ao sequestro e penhora em todos os seus bens e dívidas".[57]

Entre os papéis apreendidos pela Fazenda Real constou um crédito "feito e assinado pelo próprio José Aires Gomes, de 30 de janeiro de 1783, da importância de 325 bruacas de sal, vendidas a 1:170$000 réis". Francisco da Costa dividiu a entrega do sal comprado em dois lotes, um vindo de Piranga e outro, da Rocinha de Simão Pereira.[58]

Da dívida, Aires Gomes nada pagou e, por isso, sua casa foi cobrada. Por lei, o autor da ação tinha o direito de receber metade do cumprimento do débito. Assim, a Fazenda Real solicitou o pagamento de 585$000 réis, mais as custas do processo, de 16$206 réis. A dívida cobrada totalizou 601$206 réis. Após a comprovação daquela pendência, em 1º de abril de 1800, Maria Inácia de Oliveira, a esposa do conjurado, recebeu um prazo de 24 horas para quitar a dívida.[59]

Passados dez anos da solicitação da cobrança, que não foi atendida por Maria Inácia, protocolou-se, em órgão da Fazenda Pública de São João del-Rei, pedido de penhora de bens para a quitação daquele débito (4 de abril de 1810). No dia 19 de maio daquele ano, escreveu-se mandado de penhora contra a esposa do inconfidente. Ao se cumprir o mandado, o oficial de justiça constatou que "a dita ré não possuía bens alguns, e que tudo lhe fora tirado pela Real Fazenda pela fiança de João Rodrigues de Macedo". Para dirimir quaisquer dúvidas sobre a veracidade daquela informação, o oficial de justiça e seu meirinho foram à fazenda do Registro Velho, ao lado da fazenda da Borda do Campo, verificar se a coleta daquela nota era verdadeira. As duas pessoas com quem conversaram aludiram ao fato de a "Real Fazenda lhe ter tirado tudo por herança e fiança de João Rodrigues de Macedo". O processo, em 21 de junho de 1810, concluiu a cobrança daquela dívida, pois não havia bens a serem restituídos à Fazenda Real em posse da esposa do sedicioso mineiro.[60]

Este caso nos leva a acreditar que Maria Inácia, após o sequestro de bens de seu marido, ficou sem qualquer patrimônio, devido à cobrança por dívida fiscal que se fez nos bens de Macedo e nos dos seus fiadores, entre eles, Aires Gomes.

O escrivão da Fazenda Real, Antônio Joaquim de Macedo, sobrinho do contratador Macedo, protestou as dívidas que os fiadores de seu tio tinham com o órgão em que trabalhava. Aires Gomes foi fiador do contrato de Dízimos.

Antônio Joaquim coordenou três processos de sequestro contra a casa daquele sedicioso, intimando seus herdeiros e sucessores a quitarem as dívidas deixadas pendentes na Fazenda Real, pelos contratos de Dízimos arrematados pelo seu tio.

Os sequestros e as arrematações realizados, de 1794 a 1796, e listados no *Traslado de Auto de Sequestro feito em bens do coronel José Aires Gomes* renderam 31:859$015 réis (monte-mor). Depois de calculado o monte-mor fez-se a divisão em duas partes (a meação), sendo uma delas encaminhada integralmente à viúva Maria Inácia, no valor de 15:929$507,5 réis. A outra metade foi dividida em duas partes iguais, sendo uma delas destinada ao pagamento das dívidas pessoais do conjurado (7:964$753 ¾ réis) e a outra destinada ao Fisco Real (7:964$753 ¾ réis).[61]

Todos os bens sequestrados do conjurado Aires Gomes, portanto, renderam aos cofres metropolitanos 7:964$753 ¾ réis.

A fazenda da Borda, a principal propriedade da família, quando foi levada a leilão em 1792, foi arrematada pela própria Maria Inácia, que, mais tarde, em 1800, vendeu-a a seu filho, João Aires Gomes, e ao genro, José Rodrigues Lima, que se tornou, em 27 de março de 1805, seu único proprietário. Na ocasião, couberam as fazendas Engenho dos Pinheiros (com quatro sesmarias anexas) e Mantiqueira (com seus pertences e cinco sesmarias) a João Aires Gomes.

A partir de 1800, Maria Inácia não tinha mais nenhum bem em seu nome que pudesse ser sequestrado pela devassa. Por isso, as notas do oficial de justiça, no processo aberto pelo pagamento das bruacas de sal compradas por seu marido, não foram pagas: em 1810, ela não tinha patrimônio que pudesse ser penhorado.

Esta articulação permitiu que o outro Libelo Cível movido pela Fazenda Pública também não fosse pago. Desta vez, no documento consta a cobrança de 167$564 réis, do resto de uma dívida de 493$026 réis, contraída em 21 de junho de 1775, que ficou para o conjurado da herança de seu sogro Manuel Lopes de Oliveira, por Dízimos e Entradas devidos ao contratador João de Souza Lisboa.[62]

Para garantir o pagamento procedeu-se, em 21 de abril de 1831, à penhora de dois escravos: o crioulo Adão e o benguela Ventura. Em 1791, quando se sequestraram os cativos de Aires Gomes, Adão tinha seis anos e seus pais, Luiza e João Pequeno, estavam alocados em atividades agrícolas na fazenda da Borda. Quanto ao escravo Ventura, tinha vinte anos e estava entre os mancípios listados na fazenda Engenho.[63]

Em 1852, segundo documento judicial, a sentença de penhora não se concretizou, pois os cativos mencionados foram arrematados em execução para pagamento de dívidas do conjurado com seus credores e parentes. Então, naquele ano, a Justiça determinou que Maria Inácia (já falecida) pagasse "pelos seus próprios bens". Em 16 de fevereiro de 1855, a dívida foi recalculada e alcançou a quantia de 172$520 réis. O juiz municipal José dos Santos decidiu que em um prazo de 24 horas fosse realizado o pagamento do débito de quase meio século. A família, como no caso anterior, não pagou a dívida, informando que a executada não devia nada e que a família também não tinha nada da matriarca a ser novamente penhorado para se proceder à quitação do débito.

Mesmo com tal informação, em 14 de fevereiro de 1853 o mesmo juiz municipal determinou que oficiais de justiça penhorassem algum patrimônio da família. Coube ao neto de Maria Inácia, de nome João Aires Gomes (não confundir com o tio homônimo), responder à penhora. Mesmo alegando não possuir bens da herança de seus avôs, teve apreendidos "50 palmos de terras", localizados na parte de trás do Largo da Igreja Matriz da cidade de Barbacena.[64]

Os oficiais sequestraram um terreno partilhado entre João Aires Gomes e José Gonçalves Rodrigues: na sociedade, o neto do inconfidente tinha 51,5 palmos do patrimônio. Este terreno, aliás, vendido em 1836, causou o questionamento do juiz municipal, que escreveu em seu relatório que "os oficiais de justiça ou por mau aconselhamento ou por insinuação malíssima de algum inimigo do Embargo, fizeram penhora em cinquenta palmos de terreno situado no Largo de trás da Matriz da cidade de Barbacena, que por um lado parte com Joaquim Manuel de Faria e por outro com João Aires Gomes". Foi de estranhar que apreenderam uma porção de terra vizinha à que o dito João Aires tinha naquela localidade e não propriamente aquela em que ele residia na cidade.[65]

Em meio a recursos, a Justiça determinou, em 1º de junho de 1853, o "levantamento" daquela cobrança.[66] Assim, mais uma vez, a Fazenda não conseguiu reaver parte das quantias que Aires Gomes ficou devendo aos seus credores.

Entre as pessoas que lhe passaram créditos, constou a cobrança judicial que Lucas de Abreu Araújo fez ao patrimônio do inconfidente da Borda. Lucas, morador na vila de Pitangui, na comarca de Sabará, vivia de "negociar escravos e sal, que vai e manda comprar na cidade do Rio de Janeiro". Em 1785, José Aires comprou-lhe "oito moleques novos": "dois por nome de Migueis e Francisco, três por nome de Joães, e dois Antônios", pelo valor de 1:000$020 réis, a serem pagos em três prestações de 340$000 réis anuais. Dos parcelamentos, o conjurado pagou, em 24 de junho de 1786, a primeira de 362$500 réis, ou 22$500 réis acima do valor inicial para aquele ano, e mais alguns ajustes menores, por meio de fornecimento de sal (sessenta bruacas na primeira vez e cinquenta bruacas na segunda). No total, descontados todos os pagamentos, Aires ficou devendo 491$312 réis, dos quais, de acordo com a lei, o credor tinha o direito de pleitear o acerto de 245$656 réis. Suas justificativas e os dizeres das testemunhas inquiridas que apresentou confirmaram a compra dos negros pelo inconfidente e o valor pendente da transação. O desembargador Antônio Ramos da Silva Nogueira autorizou o pagamento da dívida, a ser descontada da parte meada do sequestro.[67]

Outra ação de Libelo Cível contra seu patrimônio foi movida por Manuel da Silva Espíndola. A contestação deste autor começou depois que o ajudante Vicente Ferreira Dias de Sá, herdeiro do falecido padre Silvestre, conseguiu provisões solicitando-lhe terras que foram do tenente-coronel Manuel Lopes de Oliveira, herdadas pelo padre Silvestre. Para garantir a restituição daquele patrimônio, em 23 de outubro de 1820, procedeu-se à penhora de meia sesmaria de "pastos virgens e capoeiras" que estava em posse de Manuel Espíndola. No entanto, ele afirmou que a ré Maria Inácia vendeu-lhe aquele quinhão de terras por 278$370 réis, "que não entraram na arrematação da Execução da Real Fazenda".[68] Na ação cobrou-se o valor total da dívida, por ela não ter feito parte do sequestro.

A sesmaria citada e comercializada pela esposa do sedicioso foi omitida da devassa. Ao contestar a devolução do pedaço de terra que comprou, Espíndola queria permanecer no solo que plantava e do qual extraía o seu sustento. Em 1825, por exemplo, pagou de Dízimos, pela agricultura que praticava no local, a quantia de 5$500 réis aos cofres públicos.[69]

Para ressarcir o prejuízo e a reintegração daquela terra ao patrimônio da família do inconfidente, Espíndola solicitou a devolução do dinheiro que pagou por aquele terreno, acrescidos dos respectivos juros e custas do processo. Em abril de 1825, a dívida total era de 329$841,5 réis. Quase dez anos depois, em 1833, o processo foi extinto, sem que o seu autor recebesse qualquer valor pela terra.[70]

A penúltima cobrança sofrida pela casa de Aires Gomes foi feita por Antônio Francisco Fernandes, em 1794, por "três negros novos" comprados em 28 de fevereiro de 1788. O valor da dívida foi de 480$000 réis, tendo recebido apenas 52$478 réis, restando o acerto de 427$522 réis. Seu pedido de restituição de 213$761 foi aceito pela Fazenda Real.[71]

A última cobrança foi realizada por Luiz Coelho para receber os três empréstimos que concedeu a Aires Gomes para a compra de três cavalos (28$004 réis). Estes valores, mais ajustes de salário, por ter sido caixa do sedicioso de 18 de março de 1783 a 18 de setembro de 1791, importaram na contestação judicial de 70$875 réis. Em 1797, a Fazenda Real determinou o pagamento daquela dívida.[72]

Das seis cobranças contra o patrimônio de Aires Gomes, três processos foram extintos e os outros três tiveram seu pagamento autorizado pela Fazenda Real, a ser descontado da parte que lhe coube no sequestro. As dívidas foram possivelmente pagas, pois nos documentos não constam decisões contrárias ao ajuste daqueles créditos, como apareceu nas ações em que a dívida não foi quitada. Todos os débitos de origem fiscal contestados não foram pagos; acertaram-se, apenas, as dívidas oriundas de ação trabalhista e da compra de escravos. Do total original de 3:001$980 réis, a Fazenda Real acolheu a cobrança de 1:577$176 réis e autorizou o pagamento de apenas 530$292 réis (33,62% do total acolhido).

Independentemente do valor das dívidas cobradas, nenhuma delas foi superior aos créditos sequestrados pela devassa: 5:930$856 réis. Da casa de Aires Gomes, o Fisco recebeu o valor líquido de 7:964$753 ¾ réis. Igual quantia foi destinada aos pagamentos dos débitos precedentes do inconfidente.

Além das dívidas comentadas anteriormente, a família utilizou-se de sua parte do dinheiro apreendido para fazer cumprir parte das anotações financeiras deixadas pelo sedicioso, em 9 de maio de 1792, poucos dias antes de partir degredado para Moçambique. Das páginas que restaram de seu *Livro de dívidas*, pois parte delas foi arrancada, é possível vislumbrar nomes e a origem de algumas de suas ações econômicas. Infelizmente, não foi possível descobrir quais daquelas pendências foram quitadas com a parte do sequestro destinada ao pagamento das dívidas do conjurado. Sabemos apenas que essa parte do sequestro foi utilizada pela família.

Aires Gomes escreveu que devia aos contratadores João Rodrigues de Macedo (8:000$000 réis), José Pereira Marques (300$000 réis) e à Fazenda Real, pelos contratos de Dízimos de Manuel de Teixeira de Queiroga e Domingos de Abreu Vieira e de quintos, a quantia de 1:200$000 réis. Ele ainda passou crédito aos coronéis Afonso Dias Pereira (800$000 réis), Francisco Lopes de Sousa (200$000 réis), Antônio de Miranda Magro, seu genro (190$000 réis), Diogo de Castro Guimarães (150$000 réis) e Luís Cardoso Fontes (18$000 réis); ao guarda-mor Domingos Dias Pereira (600$000 réis); ao comerciante fluminense José da Cruz Silva (1:123$140 réis); à falecida Isabel Borges (500$000 réis); à sua comadre madre Perpétua Maria de Santa Ana (1:200$000 réis); à família Duarte, da vila de São João (1:000$000 réis); a Domingos Fernandes Gil (440$000 réis); a Lucas de Abreu Araújo (470$000 réis); ao comerciante Antônio Fernandes, pela venda de três negros (450$000 réis); a Luís Francisco de Vasconcelos (50$000 réis); pelos salários de seu caixeiro Luís Coelho (120$000 réis); ao seu filho mais velho, João Ribeiro Gomes, por jornais (200$000 réis); por dinheiro de empréstimo a juros concedidos por Antônio José Rabelo Guimarães (270$000 réis); a Antônio Gonçalves Cardoso, de São João del-Rei (170$000 réis); aos herdeiros do falecido José da Costa de Andrade, boticário, por contas que pagou no Rio de Janeiro em nome de seu falecido primo Antônio Gomes (19$200 réis); a Joaquim Ribeiro (100$000 réis); a José Marques, por um cavalo (36$000 réis); às testamenteiras de Antônio dos Santos (183$000 réis), João de Moura (50$000 réis) e Jerônimo da Costa Silva (9$000 réis); às irmandades do Santíssimo Sacramento (70$000 réis), das Almas (valor desconhecido), São Francisco de Paula, do Rio de Janeiro (50$000 réis) e de Nossa Senhora Mãe dos Homens, do Rio de Janeiro, para ornamento da sua capela (25$600 réis); a Joaquim Correia (100$000 réis); ao padre Paulo, do povoado de Cebolas, por mantimentos para sua tropa (25$600 réis); ao frei Mateus Nascentes, pelo resto da compra de um cavalo (40$000 réis); ao padre Manuel José, vigário em Cachoeira do Campo, para mandar rezar missas pela alma de seu primo Antônio Gomes, em Portugal (92$000 réis); às religiosas do convento de Nossa Senhora da Ajuda, por assistências e empréstimos (108$000 réis); ao compadre Duarte da Silva Borges (100$000 réis); a Gaspar, de restituições (24$000 réis); a Antônio Dias de Carvalho (180$000 réis); e ao falecido mestre telheiro José Ribeiro, por 51 milheiros de telhas (61$200 réis).[73]

Além destes, Aires Gomes indicou dever, ainda, aos coronéis João Rodrigues e Manuel de Araújo Gomes; à testamenteira de Domingos Pires; ao pedreiro Manuel Gomes, por jornais em suas propriedades; aos padres Pinho e José Rodrigues; a Bento José de Faria, por medição de sesmarias; ao sargento-mor Gabriel Antônio de Mesquita, por empréstimos de dinheiro e por assistências prestadas a José Aires Gomes filho; a Manuel Antônio Rodrigues; ao falecido Caetano Borges, de mantimentos para sua tropa; ao telheiro Hilário Rodrigues; aos seus cunhados e ao padre Silvestre Dias de Sá, sem descrever o quanto devia a cada um deles. De acordo com suas palavras, escreveu aquelas anotações financeiras para que seus herdeiros soubessem e pagassem todas as suas dívidas, "para desencargo de [sua] consciência".[74]

As dívidas: motivos e difusão de empréstimos à casa de Alvarenga Peixoto

Em carta de 4 de junho de 1731, o governador dom Lourenço de Almeida informava ao rei que era costume, em Minas Gerais, comprar fiado no pequeno comércio e, entre os comércios maiores, era prática comum a cobrança de juros. Vejamos um trecho daquela epístola:

> O estilo observado nestas Minas [...] foi sempre o comprar-se tudo fiado a pagamento de um ano, ano e meio e dois anos, e não há coisa nenhuma que se compre que seja com pagamento à vista senão fiada, e como os homens destas Minas acham quem lhes dê a sua fazenda sem dinheiro ou ouro, fazem largos empenhos fiando-se em que as suas lavras e faisqueiras lhe deem tanta abundância de ouro, que não só paguem o que devem, senão também lhe supram para os grandes gastos que fazem, e como estas faisqueiras ordinariamente não produzem o que esperam, parece-lhe muito mal o serem executados nos mesmos negros e mais instrumentos que lhe fiaram, e como nestas Câmaras os homens empenhados são os que procuram servir nelas, por se lhes guardar o respeito de não serem citados no ano que servem, por esta razão dos seus empenhos é que pedem a Vossa Majestade este privilégio.[75]

As palavras do governador servem como exemplo das atitudes de Alvarenga Peixoto nas relações econômicas em que se envolvia: comprou muito fiado, assoberbando-se de dívidas e tornando-se indolente ao pagá-las. Ambicioso e gastador, nas palavras de Rodrigues Lapa, nunca foi homem que negasse as obrigações contraídas, antes prometia a todas as pessoas fiado no valor real de suas propriedades e nas extrações minerais que esperava retirar da terra, com expectativa de grande desempenho e fortuna.[76]

Com fama de mau pagador, perdulário e caloteiro, Alvarenga Peixoto teve, em 29 de outubro de 1789, durante o processo de meação do sequestro de seus bens, a contestação de uma transação de crédito entre os capitães José Joaquim Correia e Gonçalo Ferreira de Freitas, negociantes e ambos moradores da vila de São João del-Rei, que declararam à devassa que tinham em seu poder trastes de prata que pertenciam ao réu:

> [...] uniformemente ambos disseram que haverá pouco mais de três anos que, pedindo a ele José Joaquim Correia, o dito doutor emprestado a juros, cento e cinquenta mil-réis sobre um jarro e bacia de prata, e três salvas pequenas de pés curtos, também de prata, cuja quantia pediu ele José Joaquim ao dito Gonçalo Ferreira, o qual lhe disse que não tinha dúvida em emprestar a dita quantia a ele dito José Joaquim, sem lhe ficarem os tais penhores, por não querer ter negócios com o dito Doutor Alvarenga, e com efeito deu os ditos cento e cinquenta mil ao sobredito José Joaquim Correia, e este lhe passou escrito, correndo juros da lei, o qual tem ele Gonçalo Ferreira de Freitas em seu poder, e este José Joaquim emprestou os mesmos cento e cinquenta mil-réis, ao predito Doutor Alvarenga, ficando com os ditos trastes de prata de penhor, e passando-lhe o mesmo doutor crédito da dita quantia, obrigando-se nele a pagar os juros de cinco por cento.[77]

A fama de Alvarenga Peixoto como mau pagador era grande, a ponto de Joaquim Correia não desejar lhe emprestar qualquer quantia em dinheiro. A prática de pedir emprestado, como a do penhor, encontrada no documento referenciado e nos dizeres do governador dom Lourenço de Almeida, era usual entre os moradores de Minas Gerais.

Mas quem foram as pessoas que, como Joaquim Correia, emprestaram dinheiro a Alvarenga? Em quais transações creditícias se envolveu quando esteve em Portugal? E em Minas Gerais? É possível acreditar na hipótese de que ele se envolveu na Conjuração Mineira por estar altamente endividado em 1789?[78]

Em 1771, quando esteve em Portugal, e de 1775 a 1789, já em terras mineiras, Alvarenga Peixoto envolveu-se em 113 relações creditícias que, contabilizadas, somaram 38:409$303 réis. Neste período, ele pagou aos credores 16:742$394 réis ou 43,59% do total. Em 1789, sua casa devia 56,41% de todos os créditos contraídos. Nesses dezesseis anos, é-nos permitido observar três momentos de sua trajetória:

Alvarenga Peixoto em Portugal (1771 e 1775-1776)

Esse primeiro momento correspondeu ao período em que Alvarenga contraiu as suas primeiras dívidas.

Após se formar em Leis na Universidade de Coimbra, em 1766, Alvarenga Peixoto exerceu o ofício de juiz de fora da vila de Sintra (1769-1772). Enquanto esteve em Portugal, envolveu-se em duas transações de crédito. A primeira foi contraída com Bento Rodrigues de Macedo, primo do contratador Macedo. Em 21 de maio de 1771, Alvarenga reconhecia-se devedor de empréstimos de 1:117$322 réis, com juros de 5%. Em vinte anos, Alvarenga amortizou 734$686 réis, restando 846$022 réis a pagar.[79]

Este valor foi fundamental para a manutenção de Alvarenga nos seus anos iniciais na Europa. Mas o seu maior credor em terras portuguesas foi o capitalista Dionísio Chevalier, antigo capitão de navios, de origem francesa, em casa de quem Alvarenga viveu em Lisboa e que, de 1769 a 1775, lhe emprestou 5:324$130 réis.[80] Este valor procedeu de

> [...] mesadas que lhe devem [sic] quando foi juiz de fora da vila de Sintra, e de dinheiro que pagou por ele no Real Erário, por alcance que teve na Décima da dita vila por suposto ou verdadeiro arrombamento que se lhe fez no cofre da dita Décima, e mais pelo que gastou com ele para o pôr corrente para ir para

o Rio das Mortes por ouvidor, e mais dívidas que pagou por ele em esta terra [Lisboa], e Sintra por ordem do dito.[81]

Sua passagem por Sintra foi conturbada. No excerto existe alusão a um suposto arrombamento do cofre da Décima. No decurso das inquirições, constatou-se que foi um escravo de Alvarenga quem arrombou o cofre, não deixando de pesar sobre ele a suspeita da fraude.[82] Para quitar esse débito, Alvarenga recorreu ao amigo Chevalier.

As verbas alinhadas por Chevalier serão de importância singular na trajetória do poeta: toda a sua desordem financeira originou-se dos empréstimos contraídos com esse capitalista. Além de pagar credores e despesas corriqueiras, coube a esse comerciante assistir-lhe com as despesas necessárias ao seu traslado para o Brasil, para assumir, em 3 de dezembro de 1776, o ofício de ouvidor do Rio das Mortes.[83]

No dia de seu embarque, 22 de novembro de 1775, Alvarenga contraiu empréstimo com José Rodrigues de Brito, de 896$000 réis. Este valor foi pago por Dionísio Chevalier em 1779 e em 1781.[84]

Mas, por trás das dívidas contraídas com Bento Rodrigues de Macedo e Chevalier, questões importantes merecem destaque. A historiografia, notadamente os trabalhos de Manuel Rodrigues Lapa, autor do estudo biobibliográfico mais completo sobre Alvarenga Peixoto, menciona que sua vinda para o Brasil, para assumir a ouvidoria do Rio das Mortes, deveu-se a uma ode que proclamou, em 20 de janeiro de 1774, em homenagem ao marquês de Pombal, na casa de seu genro em Lisboa.[85] O resultado da sessão poética foi rápido: em menos de um ano foi nomeado ouvidor; atribuição comunicada em carta pessoal do marquês à Junta da Real Fazenda em Minas Gerais.[86] O lugar teria sido escolhido por ele próprio, e para o transporte recebeu antecipadamente uma ajuda de custo de 200$000 réis.[87]

Em Portugal, Alvarenga deixou vultosas dívidas. A ode ao ministro português lhe valeu, de acordo com a historiografia, um cargo, e a sua partida para a colônia possibilitou-lhe a oportunidade de um calote nos credores.

Desta relação, perguntas nos cabem: devemos realmente à literatura laudatória sua nomeação para exercer o mais alto cargo judiciário da comarca do Rio das Mortes, em São João del-Rei? Será que o todo-poderoso Pombal sabia das transações e débitos que envolviam Alvarenga Peixoto no território lusitano? Em sua passagem por Sintra, como se viu, ele foi acusado de promover, juntamente com um de seus escravos, o arrombamento do cofre da Décima. Antes do término de seu mandato, teve de restituir a quantia extraviada aos cofres municipais. Por meio deste fato tornou-se público e notório, em Portugal, que Alvarenga era danoso ao patrimônio público. Assim sendo, seria somente com poesias adulatórias que alcançaria sucesso? No que ele diferiria dos outros "mineiros", como, por exemplo, Basílio da Gama e Tomás Antônio Gonzaga, que já tinham feito poesias encomiásticas e/ou dedicado tese em homenagem ao marquês de Pombal?[88] Afinal, por que Alvarenga Peixoto? Será que não existiam outros interesses por trás de sua nomeação?

Apesar de sua indicação datar de 1775, conforme documento de Pombal, foram intensas as disputas pelo cargo de ouvidor do Rio das Mortes. Alvarenga pode até ter recebido sua nomeação das mãos do marquês de Pombal, mas ela não se deveu somente a sua poesia encomiástica. Por trás de sua designação para Minas Gerais houve intensas brigas de bastidores que merecem ser esclarecidas.

Em correspondência datada de 9 e 20 de agosto, 14 de outubro, 24 de novembro e 4 de dezembro de 1777, Joaquim José Marreiros, tabelião do Público Judicial e Notas da vila de São João del-Rei, e João Rodrigues de Macedo discutiram e relataram como foi feita a indicação e a arrematação do ofício da ouvidoria da comarca para Alvarenga Peixoto.[89]

Essas cartas manuscritas não foram as primeiras trocadas entre eles. Elas indicam que a negociação pela compra do ofício de ouvidor já estava em andamento, pois referenciam epístolas com instruções de como ofertaram os lances na Fazenda Real e como seriam pagas as dívidas pela sua aquisição.

À medida que os lances com os valores iniciais de 3:400$000 réis aumentavam, as angústias e as conversas paralelas envolvendo membros da Junta da Fazenda de Minas, entre eles o escrivão e contador Francisco Antônio Rebelo, se acaloravam. No final, em meio a intensos debates e conflitos entre personagens de grupos de mando local, o ofício de ouvidor foi arrematado por 8:400$000 réis.[90] Venceram as negociações do grupo de Macedo.

Em 1775, após um bem-sucedido e lucrativo período de dez anos de administração direta de Provedores-Gerais (1765 a 1773) e da Junta da Real Fazenda (1773 a 1775) na cobrança das Entradas mineiras, foi realizado um leilão público para a arrematação da cobrança daquele tributo. Graças ao apoio de seu tio, o desembargador Antônio Rodrigues de Macedo, Provedor-Geral da Real Fazenda na capitania de Minas Gerais, no triênio de 1741 a 1744, do então governador dom Antônio de Noronha, de quem era amigo íntimo, e de financiadores consideráveis, como o comerciante Antônio Gonçalves Ledo, sócio em múltiplos negócios, e Manuel Mendes de Oliveira, que lhe fizera empréstimos de grande quantia, que foram pagos em 1776 e 1777, João Rodrigues de Macedo conseguiu vencer o leilão e arrematar o contrato das Entradas de Minas Gerais, São Paulo, Goiás e Mato Grosso.

Será que a intenção de Macedo, recém-empossado nos cargos de contratador de Entradas e, depois, de Dízimos, não era desenvolver uma rede de favores para melhor gerenciar seus negócios em Minas Gerais? Como contratador, ele necessitava de prepostos (administradores de registros e procuradores), de oficiais da área fiscal (fiéis e provedores dos registros), de militares e de "conhecimentos" na administração pública para gerenciar melhor seus negócios. Para tanto, organizou um aparato administrativo que contava em cada comarca, vila ou arraial da capitania com administradores ou cobradores. Toda a engrenagem da cobrança dos contratos devia funcionar perfeitamente para que, ao final de um determinado período, fossem honradas não apenas as dívidas do rendeiro para com a Fazenda Real, mas igualmente com seus credores e sócios. Vale dizer que ele deteve as melhores redes de informação da capitania de Minas.[91]

Para Norbert Elias, na sociedade da época interagiam "indivíduos interdependentes" e relacionados por meio de "laços invisíveis", baseados na associação de pessoas em um fluxo simultâneo e contínuo de tempo: laços de trabalho, propriedade, afetividade, amizade, familiares, políticos, econômicos, entre outros, que configuravam uma rede de dependências que se projetava sobre o caráter dos indivíduos.[92]

O relacionamento de Alvarenga Peixoto com Macedo baseava-se em negócios que visavam garantir a parcialidade dos juízes no sistema administrativo da colônia. Por exemplo, em casos do uso do poder coercitivo para invadir residências em busca de mercadorias sonegadas ou contrabandeadas ou na prática da cobrança e execução de créditos tributários, os contratadores e seus representantes tinham o apoio do ouvidor da comarca para executar as ações, mesmo que elas ultrapassassem os limites aceitáveis do arbítrio fiscal e dos trâmites e garantias judiciais. Em carta endereçada a Alvarenga, em São João, Macedo impõe-lhe que não dê prosseguimento ao sequestro e ao leilão dos bens pertencentes a José Alves Ferreira, que estavam penhorados para pagamento de dívidas. Diz o contratador:

> Rogo a Vossa mercê, pelo merecimento que me faz, fará com o seu respeito e autoridade suspender esse procedimento, visto estarem os bens penhorados; e eu solicito esta mercê, não só pela caridade de cuja virtude deve Vossa mercê também participar sem prejuízo de terceiros, mas também porque me deve e não pouco.[93]

Os poderes econômico e privado do contratador se aliavam à sua autoridade pública delegada, enquanto arrematante da função estatal típica de arrecadar impostos.[94]

Se, de certa forma, o ouvidor desfrutava de relativa imunidade em relação ao poder metropolitano, notadamente das ingerências do governador, de outra lhe era vedado, sob pena de demissão do serviço real, por exercer ofício de poder e autoridade, constituir família sem autorização régia e envolver-se em atividades econômico-financeiras, como adquirir propriedades, na área de sua jurisdição.[95] O objetivo dessa medida era impedir que os magistrados se inserissem na rede de interesses da sociedade local, utilizando-se de seu cargo para beneficiar os grupos dirigentes. Em virtude disso, a Coroa investia os magistrados de grande autoridade, salários substanciais, privilégios e ingresso nas ordens militares honoríficas, de modo a compensar o desapego obrigatório de outra profissão e outras fontes de renda.[96]

É certo que um número significativo de magistrados e também de administradores coloniais e eclesiásticos acabou por se envolver em formas locais e eventualmente ilícitas de acumulação de capital econômico. Em troca de ganhos paralelos, juízes diminuíam o rigor de sentenças, guardas facilitavam a soltura de condenados, fiscais faziam "vistas grossas" e "unhavam" parte das mercadorias que deveriam tributar, clérigos cobravam exageradamente por seus serviços e escrivães e tabeliães aumentavam o preço das custas judiciais, justificando-se pelo clima de "fazer a América". Como lembra Luciano Figueiredo, era recomendável, ao menos tacitamente, "participar das oportunidades da economia colonial amealhando ganhos para o patrimônio familiar". Essa lógica, que tornava natural a recepção por parte dos funcionários de ganhos no exercício de funções em nome do rei, ainda como salienta Luciano, "integrava o universo cultural em diversas escalas, desde o ambiente das relações locais em que a autoridade atuava, que aceitavam, até as esferas decisórias na metrópole, que toleravam". É preciso, entretanto, considerar que essa prática não foi universal, pois boa parte dos magistrados a ela escapou. Apesar de os seus salários serem avultados, práticas de corrupção e de desvio de dinheiros públicos não deixaram de subsistir.[97]

Para assumir o cargo na ouvidoria, Alvarenga necessitava de ajuda financeira e se valeu do auxílio de Chevalier e Bento Rodrigues de Macedo. Trouxe, para Minas Gerais, os débitos contraídos em Portugal.

Alvarenga Peixoto como ouvidor da comarca do Rio das Mortes, 1776-1780

Em 19 de agosto de 1776, realizou-se no Senado da Câmara da vila de São João del-Rei a solenidade de posse de Alvarenga Peixoto no cargo de ouvidor-geral da comarca do Rio das Mortes. Na ocasião, apresentou as cartas de ofício, em que constava ter prestado juramento na Chancelaria-mor do Reino e nas mãos do governador e capitão-general dom Antônio de Noronha. Depois de registradas as cartas no livro competente, o ouvidor da comarca, bacharel Francisco Carneiro Pinto de Almeida, entregou a vara ao novo magistrado, que ficou empossado.[98]

Entre as suas atribuições constava tirar devassas (inquéritos extraordinários sobre matérias de Justiça local) e proceder judicialmente em tudo o que fosse necessário na ausência do Intendente do Ouro; mandar abrir correição; lançar pregões para a revista das aferições das balanças, pesos e medidas; prover os inventários dos órfãos; fazer cumprir ou anular posturas prejudiciais aos interesses do povo; determinar a construção de obras públicas novas ou reparo de antigas; averiguar a administração financeira das Câmaras; autorizar o lançamento de fintas, além das funções propriamente judiciárias.[99]

Em 1776, o governador dom Antônio incumbiu o recém-empossado ouvidor de aprontar os mantimentos necessários ao abastecimento dos soldados mineiros que eram mandados para lutar contra os espanhóis no sul do país. Auxiliado pelo tenente Luís Antônio da Silva, que servia de escrivão da Provedoria, começou a juntar os víveres que eram expedidos para São Paulo.[100]

Nas principais lojas de São João, a partir de abril de 1777, Alvarenga comprou 2.106 varas de tecido de 22 pessoas, sendo tudo direcionado para a confecção de sacos para servir ao transporte de 1.432 alqueires de farinha de milho e 617 alqueires de farinha de mandioca.[101]

No estabelecimento comercial de Antônio Francisco de Andrade, por exemplo, "uma das maiores lojas de fazendas secas", Alvarenga comprou, a crédito, vinte varas de retalhos de estopa e 198 varas de linhagem (tecido grosso de linho) pelo preço de 54$150 réis.[102]

Na loja de José Gonçalves Martins, Alvarenga comprou dezoito arrobas e dez libras de ferro para as azagaias (lanças curtas de arremesso), nove bruacas de sal e duas arrobas de farinha do reino, itens que não foram inventariados nas despesas oficiais, e mais seis peças de cordas para amarrar os sacos de mantimentos, a 161$924 réis.[103]

A conta final das despesas realizadas por Alvarenga Peixoto para a guerra no sul da colônia foi de 6:704$230 réis, sendo de mantimentos (farinhas de milho e mandioca) – 907$200 réis, de cordas e tecidos (estopa, algodão e linhagem) – 493$430 réis, de couro – 418$600 réis, e do aluguel de animais para transporte (bestas), entre as vilas de São João e Mogi das Cruzes, em São Paulo – 4:885$000 réis.[104]

Passados quatro anos do auxílio, os fornecedores dos gêneros alimentícios e víveres da vila de São João reuniram-se e escreveram uma queixa geral ao governador, alegando que o dito ouvidor nunca pagou as contas das provisões que venderam ao Estado, apesar de a Junta da Real Fazenda ter liquidado a dívida de 6:704$230 réis, em 10 de fevereiro de 1780.[105] A quantia ficou creditada nos cofres do contratador Macedo, credor e procurador de Alvarenga. Em carta, Domingos José Gomes, procurador de Macedo, confirmou essa transação: "recebi hoje [10 de fevereiro de 1780] da Junta da Real Fazenda 6:704$230 réis, a qual quantia lhe fica acreditada até Vossa mercê ajustar com o dito meu primo esta conta".[106]

Devido às vultosas dívidas que tinha com o primo do contratador e também seu credor, Bento Rodrigues, boa parte dos dividendos recebidos foi desviada para amortizar dívidas que contraiu com Bento, ainda no tempo em que esteve em Portugal. O restante foi aplicado em assuntos de interesse particular.[107]

De acordo com a "queixa geral", era público e notório em São João que Alvarenga "recebeu da Real Fazenda a importância de tudo quanto se havia comprado para aquela expedição; porém meteu em si, e ficou com o respectivo dinheiro sem pagar" aos fornecedores.[108] Disse o alferes Antônio José Simões Dias, testemunha ouvida no processo movido pelo comerciante Antônio Francisco de Andrade para receber o pagamento de dívidas contraídas pelo ouvidor, o seguinte:

> Logo que se foi a dita expedição, e é ainda hoje voz pública e queixa geral que o dito Alvarenga recebeu da Real Fazenda todo o importe das respectivas despesas e ficando-se com essa soma em si; não pagara coisa alguma aos vendedores dessas fazendas e que por conta disso andava ele pessoalmente por vezes pelas lojas dando satisfações, e prometendo de pagar-lhes, o que nunca fizera.[109]

Outra testemunha, Domingos Francisco Cerqueira Braga, afirmou:

> [...] sabe por ser público que o declarado Alvarenga recebeu na Real Fazenda da capital destas Minas uma soma grande de mil cruzados para pagar essas viagens e estopas, e mais despesas da dita expedição, mas não sabe que ele satisfizesse a algum dos ditos credores, antes é público que todos ficaram por pagar.[110]

Além de não pagar as "continhas", Alvarenga teve o desprendimento de voltar às lojas e solicitar aos negociantes que esperassem ainda algum tempo (o necessário para apurar o ouro de suas lavras na Campanha da Princesa), que quitaria os créditos devidos, pagando-lhes juros. Na ocasião, solicitava ainda que emprestassem algumas oitavas de ouro e/ou que fossem fiadas fazendas ou materiais de minerar. Para agradar aos comerciantes, fazia promessas de quitar todos os débitos, conjuntamente, em um único pagamento, somados a juros de 5% à vista ou a prazo; tudo dependente do comerciante, que decidiria no instante da cobrança a maneira que gostaria de receber. Em todas as explicações, Alvarenga dava esperanças ou probabilidades ao credor de que receberia tudo o que se lhe devia, pois era homem de grandes propriedades e muitos bens, e que estava construindo um rego, que se prolongaria em um espaço de nove léguas, da qual esperava o desempenho e a fortuna.

Em nenhuma fase de sua vida, desde o momento em que ele recebeu o dinheiro da guerra do sul, Alvarenga Peixoto foi chamado para esclarecer o motivo pelo qual não pagou aos fornecedores dos víveres recebidos em nome da capitania de Minas Gerais. As autoridades nunca o enfrentaram.

Alvarenga utilizou-se do dinheiro para quitar parte de seus débitos com Bento Rodrigues e contas que tinha com o contratador Macedo.

Em 1779, Alvarenga pagou aos credores 1:136$000 réis, e, em 1780, 9:117$576 réis, que foram somados a 6:704$230 réis obtidos de maneira "indireta" na Fazenda Real. Com exceção desta quantia, Alvarenga abonou 1:793$748 réis de ajuste de contas de 24 escravos que comprara para a sua fazenda da Boa Vista, de um total de 3:360$000 réis.[111] Despesas menores também foram pagas por Alvarenga, como 150$000 réis a Manuel José Vidigal ou 180$000 réis ao capitão-mor Manuel Antunes Nogueira.[112]

Em menos de um ano do fim de seu mandato como ouvidor, Alvarenga e seu futuro sogro, o bacharel José da Silveira e Sousa, adquiriram em hasta pública duas grandes fazendas na região da Paraobepa, nas proximidades de São João, que tinham pertencido ao contratador João de Sousa Lisboa, falecido em 1778.

Essa arrematação foi objeto de uma longa disputa judicial de 1780 a 1786, em que intervieram os sócios e fiadores do contratador, empenhados em demonstrar as irregularidades do processo, a dissimulação, o dolo e o conchavo entre os ministros, e o doutor Cláudio Manuel da Costa e, em seus finais, o ouvidor Tomás Antônio Gonzaga, amigos de Alvarenga Peixoto, que defenderam a sua causa e a de seu sócio. À luz do Direito, ficou claro que as fazendas da Ponte Alta e do Bom Retiro foram arrematadas por José Silveira e Sousa, mas, como se diria mais tarde no processo de justificação para a quitação das dívidas do ouvidor do Rio das Mortes, com a casa do capitalista Chevalier, "de um dos apensos se vê terem-no sido para aquele Alvarenga, que as possuiu à vista e face de todos".[113]

Como juiz e impedido pelo parentesco por afinidade, Alvarenga não poderia participar de leilão nem de quaisquer outras atividades que pudesse usufruir em favor próprio ou derivado de seu poder como ministro real. A união com seu sogro demonstrou características de ambição e de poder utilizados por ele no exercício de cargo público. Suas atitudes na ouvidoria não podem ser observadas de maneira inocente, mas inseridas em atos e estratégias pessoais que revelaram sua motivação por questões materiais de caráter econômico.

Em seu Inventário, aberto em 1794, José da Silveira anotou que devia catorze contos de réis de empréstimos contraídos com seu genro.[114] Contudo, as relações entre eles transcendiam a cadeia de endividamento e a sociedade da qual participavam.

O bacharel José da Silveira e Sousa, formado em Leis pela Universidade de Coimbra, era um dos doze advogados que militavam na década de 1770 no Foro da vila de São João. Até a vinda de Alvarenga para aquela vila, ele não se envolveu em quaisquer ofícios camarários ou em ações judiciais importantes naquela localidade. Tanto que em duas ocasiões, em 1770 e em 1773, solicitou ao rei dom José I permissão para voltar para Tomar, em Portugal, sua terra natal, em companhia de sua mulher, três filhos, seis filhas e uma afilhada, para "desfrutar os bens que ficaram de seus pais."[115]

Entre os advogados da vila de São João, Alvarenga cultivou especial amizade com o doutor Silveira e Sousa. Não só porque a filha mais velha desse seu recente amigo, Bárbara Eliodora, encantou-lhe, mas, também, porque eles se envolveram em negociações de terras, na ocupação de ofícios públicos e na formação de redes de interesses.[116]

Alvarenga tomou posse como ouvidor em agosto de 1776. O primeiro documento escrito registrado no livro de atas da Câmara, após a sua posse, foi a nomeação do doutor Silveira e Sousa para o cargo de almotacel da vila de São João, ao lado do doutor Plácido da Silva e Oliveira, irmão do futuro inconfidente padre José da Silva e Oliveira Rolim e filho do segundo caixa (tesoureiro) de diamantes da comarca do Serro Frio.[117]

Todos os livros anteriores à chegada de Alvarenga Peixoto à vila de São João foram compulsados e em nenhum deles há quaisquer referências a cargos ou atividades judiciárias exercidas por Silveira e Sousa junto à Câmara daquele local.

Em agosto de 1777, "por pluralidade de votos", José da Silveira e Sousa foi eleito procurador da Câmara. É sabido que nem chegou a completar o mandato de almotacel e já se encontrava eleito para um dos cargos mais importantes da Câmara. Chegou a exercer, concomitantemente, as duas funções. Em setembro daquele mesmo ano, foi eleito novamente para o cargo de almotacel da vila. Em 21 de janeiro de 1778 foi eleito para o cargo de assessor da Câmara, por um período de um ano.[118]

Em janeiro de 1779, novamente "por uniformidade de votos", doutor Silveira foi reconduzido ao cargo de assessor da Câmara. Antes de Alvarenga deixar a ouvidoria, José da Silveira, no pelouro de dezembro de 1779, foi eleito para o cargo de juiz dos órfãos por um "período de três anos".[119] Esta foi a última referência a um cargo comissionado assumido pelo doutor Silveira na vila de São João.

Em suma, em três anos – enquanto Alvarenga esteve na condução da ouvidoria –, o doutor Silveira exerceu quatro funções na Câmara: almotacel (duas vezes), procurador (uma vez), assessor (duas vezes) e juiz dos órfãos (uma vez).

Alvarenga exerceu o ofício de juiz dos órfãos até 1780, quando o transferiu ao seu já sogro.[120] Nesta atividade, ambos, Alvarenga e Silveira, de acordo com notas de Rodrigues Lapa, foram acusados de "fazer nos cofres dos órfãos escandalosos roubos", que, segundo testemunhas, eram "públicos". Essas ações contavam com a conivência de João de Faria Silva, que foi conduzido ao cargo de escrivão dos órfãos pela ingerência que Alvarenga exercia na ouvidoria, no instante da arrematação e afiançamento do dito ofício.[121]

Ainda na Câmara, o escrivão da ouvidoria Joaquim Pedro Caldas foi acusado de roubar "mais de quatorze mil cruzados" no triênio em que Alvarenga, seu chefe, exercia o seu ofício. Ele era íntimo e familiar do doutor Silveira, a ponto de, no dia 17 de janeiro de 1782, ao frequentar sua casa, ser "achado pelo mesmo Dr. Alvarenga no quarto de sua cunhada D. Maria, do que resultou ser maltratado por ele até com palmatoadas".[122]

Atitude semelhante em relação a uma das filhas do doutor Silveira foi praticada por Alvarenga. Logo ao chegar à vila de São João, enamorou-se de Bárbara Eliodora. O resultado foi o nascimento da filha Maria Efigênia, em 1779.

Esse segundo momento de sua trajetória foi marcado pela ampliação de suas dívidas e o pagamento de boa parte delas, a aquisição de terras (tanto a compra da fazenda Boa Vista quanto das duas fazendas na Paraopeba) e seu exercício na ouvidoria, legislando em causa própria.

Após a conclusão de seu mandato na carreira judiciária, Alvarenga se dedicou às explorações agrícola, pastoril e mineratórias de suas propriedades. Para gerenciar esses empreendimentos, necessitava, constantemente, de investimentos que se deram com novos empréstimos e, com eles, novas dívidas.

Alvarenga Peixoto – empreendimentos agropastoris e minerários pós-1780

No período de 1780 a 1789, Alvarenga Peixoto realizou 105 negociações de crédito, com a movimentação de 31:717$176 réis ou 82,57% de todas as dívidas contraídas em sua vida. Os débitos trazidos de Portugal foram cobrados na Fazenda Real e sofreram 32 ações de cobrança judicial, movidas por 27 pessoas, solicitando o ressarcimento de 21:903$748,5 réis, de gastos com a compra de terras, escravos, equipamentos e instrumentos de mineração e a negociação de dívidas antigas. Estas ações podem ser divididas em três grupos de cobrança: dívidas contraídas com Dionísio Chevalier; dívidas fiscais; e dívidas com terceiros, de ações corriqueiras.

Em 1804, o doutor Manuel Rodrigues Pacheco de Morais, procurador nomeado da casa falida de Dionísio Chevalier, moveu Carta Precatória contra os bens de Alvarenga Peixoto e Bárbara Eliodora para o pagamento de 11:193$507 réis.[123]

No processo, a Carta Precatória foi cumprida pelo doutor José Joaquim Carneiro de Miranda e Costa, Juiz de Fora e de Órfãos da vila de Campanha, em 1804. Para isto, penhorou "a metade das casas do sítio da Boa Vista"; "uma sesmaria"; vários títulos e "regos de água de minerar"; noventa alavancas de ferro; setenta enxadas; catorze almocafres; vinte foices; sete machados; 25 cavadeiras; nove correntes; quinze colares; dois cadeados; um "tronco de Campanha"; uma "tenda de ferreiro com os seus aparelhos"; dois alambiques; vários objetos de casa, 125 animais domésticos e cinquenta escravos. Todo este patrimônio, pertencente a Bárbara e a Macedo, "em igual parte", foi depositado em mãos de Simão Lopes de Araújo, como fiel depositário.[124]

Bárbara Eliodora, em carta a Macedo, pediu-lhe que interviesse na cobrança, impedindo que a Fazenda Real penhorasse aqueles bens. A atitude não deu certo.[125] Em 3 de agosto de 1804, a dívida de sua casa com Chevalier era de 8:134$293,5 réis, com a meação. Este valor, pela antiguidade, e a penhora dos bens obtida por Ordem Real, de 27 de outubro de 1789, não permitiram que outras ações contra o patrimônio do sedicioso fossem cumpridas, antes que se satisfizesse este pagamento.[126]

Das 32 ações de cobrança judicial abertas na Fazenda Real, quinze delas não puderam ser cumpridas, pois o patrimônio do sedicioso, que deveria saldar aqueles débitos, estava penhorado a favor do capitalista francês.[127] Destas quinze ações, dez pessoas não puderam receber, imediatamente, seus dividendos. Todos os lucros das lavras e das práticas agrícolas das terras de Alvarenga foram direcionados àquele pagamento, assim como da sobra do acerto da arrematação que João Rodrigues de Macedo fez da meação da parte inconfidente na Fazenda Real.

Em 1806, o tenente-coronel José Pereira Marques, do 1º Regimento de Cavalaria Auxiliar de Vila Rica e arrematante do contrato de Entradas, de 1784 a 1787, solicitou que os 364$387 réis que estavam recolhidos nos cofres da Fazenda Real, procedidos da arrematação feita por Macedo das lavras do inconfidente, fossem revertidos para ele. Este valor, segundo escreveu em Requerimento, pagava parte do que Alvarenga lhe devia. Somente em 17 de julho de 1822 seu irmão Bento Pereira Marques recebeu esta quantia, findando o processo.[128]

O mesmo Pereira Marques moveu ação de Libelo Cível, em 24 de novembro de 1794, solicitando o ressarcimento de 972$491 réis, procedidos de 1:892$950 réis de empréstimos, de débitos do imposto de Entradas e de fazendas compradas na loja que o Autor tinha em Vila Rica. Em 20 de agosto de 1783, Alvarenga, na loja de Marques, passou crédito de 1:625$432 réis, tendo pago parte desta dívida em 1º de setembro de 1787: quitou 960$000 réis. Com este acerto e a atualização dos juros das demais pendências, a dívida totalizou 1:892$950 réis. No final do processo, em 19 de fevereiro de 1803, a parte referente à meação da dívida (972$491 réis) foi transferida para a Coroa como parte do pagamento dos débitos fiscais que Marques devia da administração de seu contrato em atraso com a Fazenda Real.[129]

Em 1800, a casa de Alvarenga amealhou rendimentos de 2:400$000 réis. Em 1807, somaram-se a este valor mais 435$757 réis. Estas quantias, somadas em agosto de 1807, foram enviadas à Mesa de Inspeção do Rio de Janeiro para abatimento da dívida que tinha com a casa falida de Chevalier. Nesse ano, descontados aqueles pagamentos, o débito era de 5:676$405 réis.[130]

No processo de arrematação da parte sequestrada do patrimônio de Alvarenga, no valor de 42:063$155 réis, Macedo, em 1795, comprou aqueles bens com a cláusula de se descontarem 19:852$562,5 réis, acrescidos de juros de 233$476 réis, referentes ao abate de dívidas que o conjurado tinha com ele e com outros nove credores. Como indicado, a arrematação custou para Macedo 20:934$689 réis.[131]

A diferença entre o valor arrematado e o realmente pago – 21:977$116,5 réis – foi o que coube a Macedo quitar na Fazenda Real. Dos nove credores que representou, o ex-contratador acertou com Teresa Bernarda Joaquina

Teodora de Almeida 787$300 réis (valor total da dívida: 1:464$386 réis), procedentes de escravos levados por Alvarenga para as suas lavras.

Em certa ocasião, para evitar que os cativos pertencentes ao guarda-mor João de Almeida Ramos Teles da Gama fossem vendidos em praça pública, Alvarenga combinou com o tenente Antônio José Dias Coelho, depositário dos bens, levar 32 escravos para suas lavras, na Campanha, e, com o produto dos jornais que ganharia, pagar-lhe-ia uma quantia e liquidaria a dívida do guarda-mor com a Fazenda Real; no entanto, não pagou a obrigação: dos 2:400$000 réis totais, Alvarenga quitou apenas 600$000 réis, restando-lhe o ajuste de 1:800$000 réis. Estes escravos, em 1794, ainda estavam vivos e trabalhando nas lavras como se fossem pertencentes ao seu patrimônio. Eles realizaram, de 4 de outubro de 1786 a 30 de junho de 1790, 27.234 serviços minerais. O impressionante desse caso foi que, mesmo comprovando-se em Libelo Cível a origem daquela mão de obra, pertencente a um terceiro, os escravos não regressaram ao patrimônio da Fazenda Real, conservando-se entre os pertences apreendidos a Alvarenga Peixoto pela devassa.[132]

Possivelmente, por motivos pessoais e em decorrência dessa insolvência, o tenente Antônio José Dias Coelho, responsável pela prisão e escolta do inconfidente, de sua casa até o Rio de Janeiro, foi acusado de praticar maus-tratos e desrespeitar verbalmente Alvarenga ao levá-lo à prisão na fortaleza da Ilha das Cobras, em 1789.[133]

Com relação ao débito de dona Teresa, no Libelo Cível constou que, em 1796, a Intendência de São João tinha em seus cofres 4:297$515 réis, do "lucro sequestrado" do réu inconfidente. Este valor, conforme o documento, "se achava penhorado pelo requerimento de Bernardino Teixeira de Toledo e seus irmãos = 1:670$033 réis, para satisfazer 423$150 réis de principal de Precatória e 88$145 réis de custas".[134] O restante foi incorporado ao débito de Macedo com a Fazenda Real.

Igual foi a situação do sargento-mor Luís Antônio da Silva, que cedeu a Macedo a ação que movia contra a casa de Alvarenga. A dívida era de 2:975$574 réis e ficou estipulado que o ex-contratador a quitaria em sete pagamentos do mesmo valor ao ano. Em 1798, após satisfazer três parcelas,

Macedo pagou-lhe 1:784$639 réis à vista, encerrando os débitos que tinha com ele. Também aqui, o dinheiro saiu da arrematação do sequestro.[135]

Em outros momentos da trajetória de Alvarenga, Macedo assumiu dívidas do amigo: em 1783, pela compra de tecidos, e em 1788, pela aquisição de três negros.[136] Devido a esta atitude, a de assumir débitos do amigo e como arrematante da parte de seu sequestro, Macedo teve contestada a venda do patrimônio inconfidente e requerimentos de terceiros solicitando o pagamento de débitos de Alvarenga que não foram cobrados em juízo, pois o dinheiro que aparecia em depósito judicial era revertido à quitação da casa falida de Chevalier. Tal caso de contestação aconteceu com o padre Joaquim Barbosa Ferreira, testamenteiro do capitão João Marques da Eira, que cobrou de Macedo 566$447 réis de um crédito passado por Alvarenga ao testador, que ele representava.[137]

José Rodrigues da Costa também se utilizou do artifício para cobrar 211$807 réis a Macedo pelo resto de um crédito que Alvarenga ficou a lhe dever, de 2 de agosto de 1787. Por lei, solicitou apenas 158$600 réis (metade do valor principal, aumentada dos juros). A quantia foi paga.[138]

Além de Macedo, outra parte dos bens de Alvarenga Peixoto, referente às terras que ele tinha na Paraopeba, foram arrematados por Manuel Rodrigues Rabelo, em leilão, ocorrido em 9 de dezembro de 1797, pela quantia de 2:611$054 réis, a serem pagos, fiados, 120$000 réis por ano. Nos dois primeiros anos, segundo acordo, não se procederia a nenhum pagamento das parcelas combinadas nem ao pagamento dos Dízimos e de outros encargos gerados pela propriedade. No leilão, a fazenda de São José do Bom Retiro foi avaliada em 1:928$872 réis, os bens móveis, em 250$182 réis, e os nove escravos, em 432$000 réis.[139]

Até setembro de 1804, a Fazenda Real não recebeu qualquer quantia do ajuste dessa venda. O arrematante pagou, naquele mês, somente 60$183 réis, de custas documentais. Em 1808, o fiador Luiz de Palhares foi chamado para quitar seus débitos: acertou 111$164 réis. A seguir, Manuel Rabelo pagou 48$031 réis. Em 14 de abril de 1815, Domingos de Amorim Souto moveu ação contra os compradores da fazenda arrematada de Alvarenga, depositando 120$000 réis, em juízo, das custas processuais.[140] Estes valores foram utilizados para quitar os débitos de Alvarenga com a casa falida de Chevalier. Neste caso, mais uma vez, a Fazenda Real não lucrou com a venda de bens de um inconfidente. Os rendimentos obtidos com o leilão da fazenda localizada na Paraopeba foram utilizados unicamente para quitar débitos pessoais de Alvarenga.

Do patrimônio sequestrado pela devassa e revertido para o pagamento dos débitos do sedicioso, a Fazenda Real teve de quitar os débitos com José Antônio de Castro Moreira, de 33$787,5 réis; Manuel Gonçalves Lopes, de 345$983,5 réis; Fazenda Pública, pelos bens de José Correia de Mesquita, de 353$062,5 réis; José Antônio de Almeida, de 364$387 réis; Antônio Francisco de Andrade, 97$725 réis; Fazenda Pública, por ação de dívida fiscal de Manuel Teixeira de Queiroga, proveniente de Dízimos, de 52$138,5 réis; José Rodrigues da Costa, de 1:428$823 réis; Custódio Rodrigues Braga, de 120$754 réis; José de Souza Barbosa, de 98$550 réis; e João da Costa Pinheiro, de 306$900 réis.[141]

No âmbito fiscal, dívidas de Alvarenga também foram encontradas com a casa do contratador Joaquim Silvério dos Reis. Em fevereiro de 1797, o tesoureiro geral, coronel Afonso Dias Pereira, entregou a Patrício Pereira da Cunha, Solicitador da Real Fazenda, a quantia de 1:455$645 réis, de rendimentos apreendidos do inconfidente Alvarenga para o pagamento de direito de Entradas, que estavam em atraso do contrato de Silvério dos Reis, do triênio que teve início em 1º de janeiro de 1782 e findou em 31 de dezembro de 1784.[142] O dinheiro arrecadado foi utilizado, inicialmente, para amortizar parte da dívida que o primeiro delator da Inconfidência tinha com a Fazenda Real, por insolvência no pagamento de seus débitos fiscais. Em seguida, esta mesma quantia foi utilizada pela Fazenda Real para quitar débitos de Alvarenga com terceiros.

Em 1818, o tesoureiro Fernando Luís Machado de Magalhães entregou a Amâncio José Luna, Solicitador dos Feitos da Real Fazenda, a importância de 3:790$381 réis, referente às terças partes extraídas das lavras da Campanha arrematadas pelo contratador Macedo, a fim de se depositar na conta "do Contrato de Entradas, de que foi arrematante o dito Macedo".[143]

Mesmo após a morte de Alvarenga, parte dos rendimentos das lavras que arrematou, descontadas as despesas com a manutenção, foi utilizada para abonar sua dívida fiscal com a Fazenda Real. Tanto no caso deste contratador, quanto no de Chevalier, os rendimentos da casa de Alvarenga foram utilizados primeiramente para pagar aos grossos devedores, depois para o acerto financeiro com os credores menores.

Baseando-se apenas nas relações creditícias, o Quadro 3, a seguir, representa a situação econômica da casa de Alvarenga, antes e depois de sua prisão, em 1789.

Quadro 3. Situação financeira da casa de Alvarenga Peixoto (1771 / 1775-1789 e pós-1790)

1771 / 1775 a 1789	dívidas contraídas	38:409$303 réis	saldo
	pagamentos realizados	16:542$394 réis	(–) 21:866$909 réis
pós-1790	dívidas contraídas	3:321$986,75 réis	saldo
	pagamentos realizados	8:045$041,25 réis	(+) 4:723$054,5 réis

Fonte: Documentos diversos sobre Alvarenga Peixoto.

No primeiro momento, em 1771 e de 1775 a 1789, a casa de Alvarenga Peixoto fechou suas contas em déficit; no período seguinte, pós-1790, sua contabilidade fechou em superávit, ou seja, os créditos ativos foram inferiores aos passivos.

No segundo momento é importante enfatizar que a casa do inconfidente não visava ampliar a produção, renovar os utensílios agrícolas e minerários ou adquirir escravos para renovar os plantéis, mas a intenção foi saldar as dívidas contraídas pelo sedicioso.

Mesmo com esta inversão, não se pode afirmar que sua casa, daquele instante em diante, tornou-se credora. No Quadro 3 não foram computados os rendimentos auríferos e agropastoris dedicados aos pagamentos das dívidas, apenas os acertos econômicos do dia a dia, referentes à manutenção da família, da escravaria e dos negócios.

Devido a atitudes de negligência financeira, como se percebeu pelo excesso de ações de cobranças, Alvarenga Peixoto passou para a história com a fama de mau pagador. Deixemos que ele próprio esclareça, em carta-

-resposta que enviou ao sargento-mor João da Silva Ribeiro de Queirós, em 22 de setembro de 1786, suas estratégias de pagamento aos credores:

> Estimarei muito que as minhas encomendas cheguem com brevidade, porque as preciso, especialmente o alambique, que estou destilando com um só, e não dá vazão ao canavial que se pede, e os cobertores, ao menos vinte para assentar, que está quase pronto um canal, que logo prometi precisar deles. E como Vossa Mercê me diz que logo que chegarem vem pessoalmente a este continente para ajustarmos e eu lhe dar o ouro que puder por conta de vinte e sete de abril, sempre lhe rogo que me avise 15 dias antes de vir, para eu pôr em termos de apurar alguma catinha, que desde já lhe reservo, por dois princípios: o primeiro para termos o gosto de apurar a agarrá-lo, e o segundo porque, se eu apurar antes de Vossa Mercê vir, só por milagre me poderá achar ouro na mão, que me quer tanto mal este maldito, que, por mais que eu tenha, faz voto de nunca morar comigo. É verdade que a despesa desta casa tem sido grande, e ele não faz dois papéis nem que o matem: gastá-lo e havê-lo, é impossível. Agora que as águas estão prontas para me lavar a morrinha, espero ser rico, se a fantasia me não engana; bem que de boas vontades, dizem que está o Inferno cheio.[144]

O sargento-mor João da Silva, com lojas de negócio nas Lavras do Funil e em São Gonçalo da Campanha, vendeu em 1786 um "alambique de cobre com todos os seus preparos" por 205$050 réis; catorze quintais de ferro (210$150 réis), dois quintais de aço (48$600 réis), 14 mil pregos (72$750 réis), 28 cobertores (111$900 réis), entre outros produtos, que totalizaram 728 oitavas de ouro (873$600 réis). Deste total, Alvarenga pagou 240$000 réis, restando-lhe uma dívida de 633$600 réis.[145] Estes objetos, ligados ao universo da mineração, nos ajudaram a imaginar que, em meados da década de 1780, a produção aurífera extraída de suas lavras não era de pequeno porte, pois as compras que realizou para a manutenção daquelas terras eram numerosas e custosas. Certamente, não trabalharia no prejuízo. Os rendimentos poderiam não ser os esperados, mas também não eram insignificantes. Em carta ao mesmo sargento-mor, escreveu:

> É bem certo que no ano de oitenta e sete tirei pouco porque esperando de vinte e cinco mil cruzados para cima pouco me passou de treze, e não podia eu ficar com todos, sendo tanta despesa feita a me acudir. Este ano de oitenta e oito hei de ficar pouco cavalheiro com os meus credores porque a Fazenda Real que me levou o ano passado sete mil e tantos cruzados por diversos a quem estou tendo mão, ainda continua, e queira Deus descansemos nesta parte.[146]

No ano de 1787, Alvarenga pagou de quinto pouco mais de 336$000 réis. Valor substancial, pois se a produção aurífera que serviu de base para esta afirmação baseia-se nos 20% do valor bruto quintado, podemos supor que, no mínimo, suas lavras renderam 1:680$000 réis.

Em 1792, o fiel depositário Francisco Xavier Pereira informou na *Conta do ouro que meteu para se fundir na Casa da Real Fazenda, desde 16 de dezembro de 1790 até 10 de janeiro de 1792*, o seguinte: "Meteu o Administrador, na Casa da Fundição, as diversas parcelas de ouro que constam de suas contas: as quais, depois de quintadas, e fundidas, renderam ao todo, e a dinheiro, que ficou nos Cofres da mesma Casa, a quantia de 5:390$614".[147]

O rendimento das lavras sequestradas (1791) – apreendidas para pagamento das dívidas do inconfidente – foi de 5:390$614 réis. A esse valor deve-se somar a quantia equivalente ao imposto do quinto (1:078$123 réis). No cômputo geral, portanto, as lavras renderam 6:468$737 réis, ou pouco mais de 6,50% do valor total dos bens confiscados de Alvarenga Peixoto, conforme avaliação feita pela devassa de seus bens, em 42:063$155 réis.

O lucro nas lavras, em 1791, correspondeu quase ao valor da meação atribuída a todas as terras minerais, somadas a dezesseis escravos (avaliados na totalidade de seus preços, sem meação) e a fazenda Engenho dos Pinheiros: 6:789$855 réis.[148]

Bárbara Eliodora era meeira dos bens de Alvarenga por lei, tendo direito a 50% de tudo o que se arrecadasse ou produzisse nas terras do casal. Se acreditarmos na possibilidade de os cálculos indicados representarem apenas a parte apreendida de seu marido (50% do montante geral), excluindo-

-se a quantia correspondente à sua meação, o rendimento das minas de ouro do casal seria de 12:937$474 réis.

Estes dados são significativos, pois permitem conjecturar que nos anos anteriores à Inconfidência Mineira as lavras de Alvarenga não rendiam pouco, devendo ser produtivas. Kenneth Maxwell, em *A devassa da devassa*, escreveu que o poeta envolveu-se na sedição por estar altamente endividado em decorrência do fracasso de seus empreendimentos auríferos. Eis o que anotou:

> A motivação de Alvarenga Peixoto para se envolver no complô era mais direta. Há muito tempo endividado, em 1788 estava diante de uma situação crítica. O fracasso das caras instalações hidráulicas realizadas nas suas numerosas lavras auríferas, e que não davam resultados compensadores, juntara-se à sua vertiginosa lista de dívidas para prejudicar seu crédito. Havia ação pendente da Junta de Comércio de Lisboa para cobrar 11:193$507 réis devidos à Dionésio Chevalier de Lisboa. [...] Ultimamente, ele tomara grandes somas emprestadas a Joaquim Silvério dos Reis [...]. Dois anos depois [em 1788] chegava às raias do desespero. O ex-protegido de Pombal aderiu ao movimento mais ou menos ao final do ano de 1788.[149]

Pelo exposto, em 1788, Alvarenga estava financeiramente arruinado. Ao pesquisar as fontes indicadas por Maxwell, não se encontraram quaisquer possibilidades de que esta informação esteja correta; ao contrário, os momentos de seu maior apuro econômico deram-se na primeira metade da década de 1780, e não em sua segunda metade, como está escrito. Mesmo com os baixos rendimentos obtidos em suas lavras, e valores substanciais de dívidas de crédito a serem pagas, a produção agrícola, a compra e a venda de escravos e as constantes apropriações, vendas e compras de terras que empreendeu após 1786, indicaram-nos que esta personagem passava por momento de vitalidade econômica nos anos finais daquela década.

Tal vitalidade econômica é comprovada por meio da venda das duas fazendas (Ponte Alta e Bom Retiro) que arrematou entre os bens do ex-contratador João de Souza Lisboa e de um lote de escravos a João de Santa Ana Silva Pinto, pela quantia de 209$900 réis, à vista, em julho de 1787.[150]

Insatisfeito com a compra, João de Santa Ana solicitou a Alvarenga o distrato daquela venda, pois, segundo ele, os escravos estavam cansados e doentes.[151] Em resposta, Alvarenga escreveu-lhe que não voltaria atrás na negociação: "nem as fazendas mudarão de sítio, nem nós de condição". E continuou: "Quanto às moléstias, eu na Campanha tenho muitos, e todos rapazes, e já cheguei a contar vinte e sete na enfermaria, é dez, é doze, quase sempre".[152] Mesmo recusando-se a desfazer a transação, Alvarenga, acuado pela prerrogativa legal facultada a João de Santa Ana, recebeu as duas fazendas de volta, sem, contudo, devolver-lhe o dinheiro.[153] Estas propriedades, na época da devassa, ainda pertenciam ao inconfidente e não lhe foram sequestradas. Mas, quando seus bens foram arrematados em praça pública, coube a Manuel Rodrigues Rabelo adquirir a fazenda do Bom Retiro, na Paraopeba, com todos os seus pertences pelo preço de 2:611$054 réis. Da mesma maneira que a devassa não sequestrou este bem, a Fazenda Real também não recebeu o dinheiro desse patrimônio, ao arrematá-lo.

O patrimônio de Alvarenga, no final do processo de sequestro, rendeu pouco aos cofres metropolitanos, pois boa parte do que recebeu da meação foi utilizada para quitar débitos do inconfidente com terceiros e com a própria Fazenda Real, descontando-se suas dívidas fiscais e pessoais. Em Campanha, os bens arrematados por Macedo renderam 14:724$769 réis (70,34% do valor original). Os da Paraopeba, comprados por Manuel Rodrigues Rabelo pelo preço de 2:611$054 réis, renderam apenas 339$378 réis ou 12,99% do total. De um patrimônio estimado em pouco mais de 84 contos de réis, a Coroa recebeu 15:064$147 réis, tendo utilizado, ainda, parte deste valor para pagar dívidas que o ex-ouvidor tinha com a casa falida de Chevalier e com terceiros.

No cômputo geral, os sequestros renderam à Coroa uma importância pequena quando comparada aos valores patrimoniais originalmente apreendidos pela devassa. Nos casos de Francisco Antônio de Oliveira Lopes e José de Resende Costa, a Fazenda Real não obteve rendimento. Nestes dois últimos casos, por exemplo, os fiéis depositários gerenciaram os patrimônios em benefício das famílias sequestradas.

Hipólita Jacinta, prima do fiel depositário, readquiriu o patrimônio de seu esposo, quando foi levado à praça. Ela também readquiriu os bens que lhe ficaram da herança paterna, o que permitiu que se realizasse a divisão patrimonial (meação) dos bens do casal. A visão de que ela perdeu tudo, ao ser punida pelo governador visconde de Barbacena, não se efetivou. Ela readquiriu seu patrimônio, deixando-o ao filho adotivo.

O fiel depositário Gervásio Alvim administrou e pagou as dívidas de seu sogro, o coronel Resende Costa, à revelia da lei, em favor da família. Quando os bens sequestrados foram leiloados, ele próprio os adquiriu e, com o resultado da venda, satisfez as dívidas que seu parente tinha com ele e com outros membros da família. Em suma, deste grupo familiar, a Coroa não angariou lucro algum.

Dos bens de José Aires Gomes, a Fazenda Real recebeu apenas a parte que lhe coube da meação – 7:964$753 réis, pois o restante dividiu-se entre a meação da esposa e acertos com credores.

Mas, de todos os personagens, Alvarenga Peixoto destaca-se por ser aquele que mais apresentou estudos controversos e com erros de análise, se comparado à documentação manuscrita pesquisada. Indicou-se que a compra da parte sequestrada de seus bens, realizada por Macedo, não foi feita por ato de generosidade, e que Bárbara, após a prisão do marido, gerenciou sua parte do patrimônio do casal, usufruindo dos rendimentos extraídos das lavras. Ela permaneceu em boas condições materiais de vida, aumentando seu patrimônio e pagando parte das dívidas do casal. Com base na Tabela 17, descobriu-se que algumas de suas lavras, após a apreensão, renderam quase 25 contos de réis.

A historiografia descreveu Alvarenga como uma pessoa que sistematicamente tergiversava quanto ao pagamento de suas dívidas. Expuseram-se os seus débitos e, também, os pagamentos que realizou, mesmo que parcialmente. Ele poderia até não pagar a todos, mas acertava com seus credores parte do que devia; como também muitas outras pessoas faziam. A historiografia reteve a ideia de que ele somente devia e que nunca pagava a ninguém. Se agisse assim, não conseguiria crédito na praça. Para se ter crédito era preciso pagar, mesmo que pouco, a quem se devia. Apesar de o fiado e a dívida serem generalizados, pagamentos aconteciam.

Nas ações de Libelo Cível encontramos indicada referência constante a acordos estipulados ou papéis assinados representando empréstimos ou vendas a prazo, assim como a indicação do pagamento de parcelas de dívidas. Os números de sua casa apontam ritmos diferentes que perpassaram sua trajetória em Minas Gerais. Por Alvarenga dever substanciais valores monetários, a historiografia atribuiu-lhe um ritmo de crise em seus negócios. Os números de suas lavras revelam lucros líquidos superiores a um conto e quatrocentos mil-réis anuais, nos momentos imediatamente posteriores aos sequestros, comprovando-se que a casa do inconfidente permanecia atrelada primordialmente à mineração, contrariando a ideia corrente de que Alvarenga defendia posições radicais concernentes aos "padrões tipicamente coloniais da economia mineira".[154] O padrão econômico de sua casa não se desvencilhou da prática mineratória. Este conjurado, antes de tudo, era mais minerador que agricultor, mesmo com propriedades localizadas na região de maior prosperidade e vitalidade econômica de Minas Gerais.

Foi nesta região que Alvarenga Peixoto ascendeu ao cargo de ouvidor da comarca do Rio das Mortes. De acordo com a historiografia, sua nomeação deveu-se aos versos que escreveu em homenagem ao marquês de Pombal. Descobriu-se que sua indicação para aquele ofício ocorreu após o contratador João Rodrigues de Macedo adquirir aquela atividade por 8:400$000 réis para Alvarenga. Com negócios tão estreitos entre ambos, o ouvidor utilizou-se do amigo para comprar escravos fiado e solicitar empréstimos. Suas relações com a família Macedo começaram antes, ainda em Portugal, com Bento Rodrigues de Macedo. Suas dívidas começaram do outro lado do Atlântico e o momento de sua maior vitalidade econômica deu-se na segunda metade da década de 1780.

Os exemplos citados – Alvarenga Peixoto, José Aires Gomes, Francisco Antônio de Oliveira Lopes, Luís Vaz de Toledo Piza, Carlos Correia de Toledo, Manuel Rodrigues da Costa e José de Resende Costa – permitem recuperar uma de nossas perguntas iniciais: A devassa abalou a fortuna, ou a trajetória econômica, das famílias dos inconfidentes? Ao percorrer algumas das "estratégias" dessas famílias, foi possível descobrir que o substancial de seus patrimônios permaneceu em suas mãos e que a Coroa portuguesa lucrou pouco com os sequestros dos bens apreendidos pela devassa da Inconfidência.

Notas

1. Maria Luiza Ferreira de Oliveira, *Entre a casa e o armazém: relações sociais e experiência da urbanização – São Paulo, 1850-1900*. São Paulo: Alameda, 2005, p. 133.

2. Júnia Ferreira Furtado, *Homens de negócio*..., op. cit., p. 130.

3. Maria Luiza Ferreira de Oliveira, op. cit., p. 133.

4. "Sentença cível de formal de partilhas...", op. cit., pp. 104-106.

5. ANRJ/ADIM-C5, v. 7, doc. 2, fls. 3-5v – Traslado do sequestro feito a Francisco Antônio de Oliveira Lopes.

6. AHU/MAMG, cx. 61, doc. 69 – Requerimento de Pedro Teixeira de Carvalho, capitão-mor da Ordenança de Pé da vila de São José e seu termo, solicitando sua confirmação no exercício do referido posto. 27/11/1753; APM/SC, cód. 90, fls. 195v-196 – Carta de sesmaria: capitão Pedro Teyxeira de Carvalho. 31/05/1749.

7. Luiz Antônio Silva Araújo, *Contratos e tributos nas Minas setecentistas: o estudo de um caso – João de Souza Lisboa (1745-1765)*. Niterói, 2002. Dissertação (Mestrado em História) – Instituto de Ciências Humanas e Filosofia, Universidade Federal Fluminense, pp. 114; 157; 161.

8. ANRJ/ADIM-C5, v. 7, doc. 2, fl. 5v – Traslado do sequestro feito a Francisco Antônio de Oliveira Lopes.

9. Ibidem, fl. 5v.

10. "Óbito e registro do testamento de D. Hipólita Jacinta Teixeira de Melo, viúva do Inconfidente Francisco Antônio de Oliveira Lopes". Prados, 27/04/1828. In: ADIM, v. 9, p. 434.

11. A trajetória de Gonçalo Teixeira de Carvalho foi interessante: nascido no Matosinhos, em São João del-Rei, formou-se em Leis na Universidade de Coimbra, em 1760. Em 3 de julho de 1769, leu no Desembargo do Paço, obtendo a qualificação de "bem". Em 9 de julho de 1777, foi opositor ao cargo de Ouvidor de São Paulo e, em 30 de dezembro desse mesmo ano, dezessete anos após a sua licenciatura, foi nomeado juiz de fora da cidade do Rio de Janeiro. Após a conclusão de seu ofício e sem outra nomeação, voltou a Minas Gerais, sem exercer sua profissão. Após o falecimento de seu pai, assumiu o cargo deixado por este de capitão-mor na vila de São José del-Rei. Sobre as informações de Gonçalo na Universidade de Coimbra e sua leitura no Desembargo do Paço, conferir: Virgínia Maria Trindade Valadares, *Elites mineiras setecentistas: conjugação de dois mundos*. Lisboa: Colibri; Instituto de Cultura Ibero-Atlântica, 2004, p. 423. Ver, também: AHU/MAMG, cx. 120, doc. 48

– Requerimento de Gonçalo Teixeira de Carvalho, capitão-mor das Ordenanças do termo da Vila de São José do Rio das Mortes, solicitando a D. Maria I a mercê de o confirmar no exercício do referido cargo. 19/11/1783; AHET/IPHAN-MG/SJDR, cx. 365, fl. 13 – Inventário: José Fernandes de Souza. 1827.

12. AHET/IPHAN-MG/SJDR, cx. C-06 – Inventário: Bento Gonçalves da Costa e Maria Teixeira de Carvalho. 1822.

13. "Óbito e registro do testamento de D. Hipólita Jacinta Teixeira de Melo, viúva do Inconfidente Francisco Antônio de Oliveira Lopes". Prados, 27/04/1828. In: ADIM, v. 9, pp. 433-434.

14. IHGB. DL 3.4, fls. 5; 7; 127; 128 – Autos de Depósito / Prestação de Contas do capitão Pedro Joaquim de Melo, depositário dos bens do inconfidente Francisco Antônio de Oliveira Lopes.

15. ANRJ/ADIM-C5, v. 7, doc. 2, fl. 5v – Traslado do sequestro feito a Francisco Antônio de Oliveira Lopes; IHGB. DL 3.4, fl. 5 – Autos de Depósito / Prestação de Contas do capitão Pedro Joaquim de Melo, depositário dos bens do inconfidente Francisco Antônio de Oliveira Lopes.

16. Ibidem, fl. 5.

17. Infelizmente, não foi possível descobrir quais bens eram dela e quais eram do sequestro. Na documentação não consta o Auto de Partilha. Sabemos, apenas, que a partilha ocorreu. Conferir: "D. Rodrigo de Sousa Coutinho – Ofício à Junta da Real Fazenda da Capitania de Minas Gerais mandando informar sobre o requerimento de D. Hipólita Jacinta Teixeira de Melo, viúva de Francisco Antônio de Oliveira Lopes". Lisboa, 28/09/1802. In: ADIM, v. 9, p. 368; "Contadoria Geral – Informação sobre requerimento incluso de D. Hipólita Jacinta Teixeira de Melo, viúva de Francisco Antônio de Oliveira Lopes, relativo ao sequestro de sua meação". Rio de Janeiro, 17/10/1804. In: ADIM, v. 9, pp. 386-387.

18. A historiografia a que me refiro é composta, por exemplo, por: Tarquínio J. B. de Oliveira, "Nota explicativa ao Apenso XXXVII". In: ADIM, v. 3, p. 407; Liana Maria Reis, "A mulher na Inconfidência (Minas Gerais – 1789)". *Revista do Departamento de História*, Belo Horizonte: FAFICH/UFMG, n. 9, pp. 86-95, 1989, p. 93; Dario Cardoso Vale, op. cit., p. 92; José Crux Rodrigues Vieira, op. cit., v. 2, t. 1, pp. 329-332.

19. Afonso de Alencastro Graça Filho, *A princesa do Oeste e o mito da decadência de Minas Gerais...*, op. cit., p. 157.

20. IHGB. DL 3.4, fl. 153 – Autos de Depósito / Prestação de Contas do capitão Pedro Joaquim de Melo, depositário dos bens do inconfidente Francisco Antônio de Oliveira Lopes.

21. No fólio 6, o somatório dos débitos foi de 913$315 réis, e na transposição para o fólio seguinte (fl. 6v), seu valor apareceu anotado em 913$321 réis. In: Ibidem, fls. 6-6v.

22. Ibidem, fls. 154-156v.

23. Ibidem, fl. 156v.

24. "Óbito e registro do testamento de D. Hipólita Jacinta Teixeira de Melo, viúva do Inconfidente Francisco Antônio de Oliveira Lopes". Prados, 27/04/1828. In: ADIM, v. 9, pp. 431-432.

25. ANRJ/ADIM-C5, v. 7, doc. 15, fls. 178-188v – Sequestro dos bens do padre Manuel Rodrigues da Costa.

26. ANRJ/CIM, fundo 3A, cx. 3032, pacotilha 23, fls. 6; 7v-8 – Libelo Cível entre o coronel Severino Ribeiro – autor – contra José de Resende Costa – réu. Ouro Preto, 1795.

27. Ibidem, fls. 6-6v.

28. Ibidem, fl. 47.

29. ANRJ/CIM, fundo: 3A, cx. 3032, pacotilha 37, fls. 4-4v – Libelo Cível entre Gervásio Pereira de Alvim – autor – contra a Fazenda Pública pelos bens de José de Resende Costa – inconfidente. Ouro Preto, 1794.

30. ANRJ/ADIM-C5, v. 1, fl. 125v – Formação de culpa: inquirição da testemunha José de Resende Costa. Vila Rica, 28/07/1789; Ibidem, fl. 117v – Formação de culpa: inquirição da testemunha José de Resende Costa. Lagoa Dourada, 12/09/1789.

31. ANRJ/ADIM-C5, v. 5, doc. 11, fl. 4v – Auto de Perguntas feitas ao sargento-mor Luís Vaz de Toledo Piza. 2ª inquirição. Rio de Janeiro, 02/07/1791; ANRJ/ADIM-C5, v. 9, fls. 29-30v – Defesa dos réus da Sublevação de Minas. 02/11/1791.

32. ANRJ/CIM, fundo: 3A, cx. 3032, pacotilha 37, fls. 61-61v – Libelo Cível entre Gervásio Pereira de Alvim – autor – contra a Fazenda Pública pelos bens de José de Resende Costa – inconfidente. Ouro Preto, 1794.

33. Ibidem, fl. 61.

34. Ibidem, fls. 5; 6-60.

35. IHGT. *Rol dos confessados desta freguesia de S. Antônio da vila de S. José, comarca do Rio das Mortes, deste presente ano de 1795*.

36. AHET/IPHAN-MG/SJDR, cx. 149, fl. 23 – Testamento: Gervásio Pereira de Alvim. 1837.

37. IHGB. DL 70.9, fl. 15 – Sequestro de bens do capitão José de Resende Costa por parte da Fazenda Real.

38. Um desses solicitantes foi Jerônimo Dias de Trindade, oficial de justiça da comarca do Rio das Mortes, que por serviços prestados à devassa e por dívidas que o inconfidente lhe tinha feito, cobrou o pagamento de 4$066,5 réis. Conferir: Ibidem, fls. 11-13; 29v.

39. Ibidem, fl. 32v.

40. Ibidem, fls. 34-34v.

41. Ibidem, fl. 32v.

42. Ibidem, fl. 34.

43. Ibidem, fls. 35v-36.

44. APM/SC, cód. 90, fls. 109v-110 – Carta de sesmaria: Silvestre Dias de Sá. 14/12/1747.

45. APM/SC, cód. 256, fls. 140-140v – Carta de sesmaria: Silvestre Dias de Sá. 10/05/1792.

46. CEM-UFMG/AFA/PF, cx. 2. P7, fl. 2 – Sesmaria. 10/05/1792.

47. CEM-UFMG/AFA/PF, cx. 3. P9, fls. 6-12 – Sesmaria. 05/03/1798.

48. "Sentença cível de formal de partilhas...", op. cit., p. 106.

49. Ibidem, p. 106; CEM-UFMG/AFA/PF, cx. 3. P3, fls. IV-4 – Livro de dívidas.

50. IHGB. DL 973.1, fl. 16 – Traslado de Auto de Sequestro feito em bens do coronel José Aires Gomes. Igreja Nova (Barbacena). Maio-junho de 1791.

51. AHMI. Pagamento feito à Real Fazenda e Fisco da Câmara Real para a solução do que tocou da metade dos bens em que foi condenado o confiscado José Aires Gomes, fl. 22v.

52. CEM-UFMG/AFA/PF, cx. 3. P4, fl. 3 – Sesmaria. 20/09/1792.

53. Ibidem, fl. 10.

54. CEM-UFMG/AFA/PF, cx. 3. P3, fl. 7 – Livro de dívidas.

55. APM/SC, cód. 80, fls. 48-48v – Carta de sesmaria: Manuel Dias de Sá. 23/07/1742; AHU/MAMG, cx. 46, doc. 15 – Requerimento de Manuel Dias de Sá, solicitando a D. João V a mercê de lhe confirmar a doação em sesmaria, de meia légua de terra, na paragem da Borda do Campo, junto das terras que foram de seu pai e das da Mantiqueira. 07/02/1746; AHU/MAMG, cx. 42, doc. 65 – Carta de confirmação da sesmaria: Manuel Dias de Sá.

56. Para Eni de Mesquita Samara, o estabelecimento de uma estrutura econômica de base agrária, latifundiária e escravocrata, associada a fatores como a desarticulação administrativa, a excessiva concentração de terras nas mãos de uma pessoa ou de uma família e a acentuada dispersão populacional, provocaram a instalação de uma sociedade paternalista que deu origem aos agregados, que durante toda a fase colonial brasileira assumiram diferentes posições junto à família patriarcal. Podiam ser considerados agregados tanto indivíduos livres e sem terras quanto parentes (filhos, filhas solteiras ou viúvas, genros, mães, tias, irmãos, irmãs etc.), amigos e estranhos que vinham congregar-se ao grupo familiar. À medida que o tamanho das terras ultrapassava as necessidades de produção e de crescimento em face da demanda do mercado, havia a possibilidade de acomodar moradores (agregados) ou meeiros (ou parceiros) nas terras excedentes ou subutilizadas. Os agregados poderiam assegurar tanto a defesa da propriedade, quanto o plantio de mantimentos. Quando não havia essa possibilidade, os agregados dirigiam-se às vilas, onde passavam a morar com as famílias locais, ajudando nos diversos tipos de ofícios urbanos. Conferir: Eni de Mesquita Samara, *Lavoura canavieira, trabalho livre e cotidiano: Itu, 1780-1830*. São Paulo: Edusp, 2005, pp. 57-62; 93-100. Sobre o tema dos agregados na sociedade colonial são pioneiros os estudos de: Maria Sylvia de Carvalho Franco, *Homens livres na ordem escravocrata*. São Paulo: Ática, 1974; Stuart B. Schwartz, "Free labor in a slave economy: the lavradores de cana of colonial Bahia". In: Dauril Alden (org.). *The colonial roots of modern Brazil*. Berkeley: University of California Press, 1973, pp. 147-197; Idem, *Segredos internos*..., op. cit., pp. 247-279.

57. ANRJ/CIM, fundo: 3A, cx. 3032, pacotilha 25, fls. 2v; 4 – Libelo Cível entre a Fazenda Pública – autora – contra Maria Inácia de Oliveira, viúva de José Aires Gomes – réu. Barbacena, 1803.

58. Ibidem, fls. 4-4v; 5.

59. Ibidem, fl. 13v.

60. Ibidem, fls. 15-18v.

61. IHGB. DL 973.1, fl. 147 – Traslado de Auto de Sequestro feito em bens do coronel José Aires Gomes.

62. ANRJ/CIM, fundo: 3A, cx. 3032, pacotilha 27, fls. 3-9 – Libelo Cível entre a Fazenda Pública – autora – contra Maria Inácia de Oliveira, viúva do inconfidente José Aires Gomes – executada. Barbacena, 1803.

63. ANRJ/ADIM-C5, v. 7, doc. 12, fls. 13v-14; 22v – Auto de sequestro feito em bens do coronel José Aires Gomes.

64. ANRJ/CIM, fundo: 3A, cx. 3032, pacotilha 27, fls. 43-58 – Libelo Cível entre a Fazenda Pública – autora – contra Maria Inácia de Oliveira, viúva do inconfidente José Aires Gomes – executada. Barbacena, 1803.

65. Ibidem, fls. 58-67v. A citação encontra-se no fl. 58.

66. Ibidem, fls. 70v-71.

67. ANRJ/CIM, fundo: 3A, cx. 3032, pacotilha 24, fls. 5; 7-8; 21v-22v; 24v-27 – Libelo Cível entre Lucas Antônio de Araújo – autor – contra o procurador da Real Fazenda pelos bens do inconfidente José Aires Gomes – réu. Ouro Preto, 1793.

68. ANRJ/CIM, fundo: 3A, cx. 3032, pacotilha 31, fls. 2v-11v – Libelo Cível entre Manuel da Silva Espíndola, sua mulher e outros – 3º embate – contra D. Maria Inácia de Oliveira, viúva do inconfidente José Aires Gomes – executado. São João del-Rei, 1819.

69. Ibidem, fl. 58.

70. Ibidem, fls. 57v-60v.

71. ANRJ/CIM, fundo: 3A, cx. 3032, pacotilha 32, fls. 4-6v; 16v-19v – Libelo Cível entre Antônio Francisco Fernandes – autor – contra o inconfidente coronel José Aires Gomes – réu. Ouro Preto, 1794.

72. ANRJ/CIM, fundo: 3A, cx. 3032, pacotilha 38, fls. 12-13v; 34v-36 – Libelo Cível entre Luiz Coelho – executante – contra o procurador da Real Fazenda pelos bens de José Aires Gomes – executado. Ouro Preto, 1797.

73. CEM-UFMG/AFA/PF, CX. 3. P3, fls. 2v-10 – Livro de dívidas.

74. Ibidem, fls. 1-10.

75. "Carta de dom Lourenço de Almeida ao Rei. Vila Rica, 04/06/1731". In: TRANSCRIÇÃO DA 2ª PARTE DO CÓDICE 23, p. 261. Quem nos forneceu a referência foi: Júnia Ferreira Furtado, *Homens de negócio*..., op. cit., pp. 119-120.

76. Manuel Rodrigues Lapa, *Vida e obra de Alvarenga Peixoto*, op. cit., p. XXV.

77. ANRJ/ADIM-C5, v. 7, doc. 10, fls. 45v-46 – Traslado do sequestro de Inácio José de Alvarenga Peixoto.

78. O autor que melhor representa esta tendência é: Kenneth Maxwell, op. cit., pp. 144-145.

79. IHGB. DL 92.39, fls. 2; 8-10; 29 – Autos de Execução entre Bento Rodrigues de Macedo e o desembargador procurador da Real Fazenda e Fisco pelos bens de Inácio José de Alvarenga. Ouro Preto, 1794.

80. ANRJ/CIM, fundo: 3A, cx. 3031, pacotilha 7, fl. 6v – Libelo Cível entre Manuel Rodrigues Pacheco pelo caso de Dionísio Chevalier – executante – contra D. Bárbara Eliodora Guilhermina da Silveira, viúva inconfidente Alvarenga Peixoto – executado. Ouro Preto, 1804.

81. "Documentos justificados: justificação de Dionísio Chevalier". In: Manuel Rodrigues Lapa, *Vida e obra de Alvarenga Peixoto*, op. cit., pp. 275-276.

82. Ibidem, p. XXVI.

83. APM/CC, cód. 1189, filme 148, flash 9, fls. 87v-88.

84. "Documentos justificados: justificação de Dionísio Chevalier". In: Manuel Rodrigues Lapa, *Vida e obra de Alvarenga Peixoto*, op. cit., p. 277.

85. Ibidem, p. XXVII; Adelto Gonçalves, *Gonzaga, um poeta do Iluminismo*. Rio de Janeiro: Nova Fronteira, 1999, pp. 100; 279, nota 40.

86. Nem sempre a poesia encomiástica rendia bons frutos. A louvação feita pelo poeta, bacharel e futuro conjurado Cláudio Manuel da Costa ao conde de Valadares, dom José Luís de Meneses, não deu em nada. Em comemoração a sua posse no governo das Minas Gerais (em 16 de julho de 1768), Cláudio dedicou-lhe uma écloga, duas odes e nove sonetos. Para o aniversário do conde, em 5 de dezembro de 1768, preparou o drama lírico *Parnaso obsequioso*. A única mercê dada ao seu maior encomiasta foi o cargo de juiz de sesmarias do termo de Vila Rica, sem a mesma proeminência dos postos que teve como secretário de governo e procurador da Fazenda e Coroa nas gestões de José Antônio Freire de Andrada (2º conde de Bobadela) e Luís Diogo Lobo da Silva. Conferir: Sérgio Alcides, *Estes penhascos: Cláudio Manuel da Costa e a paisagem das Minas, 1753-1773*. São Paulo: Hucitec, 2003, pp. 187-217.

87. AHU/MAMG, cx. 108, doc. 28, fls. 2; 6 – Requerimento do desembargador Inácio José de Alvarenga Peixoto, Ouvidor da Comarca do Rio das Mortes, pedindo que se lhe passe por certidão o teor das provisões que se passavam ao seu antecessor. 20/05/1775; FBN/CC, I-26, 05, 006 n. 007 – Provisão do marquês de Pombal à Junta da Real Fazenda de Minas Gerais, comunicando a nomeação de Alvarenga Peixoto para o cargo de Ouvidor, mandando-lhe entregar neste Real Erário a quantia de 200$000, por ajuda de custo para o seu transporte. Lisboa. 20/06/1775.

88. Sobre o encômio e as relações entre o discurso literário e as práticas políticas de Pombal em figuras representativas das letras luso-brasileiras do século XVIII, particularmente Basílio da Gama e Francisco José Freire, o precursor do neoclassicismo em Portugal, a partir de seu *Arte poética* de 1759, onde este formula, com a sua dedicatória ao marquês de Pombal, as regras da poesia encomiástica, divulgando a imagem do governante como mecenas, conferir: Ivan Teixeira, *Mecenato pombalino e poesia neoclássica*. São Paulo: Edusp, 1999. Já o português Tomás Antônio Gonzaga escreveu o *Tratado de Direito Natural* (1768), dedicado ao marquês de Pombal, com o intuito de galgar ao posto de professor na Universidade de Coimbra. Sobre a análise da obra, conferir: Lourival Gomes Machado, *Tomás Antônio Gonzaga e o direito natural*. São Paulo: Edusp, 2002.

89. FBN/CC, I-10, 15, 027 n. 001 a 005 – Correspondência entre João Rodrigues de Macedo e Joaquim José Marreiros.

90. Para ilustrar os vultosos recursos disponibilizados na compra de ofícios de justiça, na primeira metade do século XVIII, Antônio Carlos Jucá de Sampaio apresentou a transação pela arrematação do ofício de escrivão da ouvidoria da comarca do Rio das Mortes, em São João del-Rei, vendido por Manuel da Silva Braga, homem de negócios da praça do

Rio de Janeiro, para Rodrigo Ferreira Lobo, pela quantia de 9:866$802 réis. Com este valor comprava-se "um engenho de bom porte" e com o que sobrasse era possível "adquirir uma fazenda em Suruí, [no Rio de Janeiro,] com sete escravos e várias benfeitorias". Detalhe importante é que a venda referia-se somente à serventia do ofício, e por um prazo de três anos, já que este era de propriedade da Coroa portuguesa. Conferir: Antonio Carlos Jucá de Sampaio, *Na encruzilhada do império: hierarquias sociais e conjunturas econômicas no Rio de Janeiro (c.1650-c.1750)*. Rio de Janeiro: Arquivo Nacional, 2003, pp. 304-305. A compra de um ofício era lucrativa: Eugênio Martins, negociante no Rio de Janeiro, vendeu em 1750 o ofício de tabelião de notas da cidade de Mariana por 9:600$000 réis, também pelo prazo de três anos. De acordo com Jucá, "é possível calcular o lucro de Martins, já que ele declara na escritura ter recebido tal mercê por haver oferecido à Real Fazenda um donativo de 7:300$000. Seu lucro, portanto, foi de 2:300$000, ou 31,5% do preço inicial". In: Ibidem, p. 305. Júnia Furtado, ao analisar as relações entre o comerciante português Francisco Pinheiro e seus agentes comerciais em Minas Gerais, mostrou que uma das estratégias utilizadas por Pinheiro foi arrematar ofícios nas Minas para seus correspondentes e, em troca, estes deviam dividir com ele seu rendimento. Conferir: Júnia Ferreira Furtado, *Homens de negócio*..., op. cit., pp. 46-57.

91. Angelo Alves Carrara, *A administração dos contratos da capitania de Minas: João Rodrigues de Macedo*, 1775-1780, pp. 5-6.

92. Norbert Elias, *A sociedade dos indivíduos*. Trad. Vera Ribeiro. Rio de Janeiro: Jorge Zahar, 1994, pp. 22-23.

93. Tarquínio J. B. de Oliveira, *Correspondência ativa de João Rodrigues de Macedo*. Ouro Preto: ESAF-Centro de Estudos do Ciclo do Ouro-Casa dos Contos, 1981, v. 1, p. 294, carta 343.

94. Mauro de Albuquerque Madeira, op. cit., pp. 125-126.

95. *Ordenações Filipinas*, op. cit., v. 1, título XCV, p. 233; "Collecção chronologica da legislação portugueza. Edição compilada por José Justiniano Andrade e Silva". Lisboa: Imprensa de J. J. A. Silva, 1854, v. 1, pp. 113; 295.

96. Stuart B. Schwartz, *Da América portuguesa ao Brasil: estudos históricos*. Trad. Nuno Mota. Lisboa: Difel, 2004, p. 88. É difícil precisar com exatidão os valores recebidos pelos ouvidores no exercício de suas funções judiciais, uma vez que para isso seria preciso conhecer exatamente o volume de trabalho realizado pelo magistrado, já que ao seu salário-base, que no século XVIII era de 500$000 réis, somavam-se verbas para aposentadoria (moradia) e mantimentos, mais dois terços de toda a arrecadação feita pelo Juízo dos Defuntos e Ausentes (pelo exercício da função de provedores), mais propinas cobradas para rever licenças de ofícios mecânicos e médicos, que se levavam "por costume". Além desses valores, as Câmaras pagavam pela revisão de livros, por ajustes de contas e por revisão das provisões passadas por elas. O bacharel Diogo Pereira Ribeiro de Vasconcelos nos informa que um ouvidor podia ganhar 2:340$000 réis por ano ("Ordenado de ouvidor – 500$000 réis/ De juiz dos feitos, ajuda de custo – 400$000 réis/ De auditor – 240$000 réis/ Braçagens, prós e precalços – 1:200$000 réis"). Sobre estes dados, conferir: Diogo Pereira Ribeiro de Vasconce-

los, *Breve descrição geográfica, física e política da capitania de Minas Gerais*. Estudo crítico Carla Maria Junho Anastasia. Belo Horizonte: Fundação João Pinheiro-Centro de Estudos Históricos e Culturais, 1994, p. 100.

97. Luciano Figueiredo, "A corrupção no Brasil colônia". In: Leonardo Avritzer et al. (org.). *Corrupção: ensaios e críticas*. Belo Horizonte: Editora da UFMG, 2008, pp. 209-218; 212-213. Sobre a corrupção e a indefinição das esferas do público e do privado, conferir: Laura de Mello e Souza, *O sol e a sombra: política e administração na América portuguesa do século XVIII*. São Paulo: Companhia das Letras, 2006; Arno Wehling; Maria José Wehling, *Direito e justiça no Brasil colonial: o Tribunal da Relação do Rio de Janeiro (1751-1808)*. Rio de Janeiro: Renovar, 2004; Marco Antonio Silveira, *O universo do indistinto: Estado e sociedade nas Minas setecentistas (1735-1808)*. São Paulo: Hucitec, 1997; Maria Filomena Coelho Nascimento, "Justiça, corrupção e suborno em Pernambuco (século XVIII)". *Textos de História*, Brasília, v. 11, n. 1/2, pp. 29-46, 2003; Paulo Cavalcanti, *Negócios da trapaça: caminhos e descaminhos na América portuguesa (1700-1750)*. São Paulo: Hucitec, 2006.

98. APM/CC, cód. 1189, filme 148, flash 9, fls. 87v-88.

99. Sobre as atribuições dos ouvidores, conferir: Graça Salgado (coord.), *Fiscais e meirinhos: a administração no Brasil colonial*. 2. ed. Rio de Janeiro: Nova Fronteira, 1985, pp. 357-358.

100. FBN/CT, I-35, 12, 1 n. 9 – Relação das farinhas, tropas e outros gêneros aprontados pelo ouvidor Inácio José de Alvarenga para a expedição à capitania de São Paulo. São João del-Rei, 01/08/1779.

101. FBN/CT, I-35, 12, 1 n. 9, fls. 1; 2-3; 6. As farinhas foram produzidas por oitenta agricultores. Entre eles, encontramos o marechal de campo Inácio Correia Pamplona, implicado na Conjuração Mineira, com 96 alqueires de farinha de mandioca ou 15,55% do total, e seu irmão Tomás da Costa Pamplona, com 108 ¼ alqueires de farinha de milho, que responderam por pouco mais de duzentos alqueires de farinha.

102. ANRJ/CIM, fundo: 3A, cx. 3031, pacotilha 13, fls. 5, 6, 8v-9 – Libelo Cível entre Antônio Francisco de Andrade – autor – contra os bens de Inácio José de Alvarenga Peixoto – réu. Vila Rica, 1793.

103. ANRJ/CIM, fundo: 3A, cx. 3031, pacotilha 16, fls. 5-6v, 9-10 – Libelo Cível entre José Antônio de Castro Moreira – autor – contra os bens de Inácio José de Alvarenga Peixoto – réu. Vila Rica, 1795.

104. FBN/CT, I-35, 12, 1 n. 9, fls. 3-9 – Relação das farinhas, tropas e outros gêneros aprontados pelo ouvidor Inácio José de Alvarenga para a expedição a capitania de São Paulo.

105. ANRJ/CIM, fundo: 3A, cx. 3031, pacotilha 16, fl. 6 – Libelo Cível entre José Antônio de Castro Moreira – autor – contra os bens de Inácio José de Alvarenga Peixoto – réu.

106. FBN/CC, I-25, 12, 017 – Carta de Domingos José Gomes a Inácio José de Alvarenga avisando o recebimento de 6:704$230 réis em dinheiro da Junta da Real Fazenda que será creditada em sua conta. Vila Rica. 10/02/1780.

107. José Antônio de Melo, fiscal do destacamento de Paracatu, em duas cartas enviadas a Macedo questionou a atitude de Alvarenga de realizar cobranças em seu destaca-

mento e utilizar o dinheiro para amortizar dívidas pessoais. Conferir: FBN/CC, I-10, 15, 033 n. 005 e 006.

108. ANRJ/CIM, fundo: 3A, cx. 3031, pacotilha 13, fl. 6 – Libelo Cível entre Antônio Francisco de Andrade – autor – contra os bens de Inácio José de Alvarenga Peixoto – réu. Vila Rica, 1793.

109. Ibidem, fl. 33v.

110. Ibidem, fl. 36.

111. FBN/CIM, II-31, 31, 15 n. 5, fls. 4-7 – Carta de Inácio José de Alvarenga a João Rodrigues de Macedo. São João del-Rei. 28/05/1779; FBN/CC, I-10, 11, 018 – Carta de Brás Álvares Antunes a João Rodrigues de Macedo tratando do abono de entrada de escravos e envio de 1:793$748 réis de Inácio José de Alvarenga Peixoto. São João del-Rei. 09/01/1781.

112. "Carta de João Rodrigues de Macedo a Brás Álvares Antunes". Vila Rica. 29/11/1780. In: Tarquínio J. B. de Oliveira, *Correspondência ativa de João Roiz de Macedo*, op. cit., v. 2, carta 717. p. 181; FBN/CT, I-35, 12, 2 n. 6 – Ordem de pagamento de Alvarenga Peixoto ao capitão-mor Manoel Antunes Nogueira no valor de 150 oitavas. 12/08/1779.

113. FBN/CIM, II-31, 31, 15.

114. ANRJ. Códices Diversos – SDH, cód. 968, fl. 4 – Inventário do espólio do doutor José da Silveira e Souza. São João del-Rei. 18/07/1794.

115. "Documentos justificados: Pedido do Dr. José da Silveira e Sousa para se passar a Portugal". In: Manuel Rodrigues Lapa, *Vida e obra de Alvarenga Peixoto*, op. cit., p. 203; AHU/MAMG, cx. 98, doc. 24 – Requerimento do bacharel José da Silveira e Sousa solicitando ao Rei a mercê de o autorizar a deslocar-se ao Reino. 16/07/1770.

116. Ibidem, pp. XXXIII-XXXV.

117. BMBCA/ACMSJDR. ACOR 5, fls. 150v-151.

118. Ibidem, fls. 160; 161; 187-187v.

119. BMBCA/ACMSJDR. ACOR 6, fls. 107v-109.

120. AHU/MAMG, cx. 115, doc. 43 – Requerimento dos moradores da vila de São João, solicitando providências contra as desordens e escândalos praticados pelo padre Antônio Caetano de Almeida Vilas Boas, vigário da freguesia da dita vila. 24/09/1779.

121. "Documentos justificados: Justificação do vigário Antônio Caetano Vilasboas". In: Manuel Rodrigues Lapa, *Vida e obra de Alvarenga Peixoto*, op. cit., p. 256.

122. Ibidem, p. 257.

123. ANRJ/CIM, fundo: 3A, cx. 3031, pacotilha 7, fls. 1-5v – Libelo Cível entre Manuel Rodrigues Pacheco pelo caso de Dionísio Chevalier – executante – contra D. Bárbara Eliodora Guilhermina da Silveira, viúva inconfidente Alvarenga Peixoto – executado. Ouro Preto, 1804.

124. Ibidem, fls. 10-12v.

125. FBN/CT, I-35, 11, 13 n. 3 – Carta de Bárbara Eliodora a João Rodrigues de Macedo solicitando que intervenha nas cobranças feitas pela Real Fazenda. São Gonçalo. 11/11/1799; FBN/CT, I-35, 11, 13 n. 13 – Minuta de João Rodrigues de Macedo a Bárbara Eliodora Guilhermina da Silveira tratando sobre dívidas de Vicente Vieira da Mota e de Dionísio Chevalier. Vila Rica. 23/11/1799.

126. ANRJ/CIM, fundo: 3A, cx. 3031, pacotilha 7, fl. 4 – Libelo Cível entre Manuel Rodrigues Pacheco pelo caso de Dionísio Chevalier – executante – contra D. Bárbara Eliodora Guilhermina da Silveira, viúva inconfidente Alvarenga Peixoto – executado. Ouro Preto, 1804.

127. FBN/CT, I-35, 11, 17 n. 2 – Requerimento de Caetano Álvares de Magalhães solicitando a não alteração do preço do arremate da massa falida de Dionísio Chevalier. Vila Rica, 06/12/1806.

128. FBN, I-25, 02, 043, fls. 1-4v – Processos referentes ao pagamento do principal, juros e custos da dívida do réu inconfidente Inácio José de Alvarenga cujos bens penhorados. Vila Rica, 21/06/1806.

129. ANRJ/CIM, fundo: 3A, cx. 3031, pacotilha 2, fl. 1-32 – Libelo Cível entre o tenente-coronel José Pereira Marques – autor – contra o inconfidente Alvarenga Peixoto – réu. Ouro Preto, 1794; APM/CC, pl. 20233, rolo 527, doc. 5 – Conta lançada nos Autos do réu Inácio José de Alvarenga Peixoto.

130. FBN, I-25, 02, 043, fls. 1-2 – Processos referentes ao pagamento do principal, juros e custos da dívida do réu inconfidente Inácio José de Alvarenga cujos bens penhorados. Vila Rica, 21/06/1806; FBN/CT, I-35, 11, 17 n. 1 – Requerimento de José Joaquim de Oliveira Cardoso solicitando certidão referente à dívida de Inácio José de Alvarenga Peixoto. Vila Rica, 26/08/1807.

131. FBN/CT, I-35, 12, 4 – Recibos da arrematação feita por João Rodrigues de Macedo referente aos bens de Inácio José de Alvarenga.

132. ANRJ/CIM, fundo: 3A, cx. 3031, pacotilha 14, fls. 10v-12; 36v-38 – Libelo Cível entre Teresa Bernarda Joaquina Teodora de Almeida e o Procurador da Fazenda, pelos bens do inconfidente Inácio José de Alvarenga Peixoto – réu. Vila Rica, 1794; FBN/CC, I-10, 10, 004 n. 007m – Carta de Teresa Bernarda Joaquina Teodora de Almeida a João Rodrigues de Macedo autorizando a quitação de parte de uma dívida em nome de Bárbara Eliodora Guilhermina da Silveira. 05/03/1798.

133. Além de razões puramente econômicas, a malquerença entre ambos tinha outra razão: o tenente Antônio José Dias Coelho, de maneira semelhante à realizada por Alvarenga Peixoto, também frequentara a casa do doutor José da Silveira e Sousa, pai de Bárbara Eliodora, quando namorava uma de suas filhas, Maria Policena. Da aventura amorosa, nasceu Antônio Francisco Teixeira Coelho, que seria criado por dona Hipólita Jacinta Teixeira de Melo, mulher do inconfidente Francisco Antônio de Oliveira Lopes. Além disso, foi acusado de perturbar as relações entre Alvarenga e o sogro.

134. ANRJ/CIM, fundo: 3A, cx. 3031, pacotilha 14, fl. 55v – Libelo Cível entre Teresa Bernarda Joaquina Teodora de Almeida e o Procurador da Fazenda, pelos bens do inconfidente Inácio José de Alvarenga Peixoto – réu. Vila Rica, 1794.

135. ANRJ/CIM, fundo: 3A, cx. 3031, pacotilha 19, fls. 1-25 – Libelo Cível entre o sargento-mor Luiz Antônio da Silva – autor – contra o procurador do Real Fisco, pelos bens do inconfidente Alvarenga Peixoto – réu. Ouro Preto, 1794; "Documentos justificados: cessão de crédito de Luis Antônio da Silva a João Rodrigues de Macedo". In: Manuel Rodrigues Lapa, *Vida e obra de Alvarenga Peixoto*, op. cit., p. 300.

136. FBN/CT, I-35, 12, 3 n. 1 – Carta de Inácio José de Alvarenga a João Rodrigues de Macedo agradecendo por ter assumido uma dívida com Manuel Pinto de Miranda. São João del-Rei. 27/04/1788; FBN/CT, I-35, 12, 2 n. 5 – Promissória passada por Inácio José de Alvarenga a Manuel Pinto de Miranda. [S.l.]. 20/12/1783; FBN/CT, I-35, 12, 2 n. 4 – Crédito de Manuel Pinto de Miranda a Inácio José de Alvarenga Peixoto. São João del-Rei. 20/12/1783.

137. FBN/CT, I-35, 12, 8 n. 5, fls. 4-6v – Requerimento do padre Joaquim Barbosa Ferreira solicitando pagamento, como testamenteiro de João Marques de Eira, de uma precatória referente aos bens de Inácio José de Alvarenga Peixoto no valor de 566$447 réis.

138. FBN/CT, I-35, 12, 8 n. 1, fls. 1-3; 10-14; 18-20 – Requerimento de José Rodrigues da Costa solicitando pagamento de precatória. Vila Rica. 11/02/1797; FBN/CT, I-35, 12, 8 n. 3 – Requerimento de José Rodrigues da Costa sobre notificação de João Rodrigues de Macedo referente à arrematação dos bens de Inácio José de Alvarenga Peixoto. [S.l.; s.d.].

139. FBN/CT, I-35, 12, 2 n. 1, fls. 1-2 – Arrematação de bens de Inácio José de Alvarenga Peixoto por Manuel Rodrigues Rabelo das partes penhoradas pela Real Fazenda. Vila Rica. 09/12/1797.

140. Ibidem, fl. 2v.

141. ANRJ/CIM, fundo: 3A, cx. 3031, pacotilha 16 – Libelo Cível entre José Antônio de Castro Moreira – autor – e a Fazenda, pelos bens do inconfidente Alvarenga Peixoto – réu. Vila Rica, 1795; ANRJ/CIM, fundo: 3A, cx. 3031, pacotilha 15 – Libelo Cível entre Manoel Gonçalves Lopes – autor – e a Fazenda Pública, pelos bens do inconfidente Alvarenga Peixoto – réu. Vila Rica, 1796; ANRJ/CIM, fundo: 3A, cx. 3031, pacotilha 8 – Libelo Cível entre a Fazenda Real – autora – e Inácio José de Alvarenga Peixoto (por bens de terceiros) – réu. Vila Rica, 1804; ANRJ/CIM, fundo: 3A, cx. 3031, pacotilha 5 – Libelo Cível entre José Antônio de Almeida – autor – contra o procurador da Fazenda pelos bens do inconfidente Inácio José de Alvarenga – réu. Ouro Preto, 1795; ANRJ/CIM, fundo: 3A, cx. 3031, pacotilha 13 – Libelo Cível entre o capitão Antônio Francisco de Andrade – autor – contra o procurador da Fazenda Pública – réu. Ouro Preto, 1793; ANRJ/CIM, fundo: 3A, cx. 3031, pacotilha 10 – Libelo Cível entre a Fazenda Real – autora – e Inácio José de Alvarenga Peixoto – réu. Vila Rica, 1805; ANRJ/CIM, fundo: 3A, cx. 3031, pacotilha 3 – Libelo Cível entre o capitão-mor José Rodrigues da Costa – autor – contra o inconfidente Inácio José de Alvarenga Peixoto – réu. Vila Rica, 1804; ANRJ/CIM, fundo: 3A, cx. 3031, fundo: 3A, cx. 3031, pacotilha 11 – Libelo Cível entre o capitão-mor José Rodrigues da Costa – autor – contra o inconfidente Inácio José de Alvarenga Peixoto – réu. Vila Rica, 1804; FBN/CC, I-03, 17, 003 – Ação de Custódio Rodrigues Braga para reaver os bens de Inácio José de Alvarenga Peixoto. Vila Rica, 1793; FBN, I-25, 02, 042 – Processo referente ao requerimento de José de Souza Barbosa para o seu pagamento de ordenados servindo ao réu inconfidente Inácio José de Alvarenga nos anos de 1788 a 1789. Vila Rica. 12/11/1804; FBN/CT, I-35, 12, 1 n. 14 – Carta Precatória de João da Costa Pinheiro pelos bens de Inácio José de Alvarenga Peixoto. Vila Rica. 1800.

142. FBN/CT, I-35, 12, 8 n. 3 – Requerimento de Patrício Pereira da Cunha solicitando pagamento referente aos bens de Inácio José de Alvarenga Peixoto. 04/02/1797; FBN, I-9, 29

– Processo relativo dos bens de Inácio José de Alvarenga por créditos de direitos das entradas. 11/02/1797.

143. FBN/CT, I-25, 12, 18, fls. 1-5 – Ordem ao tesoureiro geral, Fernando Luís Machado de Magalhães, para entregar ao solicitador dos feitos da Real Fazenda, Amâncio José Luna, a importância de terças partes extraídas das lavras arrematadas por João Rodrigues de Macedo.

144. ANRJ/CIM, fundo: 3A, cx. 3031, pacotilha 12, fl. 16 – Libelo Cível entre Felizarda Matildes de Morais Salgado contra o procurador do Fisco, pelos bens do inconfidente Inácio José de Alvarenga Peixoto – réu. Vila Rica, 1794.

145. ANRJ/CIM, fundo: 3A, cx. 3031, pacotilha 16, fls. 13v-14v – Libelo Cível entre Felizarda Matildes de Morais Salgado contra o procurador do Fisco, pelos bens do inconfidente Inácio José de Alvarenga Peixoto – réu. Vila Rica, 1794.

146. Ibidem, fl. 17v.

147. AHMI. Mapoteca, gav. 3 – Apenso relativo ao sequestro dos bens de Inácio José de Alvarenga.

148. ANRJ/ADIM-C5, v. 7, doc. 10, fls. 33v-35v – Traslado do sequestro de Inácio José de Alvarenga Peixoto.

149. Kenneth Maxwell, op. cit., pp. 144-145.

150. APM/AVC, cx. 13, doc. 59 – Recibo passado por Alvarenga Peixoto relativo a venda de terras e escravos. 10/07/1787.

151. APM/CC, pl. 20305, rolo 529, doc. 1 – Procuração passada por Inácio José de Alvarenga Peixoto e Vicente Vieira da Mota, para assinatura de destrato da venda de uma fazenda. 21/07/1787.

152. FBN, I-27, 29, 087 – Carta de Inácio José de Alvarenga Peixoto a João de Santana Silva Pinto. 28/07/1787.

153. APM/CC, pl. 30013, rolo 510, doc. 5 – Escritura de destrato entre Inácio José de Alvarenga Peixoto e João de Santa Ana Silva Pinto. 01/08/1787.

154. João Pinto Furtado, op. cit., p. 82.

Conclusão

Entretanto, espero que Vossa Mercê dê alguma desculpa a um mineiro que tem obrigação e necessidade de ser mentiroso como os outros.
Inácio José de Alvarenga[1]

A epígrafe acima resume, muito particularmente, a atitude das famílias dos inconfidentes mineiros sentenciados pelo crime de lesa-majestade, residentes na comarca do Rio das Mortes, no momento de elaboração dos Autos de Sequestro de seus bens pela Coroa portuguesa, de 1789 a 1791. Estas palavras, extraídas de uma carta enviada por Alvarenga Peixoto a Vicente Vieira da Mota, entre julho de 1785 e março de 1786, apontam para uma das características marcantes dos sequestros: a *mentira* na divulgação dos patrimônios.

Mentir, na acepção da palavra, significou, para muitas famílias de conjurados, afirmar algo que se sabia ser contrário à verdade ou, como tratamos ao longo dos capítulos, praticar atos de omissão ou sonegação.

A preservação de bens nas mãos das famílias dos inconfidentes evidenciou-se, também, por meio de atitudes de corrupção e de favorecimento praticados por alguns ministros metropolitanos como ouvidores, meirinhos, escrivães e fiéis depositários, que mantinham estreito contato com as famílias sequestradas. Como se viu no segundo capítulo, as íntimas relações do escrivão José Caetano César Manitti, colocadas sob suspeição no depoimento prestado à devassa pelo coronel Francisco Antônio de Oliveira Lopes, de que favoreceu sediciosos em detrimento de acordos não cumpridos com presos, e as fortes ligações que mantinha com o ex-contratador João Rodrigues de Macedo ajudaram-nos a indicar a existência de acordos verbais de proteção às pessoas ligadas diretamente ao dito rendeiro. Manitti foi o responsável, por exemplo, em 1791, pela prisão tardia e o sequestro do sócio de Macedo no contrato dos Dízimos, José Aires Gomes, e de seu afilhado, o padre Manuel Rodrigues da Costa, filho de seu preposto de nome homônimo, no contrato de Entradas.

Ambos, apesar de protegidos por membros da devassa mineira, foram presos por conhecerem os planos do levante e as pessoas envolvidas na sedição. A primeira referência "oficial" aos dois inconfidentes aconteceu em 10 de abril de 1791, quando o chanceler da Alçada Sebastião Xavier de Vasconcelos Coutinho encaminhou ao escrivão Manitti ofício solicitando a prisão dos dois suspeitos e, também, a de Vicente Vieira da Mota, José de Resende Costa e José de Resende Costa, o filho.

Ao ouvidor Luís Ferreira de Araújo e Azevedo coube a acusação de favorecer Bárbara Eliodora Guilhermina da Silveira, esposa de Inácio José de Alvarenga Peixoto, e Hipólita Jacinta Teixeira de Melo, mulher de Francisco Antônio de Oliveira Lopes, no processo de sequestro. Em outro caso, no conflito pela demarcação das terras de Alvarenga Peixoto em São Gonçalo, contra a ação movida por Maria do Nascimento, o ouvidor Luís Ferreira favoreceu o amigo. Ambos, Luís e Alvarenga, em 1781, foram repreendidos no Tribunal da Relação, no Rio de Janeiro: o primeiro, por favorecer o amigo e ex-ouvidor do cargo que ele ocupava naquele instante; o segundo, por alterar os limites de sua propriedade, ao invadir terras que não lhe pertenciam.

Além do conflito pela posse, demarcação do limite e exploração da área mineral da Boa Vista, indicamos os números correspondentes aos serviços minerais apurados nas lavras de Alvarenga, tanto as sequestradas quanto as omitidas da devassa, com os seus respectivos rendimentos financeiros.

Na historiografia é comum encontrar a informação de que a arrematação da parte sequestrada dos bens de Alvarenga Peixoto por Macedo deveu-se à benevolência do ex-contratador em auxiliar e proteger a família do amigo. Especificamente, Macedo só veio a adquirir os bens de Alvarenga após consultar o ouvidor Luís Antônio Branco Bernardes de Carvalho e ter a certeza de que poderia utilizar no abatimento do preço daquela compra o valor das ações de cobrança judicial que a casa do amigo vivenciava naquele instante – e entre estas estavam os débitos que ele tinha com os contratos de Dízimos e Entradas administrados por Macedo. Além disso, o ex-contratador interessou-se pelas terras minerais do compadre ao receber a informação da descoberta de algo valioso no subsolo de São Gonçalo. Por meio de dados estatísticos, demonstramos que Macedo espoliou Bárbara em vez de beneficiá-la no sequestro, levando-a a reclamar da administração do fiel depositário em favor do rendeiro, pelas diferentes apurações contabilizadas nos anos de 1797 a 1801.

O patrimônio sequestrado de Alvarenga foi avaliado em 42:063$155 réis. Deste total, competiu a Macedo pagar, após todos os descontos solicitados, 20:934$689 réis, divididos em dez parcelas anuais. Os números daquela dívida, em 1812 (ano em que se apurou o último lançamento naquela conta), indicaram a inadimplência de 29,66%, ou a falta do acerto de 6:209$920 réis. Esta arrematação, como a feita por Macedo dos contratos de Dízimos e Entradas, denotou prejuízo à Fazenda Real.

Muito do dinheiro utilizado no pagamento dos débitos fiscais de Macedo originou-se dos rendimentos auferidos nas lavras que ele mantinha em sociedade com Bárbara Eliodora. Como indicamos no terceiro capítulo, houve discrepância na arrecadação dos serviços minerais e nos rendimentos de ambas as partes. Por lei, isso não deveria acontecer, pois os escravos e a área explorada eram os mesmos, assim como os utensílios e a determinação das jornadas de trabalho. A condescendência de Macedo motivou-se mais por razões pessoais do que estritamente por amizade e proteção às famílias dos inconfidentes.

Outra questão importante encontrada na historiografia e apresentada na Introdução é a ideia de que a arrecadação total dos sequestros correspondeu à arrecadação do quinto do ouro no ano de 1789 e que do ponto de vista financeiro eles foram um excelente negócio para a Coroa.

Após análise exaustiva dos Autos de Sequestro originais e de documentos correlatos ao movimento é possível afirmar que a Coroa portuguesa não lucrou esta quantidade de receita com o confisco dos bens dos inconfidentes, principalmente com os dos residentes na comarca do Rio das Mortes.

No caso do patrimônio sequestrado do coronel José de Resende Costa, que tinha por fiel depositário seu genro Gervásio Pereira de Alvim, que também era o responsável pela administração da parte sequestrada pertencente a Ana Alves Preto, esposa do sedicioso, foram realizados três leilões de venda. No primeiro processo de arrematação, Gervásio adquiriu os bens mais importantes da família por 3:344$625 réis, o mesmo valor que atribuiu à avaliação daquele patrimônio. Com este dinheiro, como fiel depositário, decidiu honrar as pendências financeiras de seu sogro com a casa do capitão-mor Pedro Teixeira de Carvalho, sogro do conjurado Francisco Antônio de Oliveira Lopes.

Em outra ação de venda dos bens sequestrados do coronel Resende Costa coube ao depositário, novamente, adquirir os bens de seu sogro para saldar as dívidas que ele havia pago ao sedicioso, antes de sua prisão como inconfidente, e receber o dote que sua esposa Francisca Cândida de Resende trouxe para o casamento. Quanto a este matrimônio verificou-se que a união entre Gervásio e Francisca foi arranjada vinte dias antes da prisão do patriarca da família, permitindo que parte do patrimônio que deveria ser sequestrado não fosse apreendida pela devassa.

Por intermédio do contrato nupcial, de testamento e do censo eclesiástico de 1795, vasculhamos o destino de seus principais bens imóveis, semoventes (animais e escravos) e utensílios e ferramentas ligadas aos universos agropastoris e mineratórios sequestrados pela devassa, em 1791, assim como desvendamos atos de omissão e subavaliação naquele patrimônio.

Os bens do coronel Resende Costa foram arrematados, em três leilões, por 4:424$097 réis. Deste valor, a Fazenda Real nada lucrou, pois as contas da casa obtiveram débito.

Situação semelhante observou-se no processo contra Francisco Antônio de Oliveira Lopes. Em 1811, o fiel depositário Pedro Joaquim de Melo, primo de dona Hipólita, esposa do inconfidente, apresentou a prestação das contas e as justificativas dos gastos daquela casa. Nas notas lançadas constam despesas que não faziam parte dos sequestros. Ele permitiu que dívidas de Francisco Antônio e de Hipólita Jacinta fossem pagas à revelia da lei, sem autorização judicial, contrariando a prerrogativa de depositário.

De seus bens, a Coroa recebeu 71$824 réis, ou seja, desse patrimônio praticamente não obteve rendimento.

De Luís Vaz de Toledo Piza também se revelou que a família permaneceu com parte dos bens sequestrados, como a fazenda da Laje, e desse patrimônio também não ganhou nada. As melhores notas do sequestro empreendido a esta casa ficaram das listagens de seus escravos e das terras e serviços minerais que ele explorava. Dos seus 37 cativos apreendidos, nenhum deles apareceu listado no fogo administrado por sua esposa Gertrudes Maria de Camargo, segundo dados extraídos do *Rol dos confessados* da vila de São José de 1795. Entretanto, em poder dessa mulher constatou-se a posse de 21 escravos, sendo que, destes, cinco pertenciam ao seu cunhado, o reverendo Bento Cortês de Toledo; treze ficaram do plantel do padre Carlos Correia de Toledo e Melo, e três da sociedade de extração mineral que Luís Vaz tinha com o capitão Domingos Barbosa Ribeiro.

A omissão dos mancípios confiscados de Luís Vaz, que não apareceram indicados na lista de 1795, explicou-se, em parte, como mostramos, pela sua transferência para o patrimônio de seu sócio, o capitão Ribeiro.

Por meio da avaliação monetária de seus bens, contestamos que a ideia amplamente divulgada pela historiografia de que a família desse inconfidente vivia em estado de dependência total de seu irmão, o padre Toledo, não era correta. Indicamos que Luís Vaz não era um homem rico, embora pertencesse a uma família rica, os Toledo Piza.

Os sequestros empreendidos contra José Aires Gomes e Inácio José de Alvarenga Peixoto foram os maiores e os mais detalhados pela devassa. Aires Gomes teve quantificado pela devassa 1.976 bens, excluindo-se as oitavas de ouro e as de prata sequestradas. Com um monte-mor calculado em 31:859$015 réis, coube a Maria Inácia de Oliveira, esposa do inconfidente da Borda do Campo, a meação de 15:929$507,5 réis. A outra metade, a apreendida pela devassa, foi dividida em duas partes iguais, sendo uma delas destinada ao pagamento das dívidas pessoais do conjurado, de 7:964$753 ¾ réis, e a outra, em igual valor, destinada ao Fisco Real. Como se viu, os maiores credores de Aires Gomes foram membros de sua família.

Todos os bens sequestrados de Aires Gomes renderam aos cofres metropolitanos a quantia de 7:964$753 ¾ réis, ou um quarto do valor total. Mas, desse processo de sequestro, dois fatos nos chamaram a atenção: a concentração de terras nas mãos da família na região da Borda do Campo e o valor atribuído ao seu patrimônio pela devassa.

Como informado, Aires Gomes teve 1.976 bens sequestrados, com avaliação de quase 32 contos de réis. Os bens de Alvarenga Peixoto, em número de 456, foram calculados em pouco mais de 84 contos de réis, a maior avaliação. De José Aires Gomes, a devassa sequestrou-lhe a maior quantidade de bens de raiz (propriedades, sesmarias e moradas de casa) – valendo-se a ressalva que ele teve somente oito propriedades confiscadas, mas possuía mais de vinte, além de inúmeras sesmarias e produções agrícolas, utensílios e benfeitorias relacionadas ao universo agrário. Ele teve, ainda, a segunda maior quantidade de animais apreendidos e 133 escravos, um a menos que Alvarenga Peixoto.

Em vários trechos do segundo, terceiro e quarto capítulos indicaram-se a sonegação de bens e as baixas avaliações recebidas por esse patrimônio. Como reproduzido, as listagens dos rendimentos agrícolas das fazendas da Borda do Campo, da Mantiqueira, do Confisco e do Engenho, elaboradas de 1791 a 1796, quando estas propriedades estavam sequestradas, comprovaram a omissão de parte do patrimônio inconfidente. Na lista da fazenda da Borda existe menção a plantações de milho, feijão e arroz. As duas últimas culturas não foram mencionadas pelos inquiridores, quando estes foram vistoriar e anotar tudo o que vissem nas terras do conjurado. Esses produtos não apareceram indicados nos ADIM. A soma dos rendimentos das quatro herdades foi de 7:157$064 réis, quase o valor que coube à Fazenda Real dos bens de Aires Gomes.

A parte sequestrada do patrimônio partilhado de Alvarenga Peixoto foi avaliada em 42:063$155 réis. Após o desconto de despesas judiciais e fiscais de diversos credores, o seu patrimônio, na região da Campanha, foi comprado por Macedo por 20:934$689 réis. Deste valor, a Coroa arrecadou 14:724$769 réis. Vimos, também, que os bens do sedicioso na Paraopeba foram comprados por Manuel Rodrigues Rabelo por 2:611$054 réis, e que desta quantia a Fazenda Real recebeu apenas 339$378 réis. No total, de seus bens entraram nos cofres metropolitanos a quantia de 15:064$147 réis. Este foi o valor final arrecadado com o confisco dos bens do maior patrimônio apreendido pela devassa.

Os bens de Alvarenga Peixoto e de Aires Gomes renderam 23:025$900 ¾ réis, ou pouco mais de 10% do valor originalmente atribuído pela historiografia aos patrimônios confiscados pela devassa.

O sequestro do patrimônio dos padres inconfidentes Carlos Correia de Toledo e Manuel Rodrigues da Costa constituíram-se casos à parte do processo. Por terem sido julgados com os demais sediciosos e processados em separado por determinação régia, de 17 de julho de 1790, eles deveriam ser enviados a Lisboa para receberem sentença.[2] Até a data de 20 de abril de 1792, guardou-se segredo da Carta Régia, de 15 de outubro de 1790, que determinava que os condenados fossem agraciados com a clemência real, por meio da comutação das penas em degredo, excluindo-se os clérigos e o alferes Joaquim José da Silva Xavier, o Tiradentes. As penas dos réus sacerdotes deveriam ser proferidas pela rainha dona Maria I, que enlouquecera. Não existindo a sentença condenatória contra tais padres, o regente dom João VI determinou que se fizesse silêncio sobre os condenados, ficando esquecidos nos conventos lisboetas.

A exclusão dessas pessoas da sentença final deveu-se, ao que parece, a uma medida de salvaguarda da imagem da Igreja.[3] A falta de condenação contra eles, motivada pelo desaparecimento dos papéis judiciais que foram recolhidos ao arquivo pessoal de Martinho de Melo e Castro, deu origem à situação de não se poder converter o sequestro em perda dos bens em favor da Coroa. Em 1799, o príncipe regente dom João ordenou ao Juízo do Sequestro que, provisoriamente, procedesse à venda dos bens deterioráveis "e os que se puderem conservar como, por exemplo, as peças de ouro e prata" fossem recolhidas aos cofres da Fazenda Real, "até que se lhes destinasse a aplicação que deveriam ter".[4]

Após retornar do exílio, o padre Manuel Rodrigues da Costa moveu ações solicitando a devolução do que lhe havia sido confiscado. Em documento, escreveu que os sequestros contra a sua casa foram feitos de maneira arbitrária e ilegal, pois o procurador do Fisco, doutor Gomes da Silva Pereira, em 1801, incluiu bens no rol das apreensões sem autorização da Fazenda Real, pois lhe competia, apenas "arrematar os bens sequestrados e não fazer sequestros".[5]

Entre os bens somados ao Auto de Sequestro original constou "um saco cozido e lacrado nos dois lados", "com vários papéis inúteis, pertencentes ao padre Manuel Rodrigues da Costa e ao falecido coronel Manuel Rodrigues da Costa, pai do mesmo padre"; quatro roupas; 82 livros e sermões; uma estante de livros e a penhora em uma morada de casas no Registro Velho.[6]

Após incessante luta, o padre Manuel Rodrigues da Costa conseguiu, em 15 de junho de 1816, que se restituísse parte de seu patrimônio apreendido pela devassa.[7] Dos bens restabelecidos constava a devolução monetária dos equivalentes ao dinheiro dos objetos de ouro e das moedas de prata e cobre que lhe foram sequestrados em 1791. Na historiografia se encontra constante referência à devolução da fazenda do Registro Velho ao dito padre quando este retornou ao Brasil. Os autores equivocaram-se, pois em nenhum momento a fazenda do Registro Velho foi apreendida pela devassa, uma vez que ela não era patrimônio do referido eclesiástico: a propriedade pertencia ao pai do padre, e não ao filho. Ele, como sua mãe e irmãos, tinha direito a uma parte daquela herdade e, como não se procedeu à partilha dos bens do falecido seu pai, a parte correspondente ao que ele teria direito naquele quinhão não pôde ser incorporada ao sequestro; daí, aquelas terras não aparecerem referenciadas como confiscadas para a Fazenda Real.

Outro padre que também sofreu sequestro foi o vigário Carlos Correia de Toledo. Os seu bens foram avaliados em 7:679$815 réis. Como no caso de seu colega de ofício religioso, seu patrimônio também não pôde ser disponibilizado para venda, por não se ter proferida sentença contra ele. Suas posses foram administradas pelos fiéis depositários e por familiares. Após a sua morte em Portugal durante o degredo, seus bens continuaram a fazer parte dos sequestros, em teoria, sob custódia da Fazenda Real, sem, contudo, definir o que fariam com eles. Quando dom João determinou a venda dos bens deterioráveis dos conjurados, o patrimônio móvel e semovente daquele religioso já havia sido dissipado entre parentes e amigos.

Dos bens destes dois eclesiásticos, a Coroa portuguesa também não conseguiu avanços financeiros. Portanto, os sete sequestros por nós estudados representaram pouco mais de 10% do que se acredita, na historiografia, como lucro obtido pelas reais apreensões aos patrimônios conjurados. As mulheres dos sediciosos continuaram à frente de seus empreendimentos agropastoris e de mineração, independentemente do processo jurídico pelo qual suas famílias passavam. Assim, mais uma vez se pergunta, a devassa abalou a fortuna desses inconfidentes? Ou melhor, a Coroa conseguiu abocanhar parte de suas fortunas? Pelo menos a partir dos exemplos que trouxemos, optamos pela resposta negativa. Se avançarmos rumo aos destinos dos demais conjurados presos, o padre José da Silva e Oliveira Rolim e o cônego Luís Vieira da Silva, por exemplo, que retornaram ao Brasil após o degredo, descobriremos que eles também recuperaram parte de seu patrimônio.[8]

Lúcia Machado de Almeida, em *Passeio a Diamantina*, transcreveu um trecho do testamento de Mariana Vicência, uma das filhas do padre Rolim, falecida em 13 de outubro de 1859, no qual consta que, na cidade de Ouro Preto, seu pai deixou-lhe herança de 1:384$000 réis, depositada no cofre do Juízo dos Sequestros. Com um patrimônio estimado em cinco contos de réis, ao voltar ao Brasil, iniciou uma batalha jurídica para reaver seus bens.[9]

Em Petição encaminhada à Coroa, em julho de 1803, padre Rolim pediu a restituição de todo o seu patrimônio, inclusive os bens de sua herança paterna.[10] Seu pai, o sargento-mor José da Silva e Oliveira Rolim, primeiro caixa dos diamantes do Tijuco, antes de falecer, em 6 de novembro de 1795, deixou relatado em seu Testamento que a parte correspondente aos bens deixados ao filho inconfidente, por este se achar preso em Lisboa, foi transferida para os irmãos. Esta medida, estratégica, ajudou a preservar a parte dos bens do padre Rolim, evitando que fossem sequestrados.[11] Somente em 3 de agosto de 1822 conseguiu autorização para recuperar seus bens móveis. Pela sua casa, vendida em leilão a sua sobrinha Ana

Clara Freire, que não a quis devolver, Rolim recebeu 1:000$000 réis. Em 1779, quando comprou aquela casa, ela valia o dobro do preço. Apesar de protestar e querer receber o valor original pela residência, a Fazenda Real pagou-lhe a importância oferecida, conforme recibo que assinou em 1835.[12] Praticamente, deste sequestro, a Coroa também não obteve rendimento.

Em 1796, o negociante Tomás Correia Porto, do Rio de Janeiro, obteve sentença favorável na ação que movia contra o patrimônio do inconfidente Tomás Antônio Gonzaga. Seus bens, avaliados pela devassa em 808$517 réis, foram divididos em duas partes: uma destinada ao Fisco e Câmara Real, de Minas Gerais, e a outra, ao pagamento da dívida que o sedicioso tinha com o negociante. Na meação, devolveram a Gonzaga 404$258 réis, sendo 161$308 réis em dinheiro, que estava depositado nos cofres reais, e o restante em espécie.[13] A parte da Coroa permaneceu sob custódia do depositário.

Com a sentença favorável, Tomás Correia solicitou a partilha do patrimônio inconfidente, a fim de receber o que lhe devia Gonzaga. Durante o trâmite de separação da metade dos bens sequestrados, constatou-se que o depositário, Manuel José da Costa Mourão, não deu boas contas da guarda dos objetos de Gonzaga.

Em 9 de maio de 1797, Gonzaga, degredado em Moçambique, enviou Petição ao ouvidor de Vila Rica exigindo a prisão do depositário pelo desaparecimento de alguns bens de seu sequestro. No ano anterior, em meados do mês de janeiro, os bens não furtados foram a leilão. Seu procurador, o alferes José de Sousa Brandão, pagou as despesas feitas pela Fazenda Real naquela operação e acertou com Antônio de Abreu a devolução monetária de 4$000 réis pelo que ele arrematou de Gonzaga na hasta pública.[14]

Mesmo com a restituição de parte daquele patrimônio, o processo de sequestro continuou na Justiça. Lucas Antônio Monteiro de Barros, juiz dos Feitos do Contencioso da Real Fazenda, em 1805 notificou o então depositário João Gilberto Pereira para que apresentasse o que ainda existia do patrimônio do conjurado e a prestação de suas contas.[15] Daquele instante em diante, mais uma vez a história se repetiu: o Fisco Real não recebeu nenhum rendimento daquele sequestro.

Pelo exposto e referenciando informações sobre sediciosos de outras comarcas de Minas Gerais, que também tiveram documentos de sequestros localizados, foi possível concluir que a Coroa portuguesa pouco lucrou, no total geral, com os confiscos de bens, e as famílias pouco perderam, ao contrário, portanto, do que se afirma na historiografia. A fortuna dos inconfidentes foi preservada...

Notas

1. "Carta de Inácio José de Alvarenga Peixoto a Vicente Vieira da Mota". In: Manuel Rodrigues Lapa, *Vida e obra de Alvarenga Peixoto*, op. cit., p. 65.

2. Na Carta Régia, de 15 de outubro de 1790, lê-se: "Quanto aos réus eclesiásticos, que sejam remetidos a esta Corte debaixo de segura prisão, com a sentença contra eles proferida, para à vista dela Eu determinar o que melhor me parecer". In: ANRJ/ADIM-C5, v. 9, fl. 93v – Carta Régia pela qual se suspendeu a execução dos réus, menos o cabeça e chefe deles. Palácio de Queluz, 15/10/1790.

3. O desembargador Torres, em Ofício ao vice-rei, em 1789, confirma essa teoria de salvaguarda: "Vossa Excelência sabe que quatro dos réus são clérigos de ordens sacras [padres José da Silva e Oliveira Rolim, Toledo, José Lopes de Oliveira e cônego Luís Vieira da Silva]; se Sua Majestade tomar a resolução de os mandar sentenciar nesta Relação, deve ir providenciando, sendo certo que os vassalos eclesiásticos são os mais carecidos de exemplos". In: ANRJ/ADIM-C5, v. 4, fls. 72-73v – Ofício do desembargador José Pedro Machado Coelho Torres ao vice-rei Luís de Vasconcelos e Sousa. Rio de Janeiro. 11/12/1789.

4. "Carta Régia do príncipe regente dom João à Junta da Real Fazenda (MG), pela Secretaria da Marinha e Ultramar (D. Rodrigo de Sousa Coutinho) mandando, provisoriamente, vender os bens deterioráveis sequestrados aos sacerdotes inconfidentes". Lisboa. 16/10/1799. In: ADIM, v. 9, pp. 333-334. Cópia desta Ordem Régia se encontra em: IHGB. DL 101.5, fls. 15-15v – Auto de Sequestro dos bens do padre Manuel Rodrigues da Costa.

5. Ibidem, fl. 29.

6. Ibidem, fls. 18-18v. No sequestro realizado em 20 de maio de 1791, na fazenda do Registro Velho, que se encontra publicado, a devassa apreendeu 58 títulos e mais "15 livrinhos velhos de várias matérias e quase inúteis", que totalizaram 73 títulos em duzentos volumes. Conferir: ADIM, v. 6, pp. 438-440; 446. Nos ADIM originais constam que a estante sequestrada tinha em seu interior 82 livros. Não nos foi possível saber se estes livros fizeram parte do primeiro sequestro ou se eram títulos novos apreendidos. O escrivão, infelizmente, não detalhou os seus títulos, apenas indicou a quantidade de volumes.

7. Ibidem, fls. 33-33v.

8. APM/ACC, pl. 30.256, rolo 514 – Recibo de gratificação pela prisão do padre Rolim. Anexo: cópia de documentos relativos ao sequestro dos bens do mesmo. Vila Rica.

09/08/1791; APM/DF 1.517, fl. 17 – Registro de Carta-Régia ao ouvidor da comarca do Rio das Mortes sobre a necessidade de se garantir a conservação dos bens sequestrados aos inconfidentes eclesiásticos. Vila Rica. 18/08/1797; APM/DF 1.189, fl. 177v – Registro de ordem régia relativa ao sequestro dos bens dos inconfidentes eclesiásticos. Lisboa. 16/09/1799.

9. Lúcia Machado de Almeida, *Passeio a Diamantina*. São Paulo: Martins, 1960, pp. 18-19. A avaliação patrimonial de Rolim foi consultada em: João Pinto Furtado, op. cit., p. 105.

10. "Petição do padre José da Silva e Oliveira Rolim à Coroa (via Secretaria da Marinha e Ultramar, Visconde de Anadia) sobre a restituição de seu patrimônio eclesiástico e outros bens". Tejuco. 07/1803. In: ADIM, v. 9, pp. 374-377.

11. Trecho do testamento do sargento-mor José da Silva e Oliveira Rolim e as história do padre sedicioso e da Inconfidência Mineira no Tijuco podem ser consultados em: Aires da Mata Machado Filho, *Arraial do Tijuco, cidade Diamantina*. 3. ed. rev. Belo Horizonte: Itatiaia; São Paulo: Edusp, 1980, pp. 90-95; a referência ao testamento encontra-se na nota 1, p. 91. Sobre a conciliação entre o padre Rolim e seus irmãos pelo usufruto dos bens de seu pai, conferir: APM/ACC, pl. 21.377, rolo 544 – Carta de Modesto Antônio Mayer ao governador Pedro Maria Xavier de Ataíde e Melo sobre a conciliação do padre Oliveira Rolim e seus irmãos. Tejuco. 11/06/1806.

12. APM/ACC, pl. 30.256, rolo 514 – Documentos relativos ao confisco e restituição dos bens do inconfidente padre Rolim. [S.l.], 1791; APM/ACC, pl. 20.275, rolo 528 – Carta do intendente-geral dos diamantes sobre requerimento e mais documentos relativos ao sequestro dos bens do padre Rolim. Tejuco. 24/05/1808; FBN/CIM, II-31, 31, 18 – Padre José da Silva e Oliveira Rolim – documentos: sobre a prisão, o confisco e a restituição dos bens (inclusive procuração). 1789-1825; "Ofício à Secretaria do Reino (José Bonifácio de Andrade e Silva) sobre sequestro em bens do Pe. José da Silva e Oliveira Rolim". Vila Rica. 03/08/1822. In: ADIM, v. 9, pp. 407-408; "Ofício à Secretaria do Reino (RJ) sobre a restituição dos bens sequestrados ao Pe. José da Silva e Oliveira Rolim". Vila Rica. 11/09/1822. In: ADIM, v. 9, p. 410; "Informação do ouvidor Francisco Garcia Adjuto ao Governo Provisional (MG) sobre a restituição do patrimônio eclesiástico do Pe. José da Silva e Oliveira Rolim". Vila Rica. 1º/02/1823. In: ADIM, v. 9, pp. 411-414; "Informação do contador da Junta da Fazenda (MG), João Inocêncio de Azeredo Coutinho, à Junta sobre os bens do Pe. José da Silva e Oliveira Rolim". Vila Rica. 26/10/1824. In: ADIM, v. 9, pp. 415-417.

13. IHGB. DL 101.4, fls. 11-12v; 33; 50-51 – Autos de Sequestro dos bens de Tomás Antônio Gonzaga.

14. Ibidem, fls. 89-90.

15. Ibidem, fl. 90. Ao ser preso, Gonzaga recebeu do ouvidor da devassa, o seu amigo José Caetano César Manitti, a importância de 60$000 réis, "em dinheiro de prata", para cobrir "as despesas de sua viagem" para o Rio de Janeiro. Este valor foi encontrado por Manitti, durante a realização da listagem de sequestro, entre os pertences de Gonzaga. Não conseguimos localizar, entre os presos conduzidos ao Rio de Janeiro, nenhum outro que tenha levado consigo dinheiro para as despesas de transporte. Conferir: ANRJ/ADIM-C5, v. 7, doc. 7, fl. 3v – Traslado do sequestro feito ao doutor desembargador Tomás Antônio Gonzaga.

Fontes

Fontes manuscritas

A. Instituto Histórico e Geográfico Brasileiro – Rio de Janeiro (Rio de Janeiro)

1. Auto de Depósito do capitão Pedro Joaquim de Melo, pelos bens do inconfidente Francisco Antônio de Oliveira Lopes. 1811. [DL 3.4]
2. Auto de Inventário de Bárbara Heliodora Guilhermina da Silveira. 1819. [DL 347.37]
3. Autos de Sequestro dos bens de Tomás Antônio Gonzaga. 1790. [DL 101.4]
4. Autos de Sequestro e execução dos bens de Inácio José de Alvarenga Peixoto. 1794. [DL 92.39]
5. Autos de Sequestro em bens do padre Manuel Rodrigues da Costa. 1791. [DL 101.5]
6. Autos de Sequestro em bens do vigário Carlos Corrêa de Toledo e Melo. 1789. [DL 101.3]
7. Autos de Sequestro feito em bens do sargento-mor Luís Vaz de Toledo Piza. 1799. [DL 4.30]
8. Sequestro em bens de Francisco Antônio de Oliveira Lopes. 1790. [DL 101.2]
9. Sequestro em bens de José de Resende Costa. 1799. [DL 70.9]
10. Traslado de Auto de Sequestro feito em bens do coronel José Aires Gomes, 1802. [DL 973.1]
11. Livro da Guardamoria do distrito da serra da Mantiqueira abaixo até o Paraibuna [7-3, 17, 15-J]

B. Fundação Biblioteca Nacional – Rio de Janeiro (Rio de Janeiro)

1. Divisão de Manuscritos – Coleção Tiradentes

Documentos

I-33-12-11

I-35, 11, 1 n. 2

I-35, 11, 5 n. 4

I-35, 11, 6 n. 14

I-35, 11, 10 n. 2

I-35, 11, 12

I-35, 11, 13 n. 1 ao 16

I-35, 11, 14 n. 1 ao 7

I-35, 11, 15 n. 1 e 2

I-35, 11, 16 n. 1 ao 4

1-35, 11, 17 n. 1 e 2
1-35, 12, 1 n. 1 ao 9, 14
1-35, 12, 2 n. 1 ao 6, 8
1-35, 12, 3 n. 1 ao 3
1-35, 12, 4
1-35, 12, 5
1-35, 12, 8 n. 1 ao 4

2. Divisão de Manuscritos – Coleção Inconfidência Mineira
Documentos
7-3,17,15-J
11-31, 31, 5
11-31, 31 n 7
11-31, 31, 9
11-31, 31, 15 n 5 e 6, 9
11-31, 31, 23
11-31, 31, 31, 15

3. Divisão de Manuscritos – Coleção Casa dos Contos
Documentos
1-03, 17, 003
1-09, 29
1-10, 10, 004 n. 007m
1-10, 10, 005
1-10, 10, 006 n. 013
1-10, 10, 011 n. 002 e 003, 014, 017, 024, 045, 047, 049, 052 e 054
1-10, 11, 016
1-10, 11, 018
1-10, 11, 019
1-10, 11, 049
1-10, 11, 080
1-10, 11, 110
1-10, 11, 150
1-10, 12, 002 n. 002, 096 e 107
1-10, 12, 003 n. 001 e 002
1-10, 12, 005 n. 002
1-10, 12, 006 n. 001 e 004
1-10, 13, 021 n. 001
1-10, 13, 025 n. 009 e 010
1-10, 14, 007 n. 001
1-10, 14, 021 n. 001 ao 005
1-10, 15, 018 n. 001 e 005
1-10, 15, 023
1-10, 15, 027 n. 001 ao 005

I-10, 15, 033 n. 001, 005 e 006
I-10, 15, 036 n. 006 ao 016, 013 ao 016
I-10, 15, 043 n. 009 ao 013
I-10, 15, 045 n. 008
I-10, 16, 001 n. 003, 006 ao 011
I-10, 16, 003 n. 002
I-10, 16, 008 n. 002
I-10, 16, 040
I-10, 17, 116
I-10, 17, 128
I-10, 17, 136
I-10, 17, 158
I-10, 17, 162
I-10, 17, 169
I-10, 17, 191
I-10, 17, 192
I-10, 17, 193
I-10, 18, 001 n. 005 e 006
I-10, 18, 004 n. 002
I-10, 18, 013 n. 002
I-10, 19, 007 n. 001
I-10, 19, 014
I-10, 21, 002 n. 035
I-10, 35, 004 n. 003
I-10, 36, 002 n. 029
I-13, 12, 12, 3
I-25, 06, 019 n. 001
I-25, 06, 019 n. 002 e 003
I-25, 02, 042
I-25, 02, 043
I-25, 04, 025
I-25, 04, 026 n. 004 e 005
I-25, 06, 019 n. 004
I-25, 12, 017
I-25, 12, 018
I-25, 13, 005
I-25, 21, 001
I-26, 01, 010 n. 055
I-26, 05, 006 n. 007
I-26, 09, 015
I-26, 28, 109
I-27, 29, 087

C. *Arquivo da Cúria Metropolitana do Rio de Janeiro – Rio de Janeiro (Rio de Janeiro)*

1. Habilitação "de genere" de Ignacio José de Alvarenga / 1755 [caixa 00451, HS 1708, maço 21, n. 12]
2. José Aires Gomes: requisitória do bispado de Mariana [maço 34, n. 3]
3. Batismo de livres – 1735-1757 / Paróquia de Nossa Senhora da Candelária [AP 764, livro 6°, fl. 91v]
4. Registro de casamento / Paróquia de Nossa Senhora da Candelária [AP 795, fl. 39v]
5. Livro de óbitos – 1736-1744 / Paróquia de Nossa Senhora da Candelária [AP 801, livro 9°, fl. 265v]

D. *Arquivo Nacional – Rio de Janeiro (Rio de Janeiro)*

1. Coleção Inconfidência Mineira / Fundo 3A

Caixa 3031 – Libelos Cíveis de Alvarenga Peixoto (22 pacotilhas)

Caixa 3032 – Libelos Cíveis diversos: José de Resende Costa (2 pacotilhas), José Aires Gomes (6 pacotilhas), Luís Vaz de Toledo Piza (1 pacotilha)

2. Códice 5

Inconfidência em Minas Gerais – Levante de Tiradentes. 10 v.

3. Códices Diversos – SDH

Inventário do espólio do doutor José da Silveira e Souza. 18/07/1794. [cód. 968]

E. *Arquivo Histórico Ultramarino – Lisboa (Portugal)*

1. Manuscritos Avulsos da Capitania de Minas Gerais (coleção microfilmada)

cx. 2, doc. 80
cx. 42, doc. 65
cx. 46, doc. 15
cx. 53, doc. 55
cx. 57, doc. 58
cx. 61, doc. 69
cx. 98, doc. 24
cx. 108, docs. 15 e 28
cx. 113, doc. 54
cx. 114, docs. 36 e 43
cx. 115, docs. 43 e 48
cx. 116, doc. 1 e 43
cx. 117, doc. 81
cx. 118, docs. 10 e 14
cx. 119, doc. 34
cx. 120, doc. 48
cx. 131, docs. 64 ao 66
cx. 133, doc. 3
cx. 163, doc. 4

F. Biblioteca da Ajuda – Lisboa (Portugal)

Representação e requerimento a S. Majestade (D. Maria I) de José Aires Gomes, militar, condenado como cúmplice na meditada sublevação de Minas Gerais, a fim de mandar conhecer sobre a sua sentença, para lhe dar um inteiro perdão, ou para lhe mitigar a pena. Moçambique, 25/08/1792. [54 – XI – 27 (19*a* e 19*b*)]

G. Arquivo Público Mineiro – Belo Horizonte (Minas Gerais)

1. Coleção Casa dos Contos de Ouro Preto
filme 148, cód. 1189, flash 9, fls. 82-84, 84, 87v-88
planilha 10266, rolo 504, doc. 5
planilha 20233, rolo 527, doc. 5
planilha 20276, rolo 528, docs. 2 e 3
planilha 20293, rolo 528, doc. 3
planilha 20305, rolo 529, doc. 1
planilha 20557, rolo 532
planilha 21541, rolo 547
planilha 30013, rolo 510, doc. 5

2. Seção Colonial
cód. 94, rolo 30, gaveta G3, fls. 83v-84
cód. 125, rolo 36, gaveta G3, fls. 5-6v
cód. 186, rolo 40, gaveta G3, fls. 208-208v
cód. 224, rolo 46, gaveta G3, fls. 1-33
cód. 227, rolo 47, gaveta G3, fls. 16v, 23, 23-23v
cód. 229, rolo 47, gaveta G3, fls. 70-72
cód. 230, rolo 47, gaveta G3, fls. 17v, 17v-18, 18
cód. 243, rolo 49, gaveta G3, fls. 126v-128
cód. 263, rolo 55, gaveta G3, fls. 125, 140
cód. 265, rolo 55, gaveta G3, fls. 171-172
cód. 275, rolo 58, gaveta G3, fls. 226v-228v
cód. 285, rolo 60, gaveta G3, fls. 50-50v
cód. 363, rolo 65, gaveta G3, fls. 131-131v, 135v-136v

3. Seção Provincial
cód. 36, gaveta G3, fls. 3v-5, 5-6v, 71-71v, 71v-72, 72-72v

4. Coleção Avulsos da Capitania
cx. 11, doc. 41
cx. 14, doc. 49
cx. 17, doc. 85
cx. 21, doc. 129
cx. 21, doc. 130

5. Coleção Delegacia Fiscal
cód. 561, 1189 e 1364

6. Coleção Secretaria do Governo
cx. 145, doc. 22

7. Coleção Câmara Municipal de Ouro Preto
cód. 112, rolo 43, gaveta E2, fl. 7v

8. Coleção Inconfidentes
cx. 01, doc. 07

H. Centro de Estudos Mineiros da Faculdade de Filosofia e Ciências Humanas da Universidade Federal de Minas Gerais – Belo Horizonte (Minas Gerais)

1. Acervo da Família Andrada (Barbacena)

1.1. Propriedade da Família, Caixa 2 (1715-1869)
P1 – Sesmaria, 26/03/1715
P2 – Sesmaria, 06/07/1718
P3 – Sesmaria, 30/03/1746
P5 – Sesmaria, 13/12/1759
P7 – Sesmaria, 10/05/1792
P8 – Sesmaria, 27/11/1797

1.2. Propriedade da Família, Caixa 3 (1790-1816)
P1 – Sesmaria, 06/12/1790
P2 – Sesmaria, 06/11/1790
P3 – Livro de dívidas, 06/05/1792
P4 – Sesmaria, 17/09/1792
P8 – Sesmaria, 25/04/1798
P9 – Sesmaria, 05/03/1798
P10 – Demarcação de sesmaria, 04/07/1798
P11 – Medição de sesmaria, 15/11/1799
P12 – Escritura, 27/09/1800
P13 – Auto de Penhora feito nos bens de José Aires Gomes, 22/11/1803
P14 – Escritura de afastamento de bens, 27/03/1805
P15 – Testamento, 29/03/1805
P16 – Escritura de compra e venda, 06/01/1811
P17 – Carta precatória, 1816

I. Arquivo Histórico do Museu da Inconfidência / Casa Setecentista do Pilar – Ouro Preto (Minas Gerais)

1. Coleção Inconfidência Mineira – Manuscritos

Apenso relativo a dúvidas que opôs D. Bárbara Heliodora Guilhermina da Silveira às contas dadas pelo administrador depositário Francisco Xavier Pereira.

Apenso relativo ao sequestro dos bens de Inácio José de Alvarenga.

Atestado passado por Inácio José de Alvarenga a João Batista da Mota.

Atestado passado por Inácio José de Alvarenga a João Manoel de Siqueira Lima, declarando não haver culpa em Juízo nem inabilitação por parte deste para servir em qualquer ofício público [Local: vila de São João].

Pagamento feito à Real Fazenda e Fisco da Câmara Real para a solução do que tocou da metade dos bens em que foi condenado o confiscado José Aires Gomes.

J. Biblioteca Municipal Baptista Caetano d'Almeida – São João del-Rei (Minas Gerais)

1. Arquivo da Câmara Municipal de São João del-Rei

Acórdãos e Termos de Vereança – 1755-1759 [ACOR, 4]

Acórdãos e Termos de Vereança – 1772-1778 [ACOR, 5]

Acórdãos e Termos de Vereança – 1778-1783 [ACOR, 6]

Acórdãos e Termos de Vereança – 1784-1790 [ACOR, 7]

Papéis da Câmara – 1776-1781 [PAP 147]

Papéis da Câmara – 1778-1780 [PAP 148]

L. Arquivo Histórico do Escritório Técnico II da 13ª SR / Instituto do Patrimônio Histórico e Artístico Nacional – São João del-Rei (Minas Gerais)

1. Testamentos

Gervásio Pereira de Alvim. 1837 [CX. 149]

2. Inventários

Ana Maria dos Santos. 1747 [CX. 230]

Bento Gonçalves da Costa e Maria Teixeira de Carvalho. 1822 [C-06]

João Alves Correa. 1795 [CX. 579]

José Fernandes de Souza. 1827 [CX. 365]

Manoel Coelho da Costa. 1796 [CX. 69]

3. Cartas de sesmarias

Gervásio Pereira de Alvim. 1799 [SM 29]

José Aires Gomes. 1781. [CX. 16]

José Aires Gomes. 1782 [CX. 24]

Matias Gonçalves Moinhos. 1748 [SM 32]

Matias Gonçalves Moinhos Vilhena. 1770 [SM 32]

M. *Instituto Histórico e Geográfico de Tiradentes – Tiradentes (Minas Gerais)*

Rol dos confessados desta freguesia de S. Antônio da vila de S. José, comarca do Rio das Mortes, deste presente ano de 1795.

Fontes impressas

Antonil, André João. *Cultura e opulência do Brasil*. 3. ed. Estudo biobibliográfico de Affonso de E. Taunay. Belo Horizonte: Itatiaia; São Paulo: Edusp, 1982.

Autos de Devassa da Inconfidência Mineira. 2. ed. Brasília: Câmara dos Deputados; Belo Horizonte: Imprensa Oficial do Governo do Estado de Minas Gerais, 1976-1983. 10 v.

Autos de Devassa da Inconfidência Mineira: complementação documental. Edição supervisionada por Herculano Gomes Mathias. Ouro Preto, MG: MinC-IPHAN-Museu da Inconfidência, 2001. v. 11.

Autos de Inventário e Partilha dos bens que ficaram da defunta Antônia da Encarnação Xavier, mãe de Tiradentes. *Revista do Instituto Histórico e Geográfico Brasileiro*, Rio de Janeiro, v. 66, parte I, pp. 285-323, 1904.

Barbosa, Waldemar de Almeida. "Um documento interessante: Tiradentes não era um 'pobre coitado'". *Revista do Instituto Histórico e Geográfico de Minas Gerais*, Belo Horizonte, v. 22, t. I, pp. 81-86, 1992-1998.

Carta de Bárbara Eliodora ao contratador João Rodrigues de Macedo, expondo-lhe suas dificuldades na administração dos negócios. São João del-Rei, 18/02/1795. *Revista do Arquivo Público Mineiro*, Belo Horizonte, MG, ano 38, p. 100, 1990.

Carta de dom Lourenço de Almeida ao Rei. Vila Rica, 04/06/1731. *Revista do Arquivo Público Mineiro*, Belo Horizonte, MG, ano 31, pp. 73-272, 1980.

Castro, Martinho de Mello e. "Instrucção para D. Antonio de Noronha, governador e capitão-general da capitania de Minas Geraes". *Anuário do Museu da Inconfidência*, Ouro Preto, MG, v. 2, pp. 177-182, 1953.

______."Instrucção para o visconde de Barbacena Luiz Antonio Furtado de Mendonça, governador e capitão-general da capitania de Minas Geraes". *Anuário do Museu da Inconfidência*, Ouro Preto, MG, v. 2, pp. 117-219, 1953.

______. "Instrucções a Luis de Vasconcellos e Souza, acerca do governo do Brasil". *Revista do Instituto Histórico e Geográfico Brasileiro*, Rio de Janeiro, v. 25, pp. 479-483, 1862.

Códice Costa Matoso: coleção das notícias dos primeiros descobrimentos das minas na América que fez o doutor Caetano da Costa Matoso sendo ouvidor-geral das do Ouro Preto, de que tomou posse em fevereiro de 1749 & vários papéis. Coordenação geral de Luciano Raposo de Almeida Figueiredo e Maria Verônica Campos. Estudo crítico de Luciano Raposo de Almeida Figueiredo. Belo Horizonte: Fundação João Pinheiro-Centro de Estudos Históricos e Culturais, 1999. 2 v.

Coelho, José João Teixeira. *Instrução para o governo da capitania de Minas Gerais* (1782). Organização, transcrição documental e textos introdutórios de Caio César Boschi. Belo Horizonte: Secretaria do Estado da Cultura-Arquivo Público Mineiro-Instituto Histórico e Geográfico Brasileiro, 2007.

Collecção chronologica da legislação portugueza. Edição compilada por José Justino de Andrade e Silva. Lisboa: Imprensa de J. J. A. Silva, 1854. 5 v.

Costa, Cláudio Manuel da; Gonzaga, Tomás Antônio; Peixoto, Alvarenga. *A poesia dos inconfidentes*. Organização de Domício Proença Filho. Rio de Janeiro: Nova Aguilar, 1996.

Couto, José Vieira. *Memória sobre a capitania das Minas Gerais: seu território, clima e produções metálicas*. Estudo crítico de Júnia Ferreira Furtado. Belo Horizonte: Fundação João Pinheiro-Centro de Estudos Históricos e Culturais, 1994.

Documentos relativos ao sequestro de seus bens do coronel Inácio José de Alvarenga. *Anuário do Museu da Inconfidência*, Ouro Preto, mg, v. 2, pp. 29-36, 1953.

Eschwege, Wilhelm Ludwig von. *Pluto brasiliensis*. Trad. Domício de Figueiredo Murta. Prefácio de Mário G. Ferri. Belo Horizonte: Itatiaia; São Paulo: Edusp, 1979. 2 v.

Ferrand, Paul. *O ouro em Minas Gerais*. Trad. Júlio Castañon Guimarães. Estudos críticos de João Henrique Grossi Sad, Juvenil Félix, Friedrich E. Renger e Ronald Fleischer. Belo Horizonte: Fundação João Pinheiro-Centro de Estudos Históricos e Culturais, 1998.

Mathias, Herculano Gomes. "Novos documentos sobre a Inconfidência Mineira". *Revista do Instituto Histórico e Geográfico Brasileiro*, Rio de Janeiro, n. 375, pp. 114-194, abr.-jun. 1992.

Oliveira, Tarquínio J. B. de. *Correspondência ativa de João Roiz de Macedo*. Ouro Preto, mg: esaf-Centro de Estudos do Ciclo do Ouro-Casa dos Contos, 1981. 2 v.

Ordenações Filipinas. Edição fac-símile da feita por Candido Mendes de Almeida em 1870. Lisboa: Fundação Calouste Gulbenkian, 1985. 3 v.

Peixoto, Ignacio José de Alvarenga. *Obras poeticas*. Edição de Joaquim Norberto de Sousa Silva. Rio de Janeiro: Garnier, 1865.

Raynal, Guilherme-Thomas François. *A revolução da América*. Trad. Regina Clara Simões Lopes. Prefácio de Luciano Figueiredo e Oswaldo Munteau Filho. Rio de Janeiro: Arquivo Nacional, 1993, pp. 1-47.

______. *O estabelecimento dos portugueses no Brasil*. Trad. Mônica F. C. Campos de Almeida e Flávia Roncari Gomes. Prefácio de Berenice Cavalcante. Rio de Janeiro: Arquivo Nacional; Brasília: Editora da UnB, 1998.

Rocha, José Joaquim da. *Geografia histórica da capitania de Minas Gerais. Descrição geográfica, topográfica, histórica e política da capitania de Minas Gerais. Memória histórica da capitania de Minas Gerais*. Estudo crítico de Maria Efigênia Lage de Resende. Belo Horizonte: Fundação João Pinheiro-Centro de Estudos Históricos e Culturais, 1995.

Saint-Hilaire, Auguste de. *Viagem pelas províncias do Rio de Janeiro e Minas Gerais*. Trad. Vivaldi Moreira. Belo Horizonte: Itatiaia; São Paulo: Edusp, 1975.

Sentença cível de formal de partilhas passadas a favor do desembargador procurador da Real Fazenda desta capitania de Minas Gerais Antônio de Brito Amorim dos Autos de Sequestro a que se procedeu dos bens do sequestrado inconfidente José Aires Gomes. *Revista do Arquivo Público Mineiro*, Belo Horizonte, ano 38, pp. 100-123, 1990.

Sequestro dos bens do cônego Luiz Vieira da Silva. *Revista Trimestral do Instituto Histórico*, v. 103, t. 64, pp. 159-160, 1901.

Vasconcelos, Diogo Pereira Ribeiro de. *Breve descrição geográfica, física e política da capitania de Minas Gerais*. Estudo crítico de Carla Maria Junho Anastasia. Belo Horizonte: Fundação João Pinheiro-Centro de Estudos Históricos e Culturais, 1994.

Veiga, José Pedro Xavier da. *Efemérides mineiras, 1664-1897*. Introdução de Edilene Maria de Almeida Carneiro e Marta Eloísa Melgaço Neves. Índice onomástico por Maria do Carmo Salazar Martins. Belo Horizonte: Fundação João Pinheiro, 1998. 3 v.

Bibliografia

Alcides, Sérgio. *Estes penhascos: Cláudio Manuel da Costa e a paisagem das Minas, 1753-1773*. São Paulo: Hucitec, 2003.

Alden, Dauril. "O período final do Brasil colônia, 1750-1808". In: Bethell, Leslie (org.). *História da América Latina*: América Latina colonial. Trad. Mary Amazonas Leite de Barros e Magda Lopes. São Paulo: Edusp; Brasília: Fundação Alexandre de Gusmão, 1999, pp. 527-592.

______. *Royal government in colonial Brazil: with special reference to the administration of the marquis of Lavradio, viceroy, 1769-1779*. Berkeley-Los Angeles: University of California Press, 1968.

Alencastro, Luiz Felipe de. *O trato dos viventes: formação do Brasil no Atlântico Sul*. São Paulo: Companhia das Letras, 2000.

Algranti, Leila Mezan. "Famílias e vida doméstica". In: Souza, Laura de Mello e (org.). *História da vida privada no Brasil: cotidiano e vida privada na América portuguesa*. São Paulo: Companhia das Letras, 1997.

Almeida, Carla Maria Carvalho de. *Homens ricos, homens bons: produção e hierarquização social em Minas colonial, 1750-1822*. Niterói, 2001. Tese (Doutorado em História) – Instituto de Ciências Humanas e Filosofia, Universidade Federal Fluminense.

Almeida, Lúcia Machado de. *Passeio a Diamantina*. São Paulo: Martins, 1960.

Alvarenga, Lúcio de Melo. "Documentos genealógicos de Bárbara Eleodora e Tiradentes". *Vozes de Petrópolis*: Revista Católica de Cultura, v. 12, fasc. 5, pp. 489-506, set.-out. 1954.

Amed, Fernando José; Negreiros, Plínio José Labriola de Campos. *História dos tributos no Brasil*. São Paulo: sinafresp, 2000.

Amorim, Inês. "As fontes notariais: uma reflexão metodológica". *Revista Portuguesa de História*, Lisboa, t. 36, pp. 93-108, 2002-2003.

Anastasia, Carla Maria Junho. *Vassalos rebeldes: violência coletiva nas Minas na primeira metade do século xviii*. Belo Horizonte: C/Arte, 1998.

Andrade, Marcos Ferreira de; Cardoso, Maria Tereza Ferreira. "A Vila da Campanha da Princesa: fontes para a história do sul de Minas". *Varia História*, Belo Horizonte, dh-fafich/ufmg, n. 23, pp. 214-233, jul. 2000.

Antunes, Álvaro de Araújo. *Espelho de cem faces: o universo relacional de um advogado setecentista*. São Paulo: Annablume, 2004.

______. *Fiat Justitia: os advogados e a prática da justiça em Minas Gerais (1750-1808)*. Campinas, 2005. Tese (Doutorado em História) – Universidade Estadual de Campinas.

Araújo, Luiz Antônio Silva. *Contratos e tributos nas Minas setecentistas: o estudo de um caso – João de Souza Lisboa (1745-1765)*. Niterói, 2002. Dissertação (Mestrado em História) – Instituto de Ciências Humanas e Filosofia, Universidade Federal Fluminense.

Arruda, José Jobson de A. "Decadence or crisis in the Luso-Brazilian empire: a new model of colonization in the eighteenth century". Translated by Stuart B. Schwartz and José Celso de Castro Alves. *The Hispanic American Historical Review*, Durham, USA, Duke University Press, v. 80, n. 4, pp. 865-878, 2000.

______. *O Brasil no comércio colonial*. São Paulo: Ática, 1980.

Barata, Mário. "Comunicação sobre Inácio José de Alvarenga, inconfidente nascido no Rio de Janeiro". In: Tapajós, Vicente et al. *Bicentenário de Tiradentes*: conferências e estudo. Rio de Janeiro: ALERJ, 1993, pp. 85-107.

______. "O inconfidente Alvarenga Peixoto e o bicentenário de sua morte". *Revista do Instituto Histórico e Geográfico Brasileiro*, Rio de Janeiro, ano 153, n. 377, pp. 77-84, out.-dez. 1992.

Barbosa, Maria Claret Carneiro. *A participação da mulher na história de Minas*. Belo Horizonte: Imprensa Oficial, 1986.

Barbosa, Waldemar de Almeida. *A decadência das Minas e a fuga da mineração*. Belo Horizonte: Imprensa da UFMG, 1971.

______. *A verdade sobre Tiradentes*. Belo Horizonte: Instituto de História, Letras e Arte, s.d.

______. *História de Minas*. Belo Horizonte: Comunicação, 1979. 3 v.

Barreiro, Eduardo Canabrava. *As vilas del-Rei e a cidadania de Tiradentes*. Rio de Janeiro: José Olympio; Brasília: INL, 1976.

Bastos, Wilson de Lima. *A fazenda da Borda do Campo e o inconfidente José Aires Gomes* (Comemorativo do II centenário da Inconfidência Mineira). Juiz de Fora: Paraibuna, 1992.

Bergard, Laird W. *Escravidão e história econômica: demografia de Minas Gerais, 1720-1888*. Trad. Beatriz Sidou. Bauru, SP: Edusc, 2004.

Bicalho, Maria Fernanda Baptista. *A cidade e o Império: o Rio de Janeiro no século XVIII*. Rio de Janeiro: Civilização Brasileira, 2003.

______. "As câmaras ultramarinas e o governo do Império". In: Fragoso, João; Bicalho, Maria Fernanda Baptista; Gouvêa, Maria de Fátima (org.). *O Antigo Regime nos trópicos: a dinâmica imperial portuguesa (séculos XVI-XVIII)*. Rio de Janeiro: Civilização Brasileira, 2001, pp. 189-221.

Blaj, Ilana. *A trama das tensões: o processo de mercantilização de São Paulo colonial (1681-1721)*. São Paulo: Humanitas FFLCH/USP; FAPESP, 2002.

Bonifácio, José. "A fazenda da Borda do Campo: o inconfidente Jose Ayres Gomes". *Revista do Arquivo Público Mineiro*, Belo Horizonte, ano XI, pp. 631-639, 1907.

Boschi, Caio César. "Apontamentos para o estudo da economia, da sociedade e do trabalho na Minas colonial". *Análise & Conjuntura*, Belo Horizonte, Fundação João Pinheiro, v. 4, n. 2-3, pp. 50-59, maio-dez. 1989.

______. *Os leigos e o poder: irmandades leigas e política colonizadora em Minas Gerais*. São Paulo: Ática, 1986.

Botelho, Tarcísio R. "A família escrava em Minas Gerais no século XVIII". In: Resende, Maria Efigênia Lage de; Villalta, Luiz Carlos (org.). *História de Minas Gerais: as Minas setecentistas*. Belo Horizonte: Autêntica-Companhia do Tempo, 2007, v. 1, pp. 455-476.

______. "Família e escravidão em uma perspectiva demográfica: Minas Gerais (Brasil), século

XVIII". In: LIBBY, Douglas Cole; FURTADO, Júnia Ferreira (org.). *Trabalho livre, trabalho escravo: Brasil e Europa, séculos XVIII e XIX*. São Paulo: Annablume, 2006, pp. 195-222.

BOXER, Charles R. *A idade de ouro do Brasil: dores de crescimento de uma sociedade colonial*. Trad. Nair de Lacerda. São Paulo: Nacional, 1963.

BRAUDEL, Fernand. *Civilização material, economia e capitalismo, séculos XV-XVIII*. Trad. Telma Costa. São Paulo: Martins Fontes, 1995. 3 v.

BRÜGGER, Silvia Maria Jardim. *Minas patriarcal: família e sociedade (São João del-Rei – séculos XVIII e XIX)*. São Paulo: Annablume, 2007.

BURNS, E. Bradford. "The Enlightenment in two Colonial Brazilian libraries". *Journal of the History of Ideas*, University of Pennsylvania Press, v. 25, n. 3, pp. 430-438, 1964.

BUSTAMANTE, Ana Maria Goulart. *Alvarenga Peixoto, o poeta de Bárbara*. Rio de Janeiro, 1999. Dissertação (Mestrado em Literatura Brasileira) – Instituto de Letras, Centro de Educação e Humanidades, Universidade do Estado do Rio de Janeiro.

CAMARGO, Odecio Bueno de. "Paulistas na Inconfidência Mineira". *Revista do Arquivo Municipal*, São Paulo, v. 104, pp. 29-56, 1945.

CAMPOS, Maria Verônica. *Governo de mineiros: "de como meter as minas numa moenda e beber-lhe o caldo dourado", 1693 a 1737*. São Paulo, 2002. Tese (Doutorado em História) – Faculdade de Filosofia, Letras e Ciências Humanas, Universidade de São Paulo.

CANABRAVA, Alice Piffer. "Uma economia de decadência: os níveis de riqueza na capitania de São Paulo, 1765-1967". In: *História econômica: estudos e pesquisas*. São Paulo: Hucitec-Unesp, 2005, pp. 169-202.

CARDOSO, Ciro Flamarion. *Escravo ou camponês? O protocampesinato negro nas Américas*. São Paulo: Brasiliense, 1987.

CARRARA, Angelo Alves. *A administração dos contratos da capitania de Minas: João Rodrigues de Macedo, 1775-1780*. ENCONTRO MEMORIAL DO ICHS, I, 2004, Mariana. Caderno de Resumos. Mariana: ICHS-UFOP, 2004.

______. *Administração fazendária e conjunturas financeiras da capitania de Minas Gerais, 1700-1808*. 26 f. Mimeografado.

______. *Minas e currais: produção rural e mercado interno de Minas Gerais, 1674-1807*. Juiz de Fora: Editora da UFJF, 2007.

______. *Ouro, moeda e mercado interno: um modelo contábil de economia de Minas Gerais, 1700-1808*. 25 f. Mimeografado.

CARRATO, José Ferreira. *As Minas Gerais e os primórdios do Caraça*. São Paulo: Companhia Editora Nacional, 1963.

______. *Igreja, Iluminismo e escolas mineiras coloniais: notas sobre a cultura da decadência mineira setecentista*. São Paulo: Companhia Editora Nacional-Edusp, 1968.

CARVALHO, José Murilo de. *A formação das almas: o imaginário da República no Brasil*. São Paulo: Companhia das Letras, 1990.

CASASANTA, Guerino. "Bárbara Heliodora". *Revista do Instituto Histórico e Geográfico de Minas Gerais*, Belo Horizonte, v. 4, pp. 199-206, 1957.

CAVALCANTE, Berenice. "Dilemas e paradoxos de um filósofo iluminista" (Prefácio). In: RAYNAL, Guilherme-Thomas François. *O estabelecimento dos portugueses no Brasil*. Trad. Mônica F. C. Campos de Almeida e Flávia Roncari Gomes. Rio de Janeiro: Arquivo Nacional; Brasília: Editora da UnB, 1998, pp. 11-33.

Cavalcanti, Paulo. *Negócios de trapaça: caminhos e descaminhos na América portuguesa (1750-1750)*. São Paulo: Hucitec, 2006.
Chaves, Cláudia Maria das Graças. *Perfeitos negociantes: mercadores das Minas setecentistas*. São Paulo: Annablume, 1999.
Cintra, Sebastião de Oliveira. *Efemérides de São João del-Rei*. São João del-Rei: São João del-Rei Artes Gráficas, 1963.
Costa, Fernando Dores. "Capitalistas e serviços: empréstimos, contratos e mercês no final do século xviii". *Análise Social*, Lisboa, ics/Universidade de Lisboa, v. 27, n. 116-117, pp. 441-460, 1992.
Costa, Iraci del Nero da. *Arraia-miúda: um estudo sobre os não proprietários de escravos no Brasil*. São Paulo: mgsp, 1992.
______. *Minas Gerais: estruturas populacionais típicas*. São Paulo: edec, 1982.
______. *Populações mineiras: sobre a estrutura populacional de alguns núcleos mineiros no alvorecer do século* xix. São Paulo: ipe/usp, 1981.
______. *Vila Rica: população (1719-1826)*. São Paulo: ipe/usp, 1979.
Costa Filho, Miguel. *A cana-de-açúcar em Minas Gerais*. Rio de Janeiro: Instituto do Açúcar e do Álcool, 1963.
______. "Minas, fazendas e outros bens de Alvarenga Peixoto e Bárbara Heliodora". *Revista do Instituto Histórico e Geográfico Brasileiro*, Rio de Janeiro, n. 239, pp. 138-151, abr.-jun. 1958.
______. *O engenho de Alvarenga Peixoto*. Rio de Janeiro: Instituto do Açúcar e do Álcool, 1959.
Curti, Nely Pereira Pinto. "A realidade sociopolítica nas Minas Gerais em fins do século xviii. Análise ideológica da produção literária do grupo mineiro". *Revista de História*, São Paulo, fflch/usp, n. 67, pp. 121-143, jul.-set. 1966.
Damasceno, Darcy. "Bárbara Eliodora e o contratador Macedo". *Jornal do Commercio*, Rio de Janeiro, ano 142, n. 243, 20 jul. 1969. Suplemento Dominical, pp. 4-5.
Daumard, Adeline. "Données économiques et histoire sociale". *Revue Économique*, Paris, n. 1, pp. 62-85, 1965.
______. "Structures sociales et classement socio-professionnel: l'apport des archives notariales au xviiie et au xixe siècles". *Revue Historique*, Paris, n. 461, pp. 139-154, 1962.
Delgado, Alexandre Miranda. "A historiografia da Conjuração Mineira". *Revista do Instituto Histórico e Geográfico Brasileiro*, Rio de Janeiro, n. 375, pp. 64-79, abr.-jun. 1992.
______. *O padre Manoel Rodrigues inconfidente*. Juiz de Fora: Edição do Autor, 1963.
Dias, Hélcia. "O mobiliário dos inconfidentes". *Revista do Serviço do Patrimônio Histórico e Artístico Nacional*, Rio de Janeiro, n. 3, pp. 163-172, 1939.
Dias, Maria Odila Leite da Silva. "A interiorização da metrópole (1808-1853)". In: Motta, Carlos Guilherme (org.). *1822: dimensões*. 2. ed. São Paulo: Perspectiva, 1986, pp. 160-184.
______. "Aspectos da Ilustração no Brasil". *Revista do Instituto Histórico e Geográfico Brasileiro*, Rio de Janeiro, v. 278, pp. 105-170, 1968.
Duma, Jean. "A propos des élites: approche historiographique". *Cahiers d'Histoire*: Revue d'Histoire Critique, Paris, n. 73, pp. 7-18, 1998.
Elias, Norbert. *A sociedade dos indivíduos*. Trad. Vera Ribeiro. Rio de Janeiro: Jorge Zahar Editor, 1994.
______. *O processo civilizador*. Trad. Ruy Jungmann. Rio de Janeiro: Jorge Zahar Editor, 1994. 2 v.
Falcon, Francisco José Calazans. *A época pombalina (política econômica e monarquia ilustrada)*. 2. ed. São Paulo: Ática, 1993.

FARIA, Sheila de Castro. *A colônia em movimento: fortuna e família no cotidiano colonial*. Rio de Janeiro: Nova Fronteira, 1998.

FERLINI, Vera Lúcia Amaral. "A questão agrária no pensamento reformista luso-brasileiro do século XVIII: estrutura fundiária, legislação territorial e proposta de mudanças". In: BICALHO, Maria Fernanda; FERLINI, Vera Lúcia Amaral (org.). *Modos de governar: ideias e práticas políticas no Império português, séculos XVI a XIX*. São Paulo: Alameda, 2005, pp. 297-307.

______. "As mudanças da terra (1750-1850)". In: SAMARA, Eni de Mesquita (org.). *Populações: (con)vivência e (in)tolerância*. São Paulo: Humanitas FFLCH/USP, 2004, pp. 89-105.

______. *Terra, trabalho e poder: o mundo dos engenhos no Nordeste colonial*. Bauru, SP: Edusc, 2003.

FIGUEIREDO, Luciano Raposo de Almeida. "A corrupção no Brasil colônia". In: AVRITZER, Leonardo et al. (org.). *Corrupção: ensaios e críticas*. Belo Horizonte: Editora da UFMG, 2008, pp. 209-218.

______. *Barrocas famílias: vida familiar em Minas Gerais no século XVIII*. São Paulo: Hucitec, 1997.

______. "Cortando rente o passado...: fontes para a história da Inconfidência Mineira e o acervo do Arquivo Nacional do Brasil". *Análise & Conjuntura*, Belo Horizonte, Fundação João Pinheiro, v. 4, n. 2-3, pp. 138-146, maio-dez. 1989.

______. "Narrativas das rebeliões: linguagem política e ideias radicais na América portuguesa moderna". *Revista USP*, São Paulo, n. 57, pp. 6-27, mar.-maio 2003.

______. O Império em apuros: notas para o estudo das *alterações* ultramarinas e das práticas políticas no Império Colonial Português, séculos XVII e XVIII. In: FURTADO, Júnia Ferreira (org.). *Diálogos oceânicos*: Minas Gerais e as novas abordagens para uma história do Império Ultramarino Português. Belo Horizonte: Editora da UFMG, 2001, pp. 197-254.

______. "Painel histórico". In: COSTA, Cláudio Manuel da; GONZAGA, Tomás Antônio; PEIXOTO, Alvarenga. *A poesia dos inconfidentes*. Organização de Domício Proença Filho. Rio de Janeiro: Nova Aguilar, 1996, pp. XIX-L.

______. "Protestos, revoltas e fiscalidade no Brasil colonial". *LPH: Revista de História*, Mariana, UFOP, n. 5, pp. 56-87, 1995.

______. Prudência e luzes no cálculo econômico do Antigo Regime: fiscalidade e derrama em Minas Gerais (notas preliminares para discussão). In: SEMINÁRIO SOBRE ECONOMIA MINEIRA, 10, 2002, Diamantina. *Anais*... Belo Horizonte, UFMG, 2002, pp. 1-15.

______. *Revoltas, fiscalidade e identidade na América portuguesa: Rio de Janeiro, Bahia e Minas Gerais, 1641-1761*. São Paulo, 1996. Tese (Doutorado em História) – Faculdade de Filosofia, Letras e Ciências Humanas, Universidade de São Paulo.

______. Tributação, sociedade e a administração fazendária em Minas no século XVIII. *Anuário do Museu da Inconfidência*, Ouro Preto, MG, v. 9, pp. 96-110, 1993.

______; MUNTEAL FILHO, Oswaldo. "Prefácio". In: RAYNAL, Guilherme-Thomas François. *A revolução da América*. Trad. Regina Clara Simões Lopes. Rio de Janeiro: Arquivo Nacional, 1993, pp. 1-47.

FLORENTINO, Manolo. *Em costas negras: uma história do tráfico de escravos entre a África e o Rio de Janeiro (séculos XVIII e XIX)*. São Paulo: Companhia das Letras, 1997.

FOCAS, Júnia. *Inconfidência Mineira: a história dos sentidos de uma história*. Belo Horizonte: FALE/UFMG, 2002.

Fonseca, Paulo Miguel Moreira da. *João Rodrigues de Macedo: ações e transações*. Rio de Janeiro, 2005. Dissertação (Mestrado em História) – Universidade do Estado do Rio de Janeiro.

Fragoso, João Luís Ribeiro. *Homens de grossa aventura: acumulação e hierarquia na praça mercantil do Rio de Janeiro, 1790-1830*. 2. ed. Rio de Janeiro: Civilização Brasileira, 1998.

______; Florentino, Manolo. *O arcaísmo como projeto: mercado atlântico, sociedade agrária e elite mercantil no Rio de Janeiro, c.1790-c.1840*. 3. ed. Rio de Janeiro: Sette Letras, 1998.

Franco, Afonso Arinos de Melo. *Rosa de ouro*. Organização, transcrição e apresentação de Afonso Arinos, filho. Belo Horizonte: Editora da UFMG, 2007.

Franco, Maria Sylvia de Carvalho. *Homens livres na ordem escravocrata*. São Paulo: Ática, 1974.

Frieiro, Eduardo. *O diabo na livraria do cônego*. 2. ed. rev. e aum. Belo Horizonte: Itatiaia; São Paulo: Edusp, 1981.

Furtado, Celso. *Formação econômica do Brasil*. 27. ed. São Paulo: Companhia Editora Nacional-Publifolha, 2000.

Furtado, João Pinto. "A Inconfidência Mineira: um novo tempo ou reedição dos motins do Antigo Regime?" In: Resende, Maria Efigênia Lage de; Villalta, Luiz Carlos (org.). *História de Minas Gerais: as Minas setecentistas*. Belo Horizonte: Autêntica-Companhia do Tempo, 2007, v. 2, pp. 629-648.

______. *O manto de Penélope: história, mito e memória da Inconfidência Mineira de 1788-9*. São Paulo: Companhia das Letras, 2002.

______. "'Viva o rei, viva o povo, e morra o governador': tensão política e práticas de governo nas Minas do setecentos". In: Bicalho, Maria Fernanda; Ferlini, Vera Lúcia Amaral (org.). *Modos de governar: ideias e práticas políticas no Império português, séculos XVI a XIX*. São Paulo: Alameda, 2005, pp. 403-412.

Furtado, Júnia Ferreira. *Chica da Silva e o contratador de diamantes: o outro lado do mito*. São Paulo: Companhia das Letras, 2003.

______. "Historiografia mineira: tendências e contrastes". *Varia História*, Belo Horizonte, DH-FAFICH/UFMG, n. 20, pp. 45-59, mar. 1999.

______ *Homens de negócio*: a interiorização da metrópole e do comércio nas Minas setecentistas. São Paulo: Hucitec, 1999.

______. "O outro lado da Inconfidência Mineira: pacto colonial e elites locais". *LPH: Revista de História*, Mariana, UFOP, n. 4, pp. 70-91, 1993-1994.

______. "Quem nasce, quem chega: o mundo dos escravos no Distrito Diamantino e no Arraial do Tejuco". In: Libby, Douglas Cole; Furtado, Júnia Ferreira (org.). *Trabalho livre, trabalho escravo: Brasil e Europa, séculos XVIII e XIX*. São Paulo: Annablume, 2006, pp. 223-250.

Ginzburg, Carlo. "Sinais: raízes de um paradigma indiciário". In: *Mitos, emblemas e sinais: morfologia e história*. Trad. Federico Carotti. São Paulo: Companhia das Letras, 1989, pp. 143-179.

Godoy, Marcelo Magalhães. *No país das minas de ouro a paisagem vertia engenhos de cana e casas de negócios: um estudo das atividades agroaçucareiras tradicionais mineiras, entre o Setecentos e o Novecentos, e do complexo mercantil da província de Minas Gerais*. São Paulo, 2004. Tese (Doutorado em História Econômica) – Faculdade de Filosofia, Letras e Ciências Humanas, Universidade de São Paulo.

______. "Os 'engenheiros' entre a norma e a clandestinidade: as relações entre o Estado e a agroindústria canavieira de Minas Gerais no século XIX". In: SEMINÁRIO SOBRE ECONOMIA MINEIRA, 9. 2000, Diamantina. *Anais*... Belo Horizonte: UFMG, 2000, pp. 213-256.

______. "Espaços canavieiros regionais e mercado interno: subsídios para o estudo da distribuição espacial da produção e comércio de derivados de cana-de-açúcar da província de Minas Gerais". In: SEMINÁRIO SOBRE ECONOMIA MINEIRA, 10. 2002, Diamantina. *Anais*... Belo Horizonte: UFMG, 2002, pp. 1-54.

GONÇALVES, Adelto. *Gonzaga, um poeta do Iluminismo*. Rio de Janeiro: Nova Fronteira, 1999.

GONÇALVES, Andréa Lisly. "As técnicas de mineração nas Minas Gerais do século XVIII". In: RESENDE, Maria Efigênia Lage de; VILLALTA, Luiz Carlos (org.). *História de Minas Gerais: as Minas setecentistas*. Belo Horizonte: Autêntica-Companhia do Tempo, 2007, v. 2, pp. 187-204.

GOUVÊA, Maria de Fátima Silva. "Dos poderes de Vila Rica do Ouro Preto: notas preliminares sobre a organização político-administrativa na primeira metade do século XVIII". *Varia História*, Belo Horizonte, DH-FAFICH/UFMG, n. 31, pp. 120-140, jan. 2004.

______. "Poder político e administração na formação do complexo atlântico português (1645-1808)". In: FRAGOSO, João; BICALHO, Maria Fernanda Baptista; GOUVÊA, Maria de Fátima (org.). *O Antigo Regime nos trópicos: a dinâmica imperial portuguesa (séculos XVI-XVIII)*. Rio de Janeiro: Civilização Brasileira, 2001, pp. 285-315.

GRAÇA FILHO, Afonso de Alencastro. *A princesa do Oeste e o mito da decadência de Minas Gerais: São João del-Rei (1831-1888)*. São Paulo: Annablume, 2002.

______. "Pequenos produtores de São José do Rio das Mortes, 1730-1850". In: GUIMARÃES, Elione Silva; MOTTA, Márcia Maria Menendes (org.). *Campos em disputa: história agrária e companhia*. São Paulo: Annablume, 2007, pp. 127-151.

______; PINTO, Fábio Carlos Vieira; MALAQUIAS, Carlos de Oliveira. "Famílias escravas em Minas Gerais nos inventários e registros de casamento: o caso de São José do Rio das Mortes, 1743-1850". *Varia História*, Belo Horizonte, DH-FAFICH/UFMG, v. 23, n. 37, pp. 184-207, jan.-jun. 2007.

GUIMARÃES, Carlos Magno. "Inconfidência, estrutura agrária e escravidão". *Revista do Departamento de História*, Belo Horizonte, FAFICH/UFMG, n. 9, pp. 161-179, 1989.

______; REIS, Flávia Maria da Mata. "Agricultura e mineração no século XVIII". In: RESENDE, Maria Efigênia Lage de; VILLALTA, Luiz Carlos (org.). *História de Minas Gerais: as Minas setecentistas*. Belo Horizonte: Autêntica-Companhia do Tempo, 2007, v. 1, pp. 321-335.

______; REIS, Liana Maria. "Agricultura e caminhos de Minas (1700-1750)". *Revista do Departamento de História*, Belo Horizonte, FAFICH/UFMG, n. 4, pp. 85-99, 1987.

______ ; ______. "Agricultura e escravidão em Minas Gerais (1700-1750)". *Revista do Departamento de História*, Belo Horizonte, FAFICH/UFMG, n. 2, pp. 7-36, 1986.

GUIMARÃES, Fábio Nelson. "Bárbara Eliodora". *Revista do Instituto Histórico e Geográfico de Juiz de Fora*, Juiz de Fora, MG, ano 5, n. 5, pp. 83-92, 1969.

HESPANHA, António Manuel. "A constituição do Império português. Revisão de alguns enviesamentos correntes". In: FRAGOSO, João; BICALHO, Maria Fernanda Baptista; GOUVÊA, Maria de Fátima (org.). *O Antigo Regime nos trópicos: a dinâmica imperial portuguesa (séculos XVI-XVIII)*. Rio de Janeiro: Civilização Brasileira, 2001, pp. 163-188.

______. *As vésperas do Leviathan: instituições e poder político, Portugal – séc. XVII*. Coimbra: Almedina, 1994.

______. "Governo, elites e competência social: sugestões para um entendimento renovado da história das elites". In: BICALHO, Maria Fernanda; FERLINI, Vera Lúcia Amaral (org.). *Modos de governar: ideias e práticas políticas no Império português, séculos XVI a XIX*. São Paulo: Alameda, 2005, pp. 39-44.

______. "Revoltas e revoluções: a resistência das elites provinciais". *Análise Social*, Lisboa, ICS/ Universidade de Lisboa, v. 28, n. 120, pp. 81-103, 1993.

HOLANDA, Sérgio Buarque de. "Erudita análise socioeconômica da época dos inconfidentes". *Minas Gerais*, Belo Horizonte, 29 abr. 1962, pp. 8-9.

______. "Metais e pedras preciosas". In: HOLANDA, Sérgio Buarque de (dir.). *História geral da civilização brasileira: a época colonial – administração, economia, sociedade*. Rio de Janeiro: Bertrand Brasil, 1997, v. 1, t. 2, pp. 259-310.

______. *Raízes do Brasil*. 26. ed. São Paulo: Companhia das Letras, 1995.

HORTA, Cid Rebelo. "Famílias governistas de Minas Gerais". *Segundo Seminário de Estudos Mineiros*. Belo Horizonte: Universidade de Minas Gerais, pp. 43-91, 1956.

IGLÉSIAS, Francisco. "Estrutura social do século XVIII". *Anuário do Museu da Inconfidência*, Ouro Preto, MG, v. 9, pp. 50-57, 1993.

______. "Raízes ideológicas da Inconfidência Mineira". *Acervo*: Revista do Arquivo Nacional, Rio de Janeiro, v. 4, n. 1, pp. 7-13, jan.-dez. 1989.

JANCSÓ, István. "A sedução da liberdade: cotidiano e contestação política no final do século XVIII". In: SOUZA, Laura de Mello e (org.). *História da vida privada no Brasil: cotidiano e vida privada na América portuguesa*. São Paulo: Companhia das Letras, 1997, pp. 387-437 (texto); 470-472 (notas); 487-488 (bibliografia).

______. *Na Bahia, contra o Império: história do ensaio de sedição de 1798*. São Paulo: Hucitec, 1996.

JARDIM, Márcio. *A Inconfidência Mineira: uma síntese factual*. Rio de Janeiro: Biblioteca do Exército, 1989.

JONHSON, Harold B. "A preliminary inquiry into money, prices and wages in Rio de Janeiro, 1763-1823". In: ALDEN, Dauril (ed.). *Colonial roots of modern Brazil*. Berkeley: University of California Press, 1973, pp. 231-283.

LACERDA, Antônio Henrique Duarte. "A evolução do patrimônio da família Ferreira Armonde através de três gerações (Comarca do Rio das Mortes – Minas Gerais, 1751-1850)". In: GUIMARÃES, Elione Silva; MOTTA, Márcia Maria Menendes (org.). *Campos em disputa: história agrária e companhia*. São Paulo: Annablume, 2007, pp. 63-86.

LAMAS, Fernando Gaudereto. *Os contratadores e o Império colonial português: um estudo dos casos de Jorge Pinto de Azevedo e Francisco Ferreira da Silva*. Niterói, 2005. Dissertação (Mestrado em História) – Instituto de Ciências Humanas e Filosofia, Universidade Federal Fluminense.

LAPA, Manuel Rodrigues. "A história, os 'estoriadores' e o caso de Bárbara Heliodora". *Minas Gerais*, Belo Horizonte, 9 ago. 1969. Suplemento Literário.

______. "Algo de novo sobre Alvarenga Peixoto". *Revista do Livro*, Rio de Janeiro, INL, ano 4, n. 14, pp. 7-18, jun. 1959.

______. *Vida e obra de Alvarenga Peixoto*. Rio de Janeiro: MEC-INL, 1960.

LEFORT, José do Patrocínio. *Cidade de Campanha: monografia histórica*. Belo Horizonte: Imprensa Oficial, 1972.

LEITE, Aureliano. "Bárbara Eliodora". *Revista da Academia Paulista de Letras*, São Paulo, ano 19, n. 64, pp. 18-23, 1959.

______. "Bárbara Eliodora: heroína da Inconfidência e patrona da minha cadeira". *Revista da Academia Paulista de Letras*, São Paulo, ano 12, n. 48, pp. 26-32, 1949.

______. *Vida heroica de Bárbara Eliodora*. São Paulo: Instituto Histórico e Geográfico de São Paulo, 1964.

Leite, Paulo Gomes. "Revolução e heresia na biblioteca de um advogado de Mariana". *Acervo*: Revista do Arquivo Nacional, Rio de Janeiro, v. 8, n. 1,2, pp. 153-166, 1995.

Lenharo, Alcir. *As tropas da moderação: o abastecimento da corte na formação política do Brasil: 1808-1848*. 2. ed. Rio de Janeiro: Secretaria Municipal de Cultura, Turismo e Esportes, Departamento Geral de Documentação e Informação Cultural, Divisão de Editoração, 1993.

Levi, Giovanni. "Les usages de la biographie". *Annales* ESC, ano 44, n. 6, pp. 1325-1336, 1989.

Levy, Maria Bárbara. "Crédito e circulação monetária na economia da mineração". In: seminário da economia mineira, 3, 1986, Diamantina. *Anais*... Diamantina: Cedeplar/ufmg, 1986.

______. *História financeira do Brasil colonial*. Rio de Janeiro: ibmec, 1979.

Libby, Douglas Cole. "As populações escravas das Minas setecentistas: um balanço preliminar". In: Resende, Maria Efigênia Lage de; Villalta, Luiz Carlos (org.). *História de Minas Gerais: as Minas setecentistas*. Belo Horizonte: Autêntica-Companhia do Tempo, 2007, v. 1, pp. 407-438.

______; Paiva, Clotilde Andrade. "Alforrias e forros em uma freguesia mineira: São José d'El Rey em 1795". *Revista Brasileira de Estudos de População*, São Paulo, v. 17, n. 1-2, pp. 17-46, jan.-dez. 2000.

Lima, Ruy Cirne. *Pequena história territorial do Brasil: sesmarias e terras devolutas*. 2. ed. Porto Alegre: Sulina, 1954.

Linhares, Maria Yedda. "História agrária". In: Cardoso, Ciro Flamarion; Vainfas, Ronaldo (org.). *Domínio da história: ensaios de teoria e metodologia*. 5. ed. Rio de Janeiro: Campus, 1997, pp. 165-202 (texto); 468-471 (notas).

______. *História do abastecimento: uma problemática em questão*. Brasília: Biblioteca Nacional de Agricultura, 1979.

______. "Pecuária, alimentos e sistemas agrários no Brasil (séculos xvii e xviii)". *Tempo*, Rio de Janeiro, Universidade Federal Fluminense-Relume-Dumará, v. 1, n. 2, pp. 132-150, 1996.

______. "Subsistência e sistemas agrários na colônia: uma discussão". *Estudos Econômicos*, São Paulo, ipe-fea/usp, n. 13, pp. 745-762, 1983.

Luna, Francisco Vidal. *Minas Gerais: escravos e senhores. Análise da estrutura populacional e econômica de alguns centros mineratórios (1718-1804)*. São Paulo: ipe/usp, 1981.

______ ; Costa, Iraci del Nero da. *Minas colonial: economia e sociedade*. São Paulo: fipe-Pioneira, 1982.

Machado, Alcântara. *Vida e morte do bandeirante*. 2. ed. São Paulo: Revista dos Tribunais, 1930.

Machado, Lourival Gomes. *Tomás Antônio Gonzaga e o direito natural*. São Paulo: Edusp, 2002.

Machado Filho, Aires da Mata. *Arraial do Tijuco, cidade Diamantina*. 3. ed. rev. Belo Horizonte: Itatiaia; São Paulo: Edusp, 1980.

Madeira, Mauro de Albuquerque. *Letrados, fidalgos e contratadores de tributos no Brasil colonial*. Brasília: Coopermídia-Unafisco/Sindifisco, 1993.

Magalhães, Beatriz Ricardina. "Inventários e sequestros: fontes para a história social". *Revista do Departamento de História*, Belo Horizonte, fafich/ufmg, n. 9, pp. 31-45, 1989.

Malard, Letícia. *Literatura e dissidência política*. Belo Horizonte: Editora ufmg, 2006.

Marcílio, Maria Luiza. *Crescimento demográfico e evolução agrária paulista: 1700-1836*. São Paulo: Hucitec-Edusp, 2000.

Martinho, Lenira Menezes; Gorenstein, Riva. *Negociantes e caixeiros na sociedade da Independência*. Rio de Janeiro: Secretaria Municipal de Cultura, Turismo e Esportes, Departamento Geral de Documentação e Informação Cultural, Divisão de Editoração, 1993.

Martins, Helena Teixeira. *Sedes de fazendas mineiras: Campos das Vertentes, séculos XVIII e XIX*. Belo Horizonte: BDMG Cultural, 1998.

Mascarenhas, Maria José Rapassi. *Fortunas coloniais: elite e riqueza em Salvador, 1760-1808*. São Paulo, 1998. Tese (Doutorado em História) – Faculdade de Filosofia, Letras e Ciências Humanas, Universidade de São Paulo.

Mathias, Herculano Gomes. "A documentação da Inconfidência Mineira". *Anuário do Museu da Inconfidência*, Ouro Preto, MG, v. 9, pp. 32-49, 1993.

______. "Introdução histórica". In: Autos de Devassa da Inconfidência Mineira. 2. ed. Brasília: Câmara dos Deputados; Belo Horizonte: Imprensa Oficial do Governo do Estado de Minas Gerais, 1976, v. 1, pp. 15-66.

Mattoso, Kátia de Queiroz. *Da Revolução dos Alfaiates à riqueza dos baianos no século XIX: itinerário de uma historiadora*. Salvador: Corrupio, 2004.

______. *Ser escravo no Brasil*. Trad. James Amado. 3. ed. São Paulo: Brasiliense, 1990.

Maxwell, Kenneth. *A devassa da devassa. A Inconfidência Mineira: Brasil e Portugal, 1750-1808*. 3. ed. Trad. João Maia. Rio de Janeiro: Paz e Terra, 1995.

______. "As causas e o contexto da Conjuração Mineira". In: Furtado, Júnia Ferreira (org.). *Diálogos oceânicos: Minas Gerais e as novas abordagens para uma história do Império Ultramarino Português*. Belo Horizonte: Editora da UFMG, 2001, pp. 389-414.

______. "Conjuração Mineira: novos aspectos". *Estudos Avançados*, São Paulo, IEA/USP, v. 3, n. 6, pp. 4-24, maio-ago. 1989.

______. "História da Inconfidência Mineira: dimensões internacionais". *Anuário do Museu da Inconfidência*, Ouro Preto, MG, v. 9, pp. 17-31, 1993.

______. *Marquês de Pombal: paradoxo do Iluminismo*. Trad. Antonio de Pádua Danesi. Rio de Janeiro: Paz e Terra, 1996.

______. "Pombal and the nationalization of the Luso-Brazilian economy". *Hispanic American Historical Review*, Durham, USA: Duke University Press, v. 48, n. 4, pp. 608-631, 1968.

______. "The generation of the 1790s and the idea of the Luso-Brazilian empire". In: Alden, Dauril (ed.). *Colonial roots of modern Brazil*. Berkeley: University of California Press, 1973, pp. 107-144.

Mello, Zélia Cardoso de. *Metamorfoses da riqueza: São Paulo, 1845-1895*. 2. ed. São Paulo: Hucitec, 1990.

Meneses, José Newton Coelho. *O continente rústico: abastecimento alimentar nas Minas Gerais setecentistas*. Diamantina: Maria Fumaça, 2000.

Monteiro, Norma de Gois. "As mulheres e a Inconfidência". *Boletim Mineiro de História*. Belo Horizonte: Centro de Estudos Históricos da Faculdade de Filosofia da Universidade de Minas Gerais, ano 1, n. 1, pp. 9-18, 1960.

Monteiro, Nuno Gonçalo Freitas. *Elites e poder: entre o Antigo Regime e o Liberalismo*. Lisboa: ICS/Universidade de Lisboa, 2003.

______. *O crepúsculo dos grandes (1750-1832): a casa e o património da aristocracia em Portugal*. Lisboa: Imprensa Nacional-Casa da Moeda, 1998.

Mota, Carlos Guilherme. *Ideia de revolução do Brasil (1789-1801)*. 3. ed. São Paulo: Cortez, 1989.

Motta, José Flávio; Costa, Iraci del Nero da. "Vila Rica: Inconfidência e crise demográfica". *Estudos Econômicos*, São Paulo, ipe-fea/usp, v. 22, n. 2, pp. 321-346, maio-ago. 1992.

Muzzi, Eliana Scotti. "Epopeia e história". In: Costa, Cláudio Manuel da; Gonzaga, Tomás Antônio; Peixoto, Alvarenga. *A poesia dos inconfidentes*. Organização de Domício Proença Filho. Rio de Janeiro: Nova Aguilar, 1996, pp. 349-354.

Nascimento, Marcelo. *Bárbara Heliodora, um exemplo de mulher: a história real da única heroína da Inconfidência Mineira*. Campanha, mg: [s.n.], 1994.

Nascimento, Maria Filomena Coelho. "Justiça, corrupção e suborno em Pernambuco (século xviii)". *Textos de História*, Brasília, v. 11, n. 1-2, pp. 29-46, 2003.

Nazzari, Muriel. *O desaparecimento do dote: mulheres, famílias e mudança social em São Paulo, Brasil, 1600-1900*. Trad. Lólio Lourenço de Oliveira. São Paulo: Companhia das Letras, 2001.

Nohmi, Nívia. *História de uma flor: Bárbara Eliodora Guilhermina da Silveira*. Belo Horizonte: Armazém de Ideias, 2004.

Novais, Fernando. *Portugal e Brasil na crise do Antigo Sistema Colonial (1777-1808)*. 6. ed. São Paulo: Hucitec, 1995.

Noviello, Celeste. *Sonhos de liberdade*. Três Corações, mg: Excelsior, [2000?].

Oliveira, Cecilia Helena de Salles. *A astúcia liberal: relações de mercado e projetos políticos no Rio de Janeiro (1820-1824)*. Bragança Paulista, sp: Edusf-Ícone, 1999.

Oliveira, Maria Luiza Ferreira de. *Entre a casa e o armazém: relações sociais e experiência da urbanização – São Paulo, 1850-1900*. São Paulo: Alameda, 2005.

Oliveira, Mônica Ribeiro de. *Negócios de família: mercado, terra e poder na formação da cafeicultura mineira – 1780-1870*. Bauru, sp: Edusc; Juiz de Fora, mg: funalfa, 2005.

Oliveira, Oscar de. "Bárbara Heliodora Guilhermina da Silveira, heroína da Inconfidência". *Revista do Instituto Histórico de Minas Gerais*. Belo Horizonte, v. 17, pp. 117-124, 1973-1974.

Oliveira, Tarquínio J. B. de. "As falsas e verdadeiras heroínas". In: *Ensaios da Casa dos Contos*. Ouro Preto: esaf-Centro de Estudos do Ciclo do Ouro-Casa dos Contos, 1981, pp. 203-213.

______. *Um banqueiro da Inconfidência: ensaio biográfico de João Roiz de Macedo, arrematante de rendas tributárias no último quartel do século xviii*. Ouro Preto, mg: esaf-Centro de Estudos do Ciclo do Ouro-Casa dos Contos, 1981.

Oliveira Júnior, Cândido Martins de. "A vida heroica de Bárbara Heliodora". *Estado de Minas*, Belo Horizonte, 13 set. 1964.

Paiva, Eduardo França. "Bateias, carumbés, tabuleiros: mineração africana e mestiçagem no Novo Mundo". In: Paiva, Eduardo França; Anastasia, Carla Maria Junho (org.). *O trabalho mestiço: maneiras de pensar e formas de viver – séculos xviii e xix*. São Paulo: Annablume, 2002, pp. 187-207.

______. *Escravidão e universo cultural na colônia: Minas Gerais, 1716-1789*. Belo Horizonte: Editora ufmg, 2001.

______. *Escravos e libertos nas Minas Gerais do século xviii: estratégias de resistência através dos testamentos*. São Paulo: Annablume, 1995.

Paula, João Antonio de. "A Inconfidência Mineira: revolução e limites". *Análise & Conjuntura*, Belo Horizonte, Fundação João Pinheiro, v. 4, n. 2-3, pp. 37-49, maio-dez. 1989.

______. "A mineração de ouro em Minas Gerais do século xviii". In: Resende, Maria Efigênia Lage de; Villalta, Luiz Carlos (org.). *História de Minas Gerais: as Minas setecentistas*. Belo Horizonte: Autêntica-Companhia do Tempo, 2007, v. 1, pp. 279-301.

Pedreira, Jorge M. "From growth to collapse: Portugal, Brazil, and the breakdown of the old colonial system (1760-1830)". *The Hispanic American Historical Review*, Durham, usa: Duke University Press, v. 80, n. 4, pp. 839-864, 2000.

______. *Os homens de negócio da praça de Lisboa de Pombal ao vintismo (1755-1822): diferenciação, reprodução e identificação de um grupo social*. Lisboa, 1995. Tese (Doutorado em Sociologia) – Faculdade de Ciências Sociais e Humanas, Universidade Nova de Lisboa.

Pereira, Lígia Maria Leite; Faria, Maria Auxiliadora de. *José Bonifácio Lafayette de Andrada (Zezinho Bonifácio): uma vida dedicada à política*. Belo Horizonte: bdmg Cultural, 1994.

Pessoa, Gláucia Tomas de Aquino. "O acervo do Arquivo Nacional e a história da Inconfidência Mineira". *Acervo*: Revista do Arquivo Nacional, Rio de Janeiro, v. 4, n. 1, pp. 15-23, jan.--dez. 1989.

Pijning, Ernst. "Contrabando, ilegalidade e medidas políticas no Rio de Janeiro do século xviii". Trad. Cristina Meneguello. *Revista Brasileira de História*, São Paulo, anpuh-Humanitas fflch/usp, v. 21, n. 42, pp. 397-414, 2001.

______. "Fontes para a história do contrabando no Brasil: um balanço". *lph: Revista de História*, Mariana, ufop, n. 7, pp. 41-55, 1997.

Pinho, Ruy Rebello. *O Livro v das Ordenações Filipinas à luz da Teoria Tridimensional do Direito*. São Paulo: Secretaria de Segurança Pública, 1957.

Pinto, Francisco Eduardo. "Inácio Correia Pamplona e as sesmarias dos confins da Comarca do Rio das Mortes". In: Guimarães, Elione Silva; Motta, Márcia Maria Menendes (org.). *Campos em disputa: história agrária e companhia*. São Paulo: Annablume, 2007, pp. 155-188.

Pinto, Rosalvo Gonçalves. *Os inconfidentes José de Resende Costa (pai e filho) e o arraial da Laje*. Brasília: Senado Federal, Subsecretaria de Edições Técnicas, 1992.

Pinto, Virgílio Noya. *O ouro brasileiro e o comércio anglo-português*. São Paulo: Nacional, 1979.

Pires, Ariosvaldo de Campos. "O processo jurídico da Inconfidência Mineira". *Anuário do Museu da Inconfidência*, Ouro Preto, mg, v. 9, pp. 82-95, 1993.

Prado Jr., Caio. *Formação do Brasil contemporâneo – colônia*. São Paulo: Brasiliense-Publifolha, 2000.

Reis, Flávia Maria da Mata. *Entre faisqueiras, catas e galerias: explorações do ouro, leis e cotidiano das Minas do século xviii (1702-1762)*. Belo Horizonte, 2007. Dissertação (Mestrado em História) – Faculdade de Filosofia e Ciências Humanas, Universidade Federal de Minas Gerais.

Reis, Liana Maria. "A mulher na Inconfidência (Minas Gerais – 1789)". *Revista do Departamento de História*, Belo Horizonte, fafich/ufmg, n. 9, pp. 86-95, 1989.

Reis, Paulo Pereira dos. *O colonialismo português e a Conjuração Mineira*. São Paulo: Nacional, 1964.

Rezende, Fernando. "A tributação em Minas Gerais no século xviii". *Estudos Econômicos*, São Paulo, fea/usp, v. 13, n. 2, pp. 365-391, maio-ago. 1983.

Rezende, Roberto Leonel de. *Rudimentos históricos do município de São Gonçalo do Sapucaí, Minas Gerais*. Três Corações, mg: Excelsior, 1992.

Ribeiro, João. "Carta a José Veríssimo". In: Costa, Cláudio Manuel da; Gonzaga, Tomás Antônio; Peixoto, Alvarenga. *A poesia dos inconfidentes*. Organização de Domício Proença Filho. Rio de Janeiro: Nova Aguilar, 1996, pp. 5-26.

Rodrigues, André Figueiredo. "A atuação do padre Manuel Rodrigues da Costa na Conjuração Mineira e na Constituinte de 1823". In: Ayrolo, Valentina (org.). *Estudios sobre clero iberoa-*

mericano, entre la independencia y el Estado-Nación*. Salta (ARG): CEPIHA, Editorial de la Universidad de Salta, 2006, pp. 133-151.

______. *O clero e a Conjuração Mineira*. São Paulo: Humanitas FFLCH/USP, 2002.

______. "Os 'extravios que tão continuados têm sido...': contrabando e práticas comerciais ilícitas nas atividades do contratador João Rodrigues de Macedo". *Locus: Revista de História*, Juiz de Fora, MG, Departamento de História da UFJF, v. 11, n. 1-2, pp. 117-136, 2005.

______. "Os sertões proibidos da Mantiqueira: desbravamento, ocupação da terra e as observações do governador dom Rodrigo José de Meneses". *Revista Brasileira de História*, São Paulo, ANPUH, v. 23, n. 46, pp. 253-270, 2003.

______. *Um potentado na Mantiqueira: José Aires Gomes e a ocupação da terra na Borda do Campo*. São Paulo, 2002. Dissertação (Mestrado em História Social) – Faculdade de Filosofia, Letras e Ciências Humanas, Universidade de São Paulo.

RUSSELL-WOOD, A. J. R. "Centros e periferias no mundo luso-brasileiro, 1500-1808". Trad. Maria de Fátima Silva Gouvêa. *Revista Brasileira de História*, São Paulo: ANPUH; Humanitas FFLCH/USP, v. 18, n. 36, pp. 187-249, 1998.

______. "O Brasil colonial: o ciclo do ouro, c.1690-1750". In: BETHELL, Leslie (org.). *História da América Latina: América Latina colonial*. Trad. Mary Amazonas Leite de Barros e Magda Lopes. São Paulo: Edusp; Brasília: Fundação Alexandre de Gusmão, 1999, pp. 473-525.

SÁ, A. Lopes de. *Aspectos contábeis no período da Inconfidência Mineira: contribuição às histórias da contabilidade, administração e economia relativa ao ciclo do ouro na província das Minas Gerais*. Ouro Preto, MG: ESAF-Casa dos Contos, 1980.

SAMARA, Eni de Mesquita. *Lavoura canavieira, trabalho livre e cotidiano: Itu, 1780-1830*. São Paulo: Edusp, 2005.

SAMPAIO, Antonio Carlos Jucá de. *Na encruzilhada do Império: hierarquias sociais e conjunturas econômicas no Rio de Janeiro (c.1650-c.1750)*. Rio de Janeiro: Arquivo Nacional, 2003.

______. "Os homens de negócio do Rio de Janeiro e sua atuação nos quadros do Império português (1701-1750)". In: FRAGOSO, João; BICALHO, Maria Fernanda Baptista; GOUVÊA, Maria de Fátima (org.). *O Antigo Regime nos trópicos: a dinâmica imperial portuguesa (séculos XVI-XVIII)*. Rio de Janeiro: Civilização Brasileira, 2001, pp. 73-105.

SANTOS, Lúcio José dos. *A Inconfidência Mineira: papel de Tiradentes na Inconfidência Mineira*. 2. ed. Belo Horizonte: Imprensa Oficial, 1972.

______. "O destino da família de Alvarenga". *Minas Gerais*, Belo Horizonte, 31 maio 1969. Suplemento Literário.

SCHWARTZ, Stuart B. *Burocracia e sociedade no Brasil colonial*. São Paulo: Perspectiva, 1979.

______. *Da América portuguesa ao Brasil: estudos históricos*. Trad. Nuno Mota. Lisboa: Difel, 2004.

______. *Escravos, roceiros e rebeldes*. Trad. Jussara Simões. Bauru, SP: Edusc, 2001.

______. "Free labor in a slave economy: the lavradores de cana of colonial Bahia". In: ALDEN, Dauril (org.). *The colonial roots of modern Brazil*. Berkeley: University of California Press, 1973, pp. 147-197.

______. *Segredos internos: engenhos e escravos na sociedade colonial, 1550-1835*. Trad. Laura Teixeira Motta. São Paulo: Companhia das Letras, 1999.

SETTE, Bartyra. "João de Rezende Costa". In: PROJETO COMPARTILHAR. Coordenação de Bartyra Sette e Regina Moraes Junqueira. Disponível em: <http://br.geocities.com.br/projetocompartilhar/estudoJoaodeRezendeCosta.htm>. Acesso em: 18 dez. 2007.

Silva, Célia Nonata da. *Territórios de mando: banditismo em Minas Gerais, século XVIII*. Belo Horizonte: Crisálida, 2007.

Silva, Flávio Marcus. "Os engenhos e o poder". *História & Perspectivas*: Revista dos Cursos de Graduação e do Programa de Pós-Graduação em História da UFU, Uberlândia, Edufu, n. 24, pp. 71-96, jan.-jun. 2001.

______. "Agricultura e pecuária em Minas Gerais no século XVIII: uma abordagem política". *História & Perspectivas*: Revista dos Cursos de Graduação e do Programa de Pós-Graduação em História da UFU, Uberlândia, Edufu, n. 20-21, pp. 9-31, jan.-dez. 1999.

______. *Subsistência e poder: a política do abastecimento alimentar nas Minas setecentistas*. Belo Horizonte, 2002. Tese (Doutorado em História) – Faculdade de Filosofia e Ciências Humanas, Universidade Federal de Minas Gerais.

Silva, João Manuel Pereira da. "Biographia dos brasileiros distinctos por letras, armas, virtudes, etc: Ignacio José de Alvarenga Peixoto". *Revista do Instituto Histórico e Geográfico Brasileiro*, Rio de Janeiro, 2. ed., tomo 12, pp. 400-412, 1874.

Silva, Joaquim Norberto de Sousa. *Brasileiras célebres*. Edição fac-similar. Brasília: Senado Federal, 1997.

______. *História da Conjuração Mineira*. 2. ed. Rio de Janeiro: Imprensa Nacional, 1948. 2 v.

Silva, José Bonifácio de Andrada. "Uma fazenda histórica – Borda do Campo". *Revista do Instituto Histórico e Geográfico Brasileiro*, Rio de Janeiro, t. 72, n. 120, pp. 127-151, 1909.

Silva, Lígia Osório. *Terras devolutas e latifúndios*. Campinas: Editora da Unicamp, 1996.

Silva, Maria Beatriz Nizza da. *Ser nobre na colônia*. São Paulo: Editora da Unesp, 2005.

______. *Sistema de casamento no Brasil colonial*. São Paulo: T. A. Queiroz-Edusp, 1984.

Silva, Marilda Santana da. *Poderes locais em Minas Gerais setecentista: a representatividade do Senado da Câmara de Vila Rica (1760-1808)*. Campinas, 2003. Tese (Doutorado em História) – Instituto de Filosofia e Ciências Humanas, Universidade Estadual de Campinas.

Silveira, Marco Antonio. *O universo do indistinto: Estado e sociedade nas Minas setecentistas (1735-1808)*. São Paulo: Hucitec, 1997.

Simonsen, Roberto. *História econômica do Brasil, 1500-1820*. São Paulo: Nacional, 1967.

Sobral, Francisco Fernandes. "Bárbara Eliodora e seu papel no drama da Inconfidência". *Revista do Instituto Histórico e Geográfico de Juiz de Fora*, Juiz de Fora, MG, ano 5, n. 5, pp. 67-82, 1969.

Souza, Laura de Mello e. *Desclassificados do ouro: a pobreza mineira no século XVIII*. 3. ed. Rio de Janeiro: Graal, 1990.

______. "Formas provisórias de existência: a vida cotidiana nos caminhos, nas fronteiras e nas fortificações". In: Souza, Laura de Mello e (org.). *História da vida privada no Brasil: cotidiano e vida privada na América portuguesa*. São Paulo: Companhia das Letras, 1997, pp. 41-81 (texto); 449-451 (notas); 474-475 (bibliografia).

______. *Norma e conflito: aspectos da história de Minas no século XVIII*. Belo Horizonte: Editora da UFMG, 1999.

______. *O sol e a sombra: política e administração na América portuguesa do século XVIII*. São Paulo: Companhia das Letras, 2006.

______. "Os ricos, os pobres e a revolta nas Minas do século XVIII (1707-1789)" *Análise & Conjuntura*, Belo Horizonte, Fundação João Pinheiro, v. 4, n. 2-3, pp. 31-36, maio-dez. 1989.

Souza, Maria Eliza de Campos. *Relações de poder, justiça e administração em Minas Gerais no setecentos: a Comarca de Vila Rica do Ouro Preto, 1711-1752*. Niterói, 2000. Dissertação (Mes-

trado em História) – Instituto de Ciências Humanas e Filosofia, Universidade Federal Fluminense.
SOUZA, Rafael de Freitas e. *Tiradentes leitor*. Viçosa, MG: Suprema, 2008.
SOUZA, Tânia Maria F. de; REIS, Liana. "Técnicas mineratórias e escravidão nas Minas Gerais dos séculos XVIII e XIX: uma análise comparativa introdutória". In: SEMINÁRIO SOBRE A ECONOMIA MINEIRA, 12 maio 2006, Diamantina, MG. *Anais*... Belo Horizonte: Cedeplar/UFMG. Disponível em: <www.cedeplar.ufmg.br/seminários/seminário_diamantina/2006/D06A018.pdf>. Acesso em: 18 maio 2007.
STONE, Lawrence. "Prosopography". *Daedalus*, v. 100, n. 1, pp. 46-71, 1971.
TEIXEIRA, Ivan. *Mecenato pombalino e poesia neoclássica*. São Paulo: Edusp, 1999.
TEIXEIRA, Maria Lúcia Resende Chaves. *Família escrava e riqueza na Comarca do Rio das Mortes: o Distrito da Lage e o Quarteirão do Mosquito*. São Paulo: Annablume; Coronel Xavier Chaves, MG: Prefeitura Municipal de Coronel Xavier Chaves, 2006.
TOPA, Francisco. "Novas versões para sete poemas de Alvarenga Peixoto: propostas de emenda à edição de Rodrigues Lapa". *Revista da Faculdade de Letras*, Porto, Universidade do Porto, v. 15, pp. 445-451, 1998.
______. *Quatro poetas brasileiros do período colonial: estudos sobre Gregório de Matos, Basílio da Gama, Alvarenga Peixoto e Silva Alvarenga*. Porto: Edição do Autor, 1998.
______. "Um soneto inédito de Alvarenga Peixoto". *Revista da Faculdade de Letras*, Porto, Universidade do Porto, v. 15, pp. 439-443, 1998.
TORRES, João Camilo de Oliveira. *História de Minas*. Belo Horizonte: Difusão Panamericana do Livro, 1962. 5 v.
VALADARES, Virgínia Maria Trindade. *A sombra do poder: Martinho de Melo e Castro e a administração da capitania de Minas Gerais (1770-1795)*. São Paulo: Hucitec, 2006.
______. *Elites mineiras setecentistas: conjugação de dois mundos*. Lisboa: Colibri-Instituto de Cultura Ibero-Atlântica, 2004.
VALE, Dario Cardoso. *Memória histórica de Prados*. Belo Horizonte: [s.n.], 1985.
VALLADÃO, Alfredo. *Campanha da Princeza*. Rio de Janeiro: Leuzinger, 1937. 4 v.
VASCONCELOS, Diogo de. *História antiga de Minas Gerais*. 4. ed. Belo Horizonte: Itatiaia, 1974. 2 v.
______. *História média de Minas Gerais*. 4. ed. Belo Horizonte: Itatiaia, 1974.
VENÂNCIO, Renato Pinto; FURTADO, Júnia Ferreira. "Comerciantes, tratantes e mascates". In: PRIORE, Mary del (org.). *Revisão do paraíso: os brasileiros e o estado em 500 anos de história*. Rio de Janeiro: Campus, 2000, pp. 93-113.
VIEIRA, José Crux Rodrigues. *Tiradentes: a Inconfidência Mineira diante da história*. Belo Horizonte: 2º Clichê Comunicação & Design, 1993. 3 v, 2 t.
VILAR, Pierre. *Ouro e moeda na história (1450-1920)*. Rio de Janeiro: Paz e Terra, 1980.
VILLALTA, Luiz Carlos. *1789-1808: o império luso-brasileiro e os Brasis*. São Paulo: Companhia das Letras, 2000.
______. "As origens intelectuais e políticas da Inconfidência Mineira". In: RESENDE, Maria Efigênia Lage de; VILLALTA, Luiz Carlos (org.). *História de Minas Gerais: as Minas setecentistas*. Belo Horizonte: Autêntica-Companhia do Tempo, 2007, v. 2, pp. 579-607.
______. *A "torpeza diversificada dos vícios": celibato, concubinato e casamento no mundo dos letrados de Minas Gerais (1748-1801)*. São Paulo, 1994. Dissertação (Mestrado em História) – Faculdade de Filosofia, Letras e Ciências Humanas, Universidade de São Paulo.

______. *Escravidão, escravos e contestação política na América portuguesa (1788-1817)*. 23 p. Mimeografado.
______. "Ler, escrever, bibliotecas e estratificação social". In: RESENDE, Maria Efigênia Lage de; VILLALTA, Luiz Carlos (org.). *História de Minas Gerais: as Minas setecentistas*. Belo Horizonte: Autêntica-Companhia do Tempo, 2007, v. 2, pp. 289-311.
______. "Liberdades imaginárias". In: NOVAES, Adauto (org.). *O avesso da liberdade*. São Paulo: Companhia das Letras, 2002, pp. 319-341.
______. "O diabo na livraria dos inconfidentes". In: NOVAES, Adauto (org.). *Tempo e história*. São Paulo: Companhia das Letras-Secretaria Municipal de Cultura, 1994, pp. 367-395.
______. "O que se fala e o que se lê: língua, instrução e leitura". In: SOUZA, Laura de Mello e (org.). *História da vida privada no Brasil: cotidiano e vida privada na América portuguesa*. São Paulo: Companhia das Letras, 1997, pp. 331-385 (texto); 465-469 (notas); 483-487 (bibliografia).
______. "Os clérigos e os livros nas Minas Gerais da segunda metade do século XVIII". *Acervo*: Revista do Arquivo Nacional, Rio de Janeiro, v. 8, n. 1-2, pp. 19-52, jan.-dez. 1995.
______. *Reformismo ilustrado, censura e práticas de leitura: usos do livro na América portuguesa*. São Paulo, 1999. Tese (Doutorado em História) – Faculdade de Filosofia, Letras e Ciências Humanas, Universidade de São Paulo.
______; BECHO, André Pedroso. "Lugares, espaços e identidades coletivas na Inconfidência Mineira". In: RESENDE, Maria Efigênia Lage de; VILLALTA, Luiz Carlos (org.). *História de Minas Gerais: as Minas setecentistas*. Belo Horizonte: Autêntica-Companhia do Tempo, 2007, v. 2, pp. 555-578.
WEHLING, Arno; WEHLING, Maria José. *Direito e justiça no Brasil colonial: o Tribunal da Relação do Rio de Janeiro (1751-1808)*. Rio de Janeiro: Renovar, 2004.
WERNECK, Américo. *A heroína da Inconfidência Mineira*. Belo Horizonte: Imprensa Oficial do Estado de Minas Gerais, 1900.
ZEMELLA, Mafalda P. *O abastecimento da capitania das Minas Gerais no século XVIII*. 2. ed. São Paulo: Hucitec-Edusp, 1990.

INSTRUMENTOS DE PESQUISA E OBRAS DE REFERÊNCIA

ARQUIVO HISTÓRICO DO MUSEU DA INCONFIDÊNCIA. Ouro Preto: MinC-IPHAN-Museu da Inconfidência, 1997.

ÁVILA, Cristina. *Hélio Gravatá: resgate biobliográfico de Minas Gerais*. Estudo crítico de Cristina Ávila. Pesquisa e organização de Cristina Ávila e Kátia Miranda. Belo Horizonte: Fundação João Pinheiro-Centro de Estudos Históricos e Culturais, 1998. 2 v.

AZEVEDO, José Afonso Mendonça de. "A Inconfidência Mineira: documentos do Arquivo da Casa dos Contos (Minas Gerais)". *Anais da Biblioteca Nacional do Rio de Janeiro*, Rio de Janeiro, v. 65, pp. 153-308, 1943.

BARBOSA, Waldemar de Almeida. *Dicionário histórico-geográfico de Minas Gerais*. Belo Horizonte: Saterb, 1971.

_______. *Dicionário da terra e da gente de Minas*. Belo Horizonte: Imprensa Oficial, 1985.

BOSCHI, Caio César. "O Brasil nos arquivos e bibliotecas de Portugal". *Revista de História*, São Paulo, DH/FFCL/USP, n. 101, pp. 343-400, jan.-mar. 1975.

______. *Fontes primárias para a história de Minas Gerais em Portugal*. Belo Horizonte: Conselho Estadual de Cultura de Minas Gerais, 1979.

______ (coord.). *Inventário dos manuscritos avulsos relativos a Minas Gerais existentes no Arquivo Histórico Ultramarino (Lisboa)*. Índices de Júnia Ferreira Furtado. Belo Horizonte: Fundação João Pinheiro-Centro de Estudos Históricos e Culturais, 1998. 3 v.

______; MORENO, Carmen; FIGUEIREDO, Luciano (coord.). *Inventário da Coleção Casa dos Contos*: livros, 1700-1891. Belo Horizonte: PUC-Minas-Fapemig, 2006.

CARNEIRO, Edilene de Almeida; SANTOS, Maria Judite dos. "Contribuição para o estudo da Inconfidência Mineira". *Revista do Arquivo Público Mineiro*, Belo Horizonte, ano 38, pp. 9-129, 1990.

______; ______. "Fontes documentais mineiras: contribuição para o estudo do movimento inconfidente de 1789". *Acervo*: Revista do Arquivo Nacional, Rio de Janeiro, v. 4, n. 1, pp. 25-51, jan.-dez. 1989.

CATÁLOGO de sesmaria: inventário das cartas de sesmarias existentes nos códices do Arquivo Público Mineiro. *Revista do Arquivo Público Mineiro*, Belo Horizonte, ano 37, 1988. 2 v.

CUNHA, Waldir da. "Manuscritos da Inconfidência Mineira: coleções, arquivos e gavetas". *Anais da Biblioteca Nacional*, Rio de Janeiro, n. 112, pp. 87-119, 1992.

GRAVATÁ, Hélio. "Contribuição bibliográfica para a história de Minas Gerais – período colonial – Inconfidência Mineira". *Revista do Arquivo Público Mineiro*, Belo Horizonte, ano 29, 1978.

HARGREAVES, Lucy Gonçalves Fontes et al. *Guia de fontes do Arquivo da Câmara Municipal de São João del-Rei*. Juiz de Fora, MG: Clio Edições Eletrônicas, 2003.

INVENTÁRIO da correspondência de João Rodrigues de Macedo: Coleção Casa dos Contos da Biblioteca Nacional. Introdução de Antonio Marcelo Jackson F. da Silva e Paulo Miguel Moreira da Fonseca. Rio de Janeiro: Fundação Biblioteca Nacional; Madri: Fundación Mapfre Tavera, 2004.

LUNA, Francisco Vidal; KLEIN, Herbert S. "Nota a respeito de grãos utilizados no período colonial e as dificuldades para a conversão ao sistema métrico". *Boletim de História Demográfica*, São Paulo: FEA/USP, ano VIII, n. 21, mar. 2001. Disponível em: <http://historia_demografica.tripod.com/pesquisadores/paco/pdf-paco/ar47.pdf>. Acesso em: 28 mar. 2008.

MATHIAS, Herculano Gomes. *A Coleção da Casa dos Contos de Ouro Preto: documentos avulsos*. Rio de Janeiro: Arquivo Nacional, 1966.

OLIVEIRA, Alexandra Almada de; SILVA, Antonio Marcelo Jackson F. da. "Inventário das Coleções Inconfidência Mineira e Tiradentes". *Anais da Biblioteca Nacional*, Rio de Janeiro, n. 118, pp. 233-277, 2002.

OLIVEIRA, Tarquínio J. B. de. "Glossário". In: AUTOS de Devassa da Inconfidência Mineira. 2. ed. Brasília: Câmara dos Deputados; Belo Horizonte: Imprensa Oficial do Governo do Estado de Minas Gerais, 1976, v. 1, pp. 340-381.

PEREIRA, Paulo Roberto Dias. "Bibliografia da Inconfidência Mineira". In: COSTA, Cláudio Manuel da; GONZAGA, Tomás Antônio; PEIXOTO, Alvarenga. *A poesia dos inconfidentes*. Organização de Domício Proença Filho. Rio de Janeiro: Nova Aguilar, 1996, pp. 1159-1172.

______. "Bibliografia de e sobre os poetas da Inconfidência". In: COSTA, Cláudio Manuel da; GONZAGA, Tomás Antônio; PEIXOTO, Alvarenga. *A poesia dos inconfidentes*. Organização de Domício Proença Filho. Rio de Janeiro: Nova Aguilar, 1996, pp. 1173-1182.

______. "Cronologias". In: COSTA, Cláudio Manuel da; GONZAGA, Tomás Antônio; PEIXOTO, Alvarenga. *A poesia dos inconfidentes*. Organização de Domício Proença Filho. Rio de Janeiro: Nova Aguilar, 1996, pp. LI-LXIV.

RODRIGUES, André Figueiredo. *Como elaborar citações e notas de rodapé*. 4. ed. São Paulo: Humanitas, 2007.

______. *Como elaborar e apresentar monografias*. 3. ed. atual. São Paulo: Humanitas, 2008.

______. *Como elaborar referência bibliográfica*. 7. ed. São Paulo: Humanitas, 2008.

ROMEIRO, Adriana; BOTELHO, Ângela Vianna. *Dicionário histórico das Minas Gerais: período colonial*. 2. ed. rev. Belo Horizonte: Autêntica, 2004.

SALGADO, Graça (coord.). *Fiscais e meirinhos: a administração no Brasil colonial*. 2. ed. Rio de Janeiro: Nova Fronteira, 1985.

SILVA, Lúcia Maria Alba da; CASTRO, Maura Macedo Corrêa; TÓRTIMA, Pedro. "A Inconfidência Mineira no acervo do Instituto Histórico e Geográfico Brasileiro". *Revista do Instituto Histórico e Geográfico Brasileiro*, Rio de Janeiro, n. 375, pp. 105-112, abr.-jun. 1992.

PEREZ, Eliane (coord.). "Inconfidência Mineira: bibliografia". *Anais da Biblioteca Nacional*, Rio de Janeiro, n. 112, pp. 121-159, 1992.

Índice remissivo

ESTE LIVRO, COMPOSTO NA FONTE FAIRFIELD
E PAGINADO PELA NEGRITO PRODUÇÃO EDITORIAL, FOI
IMPRESSO EM PÓLEN SOFT 70G NA IMPRENSA DA FÉ.
SÃO PAULO, BRASIL, NO OUTONO DE 2010.